Zum Fortschritt von Theorie und Technik in Recht und Ethik

On the Advancement of Theory and Technique in Law and Ethics

AF183519

RECHTSTHEORIE

Zeitschrift für Logik, Methodenlehre, Kybernetik und Soziologie des Rechts

Beiheft 3

Zum Fortschritt von Theorie und Technik in Recht und Ethik

On the Advancement of Theory and Technique in Law and Ethics

Herausgegeben von

Ilmar Tammelo / Aulis Aarnio

Mit einem Vorwort der Herausgeber

DUNCKER & HUMBLOT / BERLIN

Zitiervorschlag:

Michael W. Fischer, Dynamik und Relativität in der Wissenschaft, in: RECHTSTHEORIE Beiheft 3 (1981), S. 15 - 34.

Alle Rechte vorbehalten
© 1981 Duncker & Humblot, Berlin 41
Gedruckt 1981 bei Berliner Buchdruckerei Union GmbH., Berlin 61
Printed in Germany

ISBN 3 428 04963 2

Vorwort der Herausgeber

Das Symposium, aus dem der vorliegende Band der Rechtstheorie hervorging, wurde von den Veranstaltern geplant, um finnische und österreichische Rechtstheoretiker zu einem intensiven und persönlichen Gedankenaustausch zusammenzubringen. Dieses Zusammentreffen hatte sowohl das Ziel, metatheoretische Probleme des grundsätzlichen Rechtsdenkens als auch verschiedene Einzelprobleme der Rechtstheorie selbst zu behandeln. Der Leitgedanke war hierbei, dem Bann und Zirkel der Auseinandersetzung mit Modethemen der heutigen Diskussion zu entkommen und die Aufmerksamkeit darauf zu lenken, was im rechtstheoretischen Tätigkeitsbereich als weiterführend gelten mag. Daher sollte der Blick der Beiträge wesentlich auf die Zukunft gerichtet sein; Vergangenheit und Gegenwart sollten lediglich als Grundlage für neue, zukunftsweisende Überlegungen dienen.

Diesem Leitgedanken folgend haben mehrere Beiträge die Frage nach Fortschritt und Entwicklung in der Rechtstheorie als solches zum Thema; andere Beiträge befassen sich mit Fragen, die nach Ansicht der Verfasser als konstruktiv für das rechtstheoretische Denken erscheinen. Dabei konnte natürlich nur eine Auswahl aus der Fülle von Einzelproblemen getroffen werden. Die Wahl der einzelnen Themenstellung wurde im wesentlichen den Teilnehmern überlassen. Die Herausgeber haben die Beiträge nach ihren inhaltlichen Zusammenhängen gruppiert. Da es den Verfassern freistand, innerhalb des Generalthemas Thema und Art und Weise der Behandlung zu bestimmen, waren einige Überschneidungen der einzelnen Beiträge und ihrer Gruppierung unvermeidbar.

Da das Symposium auf nur zwei Tage beschränkt war, mußte es von den Veranstaltern so geplant werden, daß die Beiträge an alle Teilnehmer vor der Veranstaltung in schriftlicher Ausfertigung verteilt wurden. Während des Symposiums blieben den Teilnehmern jeweils zehn Minuten Zeit für ihren Vortrag, um thesenartig ihre Hauptgedanken zusammenzufassen und vorzutragen. Die verbleibende Zeit wurde der Diskussion gewidmet, die sich als lebhaft, ausgewogen und fruchtbar erwies. Die Diskussion regte die meisten Vortragenden dazu an, ihre Manuskripte zu überarbeiten, so daß die in diesem Band vorliegenden Beiträge zum Teil verbesserte und erweiterte Ausführungen der ursprünglichen Fassungen darstellen. Werner Krawietz hat in einem

Schlußwort am Ende der Veranstaltung die Gesamtergebnisse des Symposiums gewürdigt und ein entsprechendes Nachwort für diesen Band verfaßt.

Da das Generalthema des Symposiums bei den Rechtstheoretikern verschiedener Länder reges Interesse geweckt hat, haben mehrere Kollegen außerhalb Finnlands und Österreichs den Wunsch zur Teilnahme geäußert. Diesem Wunsch konnte leider unter den gegebenen materiellen Bedingungen in den meisten Fällen nicht stattgegeben werden. Die Veranstalter waren nur in der Lage, einige jener deutschen Kollegen einzuladen, die mit dem Salzburger Institut für Rechtsphilosophie bereits früher an einigen Forschungsvorhaben eng zusammengearbeitet haben. Zu den Teilnehmern zählten neben Juristen einige jener Philosophen, welche sich in ihrer Arbeit auch mit rechtstheoretischen und für die Rechtstheorie besonders erheblichen Problemen eingehend auseinandergesetzt haben.

Daß das Symposium überhaupt stattfinden konnte, ist der finanziellen Unterstützung des Österreichischen Bundesministeriums für Wissenschaft und Forschung und der Finnischen Akademie der Wissenschaften zu danken. Die Veranstalter sind der Zeitschrift RECHTSTHEORIE zu Dank verpflichtet, die diesen Band in ihr Verlagsprogramm aufgenommen hat. Wir sehen darin eine Anerkennung der grundlegenden Bemühungen des Symposiums und eine Aufforderung zur Weiterarbeit auf diesem Gebiet. Der ausgedehnte Problemhorizont der Gegenwart erfordert weniger ein Sichten vorhandenen Wissens als vielmehr eine gedankliche Offenheit für die Problembewältigung sich neu stellender rechtswissenschaftlicher Aufgaben.

Da das Symposium in Österreich stattgefunden hat, war die überwältigende Mehrheit der Teilnehmer aus diesem Land. Wir hoffen, daß einmal eine ähnliche Veranstaltung in Finnland zustande kommt, bei der dann das nationale Zahlenverhältnis wohl umgekehrt sein wird. Die deutschsprachigen Teilnehmer empfingen von ihren finnischen Kollegen viele Anregungen. Sowohl die schriftlichen als auch mündlichen Beiträge waren ein Beweis für das hohe Niveau der philosophischen Forschung in diesem Land, die auch für das fundamentale Rechtsdenken von Bedeutung ist. Für die finnischen Teilnehmer wiederum war der persönliche Kontakt mit den derzeitigen Repräsentanten der weltoffenen Tradition der österreichischen Rechtstheorie von Gewinn.

Die wechselseitige Befruchtung zwischen der derzeitigen, in vielen Richtungen sich entfaltenden österreichischen Rechtstheorie und der stark analytischen finnischen Rechtstheorie verspricht einen zukunftsweisenden Gesprächsansatz. Es ist zu wünschen, daß dieses Symposium und der aus ihm hervorgehende Band einen Schritt zu einer übernationalen und interkulturellen, die Rechtswissenschaft weiterführenden Forschung darstellen, dem unsere Länder als auch andere im selben Geiste folgen mögen.

Ilmar Tammelo
Aulis Aarnio

Editors' Foreword

The Symposium from which the present volume has emerged was planned by the organizers in order to bring together Finnish and Austrian scholars for an intensive exchange of thought in the field of legal theory. It was intended both to address meta-theoretical problems of fundamental legal thought and various particular problems of legal theory itself. The guiding idea was to escape from the spell and encircling web of thought which mark most disputations about fashionable topics in the area and to direct attention to what would advance legal-theoretical efforts. Therefore, the contributions were to be such that they would direct their main attention to the future; the past and the present were to serve merely as a base on which to build thought of constructive import.

In following this idea, several contributions to the present volume address the problem of progress and development as such in legal theory; other contributions deal with matters which the writers have regarded as advancing legal theory in particular areas. Of course, only a selection could be made out of the wealth of problems needing attention. The selection of particular topics was left mainly to the contributors. The editors have grouped the contributions with regard to their content. Because the writers were free to determine their topics as well as their manner of treatment within the scope of the Symposium, some overlapping of individual contributions and their grouping was inevitable.

In view of the fact that the Symposium could last only two days, it had to be planned so that the duplicated manuscripts of contributions were distributed to the participants in advance. In the Symposium itself, the participants had only ten minutes at their disposal for a summary presentation of their main theses. The remaining time was devoted to discussion, which proved to be lively, well-balanced, and fruitful. The discussion prompted most contributors to revise their manuscripts, so that the papers appearing in this volume are in part improved and expanded versions of the originals. In the concluding address to the Symposium, Werner Krawietz evaluated its results; he has prepared a corresponding Afterword to this volume.

Because of the planned Symposium awoke a lively interest amongst legal theorists in various countries, several colleagues outside Finland

and Austria expressed a wish to attend. Our material circumstances unfortunately prevented us from complying with this wish in most cases. The organizers were in a position to invite only some of those German colleagues who had previously closely cooperated in research projects of the Salzburg Institute for Legal Philosophy. The participants included, in addition to lawyers, some of those philosophers who in their works had gone into legal-theoretical problems or into problems of particular relevance to legal theory.

That the Symposium could take place at all is due to the financial support of the Austrian Federal Ministry for Science and Research and of the Finnish Academy of Sciences. The organizers are grateful to the journal RECHTSTHEORIE, which has accepted this volume in its publication programme. In this acceptance we see a recognition of the aims of the Symposium and an encouragement for further work along the same lines. The expanded problem horizon of the present time requires not so much going over what has been said before as a "portentive" thought open to dealing with new problems that confront legal science.

Because the Symposium took place in Austria, the great majority of the participants were from this country. We hope that some time in the future a similar scholarly encounter will take place in Finland, in which the numerical relationship will be reversed. The German speaking participants received much stimulus from their Finnish colleagues. The written and oral contributions of these reflected the high standard of philosophical research in their country, the results of which are most conducive to fundamental thought about law. On the other hand, for the Finnish participants a personal contact with the present representatives of the traditionally outward-looking Austrian legal-theoretical thought was a corresponding stimulus and challenge.

The mutual fertilization in our Symposium between the present multidirectional Austrian legal theory and the present deeply analytical Finnish legal theory holds out the promise for future joint ventures in legal scholarship. We hope that the Symposium and the resulting volume signify a step forward in supranational and intercultural fundamental research which would advance legal science a great deal and that further work in the spirit of the Symposium will ensue in our countries as well as elsewhere.

Ilmar Tammelo
Aulis Aarnio

Inhaltsverzeichnis

III. Überlegungen zur Theorienbildung

IV. Gedanken zur Gerechtigkeitstheorie und Ethik

V. Schlußwort

I. Erwägungen zur Grundlagenproblematik

(Natur, Sein) und Bewußtsein (Geist, Denken), eine *falsche* Alternative darstellt[4]. Ist die Gliederung in soziale Strukturen und geistige Gebilde vielleicht keine sinnvolle Konzeptualisierung?

Die Streitfrage geht letztlich darum, ob der Vorrang den geistigen Prozessen oder den sozialen Strukturen zukomme. Wichtige Hinweise auf diese Beziehungsproblematik verdanken wir der *Marx*schen *Basis-Überbau-Theorie*. Sie kann vereinfachend dahingehend formuliert werden, daß jeweils die ökonomischen Verhältnisse Ursachen der geistigen Vorstellungen seien[5]. Diese Theorie provozierte dann jene bekannten vulgarisierend-mechanistischen Deutungen des Determinationsverhältnisses zwischen sozialen bzw. ökonomischen und geistigen Strukturen, die keineswegs zielführend sind und sich in dieser groben Vereinfachung auch kaum durch das Werk von Marx decken lassen[6].

Wesentliche Einwände gegen den Vorrang der Basis bzw. der sozialen Strukturen formulierte *Max Weber* 1901 in seiner Abhandlung *Die protestantische Ethik und der Geist des Kapitalismus*. Er versuchte hier, den Beweis zu erbringen, daß die Beziehung zwischen frühkapitalistischer Industrialisierung und Protestantismus nicht wirklichkeitsadäquat erfaßt wird, wenn die Formel angewandt wird: Kapitalistische

---

[4] Immer wieder wurde ja behauptet, daß diese Grundfrage „die höchste Frage der Philosophie" sei, von „deren Beantwortung die Teilung und Einteilung der philosophischen Anschauungen und Systeme in die beiden entgegengesetzten Grundrichtungen Materialismus und Idealismus sowie die grundsätzliche Lösung aller wichtigen philosophischen Probleme abhängt, insbesondere auch die Frage, wie sich die Philosophie selbst auch zum materiellen Lebensprozeß der Gesellschaft verhält". Diese Grundfrage der Philosophie beherrscht nach gängiger Meinung in mehr oder weniger ausgeprägter Form die ganze Geschichte des philosophischen Denkens. Dies betonen insbesondere die marxistischen Wissenschaftskonzeptionen. Vgl. z. B. *G. Klaus* / *M. Buhr* (Hrsg.), Philosophisches Wörterbuch, 10. neubearbeitete und erweiterte Aufl., Leipzig 1974, Bd. 1, S. 506 ff.

[5] So erklärt *Marx* im „Vorwort zur Kritik der politischen Ökonomie", MEW Bd. 13, S. 8: „Die Produktionsweise des materiellen Lebens bedingt den sozialen, politischen und geistigen Lebensprozeß überhaupt. Es ist nicht das Bewußtsein der Menschen, das ihr Sein, sondern umgekehrt ihr gesellschaftliches Sein, das ihr Bewußtsein bestimmt".

[6] *Marx* selbst war ja in einigen Arbeiten bemüht, gerade das vermittelte Verhältnis von „Geistigem" und „Naturwüchsigem" als Charakteristikum der „dialektischen Struktur des sozialen Prozesses" zu betrachten. Dies bestätigt beispielsweise *Engels* in einem Brief an den Sozialdemokraten *Conrad Schmidt* vom 27. 10. 1890, wo er betont, daß die gesamte Wissenschaft sehr wohl einen „rückwirkenden Einfluß auf die ganze gesellschaftliche Entwicklung, selbst auf die ökonomische" habe (MEW Bd. 37, S. 492). Auch in einem späteren Brief vom 25. 1. 1894 an *W. Borgius* erläutert *Engels* nochmals: „Die politische, rechtliche, philosophische, religiöse, literarische, künstlerische etc. Entwicklung beruht auf der ökonomischen. Aber sie alle reagieren auch aufeinander und auf die ökonomische Basis. Es ist nicht, daß die ökonomische Lage Ursache, allein aktiv ist und alles andere nur passive Wirkung, sondern es ist die Wechselwirkung auf Grundlage der in letzter Instanz sich stets durchsetzenden ökonomischen Notwendigkeit" (MEW Bd. 39, S. 206).

Unternehmer dachten in der Kategorie der Prädestination, weil sie erfolgreiche Geschäfte machten. Die Argumente von Weber lassen eher die umgekehrte Formulierung zu, nämlich die Interpretation, daß dem Denken, d. h. hier, im vorliegenden Fall, dem religiösen Bewußtsein der Primat zukomme[7].

Eine vermittelnde Position nimmt *Vilfredo Pareto* in seinem 1916 in Florenz erschienenen *Generaltraktat der Soziologie* ein. Er führt eine dritte Kategorie ein, durch die der erkenntnistheoretische Stellenwert der beiden herkömmlichen Kategorien Sein und Denken verringert wird, den „psychischen Zustand". Während für logische Handlungen die materielle Umwelt bestimmend ist, entspringen nach Pareto nichtlogische Handlungen dem psychischen Zustand „gefühlsmäßigen und unterbewußten Handlungsimpulsen"[8].

Auch in der *wissenschaftsgeschichtlichen* Forschung der letzten fünfzig Jahre lebt der Streit um den Vorrang kognitiver oder sozialer Strukturen fort: Die Erklärungsprogramme der *Internalisten* verfolgen eine wissenschaftsimmanente Interpretation, die der *Externalisten* eine sozialgeschichtliche Interpretation der Wissenschaft[9]. Beide Positionen — sowohl Externalismus wie auch Internalismus — sind durch die Literatur hinreichend empirisch belegt, was nichts anderes heißt, als daß sowohl die relative Abhängigkeit der wissenschaftlichen Tätigkeit von sozialen Problemen und Erwartungen wie auch die relative Unabhängigkeit dieses Prozesses demonstriert werden kann[10].

---

[7] Sicherlich wäre es falsch, in *Max Weber* selbst den Urheber einer „spiritualistischen" Konzeption zu erblicken. Jedoch entstand eine solche in der Polemik, die er mit seiner religionssoziologischen Untersuchung ausgelöst hatte. Vgl. dazu des näheren *G. Lenski*, The Religious Factor. 2. und überarbeitete Aufl., Garden City - New York 1963, S. 5 f.; *Weber* selbst verwahrt sich ja dagegen, „daß irgendein ‚kapitalistischer Geist' (gleichviel wie definiert) das kapitalistische Wirtschaftssystem allein aus sich geschaffen habe." Dies ist nach ihm „eine rein spiritualistische Konstruktion", die er ausdrücklich ablehnt. Vgl. *M. Weber*, Antikritisches Schlußwort zum „Geist des Kapitalismus", in: Archiv für Sozialwissenschaft und Sozialpolitik, 31. Bd., 1910, S. 579 f.

[8] Vgl. *V. Pareto*, Traité de sociologie générale, Genf 1968, §§ 161, 167, 268.

[9] Einen guten Überblick über diese Kontroverse geben die Sammelbände von *G. Basalla* (Hrsg.), The Rise of Modern Science. External or Internal Factors? Lexington 1968. Sowie *P. Weingart* (Hrsg.), Wissenschaftssoziologie II. Determinanten wissenschaftlicher Entwicklung, Frankfurt a. M. 1974.

[10] Als Vertreter der externalistischen Position seien beispielsweise erwähnt *R. Merton*, Science, Technology and Society in the 17th Century England, 2. Aufl. New York 1970; *E. Zilsel*, Die sozialen Ursprünge der neuzeitlichen Wissenschaft, hrsg. v. W. Krohn, Frankfurt a. M. 1976; *W. v. d. Daele*, Die soziale Konstruktion der Wissenschaft, in: Experimentelle Philosophie, S. 129 - 182 (s. FN 12). Als Vertreter der internalistischen Position vgl. beispielsweise *E. Dijksterhuis*, Die Mechanisierung des Weltbildes, Berlin - Göttingen - Heidelberg 1956; *R. Hall*, Die Geburt der naturwissenschaftlichen Methode 1630 - 1720. Von Galilei bis Newton. Gütersloh 1965.

Als erster gab eigentlich *Max Adler* der Diskussion eine entscheidende Wendung: Am 4. Deutschen Soziologentag 1924 kritisierte er Marx in seinem Vortrag *Wissenschaft und soziale Struktur* dahingehend, daß die materiellen Produktionsverhältnisse nicht bloß stoffliches Substrat sind, sondern immer zugleich geistige Verhältnisse: „Es gibt keine materiellen Verhältnisse, die nicht zugleich geistige sind, weil auch die Arbeit, die sich auf die materielle Produktion bezieht, ebenso wie die Verteilung ihrer Produkte und der Genuß derselben ohne die zweck- und wertsetzende Tätigkeit des Menschen gar nicht möglich ist[11]." *Kuhn* kommt, wenngleich er seine Analyse unterschiedlich ansetzt, zu ganz ähnlichen Schlüssen, nämlich der Vermitteltheit der ökonomisch-materiellen Bedingungen und der ideellen Sphäre. Diese Ansicht setzt sich immer stärker durch[12].

Sie besagt, daß der historische Prozeß der Entwicklung von Wissenschaft derjenigen Notwendigkeit entbehrt, wie es eine rein logische Analyse der Resultate aufzeigt. Die Wissenschaft bestimmt die Folge ihrer Probleme, die Ausweitung ihres Gegenstandsbereichs, die Wahl ihrer Forschungsstrategien und Theorien *nicht* gänzlich durch sich selbst. Dies bedeutet gleichzeitig, daß es eine *Vielfalt von Theorien* gibt, zwischen denen nicht zwingend nach Wahrheit und Falschheit entschieden werden kann. Die Wissenschaftsgeschichte besteht ja nicht bloß aus Tatsachen und Schlüssen aus Tatsachen. Sie enthält wie jede Geschichte auch Ideen, Deutungen von Tatsachen, Probleme, die aus widerstreitenden Deutungen entstehen, Fehler und anderes mehr. Bei genauer Untersuchung stellt sich sogar heraus, daß die Wissenschaft überhaupt keine „nackten Tatsachen" kennt, sondern daß alle „Tatsachen", die in unsere Erkenntnis eingehen, bereits auf bestimmte Weise gesehen werden und daher wesentlich „ideell" sind[13].

---

[11] *M. Adler,* Wissenschaft und soziale Struktur, in: Verhandlungen des 4. Deutschen Soziologentages, 1924, zitiert in: K. Lenk, Marx in der Wissenssoziologie, Neuwied und Berlin 1972, S. 265; zum Ausbau dieses Kritikansatzes vgl. *N. Leser,* Die Odyssee des Marxismus, Wien - München - Zürich 1971.

[12] Vgl. z. B. *P. Weingart,* Wissensproduktion und soziale Struktur, Frankfurt a. M. 1976, S. 9 - 32; die Aufsätze der wissenschaftsgeschichtlich orientierten Mitarbeiter des Max-Planck-Institutes zur Erforschung der Lebensbedingungen der wissenschaftlich-technischen Welt in Starhenberg *G. Böhme / W. v. d. Daele / W. Krohn,* Experimentelle Philosophie. Ursprünge autonomer Wissenschaftsentwicklung, Frankfurt a. M. 1977; grundlegend wurden für dieselben Autoren vor allem zwei Arbeiten: Alternativen in der Wissenschaft, in: Wissenschaftspolitik — von wem, für wen, wie? hrsg. v. W. Pohrt, München 1973, S. 17 - 44, sowie: Die Finalisierung der Wissenschaft, in: Theorien der Wissenschaftsgeschichte, hrsg. v. W. Diederich, Frankfurt a. M. 1974, S. 296 - 311; in ähnliche Richtung geht *K. Hübner,* Kritik der wissenschaftlichen Vernunft, Freiburg - München 1978.

[13] Vgl. *P. Feyerabend,* Wider den Methodenzwang. Skizze einer anarchistischen Erkenntnistheorie, Frankfurt a. M. 1976, S. 30.

Die Annahme einer Theorienvielfalt bedingt die Offenheit für *externe* wissenschaftliche Bestimmungsfaktoren, die von der Willkür des Forschers über ökonomische Bedarfssetzungen bis hin zu allgemeinen kulturellen Vorurteilen reichen. Dennoch ist die Wissenschaftsentwicklung nicht zufällig. Wissenschaft setzt jeweils ihrer Entwicklung begrenzende Bedingungen. Sie hat eine Eigenstruktur, die ihre Funktionalisierbarkeit begrenzt und ihre Entwicklung *immanenten* Kriterien unterwirft. In diesem Sinn kann die Wissenschaft nicht beliebigen gesellschaftlichen Zwecken untergeordnet werden. Eine rein machtsoziologische Reduktion des Wissenschaftssystems auf soziale Konstellationen übersieht die Mächtigkeit der internen Begriffsstrukturen systematisierter Wissenserzeugung.

Weder Erfahrung und Argument noch eine Theorie sozialer bzw. ökonomischer Wandlungen kann alle Details der Wissenschaftsentwicklung verständlich machen. Soziologisch-ökonomische Betrachtungen enthüllen die Kräfte, die auf die Tradition wirken, ziehen aber die begriffliche Struktur dieser Tradition nur selten in Betracht. Eine rationale Theorie der Ideenentwicklung untersucht diese Struktur sehr genau, ihre logischen Gesetze und methodologischen Forderungen, die sie konstituieren, vernachlässigt aber die Untersuchung nicht-ideeller Kräfte, der Hindernisse, die der eigengesetzlichen Entwicklung der Struktur entgegenwirken. Das in der Geschichte beobachtete Resultat und jede Handlung, die zu ihm beiträgt, ist das Ergebnis einer *Wechselwirkung* dieser beiden Variablen und natürlich auch anderer, wobei bald die begriffliche, bald die rohe soziale Komponente die Oberhand gewinnt.

III. Regeln und Verlaufsfiguren in der Wissenschaft

Jede wissenschaftliche Tätigkeit folgt bestimmten Regeln, einem *Orientierungskomplex* oder Orientierungsschema[14]. Diese Regeln grenzen jeweils einen bestimmten Wirklichkeitsbereich aus und machen ihn zum Gegenstand wissenschaftlicher Forschung. Was außerhalb dieses Bereiches existiert, interessiert den Wissenschafter zumeist nicht. Um die Leistung dieser Regeln bzw. Orientierungskomplexe zu kennzeichnen, verwendet *Hermann Lübbe* ein Gleichnis: Hat man eine Landkarte vor Augen, so kann man sie nur deswegen gebrauchen, weil das von ihr projizierte Bild der Wirklichkeit weniger kompliziert ist als diese Wirklichkeit selbst. Die notwendige Vereinfachung der überkom-

[14] *P. Weingart* verwendet S. 41 den Begriff Orientierungskomplex; *H. Lübbe*, Unsere stille Kulturrevolution, Zürich 1976, S. 77 verwendet den Begriff der Orientierungsschemata. *Th. S. Kuhn* behandelt diese Problematik unter dem Begriff „Paradigma" (vgl. S. 57 ff.), schlägt aber im Postskriptum von 1969 den Begriff „disziplinäres System" vor (vgl. S. 194).

plizierten Wirklichkeit wird durch kartographische Symbolsysteme besorgt, durch deren Raster alles hindurchfällt, was wir nicht zu wissen brauchen und auch nicht registrieren dürfen, weil unsere Kapazität zur Registratur des Relevanten beschränkt ist.

Hält man sich dieses Bild vor Augen, sieht man sogleich die zwei wesentlichen Leistungen wissenschaftlicher Orientierungskomplexe. Zunächst fixieren diese Orientierungskomplexe die *Vorentscheidung* darüber, was wissenschaftlich für wesentlich und was für unwesentlich gehalten wird. Dies ist eine Vorentscheidung praktischer Art, die letztlich jeder Weltorientierung zugrundeliegt. Sodann entscheiden die Orientierungskomplexe darüber, was überhaupt wissenschaftlich *registriert* werden kann, und was auf der anderen Seite gleichsam aus dem wissenschaftlichen Weltbild herausfällt.

Die allgemeinste Ebene eines Orientierungskomplexes stellen zumeist Werte dar, die die Überzeugung einer grundsätzlichen Ordnung der Natur, die prinzipiell verstanden werden kann, ausdrücken, usw. Diese Werte sind nur in sehr großen Intervallen historischem Wandel unterworfen. Sie konstituieren den Kern dessen, was man die jeweilige *Kultur der Wissenschaft* nennen könnte[15]. Eine weitere Ebene stellen die *metaphysischen Bindungen* dar, also organisierende Prinzipien, die die Wahrnehmung selbst bestimmen oder auch ganze Weltanschauungen. Derartige Prinzipien haben die Eigenschaft, die Erfahrung zu strukturieren und sind daher vortheoretisch und zugleich Ausgangspunkt der Begriffs- und Theorienbildung. Die Wandlungsintervalle sind langfristig und beziehen sich jeweils auf die von diesen Orientierungen abhängigen Theorien und Begriffssysteme[16]. Die eben beschriebenen

---

[15] Ob der Geltungsbereich dieses Orientierungskomplexes das gesamte Wissenschaftssystem umfaßt, ist zumindest gegenwärtig angesichts unterschiedlicher Theoriebegriffe in den Natur- und Sozialwissenschaften fragwürdig. So gibt es z. B. empirische und hermeneutische, aber auch kausale und funktionale Theoriebegriffe.

[16] Ein plastisches Beispiel für derartige metaphysische Bindungen zählt *Kuhn*, S. 57, auf: Nach Erscheinen von Descartes recht einflußreichen naturwissenschaftlichen Schriften, also etwa um 1630, nahmen die meisten Physiker an, daß das Universum sich aus mikroskopischen Teilchen zusammensetze, daß alle Naturphänomene anhand der Form, Größe, Bewegung und Wechselwirkung der Teilchen erklärt werden können. Dieser Komplex von Bindungen erwies sich nicht nur als metaphysischer, sondern auch als methodologischer. Als metaphysischer sagte er den Wissenschaftern, welche Entitäten das Universum enthielt und welche nicht: Es gab nur geformte Materie in Bewegung. Als methodologischer sagte er ihnen, welcher Art letzte Gesetze und grundlegende Erklärungen sein müßten. Gesetze müssen die Form und die Wechselwirkung der Teile angeben, und die Erklärung muß jedes gegebene Naturphänomen nach diesen Gesetzen auf das Verhalten von Teilchen reduzieren. Noch wichtiger war es, daß die Korpuskulartheorie des Universums den Wissenschaftern sagte, wie viele ihrer Forschungsprojekte aussehen müßten. Ein Chemiker beispielsweise, der wie Robert Boyle, die neue Philo-

Wandlungen des allgemeinen Orientierungskomplexes sind aufgrund ihrer Langfristigkeit Gegenstand der *Wissenschafts- und Ideengeschichte*. Erste Verlaufsfiguren wissenschaftlicher Prozesse sind damit angedeutet.

Sogleich ist aber einzuschränken: Die Geschichte der Wissenschaften spielt sich nicht nur auf der kognitiven Ebene ab. Sie ist nicht bloß die Geschichte der Erweiterung unseres Wissens, nicht bloß die Geschichte der Unterscheidungs- und Zuordnungssysteme oder die der Theoriebildungsprozesse mit ihren evolutionären oder gelegentlich revolutionären Richtungsänderungen. Zur Geschichte der Wissenschaften gehört auch die *Geschichte der materiellen, sozialen und institutionellen Voraussetzungen der Wissenschaftspraxis*. Schließlich ist die Wissenschaftsgeschichte auch *Geschichte der Wissenschaftslegitimität*, das heißt derjenigen herrschenden Anschauungen, die die Wissenschaften kulturell und politisch anerkannt oder auch, auf der anderen Seite, umstritten sein lassen[17].

Jede Wissenschaft enthält Erkenntnisse, läßt sich von ihren Resultaten her betrachten; Erkenntnisse selbst haben *historischen* Charakter. Läßt sich dieser dadurch aufdecken, daß man beschreibt, wann und wie jemand zu bestimmten Erkenntnissen gelangt ist, die das ausmachen, was man als den jeweiligen Stand einer Wissenschaftsdisziplin bezeichnen kann? In diesem Fall müßte eine Geschichte der Wissenschaft lediglich den allmählichen Zuwachs an Erkenntnissen in chronologischer Reihenfolge darstellen sowie die Hindernisse, die dabei auftraten. Die Wissenschaftsgeschichte wäre damit ein Ausgliederungsprozeß aus der Philosophie, entstanden durch die Systematisierung handwerklichen Wissens sowie den Erwerb wissenschaftlicher Methoden, ein Prozeß von Mythos, Magie und wilder Spekulation hin zur Rationalität. In diesem Sinn wäre die fortschreitende Generalisierung einzelner Erkenntnisse zu beschreiben, die dann neue Disziplinen bildeten, und die allmählich durch fortschreitende Spezialisierung die Zahl der wissenschaftlichen Unternehmungen vergrößerte, immer mehr Bereiche der Wirklichkeit umfaßte. Demnach wäre wissenschaftliche Entwicklung der schrittweise sich vollziehende Prozeß, durch den solche Einzelheiten isoliert oder kombiniert zu einem dauernd wachsenden Bestand zu-

---

sophie annahm, lenkte sein besonderes Augenmerk auf Reaktionen, die als Umwandlungen angesehen werden konnten. Deutlicher als alle anderen zeigten diese den Prozeß der Neuanordnungen der Teilchen, die allen chemischen Veränderungen zugrundeliegen mußten. Ähnliche Wirkungen der Korpuskulartheorie können bei wissenschaftsgeschichtlichen Analysen der Optik, Akustik und Wärmelehre beobachtet werden.

[17] Vgl. *H. Lübbe*, Wissenschaft und Weltanschauung. Ideenpolitische Fronten im Streit um Emil Dubois Reymond, in: Philosophisches Jahrbuch, hrsg. i. A. der Görres-Gesellschaft, 87. Jg., 2. Halbbd., Freiburg - München 1980, S. 225 ff.

sammengefügt worden sind, der die aktuelle wissenschaftliche Methode und Erkenntnis bildet.

Bei einem derartigen Unterfangen bleibt aber die Geschichte der Wissenschaft *äußerlich*. Geschichte wird hier bestenfalls rückwärts geschrieben, was eine Abwertung historischer Tatsachen zur Folge hat. Produkt ist dann eine Geschichte der Wissenschaft, die sich *linear* oder *kumulativ* darstellt, als Wachstum eines *verlustlosen Fortschritts*. Die Vorstellung, daß die Geschichte der Wissenschaft ein Prozeß der Wissensakkumulation sei, ist alt. Bereits *Aristoteles* vertritt in der *Metaphysik* diesen Standpunkt und zwar dort, wo er die Geschichte der seinen eigenen Bemühungen vorausliegenden Prinzipienforschung erzählt[18]. Ein derartiger Ansatz wird dann als aufklärerisch-positivistische Geschichtsschreibung bezeichnet, in der die Wissenschaftsgeschichte als ein Moment linearer, kultureller Entwicklung dargestellt wird. *Condorcet* und *Comte* sind Beispiele für historisch bedeutsame Vertreter eines derartigen Konzepts.

Demgegenüber stehen Ansätze, die den *periodischen* Charakter der Wissenschaft hervorheben. Gemeinsamer Nenner ist die Ansicht, daß die Herkunft der Wissenschaft für deren Inhalt bestimmend ist. Eine derartige Wissenschaftsgeschichte ist bemüht, die historischen Abhängigkeiten zu erarbeiten, sowie die Kostenrechnung darzustellen, die jeweils wissenschaftlicher Fortschritt fordert. *Kuhn* hat einen neuartigen strukturgeschichtlichen Ansatz erarbeitet, der für die Entfaltung der Wissenschaften eine bestimmte *dynamische Verlaufsfigur* der Fortbewegung aufzuzeigen versucht, dessen zeitlich wiederholtes Grundmuster — „normale Wissenschaft" — „Krisensituation" — „Revolution" — von ihm vielfach belegt wird[19]. Phasen langanhaltender Entwicklung werden von kurzen Perioden heftiger Umwälzung unterbrochen, denen dann wieder ein Zeitraum langsamer Weiterentwicklung folgt. Dabei zeigt sich, daß in den kurzen Perioden revolutionären Umbruchs jeweils das Fundament gelegt wird, auf dem die nachfolgende Kulturentwicklung aufbaut.

Aber nicht erst *Kuhn* hat gesehen, daß Revolutionen der Orientierungsvoraussetzungen, welche sprunghaft die Fragemöglichkeiten des Wissenschafters verändern, wesentliche und richtungsändernde Momente der Wissenschaftsgeschichte sind. So hat etwa bereits *Kant*[20] die *Revolutionsmetaphorik* im ganzen Reichtum ihrer Erweiterungsmög-

---

[18] Metaph. 983 a ff.; vgl. dazu *O. Gigon*, Die Geschichtlichkeit der Philosophie bei Aristoteles, in: Archivio di filosofia 1954, S. 129 - 150.

[19] Vgl. *Kuhn*, S. 37 ff., 79 ff. und 104 ff.

[20] Vgl. die treffende Analyse von *H. Lübbe*, Philosophiegeschichte als Philosophie. Zu Kants Philosophiegeschichtsphilosophie, in: Einsichten. Gerhard Krüger zum 60. Geburtstag. 1962, S. 204 - 229.

lichkeiten zur Beschreibung dramatischer Epochen in der Geschichte der Physik und Metaphysik benutzt. Er entwickelte dabei eine Theorie der Wissenschaftsgeschichte, die ausdrücklich erklären will, wieso diese Geschichte *nicht* von Anfang an und im ganzen als „sicherer Gang" und „Fortgang", als „beständiger Anbau des Bodens" sich darstellt und darstellen läßt. *Ernst Cassirer* beschreibt dann 1940 den maßgebenden Sachverhalt so: „Die Geschichte des menschlichen Wissens zeigt uns immer wieder bestimmte Zeitalter — sie gehören zu den bedeutendsten und wichtigsten —, in denen das Wissen nicht lediglich seinen Umfang zu vermehren, als vielmehr seinen Begriff und Sinn zu verändern scheint. An die Stelle des quantitativen Wachstums scheint plötzlich ein qualitativer Umschlag zu treten; statt einer Evolution erleben wir plötzlich eine Revolution[21]." Ähnliche Zusammenhänge deckt auch *Arthur Koestler* auf[22]. Was bei oberflächlicher Betrachtung als ein Vorgang der ständigen Anhäufung von Wissen erscheint, als kumulative Verlaufsfigur, ist in Wirklichkeit nur eine bestimmte Phase der Wissenschaftsentwicklung, nämlich die evolutionäre Phase. Diese wird jedoch immer wieder von Perioden *revolutionärer* Wissensveränderung unterbrochen, in der sich die allgemeinen Orientierungskomplexe ändern.

Kuhns Begriffsapparaturen zur Analyse wissenschaftsgeschichtlicher Verlaufsfiguren haben vielfach *Verwirrung* ausgelöst. So ist etwa sein Begriff des *Paradigmas* viel zu eng und mißverständlich gefaßt[23]. In der vorliegenden Arbeit wurde er durch den Begriff „*Orientierungskomplex*" ersetzt und inhaltlich modifiziert. Was Kuhn evolutionäre Phase der Wissenschaftsentwicklung nennt, ist ein kumulativer Prozeß im Rahmen verbindlich geltender Regeln und Orientierungen. In dieser Phase ist die Arbeit des Wissenschafters dem „Lösen von Rätseln" vergleichbar[24]. Revolutionäre Phasen der Wissenschaftsentwicklung hingegen bewirken den Umschwung und Umbruch des Regelsystems eines Orientierungskomplexes. Kuhn versucht, die Bedeu-

---

[21] *E. Cassirer*, Mathematische Mystik und mathematische Naturwissenschaft, in: Lychnos, Uppsala 1940, S. 249.

[22] *A. Koestler*, Der göttliche Funke, München 1966, S. 242: „Der kollektive Fortschritt der Wissenschaft als ganzer und jeder ihrer Einzeldisziplinen zeigt denselben Wechsel zwischen relativ kurzen, explosiven Perioden, die zur Eroberung neuer Grenzgebiete führen, und langen Perioden ihrer Sicherung. Dieser Prozeß der Untermauerung, Konsolidierung und systematischen Auswertung einer ursprünglich revolutionären Entdeckung kann sich über Generationen, ja Jahrhunderte erstrecken, während in der Folge dann die solide Phalanx der Mittelmäßigkeit jenes neue Terrain besetzt, das eine kleine Vorhut großer Geister im Sturm genommen hat."

[23] Vgl. dazu *M. Masterman*, Die Natur eines Paradigmas, in: J. Lakatos / A. Musgrave (Hrsg.), Kritik und Erkenntnisfortschritt, Braunschweig 1974, S. 59 ff.

[24] Vgl. *Kuhn*, S. 49 ff.

tung einer wissenschaftlichen Revolution vor dem Hintergrund der vorangehenden und der nachfolgenden Perioden evolutionärer Wissenschaftsentwicklung zu erschließen. Für die Perioden evolutionärer Wissenschaftsentwicklung ist, wie bereits gesagt, eine *kumulative* Wissensprodukion bestimmend und Kuhn bezeichnet diese Abschnitte als Phasen *normaler Wissenschaft*. Diese ist dadurch gekennzeichnet, daß Wissenschafter, die ein gemeinsames Objektfeld behandeln, auch einen *gemeinsamen verbindlichen Orientierungskomplex* besitzen.

Einige kognitive Elemente eines solchen Orientierungskomplexes wurden bereits aufgezählt. Es sind dies die generellsten („kosmologischen") Werte, die die jeweilige Kultur der Wissenschaft ausmachen, sowie die metaphysischen Bindungen. Auf einer unteren Ebene befinden sich Orientierungen, die als „allgemein anerkannte wissenschaftliche Leistungen" definierbar sind. Sie umfassen nach Kuhn „Gesetz und Theorie, Anwendung und Instrumentierung". Es handelt sich hier um Modelle, aus denen zusammenhängende Forschungstraditionen erwachsen. Noch konkretere Verbindlichkeiten für die Wissenschafter sind beispielsweise „Klassische Werke" eines bestimmten Fachgebietes.

Im Rahmen des Orientierungskomplexes, der die Phase normalwissenschaftlicher Forschung konstituiert, können *Anomalien* auftreten. Wird die Anomalie gelöst oder für andere Generationen archiviert, ist dies nicht weiter problematisch; doch die Anomalie kann auch zu einer *Krise* heranreifen und den verbindlichen Orientierungskomplex erschüttern. Dann kommt es nach Kuhn zu einem Übergang in eine „außerordentliche Phase der Forschung". Alle Krisen beginnen mit einer Aufweichung des Orientierungskomplexes und der nachfolgenden Lockerung der Regeln, die bisher für die „normale" Forschung bestimmend waren. Die Existenz solcher Krisen wurde von Wissenschaftern vielfach beschrieben: *Albert Einstein* bemerkt etwa, daß jede Theorie einem allmählichen Entwicklungsprozeß unterliegt, und jede ein Stadium der Triumphe feiert, um danach, so rasch wie möglich, in der Versenkung zu verschwinden: „Fast jeder große wissenschaftliche Fortschritt ergibt sich aus der Krise einer überalterten Theorie[25]." *Arthur Koestler* hingegen zeigt, daß die Krise einer Wissenschaft durch auffällige „Lockerung der Spielregeln" in Erscheinung tritt: „Denkgewohnheiten und absolute Grenzen werden durchbrochen[26]." Der gemeinsame Glaube an die Gültigkeit des Orientierungskomplexes schwindet. Die theoretischen Vorstellungen werden zunehmend Zweifeln ausgesetzt, die praktischen Verfahrensregeln immer häufiger durchbrochen[27].

---

[25] *A. Einstein / L. Ingfeld*, Die Evolution der Physik, München - Hamburg 1950, S. 87.

[26] Koestler, S. 241 f.

Das Versagen der vorhandenen Regeln leitet die Suche nach neuen ein. In der Krisensituation gewinnen kühne Spekulationen gegenüber der logischen Argumentation an Boden. Die Wissenschafter versuchen dann, *spekulative Theorien* aufzustellen, die, wenn sie erfolgreich sind, den Weg zu einem neuen Orientierungskomplex oder neuen Bestandteilen dieses Komplexes zeigen können, und, wenn sie keinen Erfolg bringen, relativ leicht aufzugeben sind. In der Krise greifen die Wissenschafter oft auf die philosophische Analyse als Problemlösungsmittel zurück[28]. Wissenschaftliche Erkenntnis wird in diesen Situationen keineswegs als Abfolge widerspruchsfreier Theorien gesehen, die gegen eine Idealtheorie konvergieren. Erkenntnis erscheint nicht mehr als allmähliche Annäherung an die Wahrheit, sondern eher als stets anwachsendes Meer miteinander *unverträglicher Alternativen*.

Die Bedeutung von Krisen liegt also in dem von ihnen gegebenen Hinweis, daß der Zeitpunkt für einen *Wechsel* des Orientierungskomplexes oder einzelner seiner Bestandteile gekommen ist. Allgemeine Werte wie „Wissenschaftskultur" und metaphysische Bindungen wechseln nur in äußerst langfristigen Intervallen: Kurzfristiger hingegen sind die „*Revolutionen*" im Bereich der allgemein anerkannten wissenschaftlichen Leistungen wie Theorie, Anwendung und Instrumentierung oder im Bereich der standardisierten „Klassischen Werke"[29]. Krisen sind also Voraussetzungen für das Auftauchen neuer Theorien. Die Zeit wird reif für jenen Akt, der die gedankliche Umwälzung oder der die Tatsachen unter einem neuen Ordnungsprinzip zusammenfaßt. Alle Krisen enden mit dem Auftreten von Anhängern eines *neuen Orientierungskomplexes* und dem *Streit um seine Anerkennung*.

Der Übergang zu neuen Elementen des Orientierungskomplexes, aus dem eine neue Tradition der normalen Wissenschaft hervorgehen könnte, ist weit von einer kumulativen Verlaufsfigur entfernt. Es handelt sich vielmehr um einen Aufbau des ganzen Gebiets auf *neuen*

---

[27] So beklagte sich beispielsweise Kopernikus, daß zu seiner Zeit die Astronomie bei ihren Untersuchungen so wenig einig war, „so im Ungewissen, daß sie die ewige Größe des vollen Jahres nicht abzuleiten oder zu beobachten vermögen ..., sondern es erging ihnen so, als wenn jemand von verschiedenen Orten her Hände, Füße, Kopf und andere Körperteile zwar sehr schön, aber nicht in der Proportion eines bestimmten Körpers gezeichnet, nähme, und, ohne daß sie sich irgendwie entsprächen, mehr ein Monstrum als einen Menschen daraus zusammensetzt". *N. Kopernikus*, Über die Kreisbewegungen der Weltkörper, hrsg. v. G. Klaus, Berlin 1959, S. 9 f. Dieses und weitere Beispiele finden sich bei *Kuhn*, S. 96 f.

[28] Vgl. *Kuhn*, S. 101.

[29] Der Geltungsbereich einzelner wissenschaftlicher Problemlösungsversuche sollte außer acht gelassen werden, da sich der Wandel in relativ kurzen Abständen vollzieht und hier nicht sinnvoll von einem Wandel eines Bestandteils des Orientierungskomplexes gesprochen werden kann.

Grundlagen[30]. Der Wechsel eines Orientierungskomplexes, auf welcher Stufe auch immer, bedeutet die Zerstörung eines Bezugsrahmens, der nicht nur methodologisch charakterisierbar ist, sondern sich wesentlich als geschichtlicher und geschichtlich bedingter Rahmen zu erkennen gibt. Diese Zerstörung bedeutet zugleich den Abbruch einer geschichtlichen Kontinuität. Bei den Wissenschaftern, die an einem gemeinsamen Objektfeld arbeiten, kommt es zu Polarisierungen durch den nunmehr einsetzenden Streit über die verschiedenen Orientierungskomplexe.

Der Verlust der Verbindlichkeit des alten Orientierungskomplexes hat zur Folge, daß sich das Ziel des Diskutierens grundlegend ändert. Weit entfernt, ausschließlich logisch-methodologischen Regeln zu folgen, werden hier die Argumente vielmehr zu *Überzeugungs-, ja Überredungsversuchen,* die im Erfolgsfall die einzelnen Wissenschafter zu „Konvertiten" des neuen Orientierungskomplexes machen. *Paul Feyerabend* betont, daß die Hinwendung zu neuen Ideen nicht bloß mit Argumenten bewirkt werden kann, sondern auch mit irrationalen Mitteln, mit Propaganda, Gefühl, ad hoc-Hypothesen, Berufung auf Vorurteile aller Art. Diese Mittel dienen der Aufrechterhaltung des Glaubens an die Sache solange, bis man die Hilfswissenschaften, die Tatsachen und die Argumente gefunden hat, die den Glauben in solides Wissen verwandeln[31].

Kuhn zieht Parallelen zu den politischen Revolutionen, wenn er sagt, daß es auch bei der Wahl eines Orientierungskomplexes „keine höhere Norm als die Billigung durch die jeweilige Gemeinschaft" gibt[32]. Annahme und Ablehnung eines Orientierungskomplexes sind „nicht von der logischen Struktur wissenschaftlicher Erkenntnisse" herzuleiten[33]. Die Ablehnung des einen und die Durchsetzung des anderen Orientierungskomplexes ist vielmehr im wesentlichen ein *sozialer* Vorgang. Eben diesen bezeichnet Kuhn als *Wissenschaftliche Revolution,* als „traditionszerstörende Ergänzungen zur traditionsgebundenen Betätigung der normalen Wissenschaft"[34]. Wissenschaftliche Revolutionen sind also *nichtkumulative* Entwicklungsepisoden, in denen ein älterer Orientierungskomplex ganz oder teilweise durch einen nicht mit ihm vereinbaren neuen ersetzt wird.

Wissenschaftliche Revolutionen bewirken vor allem eine Verschiebung des *Begriffsnetzes,* durch welches die Wissenschafter bisher die

---

[30] Vgl. *Kuhn,* S. 97 f.

[31] Vgl. *P. Feyerabend,* S. 213 und 287.

[32] *Kuhn,* S. 104.

[33] Ebd., S. 107.

[34] Ebd., S. 20.

Welt betrachteten. Die Gegensätze zwischen aufeinanderfolgenden Orientierungskomplexen sind weitgehend unversöhnbar. Denn sie teilen ja jeweils verschiedene Dinge über das Universum und wie es sich verhält mit. Der Wandel des Orientierungskomplexes veranlaßt die Wissenschafter in einem gewissen Sinn, die Welt ihres Forschungsbereiches ganz anders zu sehen. Diese neue Sicht der Wissenschafter kann in die Gesellschaft wirken, ja selbst zur gesellschaftlichen Erschütterung werden[35]. Auf der kognitiven Ebene, so hat *Karl Popper* gezeigt, vollziehen sich heute wissenschaftliche Revolutionen, die in ihren wissenschaftstheoretischen und wissenschaftsgeschichtlich beschreibbaren Dimensionen den spektakulären wissenschaftlichen Revolutionen früherer Jahrhunderte nicht nachstehen[36]. Aber auf der sozialen Ebene hat sich viel geändert: denn wir nehmen heute solche Revolutionen — wenn wir überhaupt in der Lage sind, sie zu durchschauen — als Leser von hinteren Seiten des Wissenschaftsfeuilletons zur Kenntnis, und im Regelfall ohne besondere emotionale Bewegtheit.

IV. Der Anspruch der Geschichte

Kuhns Modell verdeutlicht den Stellenwert des *Historischen.* Wissenschafter lernten und lernen Begriffe, Gesetze und Theorien niemals in abstracto, und an sich: Vielmehr begegnen sie „diesen geistigen Werkzeugen von Anfang an innerhalb eines historisch ... vorgegebenen Komplexes“[37]. Geschichte als prozeßhafter Zusammenhang von Vergangenheit, Gegenwart und Zukunft bestimmt bereits vor aller bewußten Beschäftigung mit der „Geschichte“ auch das wissenschaftliche Denken

---

[35] Ein interessantes Beispiel bieten die Einwände des Kardinals Bellarmin gegen Galilei. *J. Broderick,* Robert Bellarmin: Saint and Scholar, London 1961, S. 366 ff.: „Galilei kümmerte sich selbst wenig um das gemeine, unwissende Volk, die Herde, wie er es in seiner hochmütigen Haltung gegenüber allen nannte, die keine großen Mathematiker, Experimentatoren wie er waren. Selbst wenn sie, wie er meinte, ihren Glauben verlieren sollten, wenn man ihnen sagte, daß die Erde mit einer Geschwindigkeit von 80 Meilen um die Sonne rast, so müsse der Kopernikanismus gepredigt werden, zur Zeit wie zur Unzeit. Der gemeine Mann ... war Bellarmin in seinem Herzen sehr teuer, und er konnte nicht verstehen, wie Galilei Hals über Kopf eine Auffassung durchpauken wollte, die den Glauben der einfachen Menschen gefährden konnte, wo er doch so leicht seine Gedanken, wie es die Wissenschaftler heute tun, der Diskussion und stillen Untersuchung mit seinen Kollegen hätte vorbehalten können. Bellarmin hat gewiß das Recht, einen etwas gewichtigeren Beweis zu verlangen als die Jupitermonde, die Venusphasen und die Sonnenflecken, die alle ohne weiteres in das System Tycho Brahes paßten, und die Erde unbewegt ließen. ... Dieses System vertraten die jesuitischen Astronomen.“

[36] *K. R. Popper,* The Rationality of Scientific Revolutions, in: R. Harré (Hrsg.), Problems of Scientific Revolutions: Progress and Obstacles to Progress in the Sciences, Oxford 1975, S. 22 - 101, insbes. S. 88 ff.

[37] *Kuhn,* S. 60.

und Handeln. Daher ist eine Minimalkonzeption von Geschichte auch in der Wissenschaftsgeschichte unausweichlich. *Rüdiger Bubner* macht darauf aufmerksam, daß eine Kategorie der „Geschichtlichkeit" bodenlos bleibt, wenn darin nicht mehr zum Ausdruck kommt, als die Möglichkeit fallweiser und damit letztlich isolierter Demonstration von konkreten Bedingungen. Dazu sind keineswegs unüberprüfbare Behauptungen über das ganze Wesen der Geschichte notwendig, womit man dann der von *Popper* angeprangerten „Sünde des Historizismus" schuldig wäre.

Als Fundament genügt die Annahme eines Begriffs, der das Moment *realer* historischer Gegebenheiten enthält. Man kann sich durchaus an *Hegels* Begriff der Zeit orientieren, indem man den berühmten Satz aus den *Grundlinien der Philosophie des Rechts* heranzieht: „Philosophie ist ihre Zeit, in Gedanken gefaßt." Zeit ist hier der jeweils konkret historische Abschnitt, der im Selbstverständnis einer Epoche überhaupt erst als ein solcher erscheint[38]. Dieser Begriff der Geschichtlichkeit impliziert jedoch, daß jede Wissenschaft ihre Aufgaben aus *Voraussetzungen* erhält, über die sie nicht Herr ist und die ihr, ohne ihr eigenes Zutun, historisch gegeben sind.

Wissenschaft ist ein höchst komplexer und heterogener geschichtlicher Vorgang, der undeutliche und unsystematische Vorwegnahme künftiger Ideologien neben hochentwickelten theoretischen Systemen und alten versteinerten Denkformen enthält. Einige ihrer Bestandteile liegen in Form eindeutig niedergeschriebener Aussagen vor, andere sind verschüttet, werden nur durch Gegenüberstellung mit neuen und ungewöhnlichen Auffassungen erkennbar. Dies gehört zu den Voraussetzungen wohl jeder Wissenschaft. Es ist *Wolfgang Wielands* Verdienst, nachdrücklich darauf aufmerksam gemacht zu haben, daß es ein Unding ist, dem Ideal einer voraussetzungslosen Wissenschaft nachzujagen, da ja bereits die Rede von einer voraussetzungslosen Wissenschaft einen Widerspruch impliziert. Vielmehr geht es darum, die zunächst latenten Voraussetzungen zu reflektieren, sie zu vergegenständlichen und einer allgemeinen Kontrolle zu unterwerfen[39].

Die *Abwertung* historischer Tatsachen als einer der unabdingbaren Voraussetzungen jeder Wissenschaft ist tief in der Ideologie des wissenschaftlichen Berufs verwurzelt, obwohl gerade sonst die Wissenschaft in sachlichen Einzelheiten anderen Dingen höchsten Wert beimißt. „Das Ergebnis ist eine beständige Neigung, die Geschichte der Wissenschaft

---

[38] Vgl. dazu *R. Bubner*, Dialektik und Wissenschaft, Frankfurt a. M. 1973, S. 108 f.

[39] *W. Wieland*, Möglichkeiten der Wissenschaftstheorie, in: R. Bubner / K. Cramer / R. Wiehl, Hermeneutik und Dialektik I, Methode und Wissenschaft, Lebenswelt und Geschichte, Tübingen 1970, S. 39 f.

linear oder kumulativ erscheinen zu lassen, eine Neigung, welche die Wissenschafter sogar dann erfaßt, wenn sie auf ihre eigene Forschungsarbeit zurückblicken[40]." Hätten die Wissenschafter ein angemessenes historisches Bewußtsein, so könnten sie den gängigen Wahrheitsanspruch nicht mehr aufrechterhalten. Sie müßten zugestehen, daß es auch in der Wissenschaft keine absolute und definitive Erkenntnis gibt. Sie müßten bekennen, daß jede Wahrheit immer nur vorläufig richtig ist. Und sie müßten die schockierende Einsicht akzeptieren, daß *„aller Aberglaube alte Wissenschaft und alle Wissenschaft neuer Aberglaube ist"*[41].

Diese Formulierung von *Franz Strunz* ist kein Plädoyer für Relativismus und Agnostizismus, sie verdeutlicht vielmehr den unverlierbaren Gehalt des *Historismus*. Jede Generation lebt unvermeidlich mit dem von ihr produzierten Wissen, das alsbald Bestandteil der Wissenschaftsgeschichte wird. Ist nicht stets morgen alles ein wenig mehr von gestern? Die enorme Evolutionsbeschleunigung unserer wissenschaftlich-technischen Zivilisation zwingt zu dieser Einsicht. Der Historismus ist so alt wie der Fortschritt selbst, denn er ist sein unentbehrliches Kompensat.

V. Konsequenzen für die Rechtswissenschaft

Die kurzen allgemeinen Ausführungen über Dynamik und Relativität der Wissenschaft erlauben für die Rechtswissenschaft einige Konsequenzen anzudeuten:

1. Von der durch evolutionäre Beschleunigung bedingten Wissenschaftskrise ist die Rechtswissenschaft *doppelt* betroffen: zum einen als *Wissenschaftsdisziplin* und insofern wie jede andere Wissenschaft; zum anderen durch ihr *spezifisches Objektfeld*. Denn in verstärktem Maße wird von der Rechtswissenschaft verlangt, gerade die technologisch vermittelten Auswirkungen wissenschaftlichen Fortschritts normativ zu regeln und zu kontrollieren. Dies erfordert von der Rechtswissenschaft *integrative Forschungsbereiche*, Wissenschafter also, die in anderen Wissenschaftsdisziplinen, wenn schon keine „Mitredekompetenz", so doch eine qualifizierte „Mithörkompetenz" haben. Der rasche institutionelle Ausbau solcher Forschungsbereiche ist eine dringliche Forderung. Darüber hinaus hat sich die Rechtswissenschaft als Wissenschaft zu begreifen und sich an der *Grundlagendiskussion von „Wissenschaft"* zu beteiligen.

---

[40] *Kuhn*, S. 150.

[41] *F. Strunz*, Beiträge und Skizzen zur Geschichte der Naturwissenschaften, Frankfurt und Leipzig 1906, S. 1.

2. Streitigkeiten, die heute noch ergebnislos unter den Vertretern einer „bürgerlichen“ und solchen einer „fortschrittlichen“ Rechtswissenschaft ausgetragen werden, sind so abgestanden wie die spitzfindigen Turniere der aristotelisierenden Spätscholastiker. Denn die Frage nach dem Primat geistiger Prozesse oder sozialer Strukturen stellt eine *unbrauchbare Alternative* dar. Die Rechtswissenschaft ist weder einseitig reduzierbar auf eine rationale Theorie der Ideenentwicklung noch auf soziologisch-ökonomische Betrachtungen. Eine rein machtsoziologische Reduktion der Rechtswissenschaft auf soziale Konstellationen wie etwa im *Marxismus* übersieht die Mächtigkeit der internen Begriffsstrukturen systematisierter Wissenserzeugung. Rationale Theorien der Rechtswissenschaft — ihre logischen Gesetze und methodologischen Forderungen, die sie konstitutieren — vernachlässigen die notwendige Untersuchung der sozialen Komponenten.

3. Da die Rechtswissenschaft, wie jede Wissenschaft bestimmten Regeln — *Orientierungskomplexen* — folgt, ist ihre Analyse eine zentrale Aufgabe rechtswissenschaftlicher Grundlagenforschung. Denn durch sie wird zunächst jeweils abgegrenzt, was als rechtswissenschaftlich erheblich gilt und was als Kehrseite aus dem „Weltbild“ dieser Wissenschaft fällt. Welche Regeln bestimmen die Wissensproduktion in der Rechtswissenschaft? Ist die *Sozialrelevanz* solch eine Regel? Wenn ja, so werden mittels dieser Kategorie — wie immer Sozialrelevanz definiert wird — auch sozio-ökonomische Interessen der Gesellschaft in die Rechtswissenschaft transformiert. Bereits die vorangehende Anwendungsorientierung, was jeweils als rechtswissenschaftlich relevante Erkenntnis zu gelten hat, kann sich durchaus in der rechtswissenschaftlichen Begriffsstruktur niederschlagen. Darüber hinaus unterliegt die Rechtswissenschaft Restriktionen, die sie auf die *ethischen Standards* ihrer Umgebung festlegen. Also dürfte kulturelle Legitimität vorweg eine Erzeugungsregel sein. Die Auflistung von Erzeugungsbedingungen und Erzeugungsregeln in der rechtswissenschaftlichen Wissensproduktion ist ein ausstehendes Unternehmen.

4. Die Frage nach den *Verlaufsfiguren der Wissensproduktion* verdeutlicht, wie notwendig nicht bloß rechtshistorische Analysen sind, sondern auch wissenschaftsgeschichtliche Untersuchungen zur Rechtswissenschaft. Egal nun wie brauchbar oder unbrauchbar das Kuhnsche Modell der Wissenschaftsgeschichte ist, es liefert auf jeden Fall einen Diskussionsansatz, auf dem die Forschung erheblich fortgeschritten ist. Das jeweilige Selbstverständnis der Wissenschaftskultur und deren generelle Annahmen, dann die metaphysischen Bindungen, Weltanschauungen der Wissenschafter, aber auch die Wissenschafts-, Ideen- und Begriffsgeschichte der Rechtswissenschaft müssen umfassend erfaßt und dargestellt werden, „Krisen“, „Anomalien“ und Orientie-

rungskomplexwechsel — die dahinter stehenden argumentativen Strukturen bedürfen ebenfalls einer sorgfältigen Untersuchung. Hier wäre auch der Gegenstandsbereich *Recht und Sprache* zu berücksichtigen und anderes mehr.

Von diesen grundlegenden Konsequenzen ließen sich nun detaillierte und spezialisierte Forderungen ableiten, über die hier nicht mehr zu sprechen ist. Das Anliegen war lediglich, aufzudecken, daß die Rechtswissenschaft, wie jede Wissenschaft, von sich stets wandelnden „Voraussetzungen" ausgeht und ausgehen muß und daß diese selbst wissenschaftlicher Kontrolle unterworfen werden sollen.

BY WHAT CRITERIA CAN PROGRESS IN LEGAL THEORY BE DETERMINED?*

By Franz Wimmer, Salzburg

First I want to give some stipulations by which the subject matter of legal theory can be defined. By *legal theory* I understand a scientific system of propositions which describes and explains legal matters. Accordingly, legal theory is not a mere classification and/or interpretation of given laws, but has to discuss arguments for or against such laws as well. If the question forming the title of my paper is to be discussed rationally, we have also to be able to define the concept of progress. By *progress* in a given scientific discipline I understand certain changes in the sets of propositions, such that it can be established in each case what kind of improvement is obtained by those changes.

I should here mention a *reservatio mentalis* concerning the following approach: I do not suggest that exactly those criteria here set out can guarantee that we shall be able to determine real progress in the theory of law. I do not claim either that all those criteria are necessary. But I do seriously suggest that theorists of law need to have *some* agreed set of such criteria. Otherwise the general question of progress in legal theory cannot be answered. We must not presuppose that progress in legal theory will automatically ensue provided everybody does research in a field which he or she finds interesting or under-researched. Nor do I think we really presuppose that. But if we do not believe in such a kind of teleology, it seems preferable to look for explicit agreement on such criteria. The following is meant as a proposal in that direction.

I shall discuss the question in three stages:

My first question is: What is the content of legal theory? My proposal is as follows: legal theory contains at least definitions of basic legal and normative concepts, rules for the adequate description of legal states of affairs and other requirements (cf. 1.3.1 - 1.3.6).

---

* I want to express my thanks to all participants of the Salzburg Symposium on Legal Theory who commented on the German version of this paper and to Dr. *Peter Simons*, who made my English English.

It seems to me that a set of propositions which does not fulfil all of these requirements cannot be called a complete or scientific legal theory.

My second question is: By which characteristics can different legal theories be distinguished? Put briefly, my answer is: they are different according to their definitions and descriptions of the subject matter (2.1); according to the set of explanatory and prognostic hypotheses they use (2.2); and according to the possibilities they provide for an application of their results in the planning of law, in legislation, in the interpretation of law, and in the execution of law (2.3).

My third question is simply the title question of the whole paper. I shall answer in two steps: first I suggest a set of criteria (C1 - C12) by which one should be able to discern changes in all of the three fields mentioned above (3.1). Then we must clear up the question whether some of those criteria give necessary conditions and whether there is a hierarchy among the criteria (3.2).

1. What is the content of legal theory?

1.1 The meaning of the question

This is an ambiguous question. Firstly, it can indicate that we are asking which special disciplines comprise the traditional discipline "legal theory". In that case, the answer would be something like: there has to be deontic logic, sociology of law, history of law, philosophy of law, and so forth. If we seek an answer of this type, we are asking about the nature of a discipline or institution called "legal theory"; what its activities and forms of organization are.

Secondly, the question can indicate that we are asking about propositional structures, i.e. about theoretical concepts and results of the history, logic, sociology etc. of law. Such results can be sentences, norms, hypotheses, theories or rules of action. For my purposes here I shall take the question in the second sense.

1.2 Which kinds of answers fail to serve our purpose?

Presentations of the theoretical situation can be found in contemporary legal theory which suggest that there is no clear convention among philosophers or theorists of law concerning the question as to which sentences or stipulations a scientific legal theory has to contain. In fact we find a jungle of different "positions", "approaches", "foundations" etc. of legal theory. If we isolate one of those "approaches", the situation may be clearer, but even that is not granted in every case.

For example, although *Kelsen*'s position defines quite clearly which sentences are to be considered and which rules are to be obtained, other traditions in legal theory are not so explicit on these questions.

Independently of the question, whether theoretical stipulations are generally accepted by legal theorists, it can happen that *de facto* the same kinds of propositions are contained in most or all of the publications which are classified as "legal theory". If this is the case, we do not have necessarily a rational convention, but at least we have a well-attested and possibly very solid tradition. I leave it open to jurists and legal theorists whether there really is such a tradition or not.

Both kinds of answer — the appeal to a perhaps "philosophically founded" approach as well as the demonstration of a firm tradition — have their cognitive value, but they are not sufficient, because they both lend too much weight on the historical or present state of the discipline. So we can hope that a systematic consideration of the question will give us a more helpful answer.

1.3 Once more: What is the content of legal theory?

Our question now is: Which kinds of propositional structure must a set or system of propositions minimally contain before we can call that system a scientific legal theory? My answer starts with the point that there are three fields to be discussed: the definition of the subject matter and its description; the explanation of the subject matter; the manipulation of the relevant part of reality.

The following kinds of propositions are supposed to correspond to those fields:

1.3.1 Definitions of basic legal concepts (such as "justice", "law", and "punishment").

1.3.2 Rules for the distinction of adequate and inadequate descriptions of legal states of affairs (e.g.: "The state of affairs x corresponds in legal system y to evidence z.").

1.3.3 Consistent stipulations concerning the validity of legal norms (e.g.: "p is a legal norm if and only if q.").

1.3.4. Normative hypotheses (general norms) which argue for or explain the validity of legal norms (e.g.: "Each legal norm has to be deducible from the basic norm.").

1.3.5 Ethical or juridical axioms (e.g.: "For every legal system holds: *in dubio pro reo*.").

1.3.6 Rules of application of propositions which argue for norms, or are explaining norms, or are norms themselves (e.g.: Stipulations in a constitution concerning the legality of a legislative procedure.).

I think that 1.3.1 - 1.3.6 describe the minimal content of a scientific legal theory; the required propositions can, however, be explicitly formulated or implicitly presupposed. If there are two different legal theories, both containing all of those propositions, either explicitly or implicitly, we can and should discuss to what extent those legal theories can be different.

2. What are the differences between two different legal theories (LT)?

According to the considerations in section 1 we can give a short answer: LT_1 is different from LT_2 if and only if LT_1 contains at least one proposition of the kinds named in 1.3.1 - 1.3.6 (or a proposition which is a consequence of them) which is not a proposition in LT_2, or vice versa. What does that mean?

2.1 If there are in LT_1 definitions of basic concepts or rules of adequate description of legal states of affairs which are different from those in LT_2 (i.e. differences according to 1.3.1 - 1.3.2), the difference concerns the subject matter: the subject matter of LT_1 is not completely the same as the subject matter of LT_2, or at least one cannot be sure that this is the case. If any comparisons of LT_1 and LT_2 are to be possible at all, there have to be translation rules such that the propositions and norms can be translated from the language of LT_1 into the language of LT_2 or into another language, which covers the languages of both LT_1 and LT_2. Without such a translation the question cannot arise whether LT_1 represents progress over LT_2 or the other way around. This translation therefore is a necessary condition for answering our question. But it is obvious that we cannot derive any criterion of relative progress simply from the fact that we are able to express a description or a concept of LT_1 in the language of LT_2 or in some other language.

2.2 If LT_1 contains stipulations concerning the validity of legal norms, normative hypotheses explaining the validity of legal norms, or ethical or juridical axioms which are different from those in LT_2 (differences according to 1.3.3 - 1.3.5); those differences concern the theoretical or hypothetical field: the set of hypotheses and theories of LT_1 is not equivalent with that of LT_2. There can be two variations of this case:

2.2.1 It is possible that LT_1 does not formulate certain hypotheses which LT_2 formulates, but LT_1 presupposes implicitly the same hypotheses. In that case the comparability of LT_1 and LT_2 presupposes that the hypotheses of both LTs are formulated to the same degree of completeness. Only under that condition we are enabled to question the scientific status of LT_1 in comparison to LT_2, i.e. to question whether variation 2.2.2 is the case.

2.2.2 It is possible that LT_1 contains certain hypotheses which are negated by LT_2. In that case we meet a real difference of the two *LT*s in the field of hypotheses, such that we have to choose between them and to ask, which criteria enable us to make the choice rationally.

2.3 If LT_1 provides rules of application for the propositions argued for or explained which are different from those in LT_2 (differences according to 1.3.6); those differences concern the practical use of the two *LT*s.

I have now to formulate a set of criteria whose application in all of the three kinds of difference mentioned above should enable us to state in any particular case which of the two *LT*s is the more advanced.

3. What criteria permit progress in legal theory to be determined?

I shall discuss this question on two levels. First I propose a set of criteria which emerges from the above considerations about the content and the possible differences between legal theories. Then I shall seek to order these criteria in importance.

3.1 The set of criteria

3.1.1 Semantic solidity

The first criterion (C1) I call *semantic solidity*. It concerns the concepts of a *LT* and is fulfilled in a relatively higher degree, if the concepts it uses tend to be unambiguous and precise and to fulfil other qualifications of well-defined concepts. The extent to which a given *LT* fulfils C1 is to be established by comparing those concepts with the phenomena described by that *LT*. If phenomena are described for which there are no defined concepts in the language of a *LT*, this would indicate a lack of semantic solidity. If there are expressions in the language of a *LT*, such that one and the same expression is used to describe two different phenomena (ambiguity), then this also indicates lack of semantic solidity. (Cf. *Ilmar Tammelo*'s concept "semiotic solidity" in his paper in this volume.)

A given LT_1 is preferred to a given LT_2 according to C1, if the conceptual framework of LT_1 fulfils C1 in a higher degree than does the framework of LT_2. C1 concerns the propositions of a *LT* which are named under 1.3.1 and 1.3.2.

3.1.2 Empirical Compatibility

As the second criterion (C2) I propose *empirical compatibility.* It concerns a relation between the descriptions which are given by a *LT* or which underlie the hypotheses of a *LT* and the relevant empirical knowledge available at a given stage; this is meant in a broad sense so that biological, sociological, and psychological — and in some cases even physical — knowledge (relevant for legal theory) is included. The extent to which C2 is fulfilled by a given *LT* is to be established by the comparison of the collected relevant data of the empirical sciences with the description of that *LT*. A description in *LT* is not compatible with an empirical datum if in this description it is presupposed or maintained that certain norms or legal states of affairs cannot — at least not for a long time — exist in a working societal order, yet this very situation is or was provably the case.

A given LT_1 is preferred to a given LT_2 according to C2, if LT_1 does not contain a proposition incompatible with the relevant empirical knowledge, while LT_2 does; or if the incompatible propositions in LT_1 have fewer or less significant consequences than those in LT_2. C2 concerns the propositions of a *LT* which are named under 1.3.1 - 1.3.3, 1.3.5 and 1.3.6.

3.1.3 Empirical Support

C3 is called the criterion of *empirical support.* It concerns the same relation as C2, but it transcends C2 in two respects: first, it concerns not only descriptions but also hypotheses which are used in explanations, and second, it demands more than mere compatibility. Whether C3 is fulfilled has to be established by an analysis of the explicit assertions and implicit presuppositions of a *LT* to see which empirical data can support those propositions. Then those data have to be compared with the actually available relevant data from the social sciences, psychology, biology, even physics and chemistry, and so forth. A description or explanation in a *LT* is supported by an empirical datum, if this datum gives evidence for a very widespread or, if possible, intercultural legal practice or acceptation of legal norms.

A given LT_1 is preferred to a given LT_2 according to C3, if the descriptions or hypothetical norms explaining the data of *LT* are supported by the results of relevant empirical disciplines to a higher degree in LT_1 than in LT_2. C3 concerns the propositions of a *LT* which are named under 1.3.2 - 1.3.6.

3.1.4 Deontic Solidity

The fourth criterion (C4) I call *deontic solidity.* It concerns above all the stipulations about the validity of norms, of their respective order, but also explanatory hypotheses for norms, and ethical as well as juridical axioms. C4 is applied by analyzing the logical structure and the various mutual relations of the propositions of the said kind in a legal theory, and comparing that use with the corresponding theories or hypotheses of deontic logic.

A given LT_1 is preferred to a given LT_2 according to C4, if the logical relations between the propositions in LT_1 agree in a higher degree with the results of deontic logic than do the propositions in LT_2. C4 concerns the propositions of a *LT* named in 1.3.3 - 1.3.5.

3.1.5 Maximal Consistency

C5 is called the criterion of *maximal consistency.* It concerns all propositions of a *LT.* Whether, and if so, to what extent C5 is fulfilled, is to be established by seeking the maximal consistent subsets of the propositions held by a *LT* according the methods which *Nicholas Rescher* developed as the rules of "Alethic Preference" (in: The Coherence Theory of Truth, Oxford 1973).

A given LT_1 is preferred to a given LT_2 according to C5, if the propositions held in LT_1 build up more subsets which are maximally consistent than is the case with the propositions held by LT_2. C5 concerns all propositions named in 1.3.1 - 1.3.6.

3.1.6 Content of explanatory hypotheses

As C6 I propose to investigate the *content of explanatory hypotheses.* This does not concern descriptions or practical applications of *LT,* but rather the field of theories and hypotheses. I assume that for the explanation of states of affairs in *LT* hypotheses can be used which explain the occurence of legal states of affairs (empirical or descriptive states of affairs) as well as hypotheses which explain the validity of (legal) norms (normative states of affairs). So two formulations of C6 are possible:

C6a: a given LT_1 is preferred to a given LT_2 according to C6a, if the hypotheses formulated in LT_1 have a greater empirical content than the hypotheses formulated in LT_2.

C6b: a given LT_1 is preferred to a given LT_2 according to C6b, if the hypotheses formulated in LT_1 have a greater normative content than the hypotheses formulated in LT_2.

Both C6a and C6b concern the propositions named in 1.3.3 - 1.3.5. (For normative explanation cf. *Paul Weingartner,* Wissenschaftstheorie I, Stuttgart 1978, pp. 139 - 147.)

3.1.7 Degree of confirmation of the hypotheses

The seventh criterion (C7) also concerns the theories and hypotheses of a *LT,* namely their *degree of confirmation.* By that I understand that the hypotheses of a *LT* which explain norms in that *LT* should and can be confirmed by other disciplines. These can be empirical disciplines such as psychology, sociology, history, as well as other disciplines which do not operate empirically at all (or do so only partly), such as ethics and logic.

A given LT_1 is preferred to a given LT_2 according to C7, if the hypotheses of LT_1 are confirmed in a higher degree by other disciplines than are the hypotheses of LT_2. C7 concerns mainly the propositions named in 1.3.4, but it also can be applied to the rules mentioned in 1.3.6.

3.1.8 Capacity for prediction

I call C8 the criterion of *maximal capacity for prediction.* C8 is fulfilled by a *LT* to a given degree, if the empirical and normative hypotheses formulated in that *LT* permit sound predictions about developments in the field of legal states of affairs or about practical consequences of legally relevant measures and manipulations to be made.

A given LT_1 is preferred to a given LT_2 according to C8, if the hypotheses formulated in LT_1 permit at least one sound prediction of the said kinds which is not permitted by the hypotheses formulated in LT_2. C8 mainly concerns the propositions named in 1.3.6; to a lesser extent the propositions named in 1.3.4, and also 1.3.5.

3.1.9 Possibility of legal planning

The first of four criteria which concern the possibility of the application of *LT,* I call that of the *optimalization of legal planning.* It is fulfilled to the extent that the propositions hold by a *LT* permit us to describe and explain the processes and procedures of legal planning, and to argue for their normative presuppositions.

C9 as well as C10 - C12 concern the propositions named in 1.3.6.

3.1.10 Possibility of legislation

C10 concerns *legislation*. It is fulfilled by a *LT* to the extent that this *LT* permits us to describe, explain, and provide controls for changes in the *corpus legum* of a given society. A *LT*, which fulfils this criterion to a higher degree than another *LT*, permits a more efficient and systematized legislation.

3.1.11 Possibility of legal interpretation

C11 concerns the *possibilities of legal interpretation* provided by a *LT*. It is fulfilled if, by the concepts defined in a *LT*, by descriptions and explanations of legal states of affairs one is enabled to give a clearer interpretation of specific norms etc. than without these definitions etc.

3.1.12 Possibility of optimal jurisdiction

C12 concerns the relation between a *LT* and the execution of law or *jurisdiction*. It is fulfilled by LT_1 in a higher degree than by LT_2, if the stipulations, descriptions, and explanations of LT_1 enable one to execute laws more surely and unambiguously than those of LT_2.

The criteria I have listed so far concern in part the adequate description of legal states of affairs mentioned in 2.1: C1, C2, C3, C4, C7.

Other criteria concern the field of theories and hypotheses mentioned in 2.2: C3 - C8.

Other criteria concern the application of *LT* mentioned in 2.3: C8 to C12.

Only a few of the criteria can be formulated in such a way that they have to be fulfilled by a scientific *LT* totally; in most cases one can expect at best a more or less rational choice between two *LT*s by the combination of some or all of those criteria.

Now we have to discuss the question, whether the criteria need to be ordered and how to argue for such an order.

3.2 Hierarchic order of the criteria?

The series of criteria (scil. 1 to 12) given above was inspired by the question: Which changes are observable in a *LT* as a set of propositions? Now this question is insufficient to answer the question about progress and regress in *LT*, because one of the criteria can — according to the practical needs of lawyers, philosophers of law and other people — seem of greater importance than the others. Further, it is not at all clear that all differences between two legal theories LT_1 and LT_2 are of equal importance, and it is likewise not clear which ones are the most important. It is therefore desirable to have an agreement on the question whether some criteria have to be fulfilled in all cases (or: to be fulfilled in a higher degree in all cases), if LT_1 is to be rationally preferred to LT_2.

I cannot propose a solution of that question here, but I nevertheless wish to indicate the direction in which I imagine a solution could lie.

Firstly we take those criteria which have to be fulfilled in order that we can speak of a *scientific LT* at all. These are criteria which have consequences for all fields of *LT*, for all of its propositions and norms. These seem to be the criteria which concern definitions, rules for distinguishing adequate from inadequate descriptions, stipulations about the validity of norms, and ethical and juridical axioms. Criteria which concern these states of affairs have to be fulfilled (in a sufficient degree) by any *LT* which can be considered as scientific.

Only if two comparable *LT*s fulfil all of these criteria in a comparable degree does it become possible to choose between them by recourse to other criteria, in view of the concrete problem which is to be solved. This could be a practical problem, in which case one legal theory would turn out to be better than another, for example, because of its superiority for prediction or for legal planning. A problem addressed in this paper could be the aims in consideration of which progress in legal theory cannot only be apprehended but can also actually take place.

ON THE PARADIGM ARTICULATION IN LEGAL RESEARCH

By Aulis Aarnio, Helsinki

1. The progress of science and the growth of scientific knowledge are quite typical problems in the present philosophy (theory) of science. Numerous attempts have been made to construe such a conceptual framework that would describe in an adequate way the dynamics of the factual scientific work. Roughly speaking, two main trends may be identified: the epistemic (critical) realism and the (epistemic) in[1] strumentalism. As a representative of the former trend *K. R. Popper* has often been mentioned.[1] According to some authors, *Thomas S. Kuhn* would belong to the trend of instrumentalism.[2] So far as I can see, the differentiation of this kind is not well-founded in detail.[3] In no case the division is a clear-cut one. The aim of this contribution is not to analyse the relation between epistemic realism and instrumentalism, not to mention the differences in opinions presented by Popper and Kuhn. Hence, the paper is consciously one-sided: certain ideas of Kuhn's theory have been taken as given. On the basis of them an attempt will be made to find out whether those ideas are applicable in the analysis of legal research. In other words, what does it mean to speak (by means of Kuhn's terminology) about the growth of legal knowledge?

2. The object of the study is, however, restricted in certain important respects. The focus of the discussion here is only on *legal dogmatics*, that is, on the doctrinal study of law.[4] The sociological legal research

---

[1] *K. R. Popper*, The Growth of Scientific Knowledge, Frankfurt am Main 1979. See about the conditions of the growth of knowledge in legal dogmatics also *Aulis Aarnio*, On Truth and the Acceptability of Interpretative Propositions in Legal Dogmatics, RECHTSTHEORIE Beiheft 2 (1981).

[2] *Thomas S. Kuhn*, The Structure of Scientific Revolutions, 2nd ed. Chicago 1970. See also *Thomas Brante*, Vetenskapens struktur och föränring, Lund 1980.

[3] *Aulis Aarnio*, On the Paradigm of Legal Dogmatics, in: Proceedings of the XI. World Congress on Philosophy of Law and Social Philosophy, Basel 1979 (in print).

[4] The present contribution is concentrated on theories *in* legal dogmatics, i. e. on *legal-dogmatical* theories, not on *legal* theories as theoretical conceptions about law, the application of law, legal research etc. *Legal theory* is, in other words, understood in this article as a part of legal philosophy. In this regard it means jurisprudence. If legal theory deals with legal dogmatical research, it works on metalevel compared with legal dog-

(e. g. *Rechtstatsachenforschung*) as well as legal sociology in general will be left outside the scope of this paper.

Legal dogmatics is, on the other hand, understood as a totality importing two tasks: the *interpretation* and the *systematization* of legal norms. Roughly speaking, the object of legal dogmatics is the valid legal order or, as usual, one part of it. Hence, the legal dogmatical interpretation produces information of the type: "Norm N that has the content C is valid at the moment t_i in the legal order O". Statements of this structure can be called "norm statements".[5]

Def. (1): Norm statements give information about the content and the validity of legal norms.

The systematization in legal dogmatics is the same as organizing valid norms according to a set of chosen criteria. By means of the systematization one gets a more general picture about legal norms than it would be possible on the basis of the knowledge of mere separate norms. Every systematization in legal dogmatics is based on a conception about legal order and this conception is at least to some degree, systematically organized. Let us call it "basic system" (S_i). As an example of this kind of systematization can be mentioned the system of law texts (e. g. the texts of the Finnish Marriage Act). The idea of the legal dogmatical systematization is to produce a set of concepts that is more general in nature than S_i and that at the same time gives same solutions to the same problems as S_i. I reserve for it the letters S_j. We get the following definition.

Def. (2): Systematization involves the reformulation of system S_i into the system S_j so that S_i is identical with S_j.[6]

The two tasks of legal dogmatics: interpretation and systematization, have reciprocal relations with each other — the way of systematizing locks the framework of interpretative statements and, analogously, the

matics. Legal theory is, then, a theory about legal dogmatics. *Legal-dogmatical theory* as an articulation of the legal dogmatical paradigm is a theoretical conceptualization of certain legal phenomena. Legal-dogmatical theories are, in this sense, *doctrines* presented by legal research. Such doctrines can be, for instance, the doctrine about ownership, the doctrine about the legal position of an heir etc.

[5] See about the terminology *Aulis Aarnio / Robert Alexy / Aleksander Peczenik*, The Foundations of Legal Reasoning, RECHTSTHEORIE 1981 (in print) and *Ilkka Niiniluoto*, On the Truth of Norm Propositions (in this volume).

[6] The definition is based on an analysis presented in *Carlos Alchourrón / Eugenio Bulygin*, Normative Systems, Wien 1971, p. 52 ff. The identity assumption which is the basis of *Alchourrón*'s and *Bulygin*'s conception is, however, quite a problematic thesis. See about the criticism of it *Aarnio*, Denkweisen der Rechtswissenschaft, Wien 1979, p. 58 ff.

conception concerning the content of legal norms is reflected in the chosen systematics.[7] On account of the internal connections of this kind it is natural to think that systematizations have important roles from the point of view of the growth of legal knowledge. If the systematization defines significantly the interpretations of legal order then the change of systematizations (from S_i to S_j) must be significant as far as the change in knowledge is concerned. On the basis of these notions, the main problem of the present contribution can be formulated as follows: *On which presuppositions the change of legal dogmatical systematizations do signify the growth of legal knowledge?*

3. Let p stand for a proposition which can be characterized as either valid or non-valid according to certain criteria accepted by a certain scientific community. If the proposition p is part of a scientific theory T, or can be derived from this theory, I shall say that p is a scientific proposition. In this connection I use a scientific theory to mean a group of propositions which (on certain grounds) is systematized. In other words, in legal dogmatics a systematization is, from this point of view, a counterpart for a scientific theory.

Let us also suppose that theory T_1 contains the three propositions p_1, p_2 and p_3, systematized on ground G_1. In this connection there is no reason to analyse in detail how the systematization has been done. I simply suppose that proposition p_1 gives an answer to problem q_1 (in the target area), proposition p_2 to problem q_2 etc. This supposition allows us to say that theory T_1 covers problem area A_1 (which, then, consists of problems $q_1 \ldots q_3$). In the same way we can define theory T_2 (problem area A_2), theory T_3 etc.

On this basis the *scientific change* can be understood in several different ways. I shall mention a few of these. First, it appears possible to speak of the *internal* change of a theory: in theory T_i proposition p_i is rejected (as non-valid), it is replaced by proposition p_j or the group of propositions which forms the theory is enlarged to include proposition p_k. A consequence of this is that adding proposition p_k at the same time expands theory T_i so that it covers problem area A_{i+k} instead of area A_i. In other words, the theory is applied to new problems. Also, internal changes may be combined in different ways, and so the theory continually "lives". Parts of it are rejected, parts are defined, parts are refined, parts are augmented and so on. In some cases rejection of proposition belonging to the theory leads to the rejection of the entire theory.

---

[7] Ibid., p. 61 ff.

Research praxis shows that theories T_1 and T_2, which cover a certain area, can also be reduced to a more general theory T', that has a more comprehensive explanatory power or that is, in some other sense, more covering as to its nature. We may speak simply of theory reduction.

It is also possible that the same group of phenomena is covered by two or more theories (T_1, T_2, T_3 and so on). These theories may be mutually exclusive or they may supplement each other. In the former case, acceptance of theory T_2 leads to the rejection of theory T_1. The change does not occur within the framework of a certain theory but the change means a choice between different theories. In this sense we can speak about *external* change of a theory. When theories only supplement each other, an external change does not take place. The change in this case is something like a theory reduction.

Keeping in mind the above conceptual analysis, we may speak of the growth of knowledge in multiple respects. By the concept of growth we may simply mean that the number of scientific propositions increases. *More problems* can be solved than before within the confines of a certain theory. In this case, an expansion of the problem area of a theory means the same thing as growth in knowledge. The situation becomes problematic when a certain theory in itself can be demonstrated to be "false". In such a situation we are faced with the question as to the grounds on which we can say that knowledge has increased, if theory T_1 has been replaced by theory T_2. In this it is not merely (or necessarily) a case of an increase in the *number* of knowledge postulates — scientific propositions. Rather, it is a problem af a *qualitative* change in knowledge.

With an eye on progress of science, it is this last matter which would appear to hold a key position. This question can be presented as follows: *When is it possible to say that knowledge has increased qualitatively so that we have a right to speak of progress of science?* A mere increase in the number of knowledge postulates does not guarantee the progress of science. It is entirely possible that even a large group of propositions is shown to be false or that in some relevant matter this group of propositions can be replaced by a group of propositions which corresponds to the problems in a "superior" manner.

4. For *Kuhn*, science is essentially the use of conceptual instruments.[8] Researchers learn how to use these in concrete scientific work. As a product of this learning process, scientists adopt a certain uniting framework, a *paradigm*. Originally, *Kuhn*'s concept of paradigm was very general. It has been said that it combines several different points

[8] The following exposition is based on *Kuhn*'s work mentioned in footnote 2.

of view. On one hand, a paradigm is formed from among conceptual, theoretical, instrumental and metaphysical commitments. On the other hand, it is a formation of beliefs given in advance which allows choice, evaluation and criticism. However, at the same time *Kuhn* regarded paradigmas as prototypes which act as models in scientific work. Again, in some connections he hinted that paradigmas are collections of concepts, similar to theories. All in all, *Kuhn*'s original concept of paradigm is essentially a more global phenomenon than mere norms or rules of scientific work or scientific theories. Briefly stated: *everything which makes it possible for science to achieve something is part of the paradigm.*

Later on (in the second edition of his work in 1970), Kuhn himself refined the concept by noting that he had mixed, in a misleading manner, two features of the paradigm concept: *exemplares* and *disciplinary matrices.* The former are solutions to problems accepted by the scientific community as paradigmatic while the latter are frameworks which unite scientists and which explain the relative absence of problems in professional communication between scientists. When connected through matrices, researches can present by and large uniform "professional evaluations" of the correctness of the solutions to the problems presented.

According to *Kuhn,* science is a *discontinuous* process in which the previous ways of viewing things are revised from time to time and are possibly rejected in favour of new ways of viewing things. The concept of discontinuity of scientific process is specifically intertwined with the concept of the paradigm. In *Kuhn*'s view, science goes through a number of different stages. At first, science is in a *preparadigmatic* stage where a framework uniting scientists (i. e. a matrice) has not yet stabilized. This is followed by a stage of *paradigm stabilization,* after which a certain paradigm becomes established as the dominant framework in the scientific community. This paradigm fastens the confines within which research — normal science in *Kuhn's* terminology — functions; confines in which the scientific problems are stated and the answers to these problems are given.

On the other hand, it is necessary that a certain paradigm brings about certain types of theories. The established paradigm appears, so to speak, in scientific theories. Or slightly in other words: *the paradigm is articulated in the theories concerning the research area in question.*

However — so runs *Kuhn*'s argument — it is characteristic of the progress of science that in time certain facts which do not fit into the prevailing paradigm begin to appear. The problems posed by these facts, *anomalies,* are not to be solved through the established theories accepted by the prevailing paradigm. It is important to note that an anomaly can only be recognized against a certain matrice. Yet, when the number (and significance) of anomalies becomes sufficiently large, science enters a *crisis*. In a way, anomalies destroy the common basis on which scientific work is built. Scholars clearly understand that the ways of solving problems in the respective field in accordance with the prevailing matrice are insufficient.

The crisis can then be *resolved* in three different ways:

(1) The exemplars and theories of the period proceeding the crisis *win* in the end. In other words, the crisis is demonstrated to have been only ostensible and temporary.

(2) The problem which is the background to the crisis is left to be solved by a more advanced set of concepts. It is *set aside* for the duration.

(3) A *new disciplinary matrice* (a paradigm) wins the contest, and the prevailing model of scientific work is rejected.

This last alternative shows what *Kuhn* thought of the discontinuity of the progress of science. In his opinion, science progresses when, in a stage of crisis, a new paradigm replaces an old one. Such a change requires of necessity — and this should be remembered in evaluating *Kuhn*'s thought model — that a new way of viewing matters is *already at hand* when the old way is rejected. Awareness of the deficiences in the prevailing paradigm — and even more so, rejection of the paradigm — is only possible when there is a point of comparison. But when these conditions are fulfilled, a scientific revolution is the result: the most radical form of progress of science.

5. In the Kuhnian model, the role of theories is significant for the scientific progress. *The paradigm (matrice) is articulated in the scientific theories* and formulated in the scholarly praxis. If there are a lot of such anomalies that cannot be solved by means of the prevailing paradigm articulation (theories) the science gets into a crisis.

In order to make the use of these concepts possible in the analysis of legal-dogmatical research, one must be able to *interpret* the conceptual elements of the Kuhnian approach so that they correspond to legal-dogmatical research praxis. Above all, research on legal-dogmatical research is under the obligation of answering at least the following two questions:

(a) How is the paradigm (matrice) of legal dogmatics to be defined?

(b) How is one to understand legal-dogmatical theory (the articulation of the paradigm)?

6. *The paradigm of legal dogmatics* can be characterized by means of a certain list of elements.[9] Although the list is not exhaustive, it gives, however, a clarifying picture about those commitments that are necessary for something to be legal dogmatics. In this respect, a research activity that deals with legal norms is legal dogmatics only if the conditions stated in the following list are fulfilled:

(1) Legal dogmatical paradigm includes always a set of *legal philosophical background assumptions* and/or commitments. As examples of them can be mentioned conceptions about (a) the origin of law, (b) the validity of legal order, (c) the concept of norm and normativity, and (d) the object of legal research.[10]

As far as the Scandinavian (and Continental) legal dogmatics is concerned, the prevailing paradigm is clearly *legal positivist* in its nature. The norm interpretation is based on an assumption that all valid (legal) norms in a society are given by the sovereign of that society. In addition to that, legal norms can be viewed as being in a hierarchical order, those of the constitution residing at the highest level. Consequently, the object of legal dogmatics is the set of given norms and, which is important, not the regularities that can be observed in the behaviour of the citizens, authorities etc. This means that according to the prevailing paradigm, the borderline between legal dogmatics and, for example, legal sociology is quite clear.

(2) The material by means of which norm statements can be justified is usually called *sources of law* (legal sources).[11] Depending on legal culture, different lists of legal sources have been formulated. The prevalent Scandinavian doctrine is quite a liberal one. According to it legal sources can be divided into three groups, namely according to the grounds on which the interpreter must, should, or may appeal.

The significance of the legal sources lies in the fact that the norm interpretation presupposes, *per definitionem*, a more or less extensive list of legal sources. The concept of legal dogmatics implies that kind of list, although this may be extremely scanty.

---

[9] A further analysis of these concepts can be found in: *Aulis Aarnio / Juha Pöyhönen / Jyrki Uusitalo*, The Growth of Knowledge in Legal Dogmatics. (To be published 1981).

[10] See about these background assumptions *Aulis Aarnio*, The Three Faces of Legal Positivism, Arcivum Juridicum Cracoviense 1981 (in print).

[11] A detailed description of the Scandinavian doctrine of legal sources, in: *Aleksander Peczenik*, Juridikens metodproblem, Stockholm 1974, p. 48 ff.

(3) The legal dogmatical paradigm includes also a cluster of *methodological rules and principles.*[12] Legal interpretation can be compared with a game. Methodological rules and principles are, in this sense, like the rules of the game. They point out, although only in a rough way, how to identify legal sources and how to use them in legal interpretation. As examples of those rules and principles can be given the rules of linguistic interpretation, different kinds of inference rules (e.g. analogy) and, naturally, the rules of legal logic.

(4) *Values and evaluations* play an important role in legal interpretation. Without any exaggeration, it is characteristic of legal dogmatics to take evaluative standpoints.[13] They are even necessary always when the norm is ambiguous in a genuine way. Therefore legal-dogmatical paradigm involves value commitments of some kind.

Let us take some examples. Legal sources must necessarily be put in an order of preference, analogy presupposes evaluation, reference to the practical reasons implies standpoints which are based on evaluations etc. Again, the whole way of comprehending the legal order is value coloured; it is so to speak ideological as to its nature.

On the basis of what has been said above, the progress in legal dogmatics *may* mean the same as the *change of the paradigm.* This, in turn, can be the case when one or more of the elements of the paradigm will be (radically) changed. Hence, the *change of basic values* accepted in legal dogmatics reformulates the paradigm in a very significant way. On the other hand, the elements of the paradigm are *not independent* of each other. The change of a certain element may be reflected in other elements. So is the case also with the value commitments. The change of basic values may have influence, for example, in the methodological rules and principles, even in some legal philosophical assumptions, and *vice versa.*

7. Paradigm is *articulated* in scientific theories. In legal dogmatical praxis the current usage of the concept "theory" is, however, ambiguous in many respects. The ambiguity reveals, for example, in civil law, where the concept of theory may sometimes refer to general (legal) principles, sometimes to a certain way of solving individual problems and sometimes to a doctrine, like a doctrine of ownership.

---

[12] See e. g. *Robert Alexy,* Theorie der juristischen Argumentation, Frankfurt am Main 1978, *passim* and also *Aulis Aarnio,* Denkweisen der Rechtswissenschaft, p. 123 ff.

[13] *Aulis Aarnio,* On Legal Reasoning, Vammala 1976. On non-cognitivistic theories in general *Ota Weinberger,* Analytisch-Dialektische Gerechtigkeitstheorie (in this volume).

On the basis of the foregoing, the loose concept of legal theory is not applicable to the paradigmatic analysis. Therefore, an attempt for conceptual specification is needed. In the following the concept of legal theory is defined by means of the concept of (legal) *systematization*.[14]

Def. (3): Legal theory is a set of concepts and propositions which systematize legal norms in a certain way.

Hence, legal theory is a result of the systematization activity. Legal systematization gets thus a key position also in the paradigm articulation. In short, on the basis of definition (3) the norm systematization *is* a form of articulation. This means that all what has been said about the articulation in general concerns also legal systematization.

Consequently, the change of the systematization is significant for the progress of legal dogmatics. The change may be *internal*, that is, within a (prevailing) paradigm or *external*, viz. the change from a paradigm to another.

In the latter case, legal dogmatics has got into the crisis situation in the sense that has been dealt with in the foregoing. This kind of scientific progress will be left *outside* the scope of present analysis. Attention is paid only to the internal change: Within a certain paradigm (at least) two articulations are incommensurable. Let us call them T_1 and T_2. What does it mean, then, that T_2 is a more advanced theory than T_1.

8. I shall take as examples two *theories of ownership*. The first one (T_1) I call the *traditional* theory and the second one the *analytical* theory of ownership (T_2).[15] The analytical theory has been prevailing in Finland from about 1950 on. Before that time and partially after 1950, the traditional theory of ownership had quite a strong posi-

[14] As regards to the concept of legal dogmatical theory, see *Juha Pöyhönen*, Problems of a Realist Interpretation of Theories, in: Legal Dogmatics (in this volume). The *internal connection* between systematization and interpretation must especially be emphasized here. The change of the systematization is not the only basis for changes in legal dogmatics. The structure and the content of *argumentation* is doubtless of importance, too. The key point is, however, the standpoint that all interpretation will be realised only on the conditions locked by certain way of systematization. Hence, the attention can be paid especially on the theoretical framework of interpretation, i. e. on the systematizations. See about this *Aarnio*, op. cit. in footnote 1.

[15] The ontological basis in the analysis of the ownership is "social relation" between certain individuals. From the legal point of view, this relation is defined by legal norms. The change in the legal interpretation involves, then, a change in the social relations. On the analytical civil law research in Finland *Aulis Aarnio*, On Finnish Legal Theory in 20th Century, in: Legal Point of View, Helsinki 1978, p. 24 ff.

tion; in the beginning of this century it was totally dominant. Interesting in this context is the change that happened gradually after the Second World War. In order to illustrate this change I will resort to the following scheme:

Legal dogmatical theory

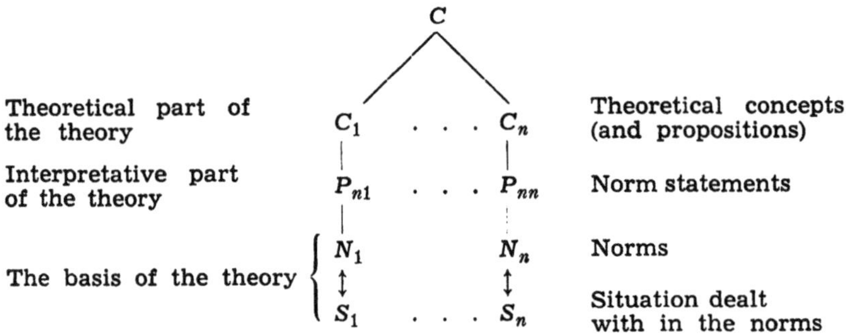

According to T_1, the ownership is a *substance* which at a certain moment belongs to one and only one person. Hence, if person *A* conveys the ownership to person *B*, *A* forfeits his right (ownership) and *B* gets that right. The transfer of ownership is, in other words, an event *concentrated at a fixed moment*. By means of a further scheme, the situation is as follows:

owner — non-owner

A ⟶ *B*

non-owner — owner

In accordance with the theory T_2 the concept of ownership is only a means for describing a very *complicated legal position in the society*. Legal position, in turn, consists of a set of *relations* between the owner and other persons. To be an owner of a thing is the same as *to be legally protected against certain other persons*. Consequently, it is possible to speak about ownership in several different senses depending on what relations will be interpreted as essential. The transfer of ownership is thus not concentrated at a fixed moment. It is a *successive* event. Let us see the following scheme:

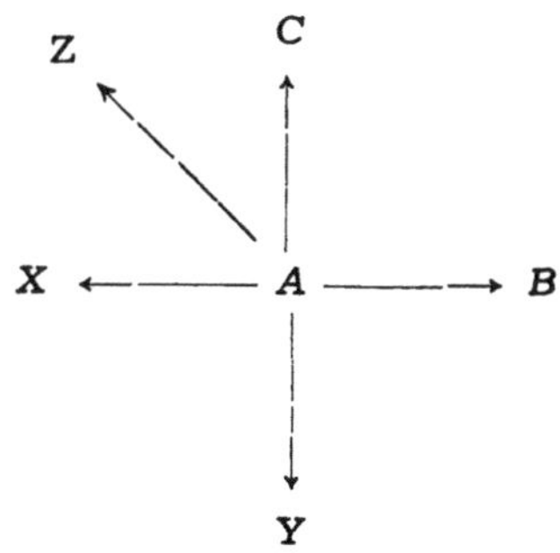

A has transferred thing *K* to person *B*. The problem is the sense in which we can say that *B* is an owner of thing *K*. The analytic theory of ownership makes a difference between several conceptual elements. The ownership may mean the liability to use the thing, that is, legal protection against other persons ("whosoever" *Z*) in a case when *Z* interferes with the owner's possession. On the other hand also a competence, for example, to transfer, pawn, or hire out the thing belong to the ownership. Last but not least the owner needs protection in certain relations when the thing is in exchange. For instance, in order to get a fully developed ownership *B* needs legal protection against the person *X* who may have better right to the thing than *A* had, against *A*'s creditors (*C*) and against *Y* who also has got the thing from *A* (perhaps later than *A*). These relations are only examples. The totality of such relations which are relevant to the owner position is much more complicated than in our scheme. However, let us be satisfied with the simplified model. The key point is that *B*'s ownership becomes *gradually more developed* depending on different legal facts (e.g. the act of trade, transfer of possession from *A* to *B* after the passing of a certain term). At the moment t_1 *B* may have protection against $A + Z$, at t_2 against $A + Z + X$ and so on.

Keeping this in mind we can recall the scheme concerning the legal-dogmatical theory. From that point of view, relevant is the theoretical part of the scheme, that is, the *theoretical concepts* (*C*). In T_1 belong to this group concepts like ownership as a substance and the transfer of ownership as a transfer of a substance. In the theory T_2 the counterparts to these concepts are, for instance, the liability to use the thing, the competence of the owner and legal protection of certain degree. These concepts can, in their turn, be analysed in a more detailed manner. Hence, the concepts of T_2 are *richer* than those of T_1.

The *change* from T_1 to T_2 (after the Second World War) involves the change of the basic concepts as well as of the mutual relation of these concepts. The way of systematizing legal norms is different in T_1

than in T_2. This means, in turn, that the interpretation of norms $N_1 \ldots N_n$ differs in T_1 from that in T_2. We have two separate "pictures" about legal order (viz. about a part of it).

However, is it possible to claim that T_2 is "better" than T_1? Theories T_1 and T_2 are *incommensurable* in the sense that T_2 is capable of solving such problems that are impossible to handle in T_1.[16] In other words, within T_1 there do not rise questions that are natural outcomes of T_2. Therefore T_2 gives answers which are quite unknown from the point of view of T_1. This does not mean that the comparison between T_1 and T_2 would be impossible. Although the theories are incommensurable, there is an order of preference between them. That order depends upon *the capacity* of T_1 and T_2 to *solve legal problems* typical of the object area.[17]

In this respect T_2 is, no doubt, *more developed* than T_1. The conceptual equipment of T_2 makes it possible to achieve a *more detailed analysis* of relevant problems than the corresponding equipment of T_1. On the basis of this fact it seems also to be well-founded to claim that the change from T_1 to T_2 has been an expression of scientific progress.

To sum up: From the point of view of legal dogmatics, the progress of science is not only a discontinuous process — as *Kuhn* has suggested — but also a process that, *within the normal science,* can lead to a more advanced stage of science than was the case before the articulation of the new paradigm.

---

[16] "Incommensurability" refers also to the fact that a term Q_i has different (incommensurable) meanings in the theory T_1 and T_2.

[17] See also *Franz Wimmer,* By what Criteria Can Progress in Legal Theory be Determined? (in this volume).

FORTSCHRITT OHNE PRINZIPIEN?

Zu Fragen der Möglichkeit von Fortschritt in einem Rechtsdenken im Sinne kritischer Vernunft

Von Christoph Schefold, Salzburg

1. Fortschrittsfragen im Rechtsdenken: ein Thema philosophischer Rechts-Theorie

a) Ein Symposium „Zum Fortschritt der Theorie und Technik in Ethik und Recht"[1] könnte versucht sein, als selbstverständlich vorauszusetzen, daß es diesen Fortschritt bereits gibt, daß es ihn geben könnte oder daß es ihn geben sollte. Es könnte überdies der Gefahr erliegen, sich allzu sehr auf die „Theorie" zu konzentrieren und außer ihr nur die „Technik" in der Ethik (?) und im Recht, nicht aber auch die „Praxis" zu bedenken. Letztere würde dann womöglich nur als etwas vorausgesetzt, was an sich mit Ethik und Recht nichts zu tun hat und deshalb eigentlich nur Gegenstand einer ihnen gegenüber neutralen Praxis-Theorie sein kann, die allenfalls nachträglich zu Ethik- oder Rechts-„Theorie" irgendwie in Beziehung gesetzt werden könnte[2]. Damit nicht ausgerechnet die spezifisch ethische bzw. genuin ‚rechtliche' Praxis mit ihren Resultaten außer Betracht bleibt, möchte ich im folgenden die Fortschrittsproblematik im Bezug auf das „Rechtsdenken" in dem weiteren Sinne behandeln, in welchem es nicht zuletzt auch als ein praxisimmanentes und sich zu rechtlichen Regelungen vergegenständlichendes Denken mit ethisch-praktischer Bedeutung gemeint ist[3]. Die mit der Titelfrage „Fortschritt ohne Prinzipien?" angesprochene Problematik ist freilich nicht erst und nicht nur die jenes „Rechtsdenkens". Ich werde deshalb immer wieder auch allein schon auf Fragen der Möglichkeit von Fortschritt in „kritisch-vernünftigem" Denken überhaupt, oder genauer: in „kritischem Beurteilen" eingehen müssen.

---

[1] D. h. zum ursprünglichen Gesamtthema, das Anlaß gab zu einer primär ethisch bzw. ‚rechtlich' orientierten Fortschrittsreflexion.

[2] Vgl. dazu bei *Höffe*, Sittlichkeit als Horizont menschlichen Handelns, in: Phil. Jahrbuch, 87. Jg. 1980, S. 294 ff., die These, die Handlungstheorie müsse sich wieder zur Ethik hin öffnen und die Ethik zur Handlungstheorie.

[3] Mit „ethisch-praktisch" ist hier eine den Unterschied zwischen Recht und Moral (im engeren Sinne) übergreifende Ethik gemeint; vgl. außerdem Anm. 2.

b) Als *bereits gegeben* pflegt ein Fortschritt in Untersuchungen vorausgesetzt zu werden, die lediglich noch zu *erklären* suchen, wie und wieso, d. h. auf welche Art und durch welche Ursachen es faktisch zu ihm kam. Solche Untersuchungen mögen — insbesondere als „wertfreie" — es dahingestellt sein lassen, ob der betreffende „Fortschritt" wirklich seinen Namen verdient. In einer nicht auf Ursachen, sondern auf *Gründe* abstellenden, radikal kritischen Betrachtung könnte er sich als illusorisch erweisen. Es könnte sich z. B. herausstellen, daß ein „Fortschritt" wie der als bereits gegeben vorausgesetzte als ein solcher nicht einmal *gedacht* werden kann, d. h. daß es ihn schon deshalb *nicht geben kann*. Oder es könnte sich zeigen, daß der betreffende „Fortschritt", obschon er eine an sich (denk-)mögliche Fortschrittsidee impliziert, *nicht praktisch „möglich", d. h. nicht verantwortbar* ist, also nur als ein Rückschritt angesprochen werden kann. Die Frage, ob es einen bestimmten „Fortschritt" überhaupt *geben sollte*, ist offenbar nur sinnvoll gegenüber etwas, was zwar in einer bestimmten Hinsicht sich als ein „Fortschritt" ausnehmen mag, aber in einer anderen, übergeordneten Hinsicht kein wirklicher Fortschritt sein zu können scheint. Mit der Erkenntnis hingegen, daß etwas „entschieden ein Fortschritt" *ist*, beantwortet sich jene Frage auch schon von selbst. Klar ist dann natürlich auch, daß dieser Fortschritt *real* möglich ist — es gibt ihn ja schon. Für eine selbstbewußt auf ihre bereits erreichten Fortschritte zurückblikkende Theorie oder Praxis ist die Möglichkeit von Fortschritt überhaupt kein Problem; für sie ist es auch gar keine Frage, daß Erkenntnisse mit der Folge von Fortschritt möglich sind. Eine spezifisch wissenschaftliche Reflexion sollte heute jedoch selbstkritisch genug sein, das Problem, ob und inwiefern Fortschritt in Recht und Rechtsdenken denn *an sich möglich* und durch *Erkenntnis* erreichbar ist, gebührend ernstzunehmen.

Die Aufgabe einer derartigen Fortschritts-Reflexion läßt sich offenbar nicht durch eine als Teildisziplin unter den Grundlagendisziplinen der Jurisprudenz aufgefaßte, „wertfreie" Rechtssoziologie oder Rechtstheorie, aber auch nicht durch eine gleichfalls als solche Teildisziplin aufgefaßte, allein für „materiale Richtigkeit" von Recht zuständige Rechtsphilosophie erfüllen[4]. Die Frage, ob ein „Fortschritt" wirklich *verantwortbar* ist, kann nicht allein unter Bezug auf Realisierbarkeitsbedingungen für faktische Geltung oder Wirksamkeit, aber genausowenig allein unter Zugrundelegung von Kriterien legaler Positivierung juristisch geltenden Rechts oder allein auf Grund von Prinzipien legitimer (‚rechtlicher') Gültigkeit material richtigen *Rechts* zureichend beantwortet werden. Erforderlich ist vielmehr eine primär normativ-

[4] Vgl. in diesem Zusammenhang *Dreier*, Bemerkungen zur Rechtserkenntnistheorie, in: RECHTSTHEORIE Beiheft 1 (1979), S. 100 f.

prinzipiell orientierte *Gesamtbeurteilung*, in welcher die Realisierbarkeits- und Positivierbarkeitsprobleme voll berücksichtigt sind. Jene Aufgabe einer zumal auf die Frage der Verantwortbarkeit ausgerichteten Fortschritts-Reflexion ist deshalb als die einer jene Teildisziplinen *übergreifenden philosophischen Rechts-Theorie* zu betrachten.

Im folgenden ist auf eine sich im Sinne jener Art von Gesamtbeurteilung stellende, konkrete Fortschrittsproblematik jedoch erst ganz zuletzt zurückzukommen. Zunächst soll gezeigt werden, daß Fortschritt im Rechtsdenken nicht ohne das Prinzip ‚Wahrheit', nicht ohne ein primäres ‚Verstehen' als Prinzip, nicht ohne Beurteilungsprinzipien in kritischer Vermittlung, und insbesondere nicht ohne formale Fundamental- bzw. Grundprinzipien des Rechts sowie nicht ohne das Materialprinzip der ‚Natur der Sache' denkbar ist.

2. Fortschritt des Rechtsdenkens in Theorie und Praxis — nicht ohne das Prinzip ‚Wahrheit'

a) Den Skeptiker, der Fortschritt im Rechtsdenken gar nicht für möglich hält, möchte man in erster Linie auf ein Rechtsdenken als wissenschaftliche Theorie verweisen. Für ein solches Denken, so sollte man meinen, versteht es sich doch wohl von selbst, daß es nicht stagnieren und erst recht nicht zu Irrtümern „fortschreiten", sondern im Gegenteil dem Fortschritt auf Wahrheit hin dienen *soll*, also entsprechende Fortschritte doch wohl auch machen *kann*. Nimmt man eben dies an, so kann man die Frage „Fortschritt ohne Prinzipien?" auch schon in gewisser Hinsicht beantworten: Rechtsdenken als wissenschaftliche „Theorie" soll und kann im Hinblick auf ‚Wahrheit' vorankommen — diese ist das Prinzip, ohne das es als solche gar nicht möglich wäre. Unentbehrlich ist ein derartiges Prinzip offenbar nicht nur hinsichtlich der Idee eines ständigen Fortschreitens von Wissenschaft, sondern auch hinsichtlich jeder Behauptung eines ganz bestimmten Fortschritts. Jede solche Behauptung ist in dem Sinne zu verstehen, daß die „neue" wissenschaftliche Auffassung, in der der betreffende „Fortschritt" zu bestehen scheint, zusammen mit der „alten", bisher anerkannten Auffassung *im Hinblick auf* ‚Wahrheit' kritisch beurteilt, und dann *im Vergleich zu* dieser Auffassung und *unter Berufung auf* ‚Wahrheit' positiv bewertet und vorgezogen wird; da die miteinander konkurrierenden „Auffassungen" dabei in der Form von noch auf Fortschrittlichkeit hin zu beurteilenden Urteilen ins Spiel kommen, ist die konkrete Fortschritts-Behauptung als ein Spezialfall der vergleichenden Beurteilung von Urteilen zu denken.

Schon wenn es um ein Fortschritts-Urteil im Rahmen wissenschaftlicher „Theorie" geht, fungiert ‚Wahrheit' *wie ein immer schon positiv bewertetes Prinzip*[5] als der Grund und der Maßstab kritischen Beurteilens, weshalb dieses selbst auch als ein nur theoretisches immer zudem auf eine *Wertung im Sinne* dieses Prinzips hinausläuft. Eine Fortschritts-Behauptung steht als kritische Beurteilung notwendigerweise vor der Alternative, ob das zu beurteilende Fortschritts-Urteil im Sinne eines Prinzips positiv zu beurteilen ist oder nicht. Handelt es sich in ihr als theoretischer Behauptung nur um „Wahrheit" als Prinzip, so ist eben sie es, die in der kritischen Beurteilung („Fortschritt oder nicht?") normative Bedeutung gewinnt, d. h. als ein Beurteilungsprinzip fungiert, dem entsprochen werden *soll*. Das fundamentale Interesse nicht nur wissenschaftlicher, sondern rationaler Kritik überhaupt ist auf Wahrheit gerichtet; für rationale Kritik ist das *Wahre* das Gute. Kritik von Fortschritts-Behauptungen macht davon keine Ausnahme.

b) Für „Praxis" im Bereich des Rechts scheint zwar selbstverständlich zu sein, daß es auch in ihr immer wieder zu Fortschritten kommen soll. Man könnte aber die Frage stellen, ob die Fortschritte im Bereich dieser „Praxis" wirklich ihr selbst und nicht vielmehr Faktoren zu verdanken sind, die sich zwingend auf sie auswirken. Mit dieser Frage wäre jedoch die Eigenständigkeit gerade dieser „Praxis" verkannt. Es mag zwar in anderen Bereichen unter anderem auch Fortschritte geben, die wir nur bewußtlos „machen", und die wir deshalb später nicht uns selbst, sondern irgendeiner „List der Vernunft" zuzuschreiben geneigt sind, welche sich unserer bewußtlosen Praxis zu bedienen schien. In der Rechtspraxis (im weitesten Sinne) aber sind *unsere* Fortschritte derart, daß wir sie überhaupt nur *machen*, wenn wir sie als solche kritisch identifizieren. Zu dem „Fortschritt", den wir selber als Rückschritt betrachten, lassen wir es in unserer rechtlichen Praxis gar nicht erst kommen.

Richtig ist allerdings, daß in ihrem Rahmen auch irrige Fortschritts-Behauptungen vorkommen werden, und daß diese unter anderem auch von rechtlicher „Theorie" (rechtswissenschaftlicher, rechtstheoretischer oder rechtsphilosophischer Art) als Irrtümer aufgedeckt werden können. Das ändert jedoch nichts daran, daß jene „Praxis" als eine gedacht werden muß, die insbesondere in ihren Fortschritts-Behauptungen auch schon selber ein „Rechts*denken*" ist. Die „Theorie" mag etwas noch so sehr als Fortschritt empfehlen — die „Praxis" wird es erst akzeptieren, wenn sie selber es als wirklichen Fortschritt empfindet. Nicht nur die „Theorie" kann die Fortschritts-Behauptungen der „Praxis", sondern auch diese kann die der „Theorie" nochmals kritischer Beurteilung unterwerfen.

---

[5] Vgl. in diesem Zusammenhang *Baumgartner*, Die Idee des Fortschritts. Versuch einer Grundlegung, in: Phil. Jahrbuch, 70. Jg. 1962, S. 157 ff.

Allein schon von dieser Binsenwahrheit her erscheint es auch als verfehlt, rechtliche „Praxis“ nur als eine aufzufassen, in der lediglich Geltungs*ansprüche gestellt,* d. h. nicht auch eingelöst werden, und deshalb einzig und allein rechtliche „Theorie“ als kritischen Rechts-Diskurs anzuerkennen[6]. Zumal in ihren Fortschritts-Behauptungen ist rechtliche „Praxis“ nicht etwa das ganz Andere zu rechtlicher „Theorie“, sondern in gewisser Weise schon selber so etwas wie Theorie. Sie hat „Diskurse“ nicht etwa immer nur außer sich, sondern führt sie auch selbst. Einen Fortschritt insbesondere genuin ‚rechtlicher‘ Art machen kann man in ihr nicht durch blindes Hantieren oder gedankenloses Einüben, sondern nur derart, daß man etwas, was einen Fortschritt bedeuten könnte, in konstruktiver Bemühung entwirft und dann *überlegt,* ob es als Fortschritt zu rechtfertigen ist oder nicht. Ein derart verfahrender Praktiker „macht“ nicht etwa nur einen Fortschritt, sondern *weiß* — auf Grund seiner Überlegungen in einem Diskurs mit sich selbst — dann auch, daß er ihn macht. Insofern er etwas in kritischer Überprüfung auf Fortschrittlichkeit hin als Fortschritt und nicht als Stagnation oder Rückschritt *beurteilt,* treibt er gewissermaßen auch „Theorie“ *über* das, was er zunächst nur objektiv als *möglichen* Fortschritt entworfen bzw. (im Falle einer ihm vorgegebenen Fortschritts-Aussage) als solchen betrachtet hatte, um es zum *Gegenstand* seines Prüfens zu machen. Auch der Praktiker ‚denkt‘, auch er nimmt, wenn er etwas mit Recht als wirklichen Fortschritt beurteilt, unvermeidlicherweise und begründetermaßen an, es sei „in Wahrheit“ ein Fortschritt. Auch rechtliche „Praxis“ kann insofern nicht ohne das Prinzip ‚Wahrheit‘ Fortschritte machen.

c) Dies Prinzip hat für die kritische Überprüfung auf Fortschrittlichkeit hin offenbar eine mehrfache Bedeutung. Einerseits ist in ihr zu klären, ob das als Fortschritt ins Auge Gefaßte *an sich* einen Fortschritt darstellt oder nicht, d. h. ob es selbst dem für die Frage der Fortschrittlichkeit Maßgebenden entspricht oder nicht; Wahrheit bedeutet insofern eine *objektive* Entsprechung zwischen einem konstruierten Fortschritts-*Urteil* und einem für es inhaltlich maßgebenden Urteils-Grund. Andererseits soll die Prüfung selber jenem Maßgebenden entsprechen, d. h. sie soll nicht etwa fälschlich ein ihm *nicht* objektiv Entsprechendes als Fortschritt beurteilen; Wahrheit bedeutet insofern eine *subjektive* (aber gerade nicht „*bloß* subjektive“!) Entsprechung zwischen einer Fortschritts-*Beurteilung* und einem für sie entscheidenden Beurteilungs-Grund. Schließlich aber muß dieser — mit jenem des Urteils notwendig identische — Grund selber ‚Wahrheit‘ bedeuten, und zwar in einem gehaltlichen Sinne; andernfalls könnte selbst dann, wenn ein Fortschritts-Urteil ihm objektiv und eine Fortschritts-Beurteilung ihm

[6] Vgl. dazu die Auseinandersetzung mit *Habermas* bei *Waldenfels,* Der Spielraum des Verhaltens, Frankfurt am Main 1980, S. 290 ff.

subjektiv entspräche, also Wahrheit als konstruktive wie kritische *Entsprechung* erreicht wäre, von einem *Wahrheitsgehalt* der betreffenden Fortschritts-Behauptung nicht die Rede sein.

Wahrheit als objektive wie subjektive Entsprechung sowie als ‚Wahrheits'-Basis *für* Konstruktion und Kritik ist offenbar für Behauptungen jeder Art, d. h. auch für die eines jeden Rechtsdenkens erforderlich. Zumindest mit Rücksicht auf ein demgemäß in dreifacher Bedeutung formal verstandenes Wahrheitsprinzip lassen sich daher die theoretisch und die praktisch orientierten Behauptungen eines Rechtsdenkens in „Theorie" und „Praxis" als strukturgleich verstehen; dasselbe gilt für die entsprechenden Fortschritts-Behauptungen, mit denen Fortschritte erreicht bzw. als solche identifiziert werden.

d) Sobald auch die *praxisimmanente* Theorie gesehen wird, entfällt zwar einerseits die Schwierigkeit des Gedankens einer „rein praktischen" Praxis, die als solche mit Theorie und mit dem Prinzip ‚Wahrheit' überhaupt nichts zu tun hätte. Die Hauptschwierigkeit eines in *wissenschaftlicher* „Theorie" bestehenden Rechtsdenkens scheint andererseits aber — so könnte man von dem Ideal einer „wertfreien" Sozialwissenschaft her meinen — in der Frage zu liegen, ob es *als* „Theorie" denn nicht *allein* auf das Prinzip Wahrheit ausgerichtet sein müßte. Angenommen jedoch, diese Frage wäre zu bejahen — könnte solche „Theorie" dann selber noch *Rechts*denken, oder nicht im Gegenteil nurmehr „Theorie" *über* es sein? Müßten ihre Fortschritts-Urteile, die keinesfalls ohne das normative Prinzip ‚Wahrheit' möglich wären, dann nicht ohne die *spezifisch* normativen Prinzipien (der Freiheit oder der Gerechtigkeit etc.), wie sie in sittlicher oder rechtlicher „Praxis" maßgebend sein mögen, auskommen können? Eine ganz ohne diese Prinzipien gestaltete „Theorie" könnte von Vertretern einer entsprechenden Art „wertfreier" Rechtstheorie geradezu im Sinne eines Fortschritts intendiert, von deren Kritikern hingegen im Sinne eines Rückschritts befürchtet werden. Man kann daher fragen, ob ein „Rechtsdenken" als *Theorie über* das („praktische") Rechtsdenken ohne spezifisch normative Prinzipien bzw. *nur* ohne sie möglich, und ob sie selbst als ein Fortschritt zu werten wäre. Aber man kann natürlich auch die Gegenfrage stellen, ob Rechtsdenken als „Theorie" nicht *Rechts*denken bleiben oder es werden, und gerade *als* solches Fortschritte machen müsse, und zwar eben im Lichte jener Prinzipien. Möglicherweise lassen sich beide Fragen positiv beantworten — mit der Konsequenz zweier Typen von Rechtstheorie, von denen der eine nur ohne, und der andere nur mit spezifisch normativen Prinzipien denkbar wäre. Man könnte sie dann z. B. durch die Bezeichnungen „Rechtstheorie" und „philosophische Theorie des Rechts" (oder im folgenden: „Rechts-Theorie") voneinander unterscheiden. Es liegt auf der Hand, daß die Beantwortung beider Fragen unter anderem von den Möglichkeiten abhängt, wie sie bereits mit der Grundstruktur kritischer Beurteilung vorgezeichnet sind.

e) Ein ausdrücklich ethisch-praktisch bzw. ‚rechtlich' orientiertes Denken in „Theorie" und „Praxis" scheint ohne ein entsprechendes Prinzip mit normativer Qualität nicht einmal denkbar zu sein. Es scheint insbesondere in seinen Fortschritts-Behauptungen, mit denen es Fortschritte setzt bzw. sie als solche identifiziert, nicht nur unter dem Anspruch einer in jenem dreifachen Sinne *formalen* Wahrheits-Regel der *Entsprechung* (zwischen Urteil bzw. Beurteilung und dem Grunde beider), sondern überdies unter dem Anspruch eines ethisch-praktischen bzw. ‚rechtlichen' Wahrheitsgehalts zu stehen, insofern ein solcher Gehalt hier das Entscheidende des für es maßgebenden ‚Wahrheits'-Prinzips darstellt. Von daher läßt sich als These formulieren: Fortschritt eines primär praktisch orientierten Rechtsdenkens in Rechts-Theorie und Rechts-Praxis — nicht ohne ein ‚Wahrheits'-Prinzip mit Sollens-Gehalt.

Mit „Sollens-Gehalt" ist in dieser These primär jeder Gehalt gemeint, der in kritischen Fortschritts-Beurteilungen als der eines ethischen bzw. ‚rechtlichen' Maßstabs dessen, was in Wahrheit sein soll, leitend zu werden vermag. Es wäre verfehlt, an das *Problem* eines solchen Maßstabs ethisch- bzw. ‚rechtlich'-qualitativer Art sogleich irgendwelche Vorurteile heranzutragen, die nur ein „Sollen" von ganz anderem Charakter betreffen. Es geht hier nicht nur um etwas, was „in Zukunft", „meinem Befehl zufolge" oder „nach meinem Gefühl" *sein* „soll", und was dann, wenn es tatsächlich *ist*, natürlich nicht mehr bloß sein „soll", eben weil es ja dann bereits ist. Es geht also, anders gesagt, nicht um ein „Sollen" im Sinne einer Kategorie bloßen *Noch-nicht-seins* oder im Sinne einer bloßen Umschreibung für etwas, was ich *faktisch* will oder zu fühlen glaube[7]. In Frage steht vielmehr ein ethischer bzw. ‚rechtlicher' *Qualitätsmaßstab einer kritischen Beurteilung „letzter Instanz"*. In dieser wird, was gewesen sein, gegenwärtig bestehen oder in der Zukunft eintreten mag, oder etwas, was befohlen oder was freigestellt wird, oder schließlich auch etwas, was wir wünschen oder verwünschen mögen, gleichermaßen dem kritischen Blick dessen unterstellt, der nur noch wissen möchte, ob es *so, wie* es ist (bzw. war oder sein wird), sein *soll*, d. h. ob es so ‚gut', ‚gerecht' bzw. ‚recht' ist oder nicht.

---

[7] Vgl. dazu die Überlegungen zur entsprechenden Non-kognitivismus-Problematik bei *Westermann*, Argumentationen und Begründungen in der Ethik und Rechtslehre, Berlin 1977, S. 134 f.

3. Fortschritte und Beurteilungen im Sinne kritischer Vernunft — nicht ohne ein ‚Verstehen' als Prinzip

a) Ein Fortschritt, wie *wir* ihn machen, weil wir ihn als solchen anerkennen, läßt sich denken als Fortschritts-*Behauptung*. Die kritische Vermittlung einer solchen Behauptung aber wurde zuvor als ein Spezialfall der vergleichenden Beurteilung von Urteilen gesehen, welche allein im Sinne von ‚Wahrheit' eine kritische sein kann. ‚Wahrheit' wurde dann aber als letztes Prinzip in der Form eines Urteils- und Beurteilungs-Grundes gedacht. Bedeutete das jedoch nicht, so könnte man nunmehr einwenden, einen Rückfall in ein an und für sich verfehltes Begründungsdenken? Um ein Begründungsdenken handelte es sich in der Tat — aber um ein im Sinne kritischer Vernunft intendiertes. Es wurde zunächst einmal von der Struktur kritischer Fortschritts-Beurteilungen her entwickelt. Deren ‚methodischen' Probleme sind nämlich im Prinzip schon solche von ‚kritischer Beurteilung' überhaupt. Würden sie nicht im folgenden in Form eines Exkurses bis zu einem gewissen Grade geklärt, so bliebe die hier vertretene Konzeption eines Rechtsdenkens im Sinne kritischer Vernunft noch allzu vielen Einwänden ausgesetzt.

Sogar radikale Kritiker eines jeden noch am Prinzip zureichender Begründung orientierten Denkens pflegen sich nicht der Selbstverständlichkeit zu verschließen, daß Behauptungen, die im Sinne kritischer Vernunft zu halten sein sollen, irgendeiner „Basis" bedürfen. „Bloße Behauptungen" mögen „aus der Luft gegriffen" sein und bleiben; „reine Dezisionen" mögen durch bare Willkür gesetzt und festgehalten werden; Behauptungen hingegen, die „kritische Prüfung" bedeuten sollen, sind auf einen Prüfungsmaßstab, und insofern im weitesten Sinne auf einen Prüfungs-„Grund" angewiesen. Wie aber ist ein solcher „Grund" genauer zu verstehen? Genügt es, ihn nur im Sinne von jeweils vorgegebenen Urteilen aufzufassen — oder ist er letzten Endes allein im Sinne eines fundierenden ‚Verstehens' zu denken? Vor allem von dieser Fragestellung her scheinen sich die heute vertretenen Auffassungen zu Problemen der „Erkenntnis" im allgemeinen, der „praktischen Erkenntnis" oder „Rechtserkenntnis" im besonderen, oder auch der „kritischen Argumentation" voneinander unterscheiden zu lassen. Im folgenden ist deshalb zu prüfen, welche Konsequenzen die eine, und welche die andere Alternative für das Problem von Fortschritten und Beurteilungen im Sinne kritischer Vernunft hat.

b) Wenn nicht ein in Wahrheit fundierendes ‚Verstehen' (das im folgenden als Primärverstehen bezeichnet wird), sondern nur vorgegebene Urteile als „Grund" für möglich gehalten werden, scheinen noch zwei Möglichkeiten übrig zu bleiben. Als vorgegebene Urteile kommen sowohl positive als auch negative in Betracht. Von daher hat es den Anschein, eine zweite Fragestellung sei unvermeidlich: Muß nicht zwischen zwei ganz verschiedenen Methodologien eine Wahl getroffen werden, nämlich zwischen der eines „nur positiven“ Begründungsverfahrens, das nur von vorgegebenen positiven Wahrheitswerten, und der Methodologie eines „nur negativen“ Prüfungsverfahrens, das nur von vorgegebenen negativen Wahrheitswerten ausgeht[8]? Das „nur positive“ Verfahren erlaubte es anscheinend, sein jeweiliges affirmatives Resultat ohne weiteres als einen „begründeten“ Fortschritt, und dann *den* Fortschritt als die Reihe all der mit seiner Hilfe als inhaltlich „wahr“ oder „vernünftig“ abgeleiteten Resultate zu begreifen. Jenes „nur negative“ Verfahren hingegen ließe positiven Fortschritt nur noch als eine allenfalls zu vermutende Nebenfolge eines „nur negativen“ Fortschritts an „Kritik“ zu; mit seiner Hilfe könnten nämlich bloß *immer mehr* „Urteile“, „Annahmen“ oder „Hypothesen“ *zum Scheitern gebracht* oder *ausgeschaltet* werden. Beide Verfahren wären jedoch, *insofern* ihre Resultate allein auf vorgegebenen und nicht selber kritisch vermittelten Urteilen beruhten, noch schlecht dogmatisch; die beflissene Versicherung, mit ihnen bzw. mit diesen Urteilen solle Kritik natürlich nicht ausgeschlossen werden, vielmehr seien sie selbst als immer und immer wieder kritisierbar zu betrachten, änderte an dieser Tatsache nicht das geringste.

Ein nur objektiv vorgegebenes, womöglich von mir selber entworfenes Urteil bedürfte selbst noch der Überprüfung. Es als solches zur Prüfungs-„Basis“ zu erheben, kann daher bestenfalls eine Verlagerung des Prüfungsproblems, d. h. eine Problemverschiebung bedeuten. Für alle Auffassungen, welche ein selbst nicht in Urteilen bestehendes und sich von ihnen wesentlich unterscheidendes Primärverstehen als „Basis“ für ausgeschlossen halten und allein mit objektiv vorliegenden Urteilen bzw. Aussagen rechnen, ist eine solche Problemverschiebung jedoch vorprogrammiert. Das Fatale ist, daß der Zwang zu ihr sich jeweils mit dem als „Basis“ verwendeten Urteil von neuem zu ergeben scheint, weshalb allem Anschein nach an sich mit einer Verlagerung der „Basis“ ad infinitum fortgefahren werden müßte. Auch ein *Dilemma „nur negativer“ kritischer Prüfung* als ein solches von unendlichem Prüfungs-Regreß oder willkürlichem Abbruch des Suchens nach einer wirklichen *Prüfung* kann von daher unvermeidlich zu sein scheinen[9]. Die Hoff-

---

[8] Vgl. dazu *H. Albert*, Traktat über kritische Vernunft, 3. erw. Auflage, Tübingen 1975, S. 12 ff., 44, sowie *Schefold*, Das verfehlte Begründungsdenken. Kritische und systematische Überlegungen zur Begründungskritik bei *Hans Albert*, in: Phil. Jahrbuch, 82. Jg. 1975, S. 336 ff.; 342 ff. (zur methodologischen „Verallgemeinerung“ von modus ponens und modus tollens).

[9] Der Einfachheit halber wird hier — im Unterschied zu dem bei *Albert*, S. 13 überstrapazierten Münchhausen-Trilemma — der „Ausweg“ eines „Zir-

nung, ein Dilemma drohe bei „kritischer Prüfung“ (im Unterschied zur „nur positiven“ Art „zureichender Begründung“[10]) nicht, mag allenfalls dem als plausibel erscheinen, der naiverweise entweder einen durch kein Urteil und auch durch kein erstes ‚Verstehen‘ vermittelten, sondern schlechthin unmittelbaren Rekurs auf die „Realität“ für möglich, oder aber einen Abbruch des Prüfens in Form einer „Letztentscheidung“ für unproblematisch hält[11]. Wenn auch Fortschritts-Behauptungen in einem Dilemma hängenbleiben müßten, wären sie eben nicht im Sinne kritischer Vernunft möglich. Sie wären dann in jedem Falle tunlichst zu vermeiden.

Die beiden Verfahren, mit denen nur noch auf vorgegebene Urteile rekurriert wird, bringen überdies die Schwierigkeit mit sich, daß auch der *Vollzug des Rekurrierens* von einem zu stützenden Urteil auf ein weiteres, als stützende „Basis“ („nur positiven“ Begründens bzw. „nur negativen“ Prüfens) fungierendes Urteil nicht von einer letzten Verständnisbasis her kritisch beurteilt, also seinerseits nur von einem weiteren Urteil (etc. ad infinitum) oder von einem Entscheidungs-Abbruch her gestützt (d. h. „begründet“ bzw. „geprüft“) werden könnte. Diese Schwierigkeit liegt insbesondere bei kritisch gemeinten Fortschritts-Argumenten auf der Hand. Sie laufen, wie sich ergab, auf eine kritische Vergleichung zweier Urteile im Zurückgehen auf einen Maßstab hinaus. Nicht nur auf seiten dieses Maßstabs (als stützender „Basis“), sondern auch auf seiten jenes Zurückgehens ist mit dem Dilemma zwischen unendlichem Regreß und dogmatischer Abbruchs-Entscheidung zu rechnen, solange allein auf vorgegebene Urteile zurückgegangen werden soll.

c) Eben diese methodologische Forderung mit dem Gedanken ‚kritischer Vernunft‘ gleichzusetzen, wäre verfehlt. Sie ist es nämlich, die allererst zu jenem Dilemma zu führen scheint[12]. Wäre es im Prinzip unvermeidlich, so wäre auch jener Gedanke illusorisch. Will man letzteres nicht annehmen, dann muß man jene Forderung als eine solche, die zu unannehmbaren Konsequenzen führt, suspendieren. Man muß sie aber auch — und zwar zusammen mit dem Ausgangspunkt jener zweiten, dem ersten Anschein nach unvermeidlichen Fragestellung — in der ihr eigenen Unvernunft durchschauen.

---

kels im Beweis“ nicht mitberücksichtigt. Zur Kritik an jenem Trilemma vgl. *Schefold*, S. 356 ff.

[10] Die nur analog zum modus ponens konzipiert ist, vgl. *Albert*, S. 12 f.

[11] D. h. dem typischen „kritischen Rationalisten“.

[12] Ihr entspricht ein „Prinzip der Totalbegründung“ im Unterschied zum Fundamentalprinzip zureichender Begründung; vgl. *Schefold*, S. 356, 359 ff.

Nichts leichter als das. Wenn immer nur ein Vorgegebenes als stützender „Grund" („zureichenden Begründens" bzw. „kritischen Prüfens") in Betracht gezogen wird, dann kann doch jeweils nur ein „Grund" *dogmatischer* Art ins Spiel kommen. Wenn prinzipiell nur vorgegebene Urteile mit entweder positivem oder negativem Wahrheitswert in Betracht gezogen werden, wird überdies unkritisch davon ausgegangen, daß es positive oder negative Prämissen *eben gibt*. Dieser Ausgangspunkt mag noch so eindeutig nicht als ein dogmatischer *beabsichtigt* sein — er *fungiert* gleichwohl als ein dogmatischer, solange er fraglos alles weitere entscheidend bestimmt. Die über ihn hinausführende Frage ist, *wie und woher* es allererst *entweder* zu einer affirmativen *oder* zu einer negativen Behauptung bzw. Prämisse kommt. Die Antwort auf diese Frage aber ist uns allen im Grund immer schon bekannt. Kein Zweifel: in unserem *kritischen Beurteilen* stehen wir notwendigerweise vor den Alternativen, ob ein (vorgegebenes bzw. von uns entworfenes) Urteil wahrheitsgemäß oder wahrheitswidrig ist, und ob eine (nochmals zu beurteilende) Behauptung wahr oder falsch ist. Nicht weniger klar ist uns, daß wir noch gar nicht kritisch beurteilen können, wenn wir von der betreffenden Sache oder auch von den zu beurteilenden Sätzen noch rein nichts ‚verstanden' haben.

Von daher wird hier eine ‚Methode' kritischer Vernunft selbst als eine der *kritischen Primärbeurteilung auf der Basis eines Primärverstehens* ins Auge gefaßt. Unter einer Primärbeurteilung wird hier eine Beurteilung verstanden, welche selber auf abschließende Weise kritisch ist und auf diese Weise allererst zu einer wahren Behauptung (affirmativer oder negativer Art) führt. Eine so gedachte Beurteilung ist nicht mehr mit einer „Stützung" (als „zureichender Begründung", „kritischer Prüfung" oder „Bewertung") zu verwechseln, deren Gültigkeit noch von weiteren „Stützungen" abhängig bliebe (etc. ad infinitum); sie ist vielmehr als in sich selbst stehende, d. h. von allen anderen Urteilen und auch Beurteilungen prinzipiell unabhängige, und in diesem Sinne objek*tive* Beurteilung der noch als ihre Gegenstände ihr unterliegenden, d. h. nur *ob*jektiven Urteile bzw. Urteils-Sachverhalte zu denken. Da Vor-Urteile jeglicher Art, die als solche nur entweder ihr unterworfen oder ihr äußerlich sein könnten, prinzipiell nicht als ihre eigene „Basis" gedacht werden können, bleibt als diese „Basis" gar nichts anderes mehr denkbar als eben das ‚Verstehen', aus dem heraus bzw. *in* dem wir bekanntlich allererst die Kompetenz haben, etwas — eben als dann ‚Verstandenes' — kritisch zu beurteilen.

Dieses ‚Verstehen' aber ist als das Medium jener oben als primär maßgebend herausgestellten ‚Wahrheit' zu *denken*, auf die wir in unseren kritischen Beurteilungen immer schon rekurrieren[13]. Es ist darum vor allem auch als Bedingung der Möglichkeit dafür zu begreifen, daß unsere Urteile sowie unsere aus kritischer Beurteilung resultierenden Behauptungen *Gehalt* haben können. Aus diesem Grunde ist es vor allem im Sinne des Gedankens einer fundierenden ‚Anschauung' zu interpretieren. Nicht zuletzt auch im Bereich der praktischen Vernunft bliebe ein kritisch sein sollendes Denken ohne eine es tragende ‚Anschauung' blind[14].

d) Es ist klar, daß mit der Annahme der Möglichkeit eines Primärverstehens überhaupt nichts gewonnen wäre, wenn es als solches lediglich analog zu nur objektiv vorliegenden Urteilen aufgefaßt würde. Ein nur *im Sinne* eines Vor-Urteils vorausgesetztes „Verständnis" (z. B. als nur psychologisches Phänomen oder als bloßes Vorverständnis im hermeneutischen Sinne) könnte, wie ein solches Vor-Urteil, auch verkehrt sein. Es bedürfte also selbst noch einer Stützung. Diese aber könnte, wenn einzig und allein Vor-Verständnisse *im Sinne* von Vor-Urteilen möglich wären, allenfalls in einem Rekurs auf weitere Vor-Verständnisse versucht werden. Dann läge es jedoch wiederum nahe, ein Dilemma zu befürchten. Die „Stützung" (als „Begründung" oder als „Prüfung") könnte anscheinend nur entweder im Übergehen zu immer weiteren Vor-Verständnissen (etc. ad infinitum) sich totlaufen oder in einer Letztentscheidung sich aufgeben. Ein urteilshaftes Vor-Verständnis dagegen ohne weiteres zur letzten Begründungs- oder Prüfungs-Basis zu verabsolutieren, würde auf einen schlecht dogmatischen (Pseudo-) Intellektualismus positivistischer oder negativistischer Spielart hinauslaufen. Er kann auch für das Problem haltbarer Fortschritts-Behauptungen nicht die Lösung darstellen. Jenes Primärverstehen ist daher nur als ein fundierendes ‚Verstehen' denkbar, das als solches *von ganz anderer Art* ist als jedes wie ein Urteil vorgegebene Vor-Verständnis.

Ein solches Vor-Verständnis kann noch als etwas gedacht werden, was sich auf etwas anderes zurückführen läßt. Wäre es wahr, so müßte es sich doch wohl von einem Erkenntnis-Grund her als wahr erkennen bzw. *begründen* lassen. Wäre es falsch, so müßte seine Falschheit im Sinne eines Fehlers des Urteilenden bzw. Beurteilenden durchschaubar sein; außerdem könnte die Tatsache, daß es zu ihr kam, möglicherweise

---

[13] Das Primärverstehen, das im Sinne einer Bedingung der Möglichkeit als transzendentalphilosophischer *Gedanke* unumgänglich ist, darf natürlich nicht als ein zu beobachtendes Phänomen mißverstanden werden. Die ‚Wahrheit' des Primärverstehens muß — im Unterschied zu der im Gegensatz zur Falschheit stehenden, expliziten Wahrheit, die erst als die der Behauptung möglich ist — als übergegensätzliche gedacht werden; vgl. *Lask*, Die Lehre vom Urteil, in: Gesammelte Schriften, Bd. II, Tübingen 1923, S. 390 ff., 394 ff., 402 ff., 408 f., 428, 437 ff.

[14] Vgl. dazu *Rohs*, Die Zeit des Handelns. Eine Untersuchung zur Handlungs- und Normentheorie, Meisenheim 1980, S. 167 f.

in bestimmten Ursachen ihre *Erklärung* finden. Ein Primärverstehen wäre dagegen überhaupt noch nicht als solches gedacht, wenn es als auf etwas anderes rückführbar aufgefaßt würde; dasselbe gilt für das *ihm entsprechende* ‚Verstehen', welches das Ziel unseres kritischen Beurteilens ist. Entweder wir haben noch nicht ‚verstanden' — oder wir haben ‚verstanden'. Im zweiten Falle ist es vollkommen sinnlos, das betreffende ‚Verstehen' noch hinterfragen zu wollen (wir könnten allenfalls *so tun, als ob* wir doch nicht ‚verstanden' hätten, d. h. wir könnten — z. B. als dogmatische Skeptizisten — uns „etwas vormachen" *wollen*). Darum besteht dann auch keinerlei Anlaß, jenes Dilemma zu befürchten oder es für unvermeidlich zu halten. Insofern und insoweit wir etwas wirklich ‚verstehen' konnten, haben wir das Ziel unseres Intendierens von Verständnis erreicht, d. h. insofern und insoweit ist dann *weiterer Verständnisfortschritt gar nicht mehr denkbar,* und natürlich auch nicht mehr vernünftigerweise intendierbar. Kritische Vernunft erreicht ihr Ziel als wahrhaft ‚verstehende' Vernunft.

e) Das Primärverstehen, aus dem heraus wir unseren Urteils-Entwürfen oder vorgegebenen Vor-Urteilen überhaupt erst *kritisch gegenübertreten* können, ist insofern Bedingung und Prinzip *für* Fortschritte und Beurteilungen im Sinne kritischer Vernunft. Im Vergleich zu ihm stellt das aktuelle ‚Verstehen', in welchem unser kritisches Beurteilen allererst gelingt, dessen *Ziel* dar. Aber Ziel und Prinzip sind hier offenbar dasselbe; dieses ‚Verstehen' ist nicht etwas ganz anderes als jenes Primärverstehen, sondern dessen Potenzierung — es bedeutet, daß nun auch klar *erkannt* ist, was zunächst nur irgendwie ‚gesehen' und bekannt gewesen war. ‚Fortschritt' ist deshalb in erster Linie im Sinne einer *Intensivierung* unseres Primärverstehens (mit welchem uns zunächst nur „ein Licht aufging") zu wirklichem *‚Verstehen'* im Beurteilen und Behaupten zu denken.

‚Verstanden' wird aber im kritischen Beurteilen zunächst, ob ein objektiv gegebener Urteilssachverhalt seinem Inhalt nach dem *Gehalt* des Primärverstehens *entspricht* oder nicht, d. h. ob er objektiv wahrheitsgemäß ist oder nicht. Von daher ist in inhaltlicher Hinsicht ‚Fortschritt' zu denken als „revolutionärer" Übergang von Nichtwissen zu Wissen, d. h. zu Primärbehauptungen als inhaltlich wahren Affirmationen oder als formal wahren Negationen.

f) Wer sich ein Urteil bilden möchte, kann das, was er anfänglich ‚verstanden' hat, in mehrfacher Weise in Urteile zu fassen suchen, d. h. er kann mehrere Urteilssachverhalte als Explikationen seines Primärverstehens entwerfen. Es mag sein, daß er einen ersten Versuch zunächst für gelungen hält, ihn aber später doch nicht als voll befriedigend empfindet und also einen weiteren Versuch unternimmt. Kritisch zu beurteilen hat er dann, ob letzterer im Vergleich zu ersterem objektiv einen Fortschritt darstellt oder nicht. Fortschritts-Beurteilungen als kritische Vergleichungen sind mithin denkbar als solche, mit denen geprüft wird, welches von mehreren Urteilen als alternativen Explikationen des einen Gehalts eines Primärverstehens diesem überhaupt wirklich entspricht, oder welches ihm besser oder am besten entspricht. Eine Prüfung dieser zweiten Art ist allerdings nur im Falle eines Primärverstehens sinnvoll, das sich auf ein mehrere Momente aufweisendes Ganzes bezieht, welches in Urteilen mehr oder weniger adäquat vergegenständlicht werden kann. In diesem Falle ist ‚Fortschritt' auch als ein allmählicher denkbar, der darin besteht, daß *einem* primär ‚Verstandenen' *nach und nach immer besser* entsprochen wird[15].

Die Konzeption der ‚Methode' kritischer Primärbeurteilungen auf der Basis von Primärverständnissen erlaubt es jedoch darüber hinaus auch, hinsichtlich einer *Pluralität* von ‚Verstandenem' so etwas wie „revolutionäre" Fortschritte zu denken. Urteile als Explikationen einer ‚Verständnis'-Basis können nie mehr an Verständnis und Einsicht vermitteln, als diese Basis jeweils hergibt. Solange sie allein gegeben bleibt, kann ein Fortschritt nur in einem Übergang zu einer adäquateren Explikation ihres Gehalts bestehen. Ein vergleichsweise „revolutionärer" Fortschritt, in welchem „etwas ganz Neues" in den Blick kommt, so daß wir etwas bisher nur *ganz schief* ‚Verstandenes' neu interpretieren können[16], muß sich offenbar zuallererst an jener Basis ereignen. Nur Horizonterweiterungen in der Dimension unseres primären ‚Verstehens' bieten die Grundlage auch für Revolutionierungen unserer Fragestellungen, unseres Entwerfens von Urteilen und unserer Beurteilungen bzw. Antworten[17].

g) Der Gedanke jener ‚Methode' ist schließlich auch in ethisch-praktischer Hinsicht für die Fortschrittsproblematik wichtig. Nur wenn Fortschritts-Behauptungen durch fundamental kritische Beurteilungen vermittelt sind, lassen sie sich voll und ganz *verantworten*. Denn nur dann ist auch schon geklärt, ob das betreffende Phänomen in Wahrheit ein

---

[15] Vgl. dazu und zum folgenden den Unterschied zwischen „normaler Wissenschaft" und „wissenschaftlicher Revolution" bei *Th. S. Kuhn; I. Scheffler*, Wissenschaft: Wandel und Objektivität, in: Diederich (Hrsg.), Theorien der Wissenschaftsgeschichte, Frankfurt am Main 1974, S. 137 ff., hat den Verdienst, den „intuitiven" Charakter herausgestellt zu haben, den ein neues Paradigma i. S. von Kuhn primär hat.

[16] Was aber nicht als Korrektur des ‚Verstehens' mißzuverstehen ist. Ein Primärverstehen kann als solches nicht falsch sein — nur wir können uns, wenn wir es in einseitiger Perspektive gewonnen haben, mit ihm täuschen, indem wir es falsch interpretieren; vgl. auch oben Anm. 13.

[17] D. h. sozusagen für „Paradigmenwechsel".

Fortschritt *ist* oder nicht, d. h. ob es *als* ,Fortschritt' sich kritisch rechtfertigen läßt oder nicht. Was man gar nicht kritisch rechtfertigen könnte, das könnte man auch nicht verantworten.

Wenn Fortschritts-Behauptungen keinesfalls als kritische Beurteilungen bzw. Rechtfertigungen vermittelbar wären, fielen sie aus dem Bereich des Verantwortbaren gleichsam heraus. Sie könnten dann niemals etwas anderes sein als „bloße Behauptungen". Auch durch eine „kritische Prüfung" auf Fortschrittlichkeit hin wäre dann nie mehr etwas gewonnen. Es wäre einfacher, konsequent auf sie zu verzichten und schon die Urteile, die als Urteilsversuche hätten kritisch geprüft werden sollen, ganz bewußt als „reine" Behauptungen dezisionistisch zu setzen. Allein schon die *Frage* nach einem *wirklichen*, d. h. in Wahrheit gegebenen Fortschritt erübrigte sich. Nur für ideologische Täuschungsmanöver kämen Fortschritts-„Argumente" noch in Betracht. Dies zu erkennen, schiene aber dann doch wieder ein Fortschritt zu sein — und müßte man dann nicht wenigstens ihn kritisch als solchen beurteilen und bejahen können?

4. Fortschritt eines Rechtsdenkens in der Form philosophischer Rechts-Theorie — nicht ohne Beurteilungsprinzipien in kritischer Vermittlung

a) Wie sich ergab, müssen kritische Beurteilungen, in denen etwas im Vergleich zu etwas anderem als Fortschritt ausgezeichnet und anerkannt wird, notwendigerweise auf einen Maßstab als Beurteilungs-Basis rekurrieren. Es ist gewiß nicht an sich selbstverständlich, daß ein solcher Maßstab in kritisch vermittelten Prinzipien gesucht wird. Das Nächstliegende sind nicht sie, sondern geltende Normen für bestimmte Lebenssachverhalte. Wer eigene oder fremde Handlungen ohne weiteres beurteilt, folgt dabei nur allzu leicht Normen seiner Gesellschaft und seiner Zeit, die bereits als gültig akzeptiert sind. Sucht er jedoch eine Norm, oder sogar ein ganzes „System" geltender Normen gleichfalls kritisch zu beurteilen, so bieten sich ihm zu seiner Orientierung zweitens „Prinzipien" an, die schon irgendwie objektiv vorformuliert sind und in irgend einer Gruppe bereits als maßgeblich gelten. Erst eine radikale Rückbesinnung auf die Autonomie seines ,Gewissens' ermöglicht ihm anscheinend drittens die Einsicht, daß er allein Prinzipien vor sich verantworten kann, die er in vollständiger Unabhängigkeit von vorgegebenen Maßstäben selber sich kritisch vermittelte, um sie dann unbedingt zu akzeptieren. Die entscheidende Frage ist danach aber, ob diese „kritisch vermittelten" Prinzipien, die als solche einen Fortschritt über die bloß „vorgegebenen" hinaus bedeuten sollen, sich als Resultate ,wahrer' kritischer Beurteilungen begreifen lassen, oder ob sie nur als Produkte reiner Dezisionen gedacht werden können.

Nimmt man Letzteres an, so kann man — analog zu jenem Nacheinander dreier Maßstäbe für das kritisch sein wollende Subjekt — *den* Fortschritt als diejenige Entwicklung des (okzidentalen) Rationalismus konzipieren, welche ausgerechnet in „Prinzipien" kulminiert, die sich nicht mehr der Vernunft verdanken[18]. Von einem echten Fortschritt an *Rationalität* über die lediglich objektiv „vorgegebenen" Prinzipien hinaus könnte in einer derartigen Konzeption wohl kaum noch die Rede sein.

Sobald *philosophisches Rechtsdenken* in Prinzipien mit ganz bestimmten Sinngehalten die letzten Maßstäbe zu entdecken glaubt, wird es als ein Prinzipiendenken nicht nur methodologisch-formaler, sondern inhaltlicher Art sich ihrer zu vergewissern suchen. Als ein Denken im Sinne kritischer Vernunft müßte es jedoch zur ausdrücklich kritischen Prinzipienreflexion werden, in der sogar die Prinzipien ihrem bestimmten Gehalt nach durch kritische Beurteilungen vermittelt werden. Eine derartige Reflexion könnte man sogleich in bezug auf ethisch-praktische oder genuin ‚rechtliche' Prinzipien in Angriff nehmen. Falls auch diese sich durch kritische Beurteilung vermitteln lassen, unterscheiden sie sich jedoch insofern nicht von den übrigen Prinzipien. Im folgenden genügt deshalb zunächst eine kritische Reflexion von Prinzipien überhaupt und ihrer mehr oder weniger „fortschrittlichen" kritischen Vermittlung.

b) Wenn wir ein Prinzip als möglichen Maßstab für Fortschritts-Beurteilungen ins Auge fassen, ergibt sich für uns zunächst dieselbe Alternative wie oben beim Problem einer letzten „Basis" für kritische Beurteilungen überhaupt. Auch Prinzipien können wir entweder als lediglich objektiv vorliegende Urteile bzw. Sätze, oder darüber hinaus als Primärbeurteilungen im Sinne von sie tragenden Primärverständnissen in Betracht ziehen[19]. Nur objektiv „vorgegebene" Prinzipienaussagen ohne weiteres zur letzten Basis für Ethik und Recht machen zu wollen — das wäre ohne Zweifel kein kritisch-vernünftiges, sondern ein schlecht dogmatisches Vorhaben, das als solches nicht kritisch zu recht-

---

[18] Vgl. dazu die entsprechende, allerdings etwas differenziertere, in Anknüpfung an Max Weber, Habermas und Luhmann gewonnene Sicht bei *Schluchter*, Die Entwicklung des okzidentalen Rationalismus. Eine Analyse von Max Webers Gesellschaftsgeschichte, Tübingen 1979, S. 68 f., 93 ff., 146, 163, 186.

[19] Vgl. dazu einerseits *K. Rahner*, Geist in Welt. Zur Metaphysik der endlichen Erkenntnis bei Thomas von Aquin, 2. verb. u. verm. Aufl., Frankfurt am Main 1961, S. 220 und andererseits *Hufnagel*, in: Tübg. Theol. Quart. 133 (1953), S. 427 ff.; 432.

fertigen wäre, und das auch gar nicht gelingen könnte. Manche Rechtsphilosophen halten heute diese Einsicht für ganz neu und für einen entschiedenen Fortschritt im Vergleich zum Prinzipiendenken der klassischen Natur- oder Vernunftrechtslehren. Sie zeigen damit jedoch nur, daß ihnen dieses Denken noch fremd ist — oder auch, daß ein subjektiver Fortschritt an Einsicht nicht mit einem objektiven Fortschritt an Gelehrsamkeit verbunden zu sein braucht.

Prinzipienaussagen, die lediglich in einer bestimmten sprachlichen Formulierung objektiv „vorgegeben" wären, stellten nur Vor-Urteile dar; sie müßten also noch überprüft werden. Wäre jedoch ihre Überprüfung allein im Rückgang auf *weitere* (und immer weitere, etc. ad infinitum) nur objektiv vorliegende Vor-Urteile oder Vor-Verständnisse denkbar, die als solche auch verkehrt sein könnten, so könnte sie niemals gelingen. Wer an diesem Punkte resigniert, wird gerade auch hinsichtlich der Prinzipien in einer „Letztentscheidung" den letzten Ausweg erblicken. Er wird dann deshalb, weil ohne Prinzipien, Ideen oder „Wertgesichtspunkte" praktisch nun einmal nicht auszukommen ist, sie ausdrücklich als „Erfindungen ohne Erkenntnisanspruch" durch Dezision einführen und sie als stets hypothetisch bleibende Orientierungen pragmatisch verwenden[20]. Bei dieser Resignationslösung kann man jedoch nicht stehenbleiben, wenn man radikal kritisch sein will. Das Merkwürdige an ihr ist, daß die frei gewählten „Prinzipien" (die ja nicht etwa in schlechthin jeder Hinsicht reine Leerformeln darstellen, und mithin auch nicht allesamt in *ein* Leer-„Prinzip" zusammenfallen sollen) dann unterschiedliche Funktionen erfüllen, d. h. sich doch wohl auch ihrem Sinngehalt nach voneinander unterscheiden müssen. Auch und gerade im Falle eines Prinzips, das durch Dezision *eingeführt* wurde, drängt sich die Frage auf, ob die Formulierung des betreffenden Prinzipien-Satzes *adäquat das* zum Ausdruck bringt, was allein als Prinzip sinnvoll und ‚kritisch' verwendbar zu sein vermag.

„Prinzipien" allerdings, die sogar ihrem Gehalt nach nichts als ein beliebiger Ausdruck barer Willkür, oder auch solche, die lediglich *absolut* leere Formeln darstellen[21], ließen sich in keiner Weise als an und für sich sinnvolle Prinzipien ‚erkennen'. Aus der Unmöglichkeit der ‚Erkenntnis' eines Gehalts von gehaltlosen Prinzipien folgt jedoch gewiß nicht, daß auch eine ‚Erkenntnis' von gehaltvollen Prinzipien unmöglich

---

[20] Vgl. *Albert*, Traktat über rationale Praxis, Tübingen 1978, S. 45 ff., 151 f.; *ders.*, Konstruktion und Kritik. Aufsätze zur Philosophie des kritischen Rationalismus, Hamburg 1972, S. 241.

[21] Im Unterschied zu Prinzipienformulierungen, die allein in dem Sinne „leer" sind, daß in sie nicht die Materie eines bestimmten Lebenssachverhalts schon irgendwie hineingenommen ist.

wäre oder daß es Prinzipien mit verbindlichem Vernunftgehalt gar nicht geben könnte.

Lediglich in einer *abstrakten* Betrachtung ethischer und rechtlicher Prinzipien überhaupt *bereits vom Standpunkt dezisionistisch gedachter Freiheit aus* wäre der Anschein unvermeidlich, hinsichtlich *aller* dieser Prinzipien sei ein *radikaler* (Prinzipien-)Non-kognitivismus das Wahre. Dieser Anschein verschwindet jedoch sofort, wenn der Gehalt eines bestimmten Prinzips kritischer Beurteilungen praktischer Vernunft nicht mehr übersehen, sondern verstanden und auf den Begriff gebracht wird. Jener Non-kognitivismus ist dann auch schon als ein abstraktes Vorurteil zurückgelassen.

Illusorisch wird er allein schon mit einer kritisch vermittelten Beantwortung der *hermeneutischen* Frage, wie der betreffende Prinzipien-Satz denn wirklich zu verstehen ist, aber erst recht mit einer Beantwortung der *kritischen* Frage, ob der Satz im Sinne eines gültigen Prinzips zu rechtfertigen ist oder nicht. Auch um nur zu wissen, was der Satz denn besagen soll, müssen wir ein entsprechendes Primärverstehen gewinnen und dann im Beurteilen auf es zurückgehen. Es ist kaum anzunehmen, daß wir in einem solchen ‚Verstehen' des Satzes nicht auch etwas vom Sinngehalt des mit dem Satz gemeinten Prinzips selbst mitbekommen. Haben wir jedoch auch diesen maßgeblichen Gehalt ‚erfaßt', so sind wir auch schon in der Lage, den dann überhaupt erst vollkommen zu ‚verstehenden' Satz zugleich daraufhin kritisch zu prüfen, ob er *seinem* Inhalt nach jenem Sinngehalt des Prinzips adäquat zum Ausdruck verhilft oder nicht.

c) Prinzipien-Kritik kann, wenn nicht als Rekurs auf Vor-Urteile oder Vor-Entscheidungen, dann nur als kritische Beurteilung gedacht werden. Als Bedingung der Möglichkeit von gelingenden Prinzipien-Beurteilungen aber sind dann entsprechende Primärverständnisse mit prinzipiellem Gehalt zu denken. Objektiv wahrheitsgemäß ist erst ein Prinzipien-Urteil, dessen Sachverhalt dem für es maßgebenden, in primärem ‚Verstehen' präsenten Sinngehalt des intendierten Prinzips wirklich entspricht. Explizit wahr ist erst eine Prinzipien-Beurteilung, in welcher die betreffende Entsprechung als wirklich erreicht eingesehen, und mithin eine Prinzipien-Einsicht als kritisch vermittelte Primäreinsicht gewonnen wird. Erst eine solche Beurteilung erlaubt es, das mit ihr als objektiv wahrheitsgemäß erkannte Urteil als Prinzipien-*Behauptung* zu vollziehen.

Eine Prinzipien-Formulierung, die den in einem Primärverstehen aktualisierten Prinzipien-Gehalt adäquater zum Ausdruck bringt als eine frühere Formulierung, ist im Vergleich zu dieser als ein Fortschritt anzuerkennen. Demgemäß läßt sich sogar Fortschritt im Bereich der Reflexion *eines* Prinzips als möglich denken. Ob ein *Fortschritt in der Explikation* des Sinngehalts eines ganz bestimmten Prinzips erreicht wurde, ist nur im Wege kritischer Vergleichung der fraglichen Explikationsversuche auszumachen. Diese Vergleichung aber orientiert sich notwendigerweise an *ein und demselben* Sinngehalt eben des intendierten Prinzips, denn er ist es ja, der möglichst adäquat zum Ausdruck kommen soll. Man könnte deshalb der Ansicht sein, es komme nur darauf an, ein für allemal bis zur *an sich* besten Explikation in Form der „treffendsten" Formulierung des gemeinten Prinzips fortzuschreiten, d. h. Fortschritt der Prinzipienreflexion sei jeweils nur als *der* Fortschritt bis zu diesem Ziel hin denkbar. Diese Ansicht ginge jedoch am Problem der Geschichtlichkeit der Prinzipien-*Sätze* von Ethik und Recht vorbei.

Es kommt stets auch darauf an, daß der Sinngehalt des betreffenden Prinzips in einer *für uns* möglichst verständlichen Form vermittelt wird. Er muß aus diesem Grunde möglicherweise von Zeit zu Zeit aus der einen in eine andere sprachliche Fassung „übersetzt" werden. Unser Prinzipiendenken muß insofern auch hermeneutischen Ansprüchen genügen. Was nur linearer Fortschritt sein zu können schien, erscheint von daher zugleich als ständige Aufgabe. Ein Gipfel wird von uns nicht etwa auch für unsere Nachkommen ein für allemal bestiegen. Solange wir verschiedene Sprachen sprechen, müssen wir ihn zudem von verschiedenen Seiten her angehn.

Sogar den Sinngehalt einer adäquaten Prinzipien-Formulierung, oder besser: sogar den dieser zugrundeliegenden ‚Gedanken' des Prinzips selbst als geschichtlich wandelbar zu denken, ist nicht möglich. Der betreffende ‚Gedanke' ist eben der, der er ist, nicht aber ein ganz anderer — und nur als er selbst, d. h. nicht als ein ganz anderer Gedanke soll er zum Ausdruck kommen und maßgebend werden. Das *Prinzip selbst,* erst einmal in seinem Sosein gedacht, bleibt unverwechselbar das, was es ist — und nur als eben *dies* Prinzip will es begriffen und anerkannt sein. Ein scheinbarer „Wandel" des Prinzips selbst könnte in Wirklichkeit nur in einem Übergang zu einem mit ihm identisch zu sein *scheinenden,* aber in Wahrheit *nicht* mit ihm identischen, sondern von ihm verschiedenen Prinzip bestehen. Wenn wir meinen, der Berg, den es heute zu besteigen gilt, habe sich seit gestern gewandelt, täuschen wir uns vermutlich; wir stehen dann in Wirklichkeit vor einem ganz anderen Berg.

Der eine ‚Gedanke' eines bestimmten Prinzips kann überdies auch schon deshalb nicht als geschichtlich wandelbar gedacht werden, *weil es ihn überhaupt nicht gibt* als eine nur *objektive Konstruktion,* die als solche von unserem freien (und meist nur mehr oder weniger rationalen)

Konstruieren (oder Manipulieren) abhängig wäre. ‚Es gibt' ihn vielmehr allererst in unserem fundamental ‚wahren' *Denken*, oder genauer: nur im Modus der ‚Objektiv*ität*' eines Primärverstehens, das eben ihn und nichts anderes erfaßt. In diesem Modus bleibt er sich gleich; er *ist* hier als ‚Prinzip' ohne Rück- oder Fortschritt — und nur als solches vermag er kritische Beurteilungen unter anderem von Fortschritts-Argumenten zu ermöglichen.

Auch in der Prinzipienreflexion ist jedoch Fortschritt nicht etwa nur als einer in Bezug bloß auf *eine* Einsicht zu denken; es geht vielmehr auch in ihr außerdem um Fortschritt hinsichtlich einer Pluralität von Fragen bzw. Einsichten. Hätten wir nur erst ein einziges Prinzip erkannt, so läge in einem ‚Verstehen' und Erkennen eines weiteren Prinzips ein „revolutionärer" Fortschritt im Sinne einer inhaltlichen Erweiterung unserer Einsichten prinzipieller Art. Wir müßten dann aber auch das Verhältnis zwischen den beiden Prinzipien ‚verstehen' und kritisch explizieren können. Von daher läßt sich als Ziel aller Fortschritte in einer kritischen Prinzipienreflexion die Einsicht in den Gesamtzusammenhang der Prinzipien unseres kritischen Beurteilens denken. Mit einer entsprechenden Einsicht wäre ‚Wahrheit' auch im Sinne von Prinzipien-Kohärenz erreicht[22].

d) Ein Rechtsdenken als philosophische Rechts-Theorie müßte in seiner kritischen Prinzipienreflexion erstens ermitteln, welche Prinzipien als Bedingungen der Möglichkeit kritischer Beurteilung auf ‚rechtliche' Qualität hin gedacht werden müssen. Zweitens müßte es von den vorkommenden und den erforderlichen Weisen derartiger Beurteilung her auch herausfinden, welche spezifischen Erscheinungsweisen der Grundgedanke eines Prinzips (z. B. der der Gerechtigkeit) haben kann, d. h. welche Differenzierungen von Prinzipien-Modi von ihm her für verschiedene Verhältnisse erforderlich sind. Drittens müßte es die Zusammenhänge zwischen den verschiedenen ‚rechtlichen' Prinzipien auch systematisch klären.

Ein Versuch, diese Aufgaben im wesentlichen zu erfüllen, würde hier zu weit führen. Zu den Fragen des Sinnes und der Leistungsfähigkeit von bestimmten Grundideen (wie der Freiheit oder der Gerechtigkeit) oder Prinzipien (wie der Goldenen Regel oder dem Kategorischen Imperativ) kann hier nicht Stellung genommen werden; sogar die Vorfrage, welche der seit jeher oder auch erst neuerdings diskutierten Ideen oder Prinzipien überhaupt in Betracht gezogen werden sollen, muß unbeantwortet bleiben. Nicht zu vermeiden sind aber Überlegungen

---

[22] Vgl. in diesem Zusammenhang *Puntel*, Wahrheitstheorien in der neueren Philosophie. Eine kritisch-systematische Darstellung, Darmstadt 1978, S. 211 ff.

zur Frage nach der Funktion verschiedener Typen von Prinzipien für die Vernunft-,Methode' kritischer Beurteilung.

5. Kritische Beurteilungen auf ,rechtliche' Qualität hin — nicht ohne formale Prinzipien und ,Natur der Sache'

a) Wenn zuvor von „Prinzipien" die Rede war, dann war offenbar an solche von formaler Art gedacht. Eine systematische Untersuchung müßte sich aber auf zwei Typen formaler Prinzipien beziehen, die zwei Grundfragen der praktischen Vernunft entsprechen. Es fragt sich erstens, *ob* unser Wollen, unser Handeln, unsere Normen und unsere Lebensverhältnisse sittliche bzw. ,rechtliche' Qualität haben *sollen*, und zweitens, in *was* diese Qualität denn besteht. In erster Linie müssen diejenigen Prinzipien-Formulierungen auf Adäquatheit hin untersucht werden, welche zum Ausdruck zu bringen suchen, *daß* wir das Gute, Freie oder ,Rechte', keinesfalls aber das Böse, das Freiheitswidrige oder das mit dem ,Rechten' gänzlich Unvereinbare wollen bzw. tun sollen. Hinsichtlich unserer Grundeinstellung, d. h. insbesondere hinsichtlich unseres *Rechtsbewußtseins* ist nämlich das entsprechende Fundamentalprinzip selbst von ausschlaggebender Bedeutung. Ohne ein solches, für all unsere Intentionen primär orientierendes Prinzip ist unter anderem auch nicht zu begreifen, *daß es geboten ist,* auf sittliche bzw. genuin ,rechtliche' Qualität hin kritisch zu beurteilen, bzw. *daß es im Prinzip ungut ist,* entsprechendes Beurteilen konsequent zu unterlassen.

Erst wenn klargestellt ist, *daß* das Gute gewollt und getan werden soll, wird die Frage dringlich, *was* gut, ,recht' bzw. ,fortschrittlich' ist. Durch entsprechende Grundprinzipien (z. B. suum cuique tribuere[23] oder „Gleiches gleich, Ungleiches ungleich behandeln"[24]) wird diese Frage zwar noch nicht (wie durch bereits auf Regel- oder Ausnahmefälle geschlüsselte *Normen*) hinsichtlich einer ganz bestimmten Materie, aber immerhin schon in der Weise eines auf alle Fälle beziehbaren Leitgedankens, und d. h. eben formal-prinzipiell beantwortet[25]. In einer systematischen Untersuchung wären Grundprinzipien dieses Typs in moralische und in ,rechtliche' einzuteilen. Erstere sind von der Frage her zu denken, ob *ich* etwas *als* gut, ,recht' bzw. ,fortschrittlich' *beurteile* und es *aus gutem Willen* intendiere, d. h. meinem Gewissen folge (mag es auch *irrig* beurteilt haben!). Für letztere hingegen ist entscheidend,

---

[23] Vgl. dazu *Waldstein,* Ist das „suum cuique" eine Leerformel?, in: Verdross-Festgabe 1980, S. 285 ff.

[24] Vgl. dazu *Schefold,* Gleichheit und Ungleichheit der Freiheit (Manuskript).

[25] Vgl. *Henkel,* Einführung in die Rechtsphilosophie. Zweite, völlig neubearb. Aufl., München 1977, S. 400.

ob das, was ich in bezug auf andere tue, im Sinne dieses Bezugs — also *auch* für die anderen als die Betroffenen — objektiv gut *ist* oder nicht. Spezifisch ‚rechtliche' Prinzipien bedeuten eben deshalb, weil sie prinzipielle Hinweise für das objektiv, d. h. *in Wahrheit* Gute oder ‚Rechte' geben, zugleich eine unmittelbare Herausforderung für unsere bereits entsprechend orientierte Urteilskraft oder ‚Klugheit' (prudentia).

Primär sind die formalen Fundamental- und Grundprinzipien jedoch als Prinzipien unserer vernünftigen ‚Freiheit' zu denken, die an unsere formale Entscheidungsfreiheit gerichtet sind. Wenn wir ihren Sinngehalt anfänglich ‚verstehen', oder besser: ihn als vollkommen überzeugend sehen und intuitiv sogleich ‚an-erkennen', bedeutet das nicht, daß wir dann auch schon *gezwungen* wären, ihn *ausdrücklich* zu akzeptieren. Wir sind vielmehr faktisch frei, uns *entweder* für *oder* gegen unsere Freiheit und ‚Autonomie' zu entscheiden. Weil das so ist, hängt *der denkbar revolutionärste ‚Fortschritt' überhaupt,* nämlich der zu vernünftiger ‚Freiheit' als *Autonomie,* radikal von unserer freien Stellungnahme ab. Er *ist* geradezu diese Stellungnahme als eine affirmative; er besteht darin, daß wir das *Freie frei* wollen und tun, d. h. daß wir uns aus unserem formalen Freisein heraus frei mit dem ‚Sinn' unserer vernünftigen ‚Freiheit' *identifizieren*[26].

Eben dieser ‚Sinn' ist jedoch selber nur ein formal-prinzipieller. Er gibt uns zwar unbedingt und unmißverständlich die Richtung an, in der wir das Ziel suchen sollen, weil wir es anderswo nicht finden könnten, schreibt aber nicht etwa nur einen einzigen Weg zum Ziel, und erst recht nicht alle einzelnen Schritte vor. Der frei gewählte, revolutionäre Fortschritt eines radikalen Wandels unserer „Denkungsart" (Kant)[27] befreit uns von den Wegen, die doch nur Sackgassen wären[28], und ermöglicht es uns andererseits, in *produktiver* Freiheit auf allen möglichen Wegen in der richtigen Richtung Fortschritte zu machen. Die formalen Prinzipien von Freiheit und Gerechtigkeit (etc.) bedeuten in diesem Sinne *Offenheit für Fortschritte der verschiedensten Art* — sie zwingen uns nicht etwas als *den* „Fortschritt" auf. „Ungleichheit" im Sinne von *Verschiedenartigkeit* ist nicht die schlechteste Konsequenz der Freiheit derer, die sich für Freiheit und Gerechtigkeit entschieden haben.

---

[26] Zu entsprechenden Formulierungen und Auffassungen beim jungen Marx vgl. *Schefold,* Die Rechtsphilosophie des jungen Marx von 1842, München 1970, S. 63, 78 ff., 84 ff.

[27] Zum ew. Frieden, B 79, Anm.

[28] Vgl. dazu die Kritik an *Luhmann* bei *Schefold,* Das normative Element des Rechts in seinem nicht zu funktionalisierenden Begründungssinn, in: Anuario de Filosofia del derecho, Tomo XVII — 1973 — 1974, S. 283 ff., 288.

b) Eine philosophische Rechts-Theorie, welche die Aufgaben einer kritischen Reflexion der für ‚rechtliches' Beurteilen gedachten formalen Prinzipien bereits vollständig erfüllt hätte, müßte sich die Frage stellen, ob diese Prinzipien für derartiges Beurteilen auch zureichend sind. Aus der Erkenntnis heraus, daß die formalen Prinzipien als solche lediglich im Sinne ihres Formalgehalts eine erste Orientierung zu geben vermögen, müßte sie die Frage verneinen. Sie könnte die als Bedingung der Möglichkeit ‚rechtlichen' Beurteilens zu denkende Beurteilungs-Basis — die oben als ein ‚Wahrheits'-Prinzip mit Sollens-Gehalt bestimmt wurde — also nicht mehr mit dem Basis-Moment der nur formalen Prinzipien schlechthin gleichsetzen. Sie müßte vielmehr für jede Beurteilung, die auch hinsichtlich der bestimmten Materie eines Lebenssachverhalts ein ‚rechtlich' überzeugendes Resultat zu erzielen vermochte, auch in materialer Hinsicht ein Basis-Moment denken.

Nicht erst in der neueren, nachkantischen, sondern auch schon im klassisch-naturrechtlichen Rechtsdenken kommt ein solches Moment mit dem Materialprinzip der *Natur der Sache* ins Spiel. Dies Prinzip wird allerdings in der heutigen Rechtsphilosophie oft nur — im Sinne eines Methodendualismus von (faktischem) Sein und („rein ideellem") Sollen — als bloßer Hinweis auf empirische Zusammenhänge aufgefaßt, so daß mit ihm in normativer Hinsicht gar nichts gewonnen ist. In dieser Hinsicht sinnvoll und weiterführend kann es jedoch nur als ein selber genuin ‚rechtliches' Prinzip sein.

Noch auf problematische Weise aufgefaßt wäre es auch dann, wenn es lediglich im Sinne einer „Natur" von Teilphänomenen herangezogen würde; man könnte dann meinen, die Probleme rechtlich-systematischer und politischer Zusammenhänge entzögen sich prinzipiell einer Beurteilung auf eine ‚Sachnatur' hin, d. h. sie seien bloß durch Dezisionen zu erledigen.

Ein weiteres Mißverständnis bestünde darin, die ‚Natur der Sache' und die formalen Prinzipien der verschiedensten Art nur isoliert voneinander zu sehen. Man kann sagen, daß ein *orientierender Gesichtspunkt* der „Natur der Sache" schon bei der Gewinnung *spezifischer* Gerechtigkeitsprinzipien unentbehrlich ist. Hier ist daran zu erinnern, daß in der klassischen Gerechtigkeitslehre die Modi der Gerechtigkeit als virtus auf der Grundlage der Einsicht gewonnen werden, daß zwischen Ganzem und Teil der Natur der Sache nach ein Unterschied besteht[29]. Gerechtigkeit als solche dem anderen gegenüber wird in ihr 1. in Relation ad alium singulariter (iustitia singularis), und 2. in Relation ad alium in communi (iustitia legalis) gedacht. Dann aber wird ge-

[29] Vgl. hierzu und zum folgenden *Thomas von Aquin,* Summa Theologica II - II q. 58 a. 5, a. 6, a. 7 und q. 61 a. 1.

sehen, daß nicht nur der terminus ad quem, sondern auch der terminus a quo der Gerechtigkeitsrelation im Sinne jenes Unterschieds zweierlei bedeuten kann. Unterschieden wird deshalb der Natur der Sache nach zwischen einer iustitia singularis als ordo *partis* ad partem, d. h. als ‚rechtes' Verhältnis eines *einzelnen* zu einem einzelnen (iustitia commutativa) und einer Einzelgerechtigkeit als ordo *totius* ad partes, d. h. als ordo eius quod est commune ad singulas personas (iustitia distributiva). Es ist nur konsequent, daß in dieser Lehre die Gesetzesgerechtigkeit des von seiten der einzelnen *dem* Ganzen Zukommenden auf das bonum commune hin weitergedacht und die distributive Gerechtigkeit des *vom* Ganzen den *einzelnen* Zukommenden vom bonum commune her verstanden wird.

Mißverstanden wäre das Prinzip der ‚Natur der Sache' ferner dann, wenn ohne weiteres angenommen würde, jedes Lebensverhältnis mit einem bestimmten empirischen Sachverhalt müsse selber in jeder Hinsicht (!) auch eine in ‚rechtlicher' Weise verbindliche ‚Sachnatur' aufweisen. Ob und inwiefern es sie aufweist, ist nämlich gerade die Frage, die jeweils im Sinne der ‚Natur der Sache' als einem Beurteilungs-Prinzip beantwortet werden soll. Eine wichtige und äußerst folgenreiche[30] Einsicht jener Gerechtigkeitslehre ist die, daß „der Natur der Sache nach" zwischen Lebensverhältnissen unterschieden werden muß, die an sich schon ihrer eigenen ‚Natur der Sache' nach eine Gerechtigkeitsstruktur aufweisen, d. h. ius naturale bedeuten, und an sich indifferenten Lebensverhältnissen, die allererst durch eine Festsetzung — von ius positivum — eine vergleichbare Strukturierung erhalten[31].

c) Eine philosophische Rechts-Theorie, in welcher es bereits zu dem Fortschritt von der kritischen Reflexion nur formaler Prinzipien zu der eines normativen Materialprinzips der ‚Natur der Sache' gekommen wäre, könnte sich nochmals die Frage stellen, ob die von ihr aufgewiesenen Prinzipien für ‚rechtliches' Beurteilen denn wirklich zureichend sind. Sie müßte dies wiederum verneinen, wenn sie die ‚Natur der Sache' als *rein* normatives Prinzip aufgefaßt hätte, das als solches lediglich auf rein ideelle Naturen oder Wesenheiten zu beziehen wäre. Ein so gemeintes „Prinzip" bedeutete nämlich eigentlich nur noch eine Bezeichnung, mit der auf einen Kosmos unveränderlicher Sollens- oder

---

[30] Vgl. *Gagnér*, Studien zur Ideengeschichte der Gesetzgebung, Stockholm/Uppsala/Göteborg 1960, S. 179 ff.

[31] Vgl. *Thomas von Aquin*, q. 57 a. 2. Da auch ius naturale positiviert sein kann, darf es nicht mit „Naturrecht", und ius positivum nicht mit „positivem Recht" übersetzt werden, wenn nicht heillose Verwirrung entstehen soll. Mit dem Unterschied zwischen ius naturale und ius positivum wäre zu vergleichen der von *Larenz*, Originäre Rechtssachverhalte, in: G. Husserl-Festschrift, S. 132 ff., gemachte Unterschied zwischen diesen und den abgeleiteten Rechtssachverhalten.

Wert-Sachverhalte weiterverwiesen würde, dessen Ort und Herkunft zweifelhaft blieben[32]. Festzuhalten ist demgegenüber, daß die ‚Natur der Sache' als Materialprinzip kritischer Beurteilung von Lebenssachverhalten es nicht zuletzt auch ermöglicht, immer wieder die neu auftretenden und neuartigen Sachverhalte oder „Fälle" *einer sich wandelnden Wirklichkeit* daraufhin zu befragen, ob und inwiefern ihnen an sich schon eine Gerechtigkeitsstruktur eignet, welche auch im Rahmen einer primär systematisch oder ‚politisch' orientierten Gesamtbeurteilung einer Pluralität von Sachverhalten jedenfalls *berücksichtigt* werden müßte[33].

Formale Prinzipien und ‚*Natur* der Sache' sind gleichermaßen lediglich als *Momente* der Beurteilungs-Basis zu werten. Sobald es um die ‚rechtliche' Beurteilung einer Norm bzw. eines Urteils *im Kontext eines konkreten Lebenssachverhalts* geht, ist als ihre Bedingung der Möglichkeit auch eine entsprechend *konkrete* ‚Wahrheits'-Basis mit Sollens-Bedeutung zu denken[34]. Nicht nur die ‚Natur' der Sache, sondern zumal diese selbst muß ‚verstanden' sein, und zwar im Lichte derjenigen Prinzipien, um die es sich in ihrem Falle handelt. Erst jene Basis ist *das* ‚Erkenntnis'-Prinzip *konkreter* praktischer Vernunft. Es unterscheidet sich von dem der theoretischen Vernunft im wesentlichen so, wie sich die Wahrheitsrelation als adaequatio rei et intellectus von der Gerechtigkeitsrelation als comparatio ad alium unterscheidet. Primär ‚verstehen' kann man nicht nur *im* Verhältnis zur Realität, was tatsächlich *ist*, sondern — im Lichte jener Prinzipien — auch noch, ob und inwiefern ein bestimmtes Verhältnis *zur* Realität (insbesondere des anderen einzelnen oder der Gemeinschaft) als ‚rechtes' (freiheitliches, gerechtes etc.) Verhältnis sein *soll*.

6. Fortschritte konkreten Rechtsdenkens — nicht ohne ‚Erkenntnisse' im Lichte von Prinzipien des Rechts

a) Es wäre naiv, von einem Fortschritt des Prinzipiendenkens in Ethik und Recht ohne weiteres auch konkrete Fortschritte im Beurteilen ganz bestimmter Rechtsfragen aller Art zu erwarten. Das gilt insbesondere

---

[32] Auf das Richtige und das Unrichtige an den heute Mode gewordenen Kritiken an einer Rechtsphilosophie als Wertphilosophie möchte ich an anderer Stelle genauer eingehen.

[33] Die Rede von einer „sich wandelnden Wirklichkeit" soll natürlich nicht bedeuten, daß auch die betreffende Gerechtigkeitsstruktur eines ‚erkannten' Rechtsfalls oder dieser selbst als gedachter wandelbar sein könnten.

[34] Vgl. in diesem Zusammenhang *Waldenfels*, S. 286 ff. sowie *Thomas von Aquin*, q. 57 a. 2 ad 1 mit dem Beispiel, daß etwas Hinterlegtes ausnahmsweise nicht zurückgegeben werden darf, weil es sonst — z. B. von einem Tobsüchtigen oder einem Staatsfeind — mißbraucht würde; ein Beispiel, das im Sinne der Gesamtgestalt eines Ausnahmefalls zu denken ist, d. h. nicht im Sinne einer „teleologischen" Ethik interpretiert zu werden braucht.

hinsichtlich der formalen Prinzipien kritischer Beurteilung auf ethische bzw. genuin ‚rechtliche' Qualität (oder Fortschrittlichkeit) hin. Solche Prinzipien haben zwar einen formal-prinzipiellen, aber keinen materialen Gehalt wie Normen. Da sie in materialer Hinsicht sozusagen „leer" sind und es auch sein müssen, um für die verschiedenartigsten Materien leitend werden zu können, wäre es verfehlt, aus ihnen ganz bestimmte normative Instruktionen herauslesen zu wollen. Wie sie als Prinzipien keinen auf Lebenssachverhalte abgestimmten Tatbestand haben, so ordnen sie auch keine Rechtsfolge an — es wäre abwegig, sie in ihnen zu suchen. Wie aber soll es dann möglich sein, in ihrem Sinne zu einer ethischen oder ‚rechtlichen' Beurteilung von konkreten Sachverhalten, und von da aus zu der von Normen, oder aber zunächst zu einer Normen-Beurteilung und dann zu einer Normen-Anwendung im Lichte der Prinzipien zu kommen? Es empfiehlt sich, im folgenden zuerst die vergleichsweise einfacher gelagerte Problemsituation zu bedenken, die gegeben ist, wenn entweder noch keine geltenden Normen vorhanden sind oder von ihnen methodisch abstrahiert wurde.

Ein einziges formales Prinzip könnte wohl kaum für jeden rechtlichen Sachverhalt zur Beurteilung hinreichend sein. Mit mehreren Prinzipien aber scheint sich die Schwierigkeit zu ergeben, welche von ihnen ausgewählt, und in welchem Verhältnis zueinander sie dann in der Beurteilung des Sachverhalts leitend werden sollen. Sie scheint nicht zuletzt auch dann aufzutreten, wenn es sich nicht um mehrere formale Beurteilungsprinzipien, sondern um mehrere „Werte" oder normative „Naturen der Sache" handelt[35]. Non-kognitivisten pflegen diese Schwierigkeit für allein durch „Wertungen" als *Dezisionen* überwindbar zu halten und in der Annahme, sie sei keinesfalls durch Erkenntnis zu überwinden, ein entscheidendes Argument für ihren Non-kognitivismus zu erblicken. Wenn ‚Erkenntnisse' von formalen Prinzipien, von Werten oder von Sachnaturen bzw. Sachnähen an sich — im Sinne eines Prinzipien-Kognitivismus — zwar möglich wären, aber notwendigerweise partiell und voneinander isoliert bleiben müßten, wären sie bei den Problemen konkreter Rechtserkenntnis paradoxerweise allesamt zu nichts nütze. Man könnte es also zuletzt für einen Fortschritt halten, von Rechtserkenntnisproblemen konkreter Art konsequent zu *Verfahrensproblemen* eines in Dezisionen sich erschöpfenden Normierens von *so etwas wie* „Recht" überzugehen[36].

---

[35] Vgl. die Argumentation von *Weinberger* in diesem Beiheft, S. 307 ff., sowie *Fikentscher*, Methoden des Rechts, Bd. IV, Tübingen 1977, S. 389.

[36] In diesem Sinne, aber ohne extrem dezisionistische Zuspitzung, auch *Fikentscher* mit seiner These, das Naturrechtsthema *sei* das Demokratiethema; vgl. zu dieser These meinen Beitrag zum Weltkongreß der IVR in Mexico 1981.

Non-kognitivisten, die vor jener Schwierigkeit kapitulieren, scheinen jedoch je schon *vorauszusetzen*, daß so etwas wie eine ‚Erkenntnis' ethischer oder rechtlicher *Lebenssachverhalte* im Lichte der Prinzipien gar nicht erreichbar ist. Prinzipien-Erkenntnisse allein nützten selbstverständlich nichts, wenn kritische Beurteilung von konkreten ethischen oder rechtlichen Sachverhalten nicht gleichfalls möglich, d. h. wenn nicht auch von ihnen eine ‚Erkenntnis' in normativer Hinsicht erzielbar wäre. Aber Prinzipien-‚Erkenntnisse' wären dann selber wohl kaum möglich[37].

b) Wenn allerdings gewisse Prinzipien bereits ihren Grundgedanken nach erfaßt und — im Wege konstruktiver Fassung und kritischer Beurteilung — auch ‚erkannt' sind, dürfte es möglich sein, methodisch mit ihnen zu verfahren und so jene zunächst als unüberwindbar erscheinende Schwierigkeit zu beheben. Wir können mit einem gewonnenen Prinzipienverständnis bzw. Prinzip einer neu gegebenen Problemsituation gegenübertreten und zusehen, wie weit wir mit entsprechenden Problemlösungsversuchen kommen. Es kann sein, daß wir schon bei einer *vorläufigen Aktualisierung* des Prinzips für „diesen" Sachverhalt *sehen*, daß er mit ihm gar nichts zu tun hat, und dann dies als wahre *negative* ‚Erkenntnis' im Lichte des betreffenden Prinzips festhalten. Aber es kann auch sein, daß es uns gelingt, ihn mit Hilfe des Prinzips zu durchschauen und zu beurteilen. Dann wird es uns möglich sein, im Lichte des dann wirklich maßgebenden Prinzips Problemlösungsvorschläge zu entwerfen und zur Diskussion zu stellen. Scheiden in kritischer Beurteilung vom Sachverhalt selbst her alle überhaupt in Betracht kommenden Vorschläge bis auf einen als keinesfalls adäquat aus, so erscheint uns der eine als der einzig mögliche; wir könnten ihn mit der klassischen Gerechtigkeitslehre im Sinne von ius naturale interpretieren[38]. Bleiben dagegen mehrere Vorschläge als *im Sinne* des Prinzips akzeptabel übrig, dann müssen wir eine Wahl zwischen ihnen treffen; es handelt sich dann sozusagen um ius positivum. Die Wahl muß jedoch konsequenterweise „im Rahmen" bleiben, d. h. in unserem freien Entscheiden dürfen wir nicht etwa einen *nicht* im Sinne des Prinzips akzeptablen Vorschlag heranziehen, auswählen und durchsetzen. Unsere Wahl zwischen mehreren ‚rechtlichen' Möglichkeiten ist also solche immer nur eine *relativ* freie Entscheidung *im Kontext von Rechtserkenntnis*. Nur wer dies übersieht, kann sie als reine Dezision interpretieren und zur Konsequenz eines *durchgängigen und radikalen* Non-kognitivismus kommen, demzufolge es allüberall eigentlich nur die harmlosen Probleme von ius positivum geben dürfte.

---

[37] Da Prinzipien nur als Momente konkret-normativen Primärverstehens erstmals in den Blick kommen.

[38] Vgl. oben Anm. 31.

Ein derartiger Non-kognitivismus hätte nicht zuletzt auch zur Folge, daß Fortschritte eines primär ethisch-praktisch orientierten Rechtsdenkens an konkreter Rechtserkenntnis nicht mehr denkbar sein dürften. Er würde keinesfalls mehr erlauben, unsere rechtlichen Institutionen, die sich wirklich bewähren, als Resultate eines durch zahllose ‚Erkenntnis'-Fortschritte nach und nach herbeigeführten Fortschritts im ganzen zu deuten. Auch sie dürften allesamt nur als Dezisions-Resultate gelten, mit denen sich die Fortschrittsfrage als eine Frage nach ethischer oder genuin ‚rechtlicher' Qualität bzw. nach rechtlich-politisch ‚Verantwortbarem' erübrigen müßte.

c) Diskutabel scheint mir nicht jener radikale, sondern allein ein *gemäßigter* Non-kognitivismus zu sein, der mit vollem Recht eine analog zu empirischer Erfahrungserkenntnis aufgefaßte „Rechtserkenntnis" (die eine solche von fertig Vorgegebenem sein müßte) sowie einen entsprechenden naturalistischen Kognitivismus als verfehlt ablehnt. Ich bin jedoch der Auffassung, daß wegen des Vorrangs jener Qualitätsfrage sowie in Anbetracht der Tatsache, daß diese Frage ständig in Argumentationen und in Diskussionen gestellt und beantwortet wird, ein im Sinne eben dieser Frage verstandener *non-naturalistischer* ‚Kognitivismus' den Vorzug verdient. Auch dieser ‚Kognitivismus' wäre — als der einer ‚Erkenntnis' im Sinne *kritischer Beurteilung* auf ‚rechtliche' Qualität hin — ein „gemäßigter"; mit ihm wäre insbesondere nicht gemeint, daß allein durch *Ableitungen* aus Prinzipien alles ‚erkennbar' und ius positivum daher überhaupt nicht möglich ist[39]. Ein *durchgängiger und radikaler* ‚Kognitivismus' dagegen, demzufolge *alles* durch Rechtserkenntnis erschließbar wäre, schlösse die Voraussetzung ein, daß alles Recht prinzipiell nur ius naturale, d. h. nie ius positivum sein, und daher auch das durch Positivierung gegebene positive Recht nur ius naturale darstellen kann. Er implizierte das (pseudo-)„naturrechtliche" Gegenextrem zu jenem positivistischen Extrem, das ein durchgängiger und radikaler Non-kognitivismus mit seiner Annahme, *nichts* sei auf ‚rechtliche' Qualität hin beurteil- und ‚erkennbar', vorauszusetzen scheint.

Mit der Konzeption eines „gemäßigten" non-naturalistischen ‚Kognitivismus' ist hier auch nicht etwa gemeint, nur im Falle von ius naturale könnten normative ‚Erkenntnisse' gegeben sein. Um solche handelt es sich vielmehr dann, wenn ein Sachverhalt daraufhin befragt und beurteilt wird, ob er an sich schon Gerechtigkeitsstruktur aufweist, schon von Anfang an und auch dann noch, wenn das Resultat negativ ist. Jene Konzeption soll ferner auch nicht bedeuten, daß nur Beurteilungen

[39] Ein entsprechendes Ableitungs-Naturrecht wird bekanntlich von vielen Naturrechtskritikern als bequemer „Pappkamerad" aufgebaut.

allein auf ‚rechtliche' Qualität hin als ‚Erkenntnisse' möglich wären. Die *an sich* freiheitlichste oder gerechteste, d. h. ein *Maximum* an entsprechender Qualität aufweisende Lösung braucht nicht die unter den konkreten Umständen beste, d. h. ein durchsetzbares *Optimum* bedeutende Lösung zu sein[40]. Jenes Maximum läßt sich im Sinne einer abstrakt-philosophischen, nur an einer *an sich* gültigen Wert- oder Güter-Ordnung orientierten Beurteilung eines gleichfalls in abstracto genommenen Lebenssachverhalts ‚erkennen'. Das realisierbare Optimum hingegen erfordert ein Beurteilen auch der konkreten Umstände im Blick auf die politische Gesamtsituation, d. h. ein ‚Erkennen' anderer Art: das einer ‚rechtlich'-politisch orientierten Klugheit (prudentia). Deren Sache ist es z. B., zu ‚erkennen', daß unter den gegebenen Umständen nicht ein an sich höchstrangiges Gut, sondern ein anderes als dessen Realisierungsbedingung vordringlich ist[41]. Entsprechende Fortschritts-Beurteilungen ‚rechtlich'-politischer Klugheit müßten zwar in Orientierung am Anliegen ‚rechtlicher' Qualität, aber unter voller Berücksichtigung der realen Positivierungs- und Durchsetzbarkeitsprobleme das hic et nunc ‚Verantwortbare' *zu ermitteln suchen*[42]. Man kann deshalb statt von ‚Kognitivismus' mit *Ilmar Tammelo* auch von *Konativismus* sprechen.

d) Ein ‚Kognitivismus' der hier vertretenen Art ist sogar mit der rechtstheoretischen These, daß heute alles Recht nur kraft Positivierung gelten könne, ohne weiteres vereinbar. Erforderlich ist nur, diese These — deren Problematik hier dahingestellt bleiben muß — konsequent auf den mit ihr gemeinten Geltungsbegriff zu beziehen. Die „positive" oder „juristische" Geltung einer Norm setzt, so mag man heute annehmen, heute deren Positivierung voraus. Aus dem bloßen Faktum einer Positivierung kann jedoch selbst dann, wenn sie *in Entsprechung* zu bereits geltenden Verfahrensregeln, d. h. *in Wahrheit legal* vor sich ging, nicht der Schluß gezogen werden, die betreffende Norm habe ethische bzw. genuin ‚rechtliche' Qualität oder ‚Gültigkeit' im Sinne von Verantwortbarkeit. Die Frage nach der primär qualitativ verstandenen ‚Rechtsgültigkeit' einer Norm ist eine *ganz andere Frage* als die nach ihrer durch Positivierung konstituierten juristischen Geltung. Positiviertes kann ‚Rechtsqualität' haben oder auch nicht. Jene These soll natürlich nicht bedeuten, daß heute alles Recht kraft Positivierung jene Qualität *hat*. Sie kann aber auch nicht bedeuten, daß es heute auf sie überhaupt nicht

---

40 Zum Unterschied zwischen Maximum und Optimum vgl. *Kriele*, Einführung in die Staatslehre, Reinbek bei Hamburg 1975, S. 229.

41 Vgl. *Lauth*, Ethik in ihrer Grundlage aus Prinzipien entfaltet, Stuttgart - Berlin - Köln - Mainz 1969, S. 89 ff.

42 Was nicht bedeuten soll, daß hier an eine mit dezisionistisch eingeführten „Prinzipien" operierende oder pragmatisch-teleologische „Verantwortungsethik" gedacht wäre; vgl. dagegen oben Anm. 34 und 41.

mehr ankäme. Eine entsprechende Folgerung aus ihr wäre ein Fehlschluß. „Konsequent" ist die Folgerung allerdings von einem Freiheitsverständnis her, das in der libertas indifferentiae den höchsten Wert erblickt und deshalb die ‚rechtlichen' Qualitäten unserer im Sinne von Autonomie gedachten, vernünftigen ‚Freiheit' nur als „vorgegebene" Schranken für den erwünschten *beliebigen* „Fortschritt" anzusehen vermag.

e) Um eine ganz andere Problemsituation als zuvor scheint es sich zu handeln, wenn ein Rechtsdenken bedacht wird, für das bereits wirklich geltende Rechtsnormen vorgegeben sind. Dem ersten Anschein nach könnte ein solches Denken nur entweder als „Kritik" die betreffenden Normen wie noch kritisch zu prüfende Vor-Urteile behandeln oder als „Praxis" sie in schlecht dogmatischer Weise akzeptieren und anwenden[43]. Die hier vertretene Konzeption „kritischer Beurteilung"[44] erlaubt jedoch eine differenziertere Lösung. In demokratisch-rechtsstaatlichen Verhältnissen darf von der (widerleglichen!) Vermutung ausgegangen werden, daß eine vom Gesetzgeber positivierte Rechtsnorm ein Resultat ‚verantwortbarer' Überlegungen oder ‚Erkenntnisse' ist. Schon von daher erscheint der Gedanke einer Bindung des Rechtsdenkens an das Gesetz als vernünftig. Er läßt sich dahingehend interpretieren, daß die juristisch geltende und als ‚rechtlich' gültig zu vermutende Rechtsnorm analog zu einem maßgebenden Beurteilungs-Grund gewissermaßen als die ‚Wahrheits'-Basis *für auf sie abzustimmende* kritische Beurteilungen fungieren soll. Der Rechtsnorm eine solche Stellung einzuräumen bedeutet kein Ausschließen von Kritik. Rechtstext und Rechtsnorm können nur unter Bezugnahme auf die an sich gemeinten Fälle und nur im Lichte der für diese maßgeblichen Prinzipien wirklich ‚verstanden' werden, d. h. schon insofern ist kritische Beurteilung erforderlich. Diese kann aber immer auch zu einer ‚Erkenntnis' führen, mit der sich die Vermutung für die Verantwortbarkeit der Norm widerlegt, d. h. sie kann auf Rechtskritik hinauslaufen; dann stellt sich die Frage nach der Zuständigkeit für diese und für die nötige Rechtsänderung.

Von diesen Überlegungen her lassen sich auch Fortschritte eines auf Rechtsanwendung ausgerichteten, konkreten Rechtsdenkens im Sinne „kritischer Beurteilung" verstehen. Stößt ein solches Denken auf *neuartige* Rechtsfälle, so hat es die dann *produktive* Aufgabe, *in Abstimmung auf* die vorgegebenen Rechtsnormen sowie *unter Berücksichtigung*

---

[43] Vgl. insbesondere die entsprechende Tendenz bei *Albert*, Konstruktion und Kritik, Hamburg 1972, S. 221 ff. Kritisch zu ihr: *Schefold*, Methodologisch bedingte Schwierigkeiten des kritischen Rationalismus mit Recht und Rechtswissenschaft, in: Hegel-Jahrbuch 1977/78, S. 212 ff.

[44] Vgl. zu ihr nun auch *Lauth*, Theorie des philosophischen Arguments. Der Ausgangspunkt und seine Bedingungen, Berlin - New York 1979.

der vorliegenden Präjudizien gleichwohl *sachlich adäquate* Lösungsmöglichkeiten zu entwerfen, und dann aus ihnen mit Hilfe kritischer Vergleichung die relativ beste (oder vielleicht auch die einzig vertretbare) Lösung auszuwählen und zur Geltung zu bringen. Ein primär praktisch orientiertes Rechtsdenken in „Theorie" und „Praxis", das dieser *ständigen* Aufgabe immer wieder im Sinne verantwortbarer ‚Erkenntnisse' rechtlich-politischer ‚Klugheit'[45] nachkommt, bringt nicht nur kontinuierlich kleine konkrete Fortschritte, sondern wohl hin und wieder auch einen Fortschritt von grundsätzlicher, „revolutionärer" Bedeutung zustande. Vor allem aber läßt es „den" Fortschritt als den allmählichen einer sich im Prinzipiellen treu bleibenden, ‚rechtlichen' *Erfahrung* (hinsichtlich des einzelnen wie auch des Ganzen) denkbar werden, deren ‚Erkenntnisse' aufeinander aufbauen und so Kontinuität in der Ausgestaltung von Rechtsnormen und Institutionen ermöglichen. Das „kritische Beurteilen" auf der Basis eines ‚Verstehens' steht auch diesen Objektivationen ‚rechtlicher' Erfahrung zwar zunächst immer *in kritisch-methodischer Distanz gegenüber.* Aber als an sich unparteiisches Beurteilen (im Unterschied zu „nur negativem" Kritisieren) ist es in der Lage, das Bestehende nicht nur nötigenfalls radikal zu verändern, sondern es möglicherweise auch zu bewahren und noch zu verbessern. Es vermag also unter Umständen seine Sollensprinzipien auch als Sinnprinzipien in der Wirklichkeit wiederzuentdecken. Ein entsprechendes Fortschrittsdenken kann deshalb sowohl an Kant als auch an Hegel kritisch anknüpfen.

---

[45] Vgl. zu ihr neuerdings *Matz,* Über politische Untugenden als Hemmnisse des Regierens im demokratischen Verfassungsstaat, in: Regierbarkeit. Studien zu ihrer Problematisierung. Bd. II, hrsg. v. Hennis / Kielmannsegg / Matz, Stuttgart 1979. S. 211 ff.. 230 ff.

THE POSITIVE CRISIS OF LAW*

By Ivanhoe Tebaldeschi, Salzburg

1. Progress and Crisis in Law

From most of the written contributions presented for this Symposium and the oral contributions till now discussed, it is plain already that concepts like "progress", "science" and "legal theory" play a central role in the present discussion. Accordingly, some analytical considerations on each of the above concepts will be sketched here. The purpose is to offer a proper frame for the specific topic of this paper, the present-day crisis of law — a crisis not to be regarded as one stemming from decay, but as *a positive crisis,* namely a crisis stemming from progress.

Above all: progress. There can be no doubt about progress as to theory or science in a general sense, a progress that results in an increase of cognitions and a clarification of notions. As to legal theory or legal science progress is, however, only intelligible if it is progress of law too. But how is progress of law to be conceived?

Progress of law should mean improvement of law, but any recognition of "improvement" being a question of evaluation, it may appear subjective and provoke intellectual controversies, particularly as to the topic of natural law. But is it possible to think of "progress of law" outside the jusnaturalistic approach?

"Progress" is indeed no rigorous term, unless a proper stipulation be issued to determine it. Accordingly, "progress" is here assumed in the sense of "progress of growth", a progress whose typical example may be the evolution of an infantile organism into a grown up one. With this notion of legal progress as progress of "growth" no distinction between better and worse legal institutions will be required any more.

---

* For brevity, references to authors and movements have been omitted. For references to the pertinent literature see following works by the present writer:
Rechtswissenschaft als Modellwissenschaft. Springer-Verlag, Wien - New York 1979 and
La Vocazione Filosofica del Diritto. Studi di Epistemologia Giuridica e di Teoria della Giustizia. A. Giuffrè Ed., Milano 1979.

The only pertinent distinction will be that between primitive and mature, elementary and complex, or raw and refined systems of law. For the actual legal systems legal progress is a possibility, rather than a necessity. It will not reach always a higher stage. It can stop before, even at an initial stage. Nor is it irreversible: it does not exclude recession.

Second: science. Progress of science has many aspects and facets. It is *inter alia* progressive specialization: human knowledge tends towards a ramification into a multiplicity of scientific disciplines. Specialization requires mutual collaboration and interaction by the different disciplines. It does not, however, exclude tensions, overlapping, and even conflicts within the interdisciplinary areas. There are, particularly, disciplines that incline towards an overflowing expansion at the expense of others, these being thrown somehow into the shade.

To a certain extent this has been the case with legal theory, too. This has been either overlooked, or, so to say, demoted: it tends to be conceived as a mere appendix of social or sociological disciplines. Yet for the sake of human knowledge in general (including the social and sociological disciplines), the autonomous role and progress of legal theory should be vindicated.

Third: legal theory. In its proper meaning "legal theory" designates the analysis and conceptual elaboration of legal notions and legal structures. Linguistically we use to name it "legal theory" or "theory of law", but its appropriate name should be (though not without a pleonasm) "*legal* theory of *law*". There are in fact many ways of theorizing on law, like the sociological, the political, and the economical ones, but the primary view of law — that on which all others must engraft — can only spring from the legal experience itself: *it is the legal way to view law.* (Legal) theory of law is just a derivation from it.

Being thus a reverberation of law, legal theory is, at least to a large extent, a main outcome from the application or enforcement of legal norms. It draws inspiration from legal controversies.

Controversies springing from the application or enforcement of legal provisions cannot be considered as a mere pathological aspect of law. Far from it, legal controversies are an indispensable factor for the never ending clarification of law and legal concepts, as well as a source of continuous nourishment for the theory of law.

On the ground of the above considerations, some main aspects of the present "positive" crisis of law will be now discussed, as a set of new problems and new tasks for the present-day legal theory.

2. The Present Gap between Law-making and Juridical Thought

Lawmaking of the past has usually been concerned with human relations or social states, which had already been endowed with legal qualities. Beyond this, the "meanings" of the actual norms had been submitted already to careful scrutiny, analysis and conceptual framing by lawyers or jurists and/or clarified by previous judicial decisions on leading cases. This neither prejudiced nor limited the discretion of law making. It made, on the contrary, any new law to fall upon a clear and orderly area in which it was easier to produce the changes willed by the legislator.

"Property" and "contract" were the core of private law, this being the receptacle of a multicentenary legal wisdom. A legal order included indeed also a set of less relevant and less systematic provisions, whose legal significance was somehow peripherical or marginal in respect of the global system. Ultimately the potential objects of legal regulations consisted in a "cultivated" area and in a comparatively "raw" area, the former being much more extended and relevant than the latter.

At least for many legal orders the above state of affairs is by now changed. This is mainly due to the fact that the once "raw" or "non explored" area has become now widely extended so as to cover a very vast range of legally relevant contents. As for an example, one might mention: relations of industrial law, house tenancy, lease of land, trade unions, social security, and political parties. These matters could hardly benefit from traditional analyses and conceptual elaborations by the jurists. They were enlightened by no teaching or dictates by an already established legal wisdom. The inherent quality of the related laws must therefore fade. Lacking of a proper frame of reference, the very central terms of legal formulations may prove ambiguous. Nor any set of pertinent and established criteria may be available for the judges, whose decisions however scrupulous, competent and well intentioned towards justice they may be, prove most often non systematic and fragmentary. In short the operation of law-making and legal thought becomes quite unrelated and even dissociated.

3. The "Improper" Sources of Law

A further factor of legal crisis, complementary in negative sense to the previous one, is the diminished efficiency of legislative power. This comes out of many reasons, as for instance an excessive centralization, inefficiency by local authorities, and the increase of matters to be ruled by law. A gravest factor lies in the emerging of the *de facto* legislative powers like the political parties and the trade unions.

The operation of these organisms is not however altogether negative. After all they only surrogate the lack of activity by the competent legislative organs. Not necessarily is the contribution of these "improper" legislators illegal. Formally they do make proposals only. It is the others — the competent authorities — who receive these proposals and make law out of them.

Yet if "proposals" become necessary and even binding they are no more "proposals". A sequence of proposals by the same source on the same topics may import the imposition of a specific policy. Important social or political aspects — like the main drive of economical politics — can be *de facto* avocated from the competence of the constitutional organs. Legal certainty becomes thus affected and so is the inner coherence of the system.

4. Advanced Technology and the Operation of Law

Information and recording are essential aspects of the operation of law. The emerging of advanced forms and methods for the storing and the prompt finding of informations — a main result of computerization — must concern law in its inherent function. Its efficacy cannot be considered as merely extrinsic like a mere connection of law with a kind of non-legal progress. The adoption of computerizing procedures in the legal field does represent a part of the legal progress; it produces *inter alia* a major transparency of the legally relevant situations from which immediacy, legal certainty, and basic justness of decisions will derive. It is above all a topic for which mutual advice and collaboration by lawyers of different nations can be particularly pertinent and fruitful.

Though employed in most different fields, computarization is not, however, a neutral instrument to be applied in the same way for any contents. Application of computerizing procedures to law presupposes law to have been prepared and made available to computerization itself.

Admittedly, computerization consolidates and extends clarity; but it does not create, rather presupposes it. Should this be overlooked, should the computerized law-materials be fragmentary, confused and defective, then the however advanced and sophisticated procedures not only would not remedy the above defects but would rather increase and aggravate them. They would not correct but rather camouflage the defects thus consolidating them and making their correction to become impossible.

From the above examples it appears that even the "new" problems of law call for the decisive contribution of legal theory: their solution will only be possible on the ground of the both traditional and very modern wisdom pertaining to law and the related theory.

DAS RECHT UND DIE WIRTSCHAFTLICHEN THEORIEN

Von Juha Tolonen, Turku

Zur Einführung

In den letzten Jahrzehnten zeigte sich in allen Gesellschaftswissenschaften wachsendes Interesse für die sogenannten multidisziplinären Fragestellungen und Forschungsprojekte. Die Rechtswissenschaft macht in dieser Hinsicht keine Ausnahme. In vielen Untersuchungen wurde versucht, die Rechtswissenschaft etwa mit der Soziologie, der Staatsrechtslehre oder der Wirtschaftswissenschaft zu verbinden. Die Schwierigkeit einer solchen Forschungsweise besteht jedoch darin, daß die Rechtswissenschaft traditionellerweise als von den anderen Gesellschaftswissenschaften deutlich abweichend gesehen wurde. Die traditionelle Rechtswissenschaft ist eine sogenannte normative Wissenschaft, welche die in der Gesellschaft geltenden Normen untersucht. Diese Normen bestimmen, wie die Menschen sich verhalten sollen. Die empirischen Gesellschaftswissenschaften dagegen versuchen, sogenannte faktische Gesetzmäßigkeiten in der Gesellschaft darzustellen.

Nach allgemeiner Ansicht sind diese zwei verschiedenen Betrachtungsweisen, die empirische und die normative (sein und sollen), voneinander deutlich getrennt. Dieselben gesellschaftlichen Erscheinungen kann man sowohl vom normativen als auch vom empirischen Blickwinkel her untersuchen, aber man kann die beiden nicht miteinander vermengen. Diese Ansicht, die Kelsen treffend „zwei-Seiten-Theorie" nennt[1], macht es unmöglich, das empirische und das normative Wissen organisch miteinander zu vereinigen. Für die sogenannte reine Rechtslehre ist es gerade charakteristisch, daß die Gesellschaft nur unter dem rechtlichen Aspekt betrachtet wird. Es ist zuzugeben, daß der Großteil der traditionellen rechtsdogmatischen Forschung weiterhin im Rahmen dieser reinen Rechtslehre im Paradigma auftritt. Dann fällt die Wirtschaftstheorie aus der Rechtswissenschaft heraus.

Im folgenden soll gezeigt werden, wie das wirtschaftstheoretische Denken auf die Rechtsordnung und auf das rechtliche Denken gewirkt hat und noch wirkt. Zur Verwirklichung dieser Aufgabe ist es aber

---

[1] s. *Kelsen*, Der soziologische und der juristische Staatsbegriff, 1962, S. 105.

notwendig, zuerst zur reinen Rechtslehre Stellung zu nehmen. Es ist zu untersuchen, welche Argumente für Kelsens reine Rechtslehre sprechen und was gegen sie angeführt werden kann. So läßt sich sachlich feststellen, welche Stellung die Wirtschaftstheorie als eine empirische Theorie in der Rechtsforschung einnimmt. Dies ist der erste Teil der Darstellung (I). Die Zusammenfassung findet sich unter I.3.

Im zweiten Teil dieses Artikels (II) versuche ich, näher zu zeigen, wie die wirtschaftstheoretische Denkweise auf das rechtliche Denken eingewirkt hat.

I.

1. Die Idee der reinen Rechtslehre

Die Reinheit der Rechtswissenschaft wird im allgemeinen nur als methodische Forderung verstanden. Die Rechtswissenschaft soll dieser Forderung entsprechend den Staat und das Recht als normative Erscheinungen erforschen. Der Staat ist nach Kelsen immer eine normative, keine faktische Sache[2]. Mit diesem Begriff umfaßt er die Ganzheit der geltenden Rechtsordnung.

Obwohl Kelsen in seinem Werk „Reine Rechtslehre" stark den methodologischen Charakter seiner Annäherungsweise betont, ist es ganz klar, daß im Hintergrund eine bestimmte Ansicht über die Gesellschaft in ihrer Ganzheit und deren Charakter steht. Allem liegt die von Kant stammende Zweiteilung in die äußere Natur und den Geist zugrunde[3]. Der Gedanke ist, daß der Mensch (und die Gesellschaft) in der Hauptsache nicht ein Teil der Erscheinungswelt ist, die den Kausalgesetzen untersteht, sondern daß er sich selbst gestaltet und daß auch die Beziehungen zwischen den Menschen — also die Gemeinschaft — von Menschen geschaffen ist. Die Ordnung der Gesellschaft kann also von normativen Regeln bestimmt sein und von der Naturordnung abweichen. Diese Naturordnung als Gegensatz zum normativen System kann man wiederum als Gleichgewichtszustand der Elemente, die Naturkräfte sind, bezeichnen.

Die Frage nach dem Charakter der gesellschaftlichen Ordnung tritt bei Kelsen besonders dann hervor, wenn er die empirischen Gesellschaftswissenschaften betrachtet. Man kann diese Frage in folgende Form fassen: Kann es eine nach Kausalerklärungen strebende Gesellschaftswissenschaft geben, ist sie möglich? Auf diese Frage hat Kelsen in verschiedenen Werken jeweils etwas verschiedene Antworten ge-

---

[2] Ebd., S. 2 f., 75 ff., 86 ff., 253.

[3] Ebd., S. 75.

geben. Ihnen allen ist aber ein gewisses Zögern gemeinsam[4]. Das ist auch verständlich. Wenn die Gesellschaft aus irgendwelchen Kräften der „Natur" restlos kausal erklärbar wäre, wäre das Grundwesen der gesellschaftlichen Ordnung etwas real Faktisches. Es wäre der Gleichgewichtszustand der betreffenden Kräfte. Dann würden die juristischen Normen in der geordneten Gesellschaft nur die Darstellung des Gleichgewichts der Kräfte zum Inhalt haben. Die positive normative Rechtsordnung wäre eigentlich niemals wirksam[5]. Die gesellschaftliche Ordnung hätte dann eine „naturrechtliche" Grundlage.

Im Hintergrund der reinen Rechtslehre steht also die Vorstellung, daß die gesellschaftliche Ordnung real mit Hilfe gesetzter Normen konstituiert wird. Den Inhalt dieser Normen kann man nicht kausal erklären. Die gesellschaftliche Ordnung ist kein natürlicher Gleichgewichtszustand. Mit anderen Worten: Die nach Kausalerklärungen strebende empirische Gesellschaftswissenschaft ist auch in ihrer besten Form nur sehr begrenzt möglich. Dieser Ausgangspunkt ist der wesentlichste Kern der reinen Rechtslehre und des Rechtspositivismus.

2. Was kann man gegen die reine Rechtslehre einwenden?

Aufgrund des oben Gesagten ist leicht festzustellen, daß die gegen Kelsen gerichtete Kritik meist nicht zutrifft. Es ist für diese Kritik gewöhnlich kennzeichnend, daß die Grundideen Kelsens und die ganze Tradition der Wissenschaft, die sich in Kelsen verkörpert, nicht genügend in Betracht gezogen wird. Eine Ausnahme unter diesen Kritikern stellt ein anderer bedeutender Rechtstheoretiker des deutschen Sprachraums dar, der Rechtstheoretiker Carl Schmitt, der in seinem Werk „Politische Theologie" (1934) gegen die Auffassungen Kelsens Bedenken angeführt hat, die man nicht übergehen kann.

Das erwähnte Werk Schmitts ist deswegen bemerkenswert, weil er sich in der Argumentation auf jene Tradition der Staats- und Rechtstheorie stützt, die von Kelsen abgelehnt wurde[6]. Schmitts Idee vom Charakter des Gesellschaftlichen entspricht im wesentlichen dem modernen (im Vergleich zum mittelalterlichen) Denken[7]. Der zentralste Begriff dieses Denkens war die „Staatsraison" (ratio status). Die zen-

---

[4] Ebd., S. 253: „Inwieweit die letztere (die naturwissenschaftliche Staatslehre) möglich ist, bleibt eine andere Frage ...".

[5] *Kelsen*, Reine Rechtslehre (1960), S. 89: „Bis zu welchem Grade eine solche Kausalerklärung menschlichen Verhaltens möglich ist, ist eine andere Frage ...".

[6] Besonders Kelsens Auffassung über die traditionale Staat- und Recht-Doktrin; *Kelsen*, Der juristische und der soziologische Staatsbegriff, S. 75 und S. 246 ff.; *Kelsen*, Reine Rechtslehre, S. 283.

[7] *Carl Schmitt*, Politische Theologie (1934), S. 13 ff., 44 f., 72.

tralsten Gestalten dieser neuen Denkweise waren Machiavelli, Hobbes, Luther und Bodin[8].

Nach dieser modernen Denkweise war es die zentrale Aufgabe des Staates (bzw. des Monarchen), in der Gesellschaft Ordnung zu schaffen und sie aufrechtzuerhalten. Wesentlich war in dieser Denkweise die Ansicht über den Charakter der gesellschaftlichen Ordnung.

Dieses modernen Denken setzte voraus, daß die Menschen weitgehend den psychologisch-kausalen „Naturkräften“ unterliegen. Diese Naturkräfte bezeichnete man als Leidenschaften bzw. Passionen. Nach dieser Ansicht wollten die Menschen vor allem ihr eigenes persönliches Dasein sichern. Daher ihr stetes Streben nach mehr Geld, Macht und Ehre. Diese „Naturgewalten“ bewirken ständige Anarchie und Krieg. Aufgabe des Staates (bzw. des Monarchen) ist es, dies zu verhindern und Ordnung in die Dinge zu bringen. Dabei muß jedoch beachtet werden, daß sich die genannten Passionen nicht unterdrücken lassen. Die Naturkräfte unterwerfen sich keinem Herrscher. Man kann diese Kräfte aber auf passende Art manipulieren und sie auf bestimmte Weise ins Gleichgewicht bringen[9]. Diese Manipulation geschieht nach den vom Staat (Monarch) geschaffenen Normen. Aber es wäre ein großer Irrtum zu glauben, daß die gesellschaftliche Ordnung im Grunde normativ wäre. Dies ist nach Schmitt gerade Kelsens Fehler. Das Grundwesen der gesellschaftlichen Ordnung liegt darin, daß die in der Gesellschaft wirkenden „sozialen Naturgewalten“ in einen Gleichgewichtszustand gebracht worden sind. Durch eine vernünftige Anwendung der Staatsgewalt kann dies herbeigeführt werden[10]. Die vom Staat gesetzten Rechtsnormen sind jedoch nur die Oberfläche der gesellschaftlichen Ordnung. Ihr Inhalt und ihre Anwendung werden von sozialen Naturgewalten bestimmt[11]. Diese von Schmitt vorgebrachte traditionelle Anschauung kann man als naturrechtlich im buchstäblichen Sinne des Wortes bezeichnen.

3. Zusammenfassung

Aufgrund des vorhin Dargelegten können wir feststellen, daß der Gedanke der reinen Rechtslehre zutiefst eine besondere Idee der gesellschaftlichen Ordnung in sich trägt. Im Grunde hat Kelsen die Konzeption vor sich, daß die Menschen selbst die gesellschaftliche Ordnung schaffen und diese Ordnung also stets normativ ist. Die Rechtsordnung ist die reale Grundlage der Gesellschaft. Als Gegengewicht dazu steht die andere Ansicht, daß sich die gesellschaftliche Ordnung auf das

[8] z. B. *Hobbes*, Leviathan, Second Part, Chap. XVII, XVIII.

[9] z. B. *Hobbes*, Leviathan, Second Part, Chap. XVII, XVIII.

[10] *Schmitt*, S. 13 ff.

[11] *Hobbes*, Leviathan, Second Part, Chap. XX.

Gleichgewicht der sozialen Naturkräfte gründet. Diese Naturgewalten sind wiederum ihren eigenen Gesetzmäßigkeiten unterworfen. Man kann diese Gesetzmäßigkeiten von staatlicher Seite in geeigneter Weise ausnützen, um eine gesellschaftliche Ordnung zustande zu bringen.

Wenn wir von dem fast allgemeine anerkannten Gedanken ausgehen, wonach es die Aufgabe der empirischen Gesellschaftswissenschaften ist (also u. a. die der Volkswirtschaftslehre), die in der Gesellschaft herrschenden faktischen Gesetzmäßigkeiten zu untersuchen, können wir sagen, daß wir nur eine Art der von Kelsen als naturrechtlich bezeichneten Denkweisen vor uns haben. Somit läßt sich die Frage nach dem Verhältnis der Volkswirtschaftslehre und ihrer Theorien zum Recht in folgende Form abwandeln: Gibt es in der gesellschaftlichen Ordnung einige „natürliche" Grundlagen und welche sind es? Aus diesem Blickwinkel will ich im folgenden die volkswirtschaftlichen Theorien betrachten.

II. Volkswirtschaftliche Theorien

1. Vom Charakter der Volkswirtschaftstheorien

Wenn wir von dem fast allgemein anerkannten Gedanken ausgehen, meinen denken, ist es ziemlich unbestreitbar, daß die Theorie der Volkswirtschaftslehre die fortgeschrittenste ist. Die Theorienbildung auf diesem Gebiet der Wissenschaft hat schon eine recht lange Tradition und die heutige sogenannte makrowirtschaftliche Theorie bildet ein ganzheitliches System.

Ferner ist ziemlich unbestritten, daß die Volkswirtschaftstheorie eine Theorie der faktischen Kräfte der Gesellschaft ist. Der Schlüsselbegriff dieser Theorie ist nach wie vor der Gleichgewichtsbegriff[12]. Was dies Gleichgewicht bedeutet und wie es erreichbar ist, das sind Fragen, auf die verschiedene Forscher verschiedene Antworten gegeben haben. Wichtig ist jedoch, daß alle Forscher eine Art von Gleichgewicht im Gesellschaftshaushalt voraussetzen, wobei dann die Wirtschaft als geordnet bezeichnet wird. Die Wirtschaftstheorie ist in ihren verschiedenen Formen eine Theorie über die Möglichkeiten und Voraussetzungen des ökonomischen Gleichgewichts.

Aus alle dem kann man also den Schluß ziehen, daß man die Volkswirtschaftstheorie in allem wesentlichen als eine „naturrechtliche" Theorie charakterisieren kann. Nach der volkswirtschaftlichen Auffas-

---

[12] s. z. B. *T. Dernburg / J. Dernburg*, Macroeconomic Analysis (1976), S. 4 ff. Wenn über sogenannte dynamische Modelle gesprochen wird, gebraucht man zur Darstellung des wirtschaftlichen Wachstums u. a. die Begriffe *„warranted* rate of growth, natural rate of growth".

sung besteht das Wesen der gesellschaftlichen Ordnung darin, daß sich die in der Wirtschaft wirkenden Kräfte in einem möglichst guten und stabilen Gleichgewichtszustand befinden. Aus diesem Blickwinkel gesehen sind die rechtlichen Normen nur Mittel zur Aufrechterhaltung dieser Ordnung. Mit deren Hilfe kann man den natürlichen Gang der wirtschaftlichen Kräfte in eine gewünschte Richtung nur wenig lenken. Diese Normen können diese faktischen Kräfte nicht schaffen.

Man hat also guten Grund festzustellen, daß das naturrechtliche Denken in der Gesellschaft noch heute vorkommt. Diese Denkweise zeigt sich heute nur unter anderen Bezeichnungen in den Volkswirtschaftstheorien. Es gibt keinen Grund daran zu zweifeln, daß in verschiedenen volkswirtschaftlichen Theorien die Wirklichkeit zugrundegelegt wird. Ich glaube nicht, daß irgendein Jurist das bestreiten wird. Andererseits jedoch hängen die meisten Juristen einer Auffassung an, die auf dem Kelsenschen Gesetzespositivismus fußt. Wie läßt sich dies mit dem herrschenden wirtschaftlichen Denken und dem darin enthaltenen deutlichen naturrechtlichen Zug vereinbaren?

Nach meinem Verständnis lassen sich diese einander entgegengesetzten Standpunkte nur so vereinbaren, daß man meint, der Gesetzgeber könne nur solche Dinge wollen, die sich innerhalb der Möglichkeiten bewegen. Wenn man den Kreis der Möglichkeiten Revue passieren läßt, sind die sogenannten wirtschaftlichen Realitäten darunter. Diese wirtschaftlichen Realitäten betrachtend nimmt man nicht nur die von der Natur aufgestellten Begrenzungen hin, sondern auch die Beschränkungen, welche die in der Gesellschaft herrschenden wirtschaftlichen Kräfte setzen. Das geschieht in der Praxis fast unbemerkt, so daß die in der Gesellschaft herrschende wirtschaftstheoretische Ansicht z. B. die rechtlichen Begriffe beeinflußt. Oft scheint einem dieser Einfluß so natürlich und selbstverständlich, daß man auf ihn nicht einmal aufmerksam wird. Im folgenden versuche ich ganz kurz anzudeuten, welcher Art dieser Einfluß der Wirtschaftstheorie auf die Rechtsordnung war.

2. Von dem Einfluß der Wirtschaftstheorie auf das Recht

Ich habe versucht, diese Einwirkung in meiner Arbeit „Der allgemeine Erklärungshintergrund der wirtschaftlichen Ordnung und seine Anwendung auf das Aktiengesellschaftsrecht" (1974)[13] zu untersuchen. Ziel des Buches ist es zu zeigen, wie das wirtschaftstheoretische Denken und die darin erfolgte Entwicklung sich im Vermögensrecht überhaupt und besonders im Aktiengesellschaftsrecht niederschlägt. Die Entwick-

[13] *J. Tolonen*, Der Allgemeine Erklärungshintergrund der wirtschaftlichen Ordnung und seine Anwendung auf das Aktiengesellschaftsrecht (1974), besonders S. 39 ff.

lung der wirtschaftstheoretischen Denkweise ist in dieser Untersuchung in drei Phasen dargestellt: Erstens die sogenannte klassische Wirtschaftstheorie, die mit Adam Smith und Ricardo beginnt und bis in dieses Jahrhundert reicht. Eine deutliche Änderung in dieser recht einheitlichen Tradition brachte der vielleicht beachtenswerteste Wirtschaftswissenschaftler dieses Jahrhunderts, J. M. Keynes. Diese neue Richtung nenne ich im erwähnten Buch „die komparative Gleichgewichtsanalyse“. Die dritte Phase bildet die von den Ökonomen sogenannte „postkeynesian“ Phase, für die ich die Bezeichnung „dynamisch“ gewählt habe; dies hauptsächlich darum, weil sie die zentrale Aufmerksamkeit auf das wirtschaftliche Wachstum richtete.

a) Der Grundgedanke der klassischen Wirtschaftstheorie war, daß jeder Mensch bestrebt ist, sich durch seine wirtschaftliche Tätigkeit einen möglichst großen Nutzen zu verschaffen; ferner, daß, wenn man allen Menschen erlaubte, sich frei zu betätigen, das Wirtschaftssystem unter dem Einfluß des Marktmechanismus in sein natürliches Gleichgewicht zurückfinden würde. Der klassische freie Marktmechanismus sei, wie Smith es ausdrückte, eine unsichtbare Hand, die die egoistischen Ziele der Menschen in optimaler Weise ordnet. Aus dieser Grundansicht folgte als natürlicher Gedanke eine optimale Wirtschaftsordnung — ein System, in welchem der Staat die Überwachung des freien Marktmechanismus begrenzte (Nachtwächterstaat). Im Privatrecht setzte das klassische System die Hervorhebung des privaten Charakters des Eigentumsrechts voraus. Für die Lehren vom Rechtssubjekt war wiederum kennzeichnend, daß einige Organisationen abgelehnt wurden, weil sie den unmittelbaren Einfluß einzelner Personen auf den Marktmechanismus beschränkten. Deswegen stand man z. B. den Aktiengesellschaften ablehnend gegenüber. Später, als die Aktiengesellschaften von der Gesetzgebung angenommen worden waren, versuchte man, die Gesellschaften in nahem Zusammenhang mit ihren Aktionären zu sehen. So wurde der Umstand hervorgehoben, daß der Wille des einzelnen hinter der Aktiengesellschaft stehe.

b) Die komparative Gleichgewichtsanalyse[14], mit der vor allem Keynes sich beschäftigte, läßt die zentralen Behauptungen der klassischen Wirtschaftstheorie in einem recht fragwürdigen Licht erscheinen. Vor allem muß man feststellen, daß die Ansicht über die Effektivität des Marktmechanismus nicht mehr realistisch war. Nach dieser Anschauung findet der freie Marktmechanismus nicht von selbst zum Gleichgewicht. Im Gegenteil, das Ungleichgewicht schien der Normalzustand der Volkswirtschaft zu sein. Die große Wirtschaftskrise in den 30er Jahren bot hiefür ein konkretes Beispiel. Deshalb setzte auch nur

[14] Ebd., S. 55 ff.,

ein mangelhaftes Gleichgewicht voraus, daß unbedingt der Staat den Marktmechanismus lenken würde. Der theoretische Dolmetsch dieses Gedankens war Keynes, dessen Hauptwerk „The General Theory of Employment, Interest and Money" (1936) die Zwischenschaltung des Staates befürwortete. Man bedurfte des Staates zur Aufrechterhaltung der Volkswirtschaft mit genügend hohem Beschäftigungsgrad. Der Staat konnte durch öffentliche Nachfrage die Gesamtaktivität der Volkswirtschaft erhöhen und durch zweckmäßige Manipulationen am Geldmarkt den allgemeinen Zinsfuß entsprechend niedrig halten. US-Präsident Roosevelt setzte als erster diese Theorie in die Praxis um. Um den ständigen Preisstürzen zu steuern und das Vertrauen wiederherzustellen, nahm er Manipulationen vor, die sich z. B. auf das Gold bezogen.

Eine grundsätzliche Änderung in der Denkweise, obwohl sie sich erst allmählich verwirklicht hat, ist beträchtlich. Nach der neuen Ansicht kann der Marktmechanismus nicht mehr die wirtschaftliche Tätigkeit leiten. Im Gegenteil, der Staat soll selbst diesen Mechanismus lenken, er soll ihn manipulieren, um eine befriedigende soziale Gleichgewichtslage herzustellen. In dieser Absicht soll er u. a. die Preise verschiedener Güter sowie die Löhne beeinflussen. Diese neuen Maßnahmen zeigen eine neue staatstheoretische Einstellung. Die von der klassischen Theorie vorausgesetzte Idee vom Staat folgte sehr wesentlich Lockes Theorie: Der Staat sollte nur das vorhandene Eigentum schützen. Da der Staat nun begann, den Marktmechanismus zu manipulieren, greift er zugleich notwendig in verschiedene Eigentumsrechte ein. Diese neue Einstellung zeigt sich auch auf vielen Gebieten des Rechts. In den Rechtssubjektlehren zeigt sich dies darin, daß allerlei Institutionen (Aktiengesellschaften, Konzerne usw.) sich als völlig natürlich darstellen. Der Gedanke des freien Marktmechanismus berücksichtigt klar, daß die wirklichen Teilnehmer am Mechanismus eben Einzelmenschen, aber nicht juristische Personen waren. Da die Bedeutung des freien Marktmechanismus abgenommen hat, besteht kein Grund, die Institutionalisierung zu beschränken. Im System der subjektiven Rechte wiederum zeigt sich diese Entwicklungsrichtung darin, daß der sogenannte substantielle Charakter des Eigentumsrechts heute überwiegend bestritten wird. Das Eigentum wird immer funktioneller gesehen. Seine Stellung wird wesentlich von gesamtwirtschaftlichen Bedürfnissen her bestimmt. Dieselbe Denkweise dringt auch im Vertragsrecht durch. Der strenge Grundsatz „pacta sunt servanda" ist im Rückzug begriffen und der Grundsatz der sozialen Billigkeit tritt immer klarer hervor.

c) In der sogenannten nach-Keynesschen Wirtschaftstheorie, für die ich in meiner erwähnten Arbeit den Ausdruck „dynamische Anschauung" gebraucht habe, treten die vorher von mir geschilderten Tendenzen noch stärker hervor[15]. Wesentlich daran war, daß die das Wachstum des Sozialprodukts betreffenden Probleme die zentralsten waren. Das wirtschaftliche Gleichgewicht bedeutet in diesem Denkansatz ein ständiges wirtschaftliches Wachstum, das die verschiedenen Interessenten der Gesellschaft befriedigen sollte, und mit dessen Hilfe der soziale Friede aufrechterhalten werden konnte[16]. Dieser soziale Gleichgewichtszustand war in den Nachkriegsjahren des wirtschaftlichen Wachstums erhalten geblieben, so daß die Lage verschiedener Menschengruppen gebessert werden konnte. Mit Hilfe des wirtschaftlichen Zuwachses konnte die Zuspitzung sozialwirtschaftlicher Unruhen in den entwikkelten Marktwirtschaftsgebieten vermieden werden. Auf das Gebiet der Rechtswissenschaft strahlte dieser Gleichgewichtszustand in der Weise aus, daß keine wesentlichen Streitigkeiten über die Privatrechte und ihre öffentliche Funktion auftraten. Allgemein wird von den Juristen zugegeben, daß es gar keine unbedingten subjektiven Vermögensrechte gibt, sondern daß der Inhalt dieser Rechte durch das politische Entscheidungssystem aufgrund der entstandenen positiven Gesetze herbeigeführt wird. Bemerkenswert ist jedoch, daß durch diese Gesetze nach dem Krieg nicht wesentlich danach gestrebt wurde, das traditionelle Vermögensrecht zu ändern.

Im letzten Jahrzehnt wurde diese soziale Gleichgewichtslage erschüttert. Die sogenannte Ölkrise hat die Volkswirtschaft labil gemacht. Diese Lage hat wiederum zu Meinungsstreitigkeiten geführt. Eine Entscheidung dieser Probleme wird wahrscheinlich ziemlich lang auf sich warten lassen. Auch in der Wirtschaftstheorie gibt es keine allgemein anerkannte Meinung über diese Lage und deren jetzige Schwierigkeiten. Im Gegenteil, es ist festzustellen, daß in letzter Zeit die wirtschaftspolitischen Streitigkeiten schon innerhalb der Wirtschaftstheorie bestehen. In der westlichen Wirtschaftstheorie existieren wenigstens zwei Richtungen, die der heutigen wirtschaftlichen Lage gerecht werden und sie deuten wollen. Erstens gibt es die sogenannte monetaristische Richtung (Milton Friedman, u. a.), die stark darauf ausgeht, die Inflation abzuwehren und dafür ein gewisses Maß an Arbeitslosigkeit in Kauf zu nehmen (natural rate of unemployment)[17]. Andererseits gibt es die Richtung, die als „Keynesian" bezeichnet wird. Der beachtenswerteste Vertreter dieser Richtung ist Galbraith. Das wichtigste ist hier die Abwehr der Arbeitslosigkeit und in diesem Sinne die Bereitschaft, die traditionelle Marktwirtschaftsfreiheit zu beschränken (u. a. durch Preis- und Lohnregelung)[18].

---

[15] Ebd., S. 62 ff.

[16] *A. Eichner* (ed.), A Guide to Postkeynesian Economics (1979), S. 3 ff. Vom gleichmäßigen wirtschaftlichen Wachstum spricht man z. B. mit den Worten „warranted (natural) rate of growth".

[17] s. *Milton Friedman*, Nobel Lecture: Unemployment and Inflation (1976); *H. Vane / J. Thompson*, Monetarism (1979), S. 191 f.

Diese Lage spiegelt sich sowohl in der gesellschaftlichen Ordnung als auch in der Rechtswissenschaft wider. In bezug auf die gesellschaftliche Ordnung kann festgestellt werden, daß viele traditionelle Organisationsentscheidungen nicht länger Vertrauen genießen. Ihre Legitimität ist nicht mehr selbstverständlich klar. Beispielsweise steht das wirtschaftspolitische Entscheidungssystem in einer gewissen Vertrauenskrise. Ferner ist wahrzunehmen, daß die Auffassungen der Menschen, die sich auf das private Eigentum, auf das freie Unternehmen und auf den internationalen Freihandel richten, zum Teil kritisch geworden sind. Das zeigt sich u. a. in verschiedenen Ungehorsamkeitskampagnen. In solchen Konfliktsituationen zeigt sich ein besonders interessanter und rechtstheoretischer Zug. An diesen Konflikten beteiligen sich große Menschengruppen, so daß keine normalen juristischen Verfahren möglich sind. Die Berufung auf die juristisch geltende Norm führt nirgends hin, weil die betreffende Norm als etwas unrechtmäßiges in Frage gestellt werden kann. Jeder vermag z. B. einzusehen, daß langanhaltende Arbeitslosigkeit vom Standpunkt des Vermögensrechts — und vom Standpunkt der gesellschaftlichen Ordnung überhaupt — eine sehr gefährliche Erscheinung ist. Und sie wird um nichts ungefährlicher, auch wenn man aufzeigen könnte, daß die Zunahme der Arbeitslosigkeit völlig dem geltenden Recht im Rahmen der Arbeitseinstellungs- und der Entlassungsregeln entspricht. Die Aufrechterhaltung der gesellschaftlichen Ordnung setzt in derartigen Situationen unbedingt eine allgemein anerkannte Theorie über wirtschaftliche Kräfte und deren Gleichgewichtsbedingungen voraus[19]. Eine solche Theorie kann grundsätzlich die Massenarbeitslosigkeit als natürlich und unvermeidlich (*natural* rate of unemployment) erklären oder sie kann ihre Beseitigung für möglich erklären. (Dann muß die Gesellschaft so verfahren, daß die betreffende Ansicht realisiert wird.) Aber die jetzige wirtschaftliche Lage anerkennt keines der beiden Erklärungsmodelle. Die Zunahme der Unordnung in der Gesellschaft ist dann eine sachlich notwendige Folge. Mit Hilfe der traditionellen juristischen Technik, d. h. durch ihre Präzisierung und durch die Rechtsschutzmaschinerie und ihre Verstärkung, erzielt man in dieser Situation nicht viel Bemerkenswertes.

---

[18] *Galbraith,* Economics and Public Purpose (1974), S. 321 und *H. Vane / J. Thompson,* S. 193.

[19] Vgl. *A. Aarnio,* A Legal Point of View (1978), S. 171 ff. Hier betrachtet Aarnio die Frage der juristischen Argumentation von Grund aus. Seiner Auffassung nach beruht die Argumentation letztlich auf einer gemeinsamen Wirklichkeitsschau (world-picture). Der im Text vorgebrachte Standpunkt entspricht dieser Ansicht weitgehend. Ich würde jedoch feststellen, daß auf wirtschaftlich-sozialem Gebiet dieses Weltbild im Augenblick sehr uneinheitlich ist. Daraus ergeben sich die geschilderten juristischen Schwierigkeiten. Sie strahlen auch auf die juristische Argumentation aus.

III. Weiterführende Bemerkungen

Oben habe ich versucht, eine recht kurze Schilderung der wirtschaftlichen Denkweise (Theorie) vorzulegen und zu zeigen, wie in jeder Phase die Wirtschaftstheorie notwendig sowohl auf das juristische Denken als dadurch auch auf die geltende Rechtsordnung einwirkt. Die Darstellung dürfte folgende Schlußfolgerungen zulassen:

1. Der von Kelsen vertretene Gesetzespositivismus im Sinne der Idee der reinen Rechtslehre läßt sich nicht verwirklichen. Das sogenannte „naturrechtliche" Element kann man aus dem rechtswissenschaftlichen Denken nicht beseitigen. Das rührt daher, daß die Rechtsordnung im Grunde nicht nur eine formale Ordnung von Normen sein kann. Außerdem wird gefordert, daß es hinter den Rechtsnormen eine sachliche (in diesem Sinne substantielle) Anschauung gibt. Durch Gesetze wird diese Anschauung nicht geschaffen. Wenn diese Anschauung fehlt oder wenn in der Gesellschaft viele untereinander strittige Auffassungen bestehen, ohne daß irgendeine von ihnen allgemein anerkannt wäre, ist die Folge sachliche Unordnung in der Gesellschaft und in der Sozialökonomie. Diese Unordnung ist kaum dadurch zu beheben, daß die juristische Regelung verstärkt oder präzisiert würde, und nicht so, daß die Überwachung der Normerfüllung erhöht würde. In diesem Sinne ist Schmitts Auffassung vom Grundcharakter der gesellschaftlichen Ordnung gewiß richtig. Die juristisch-normative Auffassung von der Gesellschaftsordnung ist eine Illusion, die scheinbar zu Zeiten in Kraft steht, wenn in der Gesellschaft ein verhältnismäßig großer sachlicher Konsens herrscht. In unsteten Zeiten (in Ausnahmezuständen) dagegen ist der illusorische Charakter dieser Denkweise jedem denkenden Menschen völlig klar. Zu verschiedenen Zeiten, wenn genügend starke soziale Kräfte in Bewegung sind, ist dies deutlich geworden. In diesen Fällen hat man nämlich die Regelmäßigkeit feststellen können, daß Gesetzesverletzungen häufiger vorkommen. Wenn genügend große Menschengruppen sich gesetzwidrig verhalten, hört dies sachlich auf ein Gesetzesverstoß zu sein. Die Rechtsordnung kann einfach nicht wirksam derartige Gesetzesstörungen verhindern.

2. Die von Schmitt vertretene Ansicht, wonach die gesellschaftliche Ordnung stets eine Art Gleichgewicht der sozialen Kräfte ist, ist somit begründet. Das staatstheoretische Denken der Neuzeit, auf das sich Schmitt stützt, setzte voraus, daß diese Kräfte den Naturkräften gleichen, also unhistorisch sind. So verhält es sich jedoch offenbar nicht. Dies zeigt sich deutlich, wenn wir die Wirtschaftstheorie und die wirtschaftliche Ordnung betrachten. Man hat zwar vielleicht Grund anzunehmen, daß die Menschen in den abendländischen Gesellschaften sowohl jetzt als auch früher auf individuelle Weise wirtschaftlich sind,

d. h. ihren Vorteil maximieren wollen. Andererseits ist jedoch offenbar, daß die allgemeine Auffassung darüber, wie die verschiedenen wirtschaftlichen Kräfte ein allgemeines Gleichgewicht erreichen, sich im Lauf der Zeit sehr verändert hat. Die traditionelle freie Marktwirtschaft kann heutzutage nicht ein stabiles Gleichgewicht der wirtschaftlichen Kräfte aufrechterhalten, d. h. eine Ordnung in der Volkswirtschaft. Diese Ordnung wieder ist die Grundlage der wirtschaftlichen Sicherheit jedes Individuums. Deshalb ist das Verhalten der Menschen sowohl auf wirtschaftlichem als auch auf wirtschaftspolitischem Gebiet beträchtlich verändert. Die in Frage stehende Änderung wiederum bedeutet, daß die in der Wirtschaft selbst wirkenden Kräfte sich verändert haben. Hinter diesen Kräften stehen ja gerade die verschiedenen Menschengruppen mit ihren Hoffnungen und ihren Verlangen.

Verallgemeinert kann man also feststellen, daß die in der Gesellschaft wirkenden sozial-wirtschaftlichen Kräfte von der herrschenden Auffassung über diese Kräfte nicht unabhängig sind. Im Gegenteil, in einer sehr wesentlichen Weise trifft die Behauptung zu, daß die Gesellschaft und die in ihr wirkenden sozialen Kräfte von den Menschen selbst geschaffen sind. Die wirtschaftlichen Kräfte und ihre Gleichgewichtsbedingungen sind nämlich abhängig von dem, was die Mitglieder der Gesellschaft im allgemeinen darüber denken, d. h. wie die herrschende Wirtschaftstheorie ist. In diesem Sinne hat jede Wirtschaftstheorie eine lenkende (normative) Rolle in der Gesellschaft[20].

3. Aufgrund des vorher Gesagten kann man feststellen, daß die Wirtschaftsordnung immer wesentlich von der die Wirtschaftsordnung betreffenden herrschenden Auffassung abhängig ist. Sie ist in diesem Sinne eine geistige Sache. Andererseits ist jedoch offenbar, daß die Menschen ihre eigene Wirtschaftstheorie nicht willkürlich und somit auch nicht ihre wirtschaftliche Ordnung gestalten können. Im Gegenteil, in der Wirtschaftsordnung (und dem sie betreffenden Denken) verwirklicht sich in der Entwicklung eine bestimmte objektive Folgerich-

[20] Kelsen benützt aus den Gesellschaftswissenschaften den Namen „kryptojuristische Methode". s. *Kelsen,* Der soziologische und der juristische Staatsbegriff, S. 47. Vgl. auch, was vorher von der Idee der Reinen Rechtslehre gesagt wurde (Punkt I. 1.). Die der Rechtslehre (und dem Gesetzespositivismus) zugrundeliegende Idee ist, daß letztlich die Menschen selbst ihre Gesellschaft machen. Die wirkliche Bedeutung dieses Gedankens enthüllt sich nicht nur auf der Ebene des Juristischen. Im Gegenteil: auf dieser Stufe zeigt sich die juristische Ordnung nur als Produkt sozialer Kräfte (in diesem Sinn wie etwas Natürliches). Diese sozialen Kräfte sind jedoch nicht von der Art der Naturgewalten, sondern sie sind historisch. Nach der klassischen deutschen Terminologie sind sie „geistige" Gewalten. Wie diese Kräfte sich auswirken, hängt davon ab, was die Menschen überhaupt von diesen Gewalten denken, also was in wirtschaftlichen Dingen, in der Wirtschaftstheorie davon gesprochen wird. Auf dieser Stufe sehen wir, daß in der Idee der Reinen Rechtslehre ein realistischer Kern enthalten ist.

tigkeit. Das wirtschaftliche Denken, auch das kritische, ist nämlich stets an das vorhandene Wirtschaftssystem gebunden. Das wirtschaftliche Denken kann sich nur in kritischem Verhältnis zu diesem real vorhandenen Wirtschaftssystem entwickeln. Solche kritischen Gedanken treten zu Zeiten als herrschend auf, wobei die Wirtschaftsordnung sich notwendig entsprechend ändert. Eine neue Ordnung kann wieder zum Ausgangspunkt der Kritik werden, und so geht die Entwicklung weiter. Die Rolle der Rechtswissenschaft ist in dieser Entwicklung nicht sehr bemerkenswert gewesen. Das kommt daher, daß die Juristen in der ersterwähnten Illusion leben, wonach die Grundlage der Wirtschaftsordnung die gesetzten Normen sind (gesetzespositivistischer Gedanke). Die Rechtswissenschaft könnte statt dessen eine sehr bemerkenswerte Rolle spielen. Das setzt jedoch eine Umorientierung der Rechtswissenschaft voraus. Sie sollte sich von neuem für die sachliche Seite der Gesellschaftsordnung interessieren. Das würde eine Rückkehr zu ihren klassischen Prinzipien bedeuten.

II. Logische und linguistische Ansätze

ZUR LOGIK VIELSTELLIGER RELATIONEN

Von Rüdiger Inhetveen, Erlangen

Eine genauere Untersuchung von Beziehungsprädikatoren, kurz Relatoren oder Relationen genannt, setzt historisch im Anschluß an die Gründung der modernen Logik durch *Boole* und *Frege* ein. *Ernst Schröder* hat darüber ein ganzes Buch geschrieben, den dritten Band seiner Algebra der Logik, der 1895 unter dem Titel „Algebra und Logik der Relative" erschien. In den 85 Jahren seit Erscheinen dieses Buches haben sich jedoch Terminologie und Notationstechnik der Logiker so verändert, daß es heute nur noch schwer lesbar ist. Der wirkungsgeschichtliche Einfluß des Buches ist gegenwärtig nicht mehr spürbar.

Der schon von *Schröder* in extenso behandelte Spezialfall von zweistelligen Relationen freilich bietet ein Thema praktisch jeder Einführung in die moderne Logik und Mathematik. Dies hat zu einer reich ausgebildeten Metaterminologie geführt, deren Kern die Äquivalenz- und Ordnungsrelationen betrifft. Die Logik der Gleichheit, ein zuerst von *Leibniz* behandelter Stoff, ist in diesem Rahmen lange axiomatisch erschlossen.

Demgegenüber spielen aber auch drei- und mehrstellige Relationen sowohl im Alltagsleben als auch in zahlreichen Wissenschaften eine gewichtige Rolle. Ich nenne dazu ein paar Beispiele.

Zunächst lassen sich die im Alltag einfachhin verwendeten Performatoren (versprechen, behaupten, bezweifeln, bestreiten, begründen etc.) unschwer als vielstellige Relationen systematisch rekonstruieren, etwa nach dem folgenden Muster.

— Person A verspricht Person B die Ausführung der Handlung H,
kurz: verspr. (A, B, H).

— Person A behauptet gegenüber Person B die Gültigkeit des Satzes p,
kurz: beh. (A, B, p).

— Person A bezweifelt gegenüber Person B die Gültigkeit des Satzes p,
kurz: bezw. (A, B, p).

— Person A begründet gegenüber Person B mit dem Argument q die Gültigkeit des Satzes p,
kurz: begr. (A, B, q, p).

Diese Beispiele entstammen der gewöhnlichen Argumentationspraxis. Spezialisieren wir uns nun auf die Argumentationspraxis der Juristen, so fällt es leicht, Beispiele von vielstelligen Relationen anzugeben, die ebenso komplex oder gar noch viel komplexer und zugleich doch recht wichtig sind.

So ist etwa die dreistellige Relation

— Person *A* schuldet Person *B* eine Schuld *s*
  kurz: Schuld (*A*, *B*, *s*)

in der Regel als nur durch den Kontext eindeutig verstehbare Angabe anzusehen, weil z. B. der Grund der Schuld weggelassen ist. Ein hoffentlich halbwegs vollständig angeschriebenes Beispiel ist eine siebenstellige Relation, die zum täglichen Brot etwa der Arbeitsgerichte gehört, nämlich die zivilrechtliche Feststellungsklage, die als Relation geschrieben so aussieht:

— Person *A* klagt zum Zeitpunkt *t* beim Gericht *G* gegen Person *B* aufgrund des Ereignisses *e* mit der Begründung *b* auf Feststellung von *p*.
  „kurz“: Klage (*A*, *t*, *G*, *B*, *e*, *b*, *p*).

Dabei ist die Verwendung eines nicht weiter zusammengesetzten Symbols *p* für den Inhalt der Feststellung noch eine Vereinfachung, denn in der Regel liegt ja ein relationaler Sachverhalt zur Feststellung an, etwa daß *e* aufgrund von *b* nicht die Rechtsfolge *R* zeitigt.

Eine so komplexe Relation verlangt viel Sorgfalt beim Umgang mit ihr: Werden Fehler gemacht, z. B. durch Unvollständigkeit bei der Angabe, was für die sieben Variablen in konkreto einzusetzen ist, so kann das zur Abweisung der Klage führen. In seiner Ausbildung lernt ein Jurist daher, wie ein Klagerubrum, Antrag und Begründung auszusehen haben.

Um noch halbwegs verständlich mit solchen komplexen Relationen umgehen zu können, sind im Alltag wie im Rechtsleben natürlich gewisse Vereinfachungen an der Tagesordnung. Insbesondere werden bestimmte Personen, Daten usw. nur einmal genannt und im weiteren Verlauf nicht mehr eigens erwähnt. Muß um der Eindeutigkeit willen doch auf sie zurückgekommen werden, so bezieht man sich mit Hilfe des bestimmten Artikels und spezieller Prädikatoren für die verschiedenen Stellen des fraglichen Relators auf sie. Man sagt also etwa im letzten Beispiel „die Klägerin“, „der Zeitpunkt der Klageerhebung“, „das zuständige Gericht“, „die Beklagte“ usw.

Zahlreiche Prädikatoren der juristischen Fachterminologie lassen sich in diesem Sinn als Stellenprädikatoren für komplexe Relationen verstehen, die deren verkürzten Gebrauch erlauben. Doch ist es im allgemeinen keineswegs eine leichte Aufgabe, solche verkürzt gebrauchten Relationen logisch explizit zu machen, weil diese Frage nicht von vorneherein eine eindeutige Lösung besitzt und daher in aller Regel mit komplizierten Angemessenheitsdiskussionen belastet ist.

Unterstellen wir für das folgende jedoch einmal kontrafaktisch, daß alle interessierenden vielstelligen Relationen in expliziter Form vorliegen, so stellt sich die Frage, wie mit diesen Relationen umzugehen sei. Dabei ist die etwas diffuse Vokabel „umgehen" als Kürzel gemeint für einen a) technischen und b) logischen Umgang mit vielstelligen Relationen. In der Praxis, also z. B. in der materialen Rechtslogik, ist beides nicht zu trennen, hier sei es zur Verdeutlichung der beiden Aspekte aber einmal versucht.

Weil es für den logischen Umgang mit vielstelligen Relationen nützlich ist, schon technisch mit ihnen umgehen zu können, beginne ich mit der Frage des technischen Umgangs.

Wie nicht anders zu erwarten, waren es die Mathematiker, genauer die modernen Strukturmathematiker, die hier für eine große Klasse von vielstelligen Relationen das Vorbild geschaffen haben, indem sie verschiedene algebraische Strukturen definierten und untersuchten. Darüber zunächst.

Die Möglichkeit der Definition algebraischer Strukturen beruht auf bestimmten Zusatzeigenschaften der hierzu betrachteten Relationen, die natürlich nicht in allen Anwendungsfällen gegeben sind. Deshalb mußte ich eben die einschränkende Klausel „für eine große Klasse" gebrauchen. Ein einfaches Beispiel aus der Schulmathematik soll diese allgemeine Bemerkung verdeutlichen.

Betrachten wir die Menge der ganzen Zahlen, die Z genannt werde. Auf dieser Grundmenge Z ist in bekannter Weise eine dreistellige Relation „x ist Summe von y und z" definiert, für die wir kurz $Su\,(x, y, z)$ schreiben. Diese Relation hat nun die wichtige Eigenschaft der Linkseindeutigkeit, d. h. bei beliebiger Vorgabe von y und z besteht die Relation $Su\,(x, y, z)$ mit genau einem x. Man sagt auch kurz: Zwei Zahlen haben eine eindeutig bestimmte Summe.

Weil es daher in diesem Sinne „überflüssig" ist, das x noch eigens hinzuschreiben, wenn man die gültigen Fälle von Relationen $Su\,(x, y, z)$ studiert, geht man in der Algebra dazu über, statt der dreistelligen Relation $Su\,(x, y, z)$ eine nur noch zweistellige „Operation" oder „Komposition" $y + z$ zu betrachten. Alle Eigenschaften der Relation Su, die sich auf die erste Stelle, das x, beziehen, sind wegen der Linkseindeutigkeit uninteressant, alle Eigenschaften der Relation Su, die sich auf die zweite und dritte Stelle beziehen, kehren als Eigenschaften der Operation $y + z$ „in algebraischem Gewand" wieder.

So spricht man statt von der 2,3-Symmetrie der Relation *Su* (was nur bedeutet, daß aus *Su* (x, y, z) folgt *Su* (x, z, y)) in der Mathematik von der Kommutativität der Operation „+" und schreibt dafür: $y + z = z + y$.

Für die schon recht verwickelte Bedingung:

> „Wenn *Su* (a, y, z) und *Su* (b, x, a) gelten, dann folgt aus *Su* (c, x, y), daß *Su* (b, c, z) gilt."

schreibt man in der Algebra kurz „$x + (y + z) = (x + y) + z$" und nennt dies die Assoziativität der Operation „+".

Das letzte Beispiel soll gleichzeitig darauf hinweisen, daß der Übergang von Relationen zu Operationen, wenn er nur möglich ist, in der Regel eine erhebliche Entlastung bei der symbolischen Darstellung der interessierenden Zusammenhänge mit sich bringt.

Die einfachsten algebraischen Strukturen, die sogenannten Halbgruppen, bestehen aus einer Menge, auf der eine assoziative Operation erklärt ist. Solange man weiter nichts weiß, ist die zugehörige Theorie allerdings recht uninteressant. Reichhaltige Theorien entstehen, wenn auf derselben Grundmenge mehrere Operationen zugleich definiert sind, die aber nicht unverbunden nebeneinander stehen, sondern durch eine Beziehung der Verträglichkeit miteinander verknüpft sind. Eine allgemeine strukturtheoretische Definition dieser Verträglichkeit ist eine ziemlich komplizierte Angelegenheit, so daß hier zwei Beispiele zur Verdeutlichung des Gemeinten genügen müssen.

Auf der Menge Z der ganzen Zahlen ist in bekannter Weise die dreistellige Relation „x ist Produkt von y und z", kurz: *Pr* (x, y, z), sowie die zweistellige Ordnungsrelation „x ist kleiner als y" kurz: $x < y$, definiert. Zwischen Summe und Produkt besteht der folgende Zusammenhang:

> „Wenn *Su* (a, y, z) und *Pr* (b, a, x) gilt, dann folgt aus *Pr* (c, x, y) und *Pr* (d, x, z), daß *Su* (b, c, d) gilt."

Weil auch die Produktrelation linkseindeutig ist, läßt sie sich als zweistellige Operation des Malnehmens umdeuten, und der obige Zusammenhang kann dann algebraisch als $x(y + z) = (xy) + (xz)$, d. i. das sogenannte Distributivgesetz, wiedergegeben werden.

Die Verträglichkeit von Summe und Produkt bedeutet also, daß man, ohne das Resultat zu verändern, entweder zuerst y zu z addieren und die Summe dann mit x mutiplizieren, oder aber erst x mit y und x mit z multiplizieren und beide Produkte anschließend addieren kann.

Zwischen der Ordnungs- und der Summenrelation besteht der folgende Zusammenhang:

> „Wenn x kleiner als y ist und $Su\,(a, x, c)$ sowie $Su\,(b, y, c)$ gelten, dann ist auch a kleiner als b."

der algebraisch durch $x < y \rightarrow x + c < y + c$ wiedergegeben wird.

Die Verträglichkeit von Summen- und Ordnungsrelation bedeutet also, daß die Addition einer Zahl c zu jeder der zwei Zahlen x und y ohne Einfluß auf die zwischen x und y bestehende Größenbeziehung ist.

Auf diese Weise ließen sich nun noch viele Beispiele für Verträglichkeitsbeziehungen zwischen Relationen angeben, doch geht es im Moment ja nicht um eine Einführung in die Strukturmathematik. Deshalb soll hier bloß betont werden, daß die Idee der Verträglichkeit für die Konstruktion algebraischer Strukturen, aber auch topologischer und insbesondere gemischter, sogenannter multipler Strukturen, von fundamentaler Bedeutung ist. Doch bleibt sie an die Bedingung gebunden, daß die zugrunde gelegten mehrstelligen Relationen linkseindeutig sind, d. h. sich als Operationen interpretieren lassen.

Diese Bedingung ist bei Relationen aus den gesetzlich normierten Lebensbereichen allerdings kaum erfüllt, und so trifft man Verträglichkeitsbeziehungen hier sozusagen nur „im Kleinen". Ich denke etwa an die Regelung des Zeugnisverweigerungsrechts § 52 StPO bzw. § 383 ZPO. Hier ist der Besitz dieses Rechts u. a. mit der Verwandtschaftsrelation verträglich geregelt. Die Linkseindeutigkeit ist dabei trivial erfüllt, weil der Rechtsbesitz pragmatisch eindeutig gemacht ist. Dies Beispiel steht natürlich nur als Prototyp für viele Einzelregelungen der Rechts- bzw. Pflichtübertragung bei vorliegenden Relationen wie Verwandter, Rechtsnachfolger, Mittäter usw. Eine genauere Untersuchung des positiven Rechts auf Normierungen, die solche Verträglichkeitsbeziehungen darstellen, muß freilich Aufgabe einer materialen Rechtslogik bleiben.

Ein neuer, für die Behandlung des technischen Umgangs mit vielstelligen Relationen wichtiger Aspekt kommt nun durch die Umkehrung des bisher geschilderten Gedankens der Vereinfachung (wegen der Linkseindeutigkeit) ins Spiel.

Er besteht in einer Vermehrung der Stellenzahl von Relationen durch Bildung eines sogenannten Relationenprodukts. Ich gebe zuerst eine allgemeine Definition.

> Es seien $R\,(x_1, \ldots, x_n)$ und $S\,(y_1, \ldots, y_m)$ zwei Relationen mit den Stellenzahlen n und m. Dann heißt die durch

$$R^{\mu}|^{\nu} S\,(x_1, \ldots, \hat{x}_\nu, \ldots, x_n; y_1, \ldots, \hat{y}_\mu, \ldots, y_m) \Leftrightarrow$$
$$\bigvee_z \cdot R\,(x_1, \ldots, x_{\nu-1}, z, x_{\nu+1}, \ldots, x_n) \wedge S\,(y_1, \ldots, y_{\mu-1}, z, y_{\mu+1}, \ldots, y_m)$$

definierte $(n + m - 2)$-stellige Relation das (ν, μ)-Produkt von R und S. (Hierbei läuft natürlich ν von 1 bis n und μ von 1 bis m, und ein Dach über einer Variablen bedeutet, daß diese Variable fehlt.)

Diese etwas kompliziert aussehende Definition soll nun durch ein paar Beispiele illustriert werden. Ich beginne mit dem Fall von zweistelligen Relationen R und S. Hier ist die Stellenzahl des Relationenprodukts (genauer: aller Relationenprodukte) gemäß der Definition $n + m - 2$, also wieder 2. Weil man also bei Produktbildung den ohnehin gut bearbeiteten Bereich der zweistelligen Relationen nicht verläßt, ist das Relationenprodukt (meist das (2, 1)-Produkt) hier gut studiert worden. Ein einfaches Anwendungsbeispiel liefert etwa die relationentheoretische Darstellung der aristotelischen Syllogistik, die dieses Kapitel sehr durchsichtig macht.

Aber auch das Recht kennt Beispiele von Relationenprodukten. Nehmen wir etwa § 1589 BGB. (Das österreichische ABGB ist diesbezüglich in seinen §§ 40 f. nicht so genau, weil die Unterscheidung von gerader Linie und Seitenlinie als bekannt unterstellt und nicht zum Gegenstand der Regelung gemacht wird.) Er lautet:

> „Personen, deren eine von der anderen abstammt, sind in gerader Linie verwandt. Personen, die nicht in gerader Linie verwandt sind, aber von derselben dritten Person abstammen, sind in der Seitenlinie verwandt. Der Grad der Verwandtschaft bestimmt sich nach der Zahl der sie vermittelnden Geburten."

Verwandtschaft in gerader oder in Seitenlinie wird hier auf Abstammung zurückgeführt. Wir können ohne Schwierigkeiten noch weiter zurückgehen auf die (nicht im Sinne des § 42 ABGB gemeinte) Grundrelation „x ist Elter von y", wofür wir kurz xEy schreiben. Mit der induktiven Definition

$$\begin{aligned} xE^1 y &\Leftrightarrow xEy \\ xE^{n+1} y &\Leftrightarrow \bigvee_z \cdot xE^n z \wedge zE^n y. \quad (n \geqq 1) \end{aligned}$$

erhalten wir eine Vorfahren-Beziehung, die wir, weil das BGB Verwandtschaft als symmetrisch definiert, nur noch symmetrisieren müssen, um so mit

$$x \text{ glv } y \Leftrightarrow \bigvee_{n \in N} \cdot xE^n y \vee yE^n x.$$

eine adäquate Symbolisierung des BGB-Textes über geradlinige Verwandtschaft vom Grade n mit Hilfe von Relationenprodukten zu erhalten.

Verwandtschaft in der Seitenlinie ist entsprechend durch

$$x \text{ slv } y \Leftrightarrow \neg\, x \text{ glv } y \wedge \bigvee_{n,\, m \in N} \bigvee_{z} \cdot zE^n x \wedge zE^m y\,.$$

definiert, wofür wir dann auch kurz

$$x\, E^{n1}|^{1}\, E^m\, y$$

schreiben können.

Die Verwandtschaft (schlechthin) von x und y ist dann durch

$$x\, V\, y \Leftrightarrow x \text{ glv } y \vee x\, E^{k1}|^{1}\, E^m\, y$$

zu definieren.

Bekanntlich tritt neben die Elter-Kind-Beziehung als weitere, von ihr logisch unabhängige Beziehung zwischen Menschen im Eherecht die Relation „a ist Gatte von b“, kurz: aGb. Mit ihr läßt sich jetzt z. B. der Wortlaut des § 1590 BGB, der die Relation „x ist verschwägert mit y“ festlegt, in Form der einfachen Definition

$$x \text{ verschwägert mit } y \Leftrightarrow x\, G^{2}|^{1}\, V\, y$$

wiedergeben.

Bringt man jetzt etwa noch den einstelligen Prädikator „x ist männlich“ bzw. „x ist weiblich“ ins Spiel, so lassen sich beliebig komplexe Verhältnisse von „Verwandtschaft um n Ecken“ hierauf und auf einfache Produkte der beiden Grundrelationen zurückführen. Diese mehr kombinatorische Fleißaufgabe braucht hier natürlich nicht gelöst zu werden.

Wir sind mit der bisherigen Betrachtung zu den Relationenprodukten, sofern wir den Grad der Verwandtschaft oder der Schwägerschaft nicht als eigene, dritte Stelle dieser Relationen betrachten, ganz bei der Diskussion zweistelliger Relationen geblieben. Nehmen wir nun, um wenigstens ein komplizierteres Beispiel zu behandeln, noch einmal die oben schon betrachtete Summenrelation her. Bilden wir ihr Produkt mit sich selbst, so wird eine vierstellige Relation das Ergebnis sein. Man überzeugt sich z. B. leicht davon, daß die vierstellige Relation

$$Su^{1}|^{1}\, Su\, (z, b, x, a)$$

genau dann besteht, wenn die Differenz $z - a$ gleich der Differenz $x - b$ ist. Wenn zwei Zahlenpaare gleiche Differenz haben, spricht man gelegentlich auch von der „arithmetischen Kongruenz“ der zwei Zahlenpaare.

Dies Beispiel zeigt also, daß die vierstellige Relation der arithmetischen Kongruenz sich via Relationenprodukt auf die dreistellige

Summenrelation reduzieren läßt. Wiederum ist es eine einfache Übungsaufgabe, die anderen möglichen Produkte, auch bei Hinzunahme der Relation *Pr* (x, y, z), in die gewohnte Sprache der Zahlentheorie zu übersetzen und so auf Sätze des Typs

$$Pr^1|^1 Su\,(x_2, x_3, y_2, y_3) \leftrightarrow x_2\, x_3 = y_2 + y_3$$

$$Pr^2|^1 Su\,(x_1, x_3, y_2, y_3) \leftrightarrow x_1 = x_3\,(y_2 + y_3)$$

usw.

zu kommen. Auch das kann hier, wo es nur um die Darstellung der Idee einer Stellenreduktion durch Darstellung als Produkt geht, unterbleiben.

Wieder muß an dieser Stelle jedoch der Hinweis erfolgen, daß es eine interessante und lohnende Aufgabe der materialen Rechtslogik wäre, beispielsweise das eingangs angeführte Beispiel der siebenstelligen Klagerelation durch Herausarbeitung geeigneter und möglichst auch im allgemeinen Rahmen des Rechts noch anderweitig relevanter, einfacherer Relationen darzustellen.

Ein dritter, für den technischen Umgang mit vielstelligen Relationen wichtiger Punkt ist schließlich die Entwicklung einer allgemeinen Metaterminologie. Man kann hier zunächst auf die elaborierte Fülle von Begriffen zurückgreifen, die für den Fall zweistelliger Relationen bereitsteht. Praktisch alle diese Begriffe sind unschwer zu verallgemeinern. So wird aus der üblichen Symmetrie etwa die (k, l)-Symmetrie, wenn Vertauschung der Belegung an k-ter und l-ter Stelle das Bestehen oder Nichtbestehen der betrachteten Relation nicht beeinflußt. Beispielsweise ist *Su* (x, y, z) (2, 3)-symmetrisch, ebenso *Pr* (x, y, z). Klage (A, t, G, B, e, b, p) ist strikt (1, 4)-antisymmetrisch. So wird weiter aus der zu einer Relation konversen Relation eben die (k, l)-Konverse, so wird aus der Transitivität beispielsweise eine (3, 2)-Transitivität, wenn aus R (x, y, z) und R (x, z, u) folgt, daß R (x, y, u).

Ganz entsprechend verallgemeinert man die vielen bekannten Dinge wie Zusammenhang, Komparativität, Reflexivität usw. usf. Vielen der üblichen Logikbücher kann man das Material entnehmen, das auf diese Weise zu behandeln wäre.

Arbeitet man die in den drei Punkten bisher genannten Dinge in extenso aus, so gelangt man schließlich zu einer mathematisch-technischen Theorie der vielstelligen Relationen, in der dann beispielsweise Sätze der Art bewiesen werden, daß Relationen mit bestimmten, durch die Metatermini beschriebenen Eigenschaften keinen endlichen Variabilitätsbereich (kein endliches Modell, wie man sagt) haben können.

Ich möchte diese Richtung der Untersuchung hier nicht weiter verfolgen, weil sie doch mehr in die Mathematik, einschließlich Modelltheorie, als in die Logik gehört, und weil uns bei der Anwendung solcher Theorien auf die Jurisprudenz vielleicht die Gefahr droht, plötzlich bewiesen zu haben, daß bei jeder angemessenen Präzisierung von Gerechtigkeit eine gerechte Rechtsordnung unendlich viele Gesetzesnormen enthält.

Fragen wir daher nun in einem zweiten Teil des Referates genauer nach der Aufgabenstellung einer *Logik* vielstelliger Relationen. Um darauf eine Antwort zu geben, muß ich Ihnen sagen, daß ich die übliche Logik, ebenso wie die Rechtslogik, in den allgemeinen Rahmen einer Argumentationstheorie einordne. Als Aufgabenstellung einer Logik vielstelliger Relatoren möchte ich es daher ansehen, eine Antwort auf die Frage zu finden:

Welche Argumente (Schlüsse), die von vielstelligen Relationen wesentlich Gebrauch machen, lassen sich logisch auszeichnen?

Ich schlage vor, eine Antwort hierauf in zwei Schritten zu versuchen. In einem ersten Schritt sollte eine Klassifikation dieser Argumente erfolgen. Der Klassifikationsgesichtspunkt muß dabei natürlich ein argumentationspragmatischer sein, nicht etwa die Stellenzahl der verwendeten Relationen. In diesem Sinn ist die Logik vielstelliger Relationen nicht als eine Weiterführung der Logik zweistelliger Relationen anzusehen, sondern als deren Wiederholung auf einer Stufe höherer Komplexität. Da diese Komplexität aber nicht argumentationspragmatisch ist, lassen sich bekannte Klassifikationsmuster aus der Logik auch für unseren ersten Schritt verwenden. Wir unterscheiden demnach:

(1) Relations-Einführungs-Argumente.

Zwei Beispiele elementarer Art mögen genügen, um diesen Typus vorzustellen.

(a) Alle Arbeitsverträge sind Dienstverträge. Daher sind alle Ansprüche aus Arbeitsverträgen Ansprüche aus Dienstverträgen.

(b) Person *A* ist nicht Anwalt. Daher ist Person *A* vor dem Gericht *G* in der Sache *S* nicht postulationsfähig („Anwaltszwang"). Oder, in Anlehnung an §§ 89, 31 BGB: Person *A* ist Beamter. Daher haftet der Fiskus für den Schaden *S*, den *A* durch in Ausübung ihres Amtes begangene, zum Schadenersatz verpflichtende Handlung *H* der Person *B* zufügte.

(2) Relations-Beseitigungs-Argumente.

Hier genügt ein Beispiel, um klar zu machen, welches der relevante Typ derartiger Argumente ist:

Person *A* hat der Person *B* die fremde bewegliche Sache *S* in der Absicht weggenommen, sich dieselbe rechtswidrig zuzueignen. Daher ist *A* ein Dieb (vgl. § 242 StGB).

(3) Relations-Eigenschafts-Argumente.

Sie zeichnen sich dadurch aus, daß bei ihrer vollständigen Formulierung von metatheoretischen Eigenschaften der benutzten Relationen Gebrauch gemacht wird. Wie schon gesagt, wird das Wesentliche schon im Fall zweistelliger Relationen deutlich, so daß ich auf ein Beispiel von *Irving M. Copi* zurückgreifen kann:

Jedermann, der den gleichen Namen wie ein Straftäter trägt, ist unglücklich. Daher ist jeder Einbrecher unglücklich.

Der zweite Schritt bei der Lösung der oben formulierten Aufgabe besteht nun in einer genaueren logischen Analyse von Argumenten der genannten Typen. Dazu möchte ich zunächst einige Kommentare zu den Beispielen geben und daran abschließend einige allgemeine Überlegungen anfügen.

Zu (1a) Hier wird im logischen Sinn eine Subsumption der Arbeitsverträge unter die Dienstverträge vorgenommen, um daraus auf die Anwendbarkeit der Normen über Ansprüche aus Dienstverträgen auf Ansprüche aus Arbeitsverträgen zu schließen. Das Beispiel ist also nur Teil einer weiterzuführenden Argumentation, die etwa so lauten könnte: Person *A* erhebt gegen Person *B* den Anspruch *F* aus dem Arbeitsvertrag *V*.

Alle Arbeitsverträge sind Dienstverträge.

Alle Ansprüche aus Dienstverträgen sind gesetzlich in der Bestimmung *G* geregelt.

Daher ist die Bestimmung *G* auf den Anspruch *F* anzuwenden. Was die logische Überprüfung dieses Schlusses auf Gültigkeit, Gediegenheit etc. betrifft, so sind selbstverständlich keinerlei anderen als die üblichen Hilfsmittel der Logik erforderlich.

Zu (1b) Dies ist der klassische Typ des Relationen-Einführungs-Argumentes. Die verschiedenen Stellen vielstelliger Relationen sind ja im allgemeinen (und besonders bei den Beispielen aus der Jurisprudenz) mit Variablen der unterschiedlichsten Sorten versehen. Schickt man einer solchen relationalen Behauptung wie der der Postulationsfähigkeit die Feststellung voraus, daß an der richtigen Stelle eine Einsetzung von Eigennamen der richtigen Sorte erfolgt, so ist dies als vorgezogene Begründung der Korrektheit zu verstehen. Ein Schluß im logischen Sinne liegt nicht vor. Das ist ebenso im angefügten Beispiel, das vom gleichen Typ ist, sich aber durch eine höhere Stellenanzahl der eingeführten Relation unterscheidet.

Zu (2) Hier handelt es sich um die Ersetzung eines relationalen Ausdruckes durch ein definitionsgemäß äquivalentes einstelliges Prädikat: sämtliche Variable in dem relationalen Ausdruck sind schon durch Eigennamen ersetzt, so daß der Übergang zu dem Prädikator „Dieb", in dem die entsprechenden Variablen durch Existenzquantoren gebunden sind, logisch korrekt ist.

Zu (3) Das Beispiel ist ein Enthymem. Es macht, um als logischer Schluß Gültigkeit zu erlangen, Gebrauch von den zusätzlichen Prämissen, daß jeder Einbrecher ein Straftäter ist, sowie von der Relationseigenschaft der Reflexivität im Fall der Relation „namengleich". Es bereitet natürlich keinerlei Mühe, das Argument nach dieser Ergänzung zu formalisieren und auf seine Gültigkeit etc. zu überprüfen.

Insgesamt zeigen diese Beispiele, was schon im Abschnitt über den technischen Umgang mit vielstelligen Relationen deutlich wurde: ihre Benutzung innerhalb von Argumentationen ist eine rein quantorenlogische und völlig durchsichtige Angelegenheit. Sofern dabei Existenzquantoren ins Spiel kommen, wie z. B. bei den Relationenprodukten, sind sie jedoch immer im Sinn der effektiven Logik zu verstehen: Im Falle der Verwandtschaft in der Seitenlinie gemäß § 1589 BGB muß ein gemeinsamer Vorfahre effektiv angegeben werden, und wer als Mörder bestraft werden soll, muß jemanden (effektiv) umgebracht haben: Ohne Leichnam kein Mörder.

Die Logik vielstelliger Relationen ist somit, soweit sie formal behandelt werden kann, in die effektive Quantorenlogik eingeordnet. Eine materiale Logik vielstelliger Relationen dagegen wird sachliche Bereiche trennen und so insbesondere ein Kapitel materialer Rechtslogik erfordern. Hier bleiben Aufgaben, die in diesem Referat verschiedentlich angedeutet wurden, und die z. B. in dem Beitrag von *Rudolf Stranzinger* über eine formale Präzisierung des Begriffs der Gerechtigkeit schon in Angriff genommen sind. Doch darf eine solche materiale Rechtslogik natürlich keine eklektizistische Beispielsammlung von Eigenschaften wichtiger vielstelliger Relationen sein, sondern sollte z. B. auch mit methodischen Argumenten auf die Frage antworten, ob eine rein quantorenlogische Behandlung nicht vielleicht doch an manchen Stellen unangemessen sein kann und daher zu erweitern wäre, etwa durch den Gebrauch geeigneter Funktoren.

Als Philosoph und Nichtjurist muß ich dazu allerdings schweigen.

ÜBER RELATIONEN —
IM RECHTSLEBEN UND IN DER NORMLOGIK

Von Lothar Philipps, München

„Iustum, Licitum est qvicqvid possibile est fieri à viro bono. Aeqvum, Debitum est qvicqvid necessarium est fieri à viro bono. Unde sapienter IC^ti Romani Legibus indefinita revocanda ajunt ad viri boni arbitrium." Mit diesen Worten hat einst *Leibniz* der Modallogik eine normative Interpretation gegeben[1]. Für lange Zeit ist dieser Gedanke unbeachtet und unwiederholt geblieben[2]. Erst nach dem Zweiten Weltkrieg haben der Finne *Georg Henrik von Wright*, der Deutsche *Oskar Becker* und der Pole *Georges Kalinowski*, wiederum von der Modallogik her, die ersten Systeme der „deontischen Logik" ausgearbeitet[3]. Inzwischen war freilich die Modallogik sehr viel weiter entwickelt worden, vor allem dank dem Amerikaner *Clarence J. Lewis*, der eine ganze Skala von modallogischen Systemen aufgestellt hat, nach der logischen Stärke geordnet[4]. Bei einigen dieser Systeme tritt nun ein merkwürdiges Phänomen auf: eine Iteration von Modalitäten: — „es ist notwendigerweise möglich, daß etwas notwendig ist" — in dieser Art.

Oskar Becker hat sogleich eine juristische Interpretation der iterierten Modalitäten versucht, und zwar im Sinne von Anordnungen und Erlaubnissen in einem Instanzenzug. Ein Beispiel von ihm[5]: *NMNa* in abstrakt-normativer Interpretation: „Die höhere Instanz befiehlt der mittleren, zu erlauben, daß die untere Instanz die Handlung *a* (nach ihrem eigenen Ermessen) anordnet." In einer konkreten Interpretation: „Der Regierungspräsident verfügt, daß die Landräte den Bürgermeistern erlauben, nach ihrem Ermessen die Räumung von Häusern bei Hochwassergefahr anzuordnen."

---

1 Elementa Juris Naturalis; s. die Akademieausgabe, Berlin 1971, Bd. VI - 1, S. 431 - 485.

2 Über vereinzelte Spuren berichtet *Philipps*, Der Handlungsspielraum, Frankfurt a. M. 1974, S. 17 ff. Allerdings hätte hier noch *Bentham* erwähnt werden sollen!

3 *von Wright*, Deontic Logic, in: Mind, Bd. 60 (1951) S. 1 - 15; *Becker*, Untersuchungen über den Modalkalkül, Meisenheim 1952; *Kalinowski*, Theorie des propositions normatives, in: Studia Logica Bd. 1 (1953), S. 147 - 182.

4 *Lewis* u. *Langford*, Symbolic Logic, New York 1932.

5 Ebd., S. 45.

Der geistreiche Gedanke, die iterierten Modalitäten vom Instanzenzug her zu interpretieren, ist bis heute leitend geblieben — sofern man nicht einfach eine normative Deutung der Iteration für „sheer nonsense" erklärt, wie es *D. Paul Snyder* tut[6].

Das Bild vom Instanzenzug, oder allgemeiner von der Normhierarchie, ist nicht nur naheliegend, sondern auch merkwürdig faszinierend. Auch wer in keinem Beamtenverhältnis steht und nicht als Soldat gedient hat, ist doch — wie mittelbar auch immer — von wissenschaftlichen oder metaphysischen Hierarchievorstellungen beeinflußt, sei es nun von *Hans Kelsen* her oder von *Dionysios Areopagita*. Aber das Bild ist irreleitend. Das ergibt sich meines Erachtens aus den neueren Untersuchungen zur Modallogik. Hiernach ist die Iteration der Modalitäten nicht nach der Vorstellung von Oben und Unten zu verstehen, sondern nach der Vorstellung von Vorne und Hinten. Wobei der Hintenstehende zwar möglicherweise durchaus den besseren Überblick hat — aber möglicherweise auch nur nach Art dessen, der als letzter in einer Schlange steht. Über den Rahmen dieses Artikels hinausgreifend möchte ich sagen, daß zwei iterierte Modalitäten nicht gleichsam öffentlichrechtlich zu verstehen sind — etwa als Befehl zu einem Befehl —, sondern eher zivilrechtlich — etwa als Anspruch auf einen Anspruch (vgl. die in der deutschen zivilrechtlichen Dogmatik viel beschriebene „Kondiktion der Kondiktion")[7].

Zur Zeit *Oskar Beckers* beschäftigte man sich mit der Modallogik im wesentlichen auf syntaktischer Basis. Man stellte Axiomensysteme auf, die dann auf ihre formalen Eigenschaften hin, wie Widerspruchsfreiheit und Vollständigkeit, untersucht wurden. Inhaltlich kontrolliert wurde dies Vorgehen lediglich durch intuitive Vorstellungen darüber, was Möglichkeit und Notwendigkeit, auch in normativer Hinsicht, bedeuten möchten.

Das hat sich vor zwanzig Jahren grundlegend geändert. Damals gelang es dem Logiker *Saul Kripke*, die verschiedenen Systeme der Modallogik von quantorenlogischen Modellen her präzise zu interpretieren[8]. Ausgangspunkt war wieder ein Gedanke von *Leibniz*. Er hatte

---

6 Vgl. *Gardies*, Essai sur la logique des modalités, Paris 1979, S. 157 ff., allerdings auch S. 89; *Snyder*, Modal Logic and its Applications, New York 1971, S. 194.

7 Vgl. dazu aus der kaum noch übersehbaren Literatur die brillante Darstellung von *Kupisch*, Gesetzespositivismus im Bereicherungsrecht, Berlin 1978.

8 Semantical analysis of modal logic I, Normal modal propositional calculi, in: Zeitschrift für mathematische Logik und Grundlagen der Mathematik, Bd. 9 (1963) S. 67 - 90. Vgl. sodann hierzu die umfassende und leicht zugängliche Darstellung von *Hughes* u. *Cresswell*, An Introduction to Modal Logic, London 1968. Ungeachtet der ursprünglichen Skepsis von *Paul*

als notwendig dasjenige charakterisiert, das in allen möglichen Welten gilt, als möglich dasjenige, das in einigen möglichen Welten gilt. In der heutigen Zeit der Science Fiction ist dieser Gedanke einer erheblichen Verfeinerung fähig. Man kann sich mühelos eine Welt vorstellen, von der her man in andere Welten hineinschauen kann. In jener Welt gewinnt man einen Begriff davon, was „alle Welten" sind: es sind die anderen und man selbst. Aber dieser Begriff kann perspektivisch beschränkt sein: vielleicht wird man selber, ohne dies bemerken zu können, von einer anderen Welt beobachtet.

Entscheidend bei dieser Betrachtungsweise ist die Relation der Accessibility — von einer Welt aus ist eine andere zugänglich. Die Relation der Zugänglichkeit kann nun — wie Relationen grundsätzlich — verschiedene Eigenschaften annehmen: Sie kann z. B. symmetrisch sein oder sie kann transitiv sein.

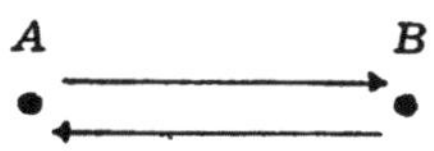

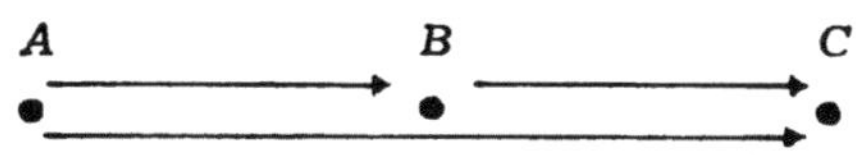

Hat sie beide Eigenschaften, so handelt es sich um eine Äuivalenzrelation: man kann jetzt von jeder Welt aus jede andere Welt erreichen. Als selbstverständlich vorausgesetzt ist dabei noch die Eigenschaft der Reflexivität (obwohl sie, wie wir später sehen werden, alles andere als selbstverständlich ist): daß jede Welt gegenüber sich selber zugänglich ist:

Verbindet man den Leibnizschen Gedanken, daß notwendig ist, was in allen Welten gilt, mit dem Gedanken, daß der Begriff „alle Welten" von der Zugänglichkeitsrelation abhängig ist, so ergeben sich je nach den Eigenschaften dieser Relation verschiedene modallogische Systeme, die sich vor allem in dem Punkte unterscheiden, ob und in welchem Ausmaß die Modalitäten iteriert werden können. Das Nähere dazu später.

Es versteht sich, daß man seit längerem versucht, diese ebenso tiefsinnige wie einfache Interpretationsidee auch in die deontische Deutung der Modallogik einzubeziehen[9]. Die Ausbeute zahlreicher Bemühungen ist aber — nach meiner Einschätzung — enttäuschend gering. Meines Erachtens wurden nur einige Insider-Probleme gelöst, die bei-

Lorenzen gegenüber diesem Ansatz (Normative Logic and Ethics, Mannheim 1969, S. 62) ist nunmehr auch „Ein konstruktiver Weg zur Semantik der ‚möglichen Welten' " eröffnet worden; so ein bislang unveröffentlichter Vortrag (1978) von *Rüdiger Inhetveen*.

[9] *Gardies* mit weiteren Hinweisen.

spielsweise „deontische Paradoxien“ betreffen. Man mag zwar deshalb die Logik besser verstehen, aber nicht das, worauf man sie anwenden möchte.

Bis vor kurzem war ich übrigens geneigt, aus diesem Faktum ein Argument gegen den Gedanken einer deontischen Interpretation der Modallogik schlechthin herzuleiten, etwa in diesem Sinne: Eine solche Konzeption war nur so lange vertretbar, wie die gewisse Intuitivität und Ungenauigkeit der Deutung der logischen Formen dem Deontiker noch Spielraum ließ, sich etwas Vernünftiges dabei zu denken; seit *Kripke* ist das nicht mehr der Fall.

Wenn ich mittlerweile anderer Ansicht bin, so deshalb, weil ich glaube, daß man einen richtigen Ansatz lediglich falsch aufgreift. Man nimmt Relationen und ihre Eigenschaften aus dem Arsenal der reinen Logik und konstruiert mit ihrer Hilfe Systeme deontischer Logik, in der Absicht, diese auf Sollenssätze anzuwenden, die zur Regelung von Bereichen der Lebenswelt bestimmt sind[10]. Das ist aber grundverkehrt; richtigerweise sollte man umgekehrt vorgehen. Die Lebenswelt ist von vornherein voll von Relationen von — man darf wohl sagen — „existenzialem“ Charakter. Die Relationen sind mehr oder minder unausgeformt und unartikuliert, teilweise auch — vor allem im modernen Recht — schon in hohem Maße formalisiert und formuliert. Diese Relationen nun gilt es aufzugreifen und im Sinne einer deontischen Logik zu modalisieren — gleichsam von innen her —, um einen sachgerechten Zugang zu normativen Strukturen und auch zu den Möglichkeiten ihrer Modifikation zu gewinnen.

Wenn man so vorgeht, wird man sogleich erkennen, daß die bekannten Relationseigenschaften von tiefster normativer Ursprünglichkeit sind. Daß die *Symmetrie* einer Relation zwischen Personen einem alten normativen Postulat entspricht, hat man schon oft bemerkt: es ist dies das Prinzip der „Reziprozität“. „Do ut des!“ „Wie du mir, so ich dir!“ „Tu quoque!“

Daß es auch ein altes normatives Prinzip der *Transitivität* gibt, ist ebenfalls weithin bekannt: „Die Freunde meiner Freunde sind auch meine Freunde!“ Wer *Karl May* gelesen hat, weiß Bescheid. Freilich ist dies Prinzip — anders als das der Reziprozität — von der Rechtsphilosophie und Rechtstheorie (wenn ich recht sehe) bislang nicht behandelt worden, möglicherweise weil es einen Hauch von Balkan an sich trägt.

---

[10] Vgl. etwa *Snyder*, S. 110 ff. und S. 194 ff.: „juristisch“ stimmt das alles nicht, wie leicht zu zeigen wäre. Auch sonst ist mir die große Mehrzahl der deontisch-logischen Arbeiten viel zu wenig rechtsnah.

Während man transitive Beziehungen und die damit verbundenen Prinzipien leicht zu übersehen pflegt, hat man wiederholt in den verschiedensten Weisen die Zweiseitigkeitsbeziehung mit dem Postulat der Reziprozität verknüpft und sie der normativen Allseitigkeitsbeziehung gegenübergestellt, die — wie noch zu zeigen sein wird — von der *Äquivalenz* bestimmt wird. In der Rechtsphilosophie hat das vor allem *Werner Maihofer* getan[11].

Geschichtlich gesehen läßt sich meines Erachtens sagen, daß archaische, aber auch im Entstehen begriffene Rechtsformen stärker vom Prinzip der Reziprozität bestimmt sind, modernere oder auch entwickeltere Rechtsformen eher vom Prinzip der Allseitigkeit. Das tu-quoque-Argument der Reziprozität spielt z. B. im Völkerrecht eine beachtliche Rolle, das ja — mangels einer Zentralgewalt — noch manchen archaischen Zug an sich hat[12]. Das Argument war früher auch im deutschen Wettbewerbsrecht von erheblicher Bedeutung, solange sich dieses vor dem Hintergrund des klassischen Liberalismus nur wenig vom „Naturzustand" abhob; bezeichnenderweise ist es in den letzten Jahrzehnten von der Rechtsprechung immer weiter eingeschränkt worden[13].

Freilich, wenn in den letzten Jahren einige Juristen (wie z. B. *Claus-Wilhelm Canaris*) die angebliche Dualität von zweiseitigen („synallagmatischen") Beziehungen einerseits und von allseitigen Rechtsbeziehungen (z. B. Eigentum) andererseits besonders betont haben[14], so geschieht das meines Erachtens deshalb, weil die vergessene dritte Relationseigenschaft der Transitivität in den letzten Jahren deutlich an die Oberfläche zu dringen versucht, — eben, um sie zurückzuhalten. Die Kategorie der Transitivität ist — praktisch-juristisch gesehen — die Kategorie des unmittelbaren Durchgriffs. Das Bedürfnis nach direktem Durchgriff wird in den letzten Jahrzehnten auf verschiedenem Gebiete deutlich empfunden, handele es sich um den Durchgriff vom Letztverbraucher zum Produzenten (Produzentenhaftung) oder etwa um den Einwendungsdurchgriff beim finanzierten Abzahlungskauf (der Gebrauchtwagen wird auf Kredit gekauft; das Kreditinstitut arbeitet mit dem Gebrauchtwagenhändler eng zusammen; der Wagen stellt sich als

---

[11] Vgl. nur „Vom Sinn menschlicher Ordnung", Frankfurt a. M. 1956, und hier beispielsweise S. 86 ff.

[12] *Simma*, Das Reziprozitätselement in der Entstehung des Völkergewohnheitsrechts, München und Salzburg 1970; *derselbe*, Das Reziprozitätselement im Zustandekommen völkerrechtlicher Verträge, Berlin 1972; *Blenk-Knocke*, Zu den soziologischen Bedingungen völkerrechtlicher Normenbefolgung, Ebelsbach 1979.

[13] Vgl. *Baumbach-Hefermehl*, Kommentar zum Wettbewerbs- und Warenzeichenrecht, Bd. 1, 11. Aufl., München 1974, Einleitung zum UWG.

[14] Vgl. z. B. *Canaris*, Der Bereicherungsausgleich im Dreipersonenverhältnis, in: Festschrift für Karl Larenz, München 1973, S. 799 ff.

mit Fehlern behaftet heraus: gleichwohl soll man den vorgestreckten Kaufpreis an das Kreditinstitut zahlen). Vom Makel der Systemwidrigkeit hat sich die Anerkennung solcher Durchgriffsmöglichkeiten jedenfalls in der deutschen Rechtswissenschaft bis heute nicht befreien können. Erst recht steht eine umgreifende Theorie noch aus[15].

Warum die erwähnten Relationseigenschaften typischerweise mit bestimmten normativen Eigenschaften verbunden sind, läßt sich mit Hilfe von Diagrammen einsichtig machen. Die Äquivalenzrelation ist logisch sehr stark; eine Anordnung in dieser Form ist von erschöpfendem normativen Gehalt. Durch eine solche Anordnung können normative Beziehungen in abstrakter Weise eindeutig festgelegt werden, und das bedeutet auch: von „oben" herab.

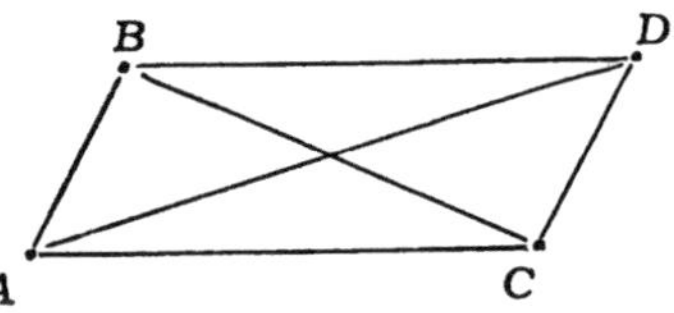

„Jeder achte des anderen Güter!" könnte beispielsweise so in abstrakter Weise vorgeschrieben werden und damit die Institution Eigentum.

Würde hingegen lediglich die Geltung von Symmetrie-Relationen vorgeschrieben, so wäre das nicht eindeutig; es bliebe eine Menge Spielraum, der individuell ausgestaltet werden müßte. Das könnte beispielsweise so geschehen ... oder auch beispielsweise so:

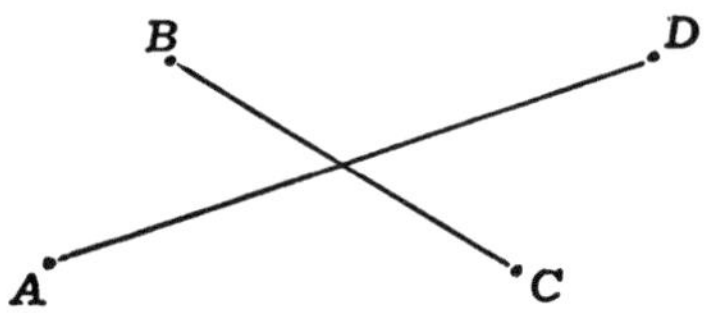

Die Symmetrie-Relation ist offensichtlich besonders geeignet für das „Recht von unten her": für Verträge und vertragsähnliche Verhältnisse. Erfolgte eine solche Regelung in eindeutiger Weise von oben her, so wäre sie wegen der dazu erforderlichen Individualisierung der Betroffenen mit dem Makel des Maßnahmegesetzes behaftet.

Auch eine transitive Relation ließe sich nicht abstrakt-eindeutig vorschreiben.

15 Vgl. *Gernhuber*, Austausch und Kredit im rechtsgeschäftlichen Verbund — Zur Lehre von den Vertragsverbindungen, in: Larenz-Festschrift (s. Anm. 14), S. 455 ff.

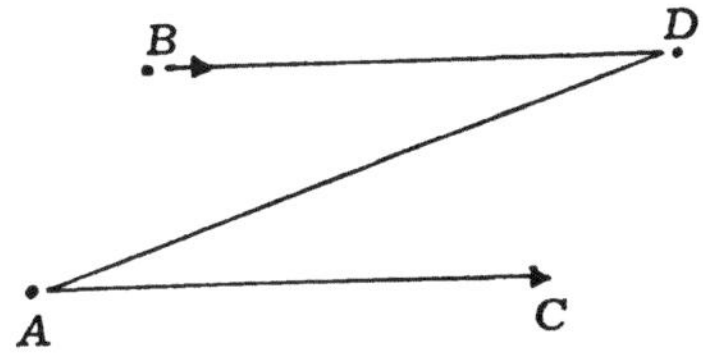

Links oben ist eine Welt, die alle anderen sieht, aber von keiner anderen gesehen wird. Rechts unten ist eine Welt, die von jeder anderen gesehen wird, aber selber keine andere sieht. Welche der — hier vier — Welten nun das eine oder das andere Schicksal träfe, bliebe bei der allgemeinen Anordnung von Transitivität durchaus offen.

Transitivität ist gleichwohl eine wesentlich stärkere Eigenschaft als Symmetrie, und hieraus erklärt sich auch ihr eigentümlich problematischer Charakter im rechtlichen Bereich[16]. Für ein Recht von oben ist sie immer noch zu schwach: die erforderlichen Individualisierungen würden der Anordnung wieder den Charakter eines Maßnahmegesetzes geben. Für ein Recht von unten ist sie andererseits zu stark: denn wie käme beispielsweise ein Dritter dazu, durch Verabredungen zwischen zwei anderen belastet zu werden? Vielleicht ermöglicht die Kategorie die bessere Erfassung von normativen Phänomenen im Umkreis festgefügter Struktur von erheblichem sozialen Gewicht. In alten Zeiten mögen das Familienverbände gewesen sein, die für die Missetaten eines der ihren hafteten; im modernen Wirtschaftsleben mag es mehrpolige, nicht einfach bilaterale Gebilde geben, bei denen Durchgriffsmöglichkeiten angemessen sind. Schon die Bewußtmachung der Kategorie Transitivität könnte hier heuristisch wirken.

Es kann übrigens der Fall eintreten, daß schon durch bilaterale, unter dem Postulat der Reziprozität stehende Verabredungen derselbe normative Effekt eintritt wie durch Anordnung einer normativen Äquivalenzrelation:

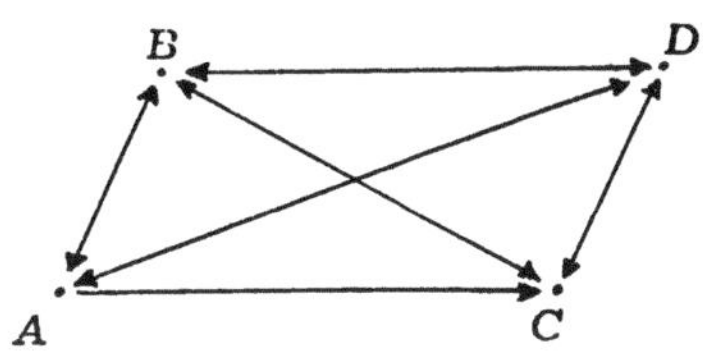

[16] Postuliert man für die Zugänglichkeitsbeziehung die Eigenschaft der Transitivität, so verringert sich die Zahl der nicht weiter reduzierbaren Iterationen von beliebig viel auf höchstens drei; wie man dann durch das weitere Postulat der Symmetrie eine weitere Reduktion auf die einfachen Modi erreicht. Aber durch das Postulat der Symmetrie allein tritt keine Herabsetzung der Iterationen ein. Vgl. des Näheren *Snyder*.

Aber wenn nun eine fünfte Welt hinzuträte, würde der Unterschied sogleich deutlich: sie müßte durch bilaterale Abkommen mit jeder der vier schon vorhandenen Welten verknüpft werden, soll der normative Charakter der Äquivalenz gewahrt bleiben; während bei einer originären Äquivalenz-Anordnung die fünfte Welt von vornherein eingeschlossen sein würde. Deshalb ist es wichtig, den genetischen Aspekt einer normativen Beziehung von ihrem funktionalen wohl zu unterscheiden, also etwa wie hier zu unterscheiden, ob es sich um originäre Allseitigkeitsverhältnisse handelt oder um solche im Effekt. Dabei ist das Wort „originär" durchaus relativ zu verstehen: Geschichtlich gesehen ist etwa Eigentum im rechtstechnisch abstrakten Sinne eine späte Institution, viel später als die des Vertrags. *William Seagle,* Weltgeschichte des Rechts[17]: „Ehe die Begründung von Schuldverhältnissen üblich wurde, war für ein Rechtsinstitut wie das des Eigentums gar kein Bedürfnis gegeben."

Nun noch ein Wort zur Reflexivität der Zugänglichkeitsbeziehung. In dem ersten grundlegenden Aufsatz von *Kripke* ist — im Unterschied zu den anderen Eigenschaften der Zugänglichkeit — die Reflexivität nicht in Frage gestellt worden, — ebensowenig in dem späteren Standardwerk von *George E. Hughes* und *Maxwell J. Cresswell.* Nichts ist jedoch verfehlter als das, sofern man die Modallogik auf anspruchsvollere Gegenstandsbereiche erstrecken möchte. Das Postulat „Erkenne dich selbst!", das voraussetzt, daß man sich eben *nicht* von vornherein kennt, ist schließlich eines der Urworte der Philosophie und gewiß nicht selbstverständlich. Es ist heute in der Psychologie anerkannt, daß die Selbsterkenntnis oder — wie man hier natürlich zurückhaltender sagt — das „Selbstbewußtsein" — durch die Spiegelung in den Reaktionen der anderen mitkonstituiert wird: „looking-glass self". Das gilt vor allem für die Sollensanforderungen, die man an sich selbst stellt. Was aber das Wort „Erkenne dich selbst!" anlangt, so sei zu dem Wort aus der Antike auch der Kommentar eines alten Autors angeführt. *Epiktet*[18]: „Welches ist denn seine Bedeutung? Wenn man einem Chorsänger vorschriebe, sich selbst zu erkennen, würde dieser dann nicht auf die Vorschrift seinen Sinn richten, indem er seine Aufmerksamkeit auf seine Mitsänger und auf den Einklang mit ihrem Gesang richtete? ... Und wie wäre es bei einem Seemann? Oder einem Soldaten?"

Schon frühzeitig hat aber *Kripke* selber angeregt, für die Zwecke einer deontischen Logik die Voraussetzung der Reflexivität fallenzulassen, und andere Autoren sind ihm darin gefolgt[19]. Es geht dabei zunächst

---

17 The Quest for Law, 3. dtsch. Aufl., München-Berlin 1967, S. 84.

18 *Epiktet,* Teles und Musonius, übertr. v. *W. Capelle,* Zürich 1948, S. 71. Auf dies Zitat weist auch *Maihofer* hin, S. 63.

19 Vgl. *Snyder,* S. 194 f.

um ein technisches Problem: Man möchte die deontische Möglichkeit der Folgerung vom Sollen auf das Sein ausschließen, weil sie offensichtlich verfehlt ist, während der entsprechende Schluß vom ontischen „Müssen“ auf das Sein unproblematisch ist. Es ist bemerkenswert, welch subtile und übrigens auch tiefsinnige Methode hier benutzt wird, um den Unterschied zwischen Sein und Sollen festzulegen; war doch die anscheinende Unfähigkeit mancher Menschen, diesen Unterschied mit hinreichender Selbstverständlichkeit zu erkennen, bislang eine schier unerschöpfliche Quelle des Erstaunens vieler analytischer Philosophen.

Um diese Technik zu verstehen, und auch um das Rüstzeug für weitergehende Analysen zu haben, seien nun einige mehr formale Erörterungen eingefügt:

Angenommen, vier „Welten“ sind hintereinander gekoppelt, und zwar so, daß die Sicht nur jeweils bis zur nächst vorderen reicht.

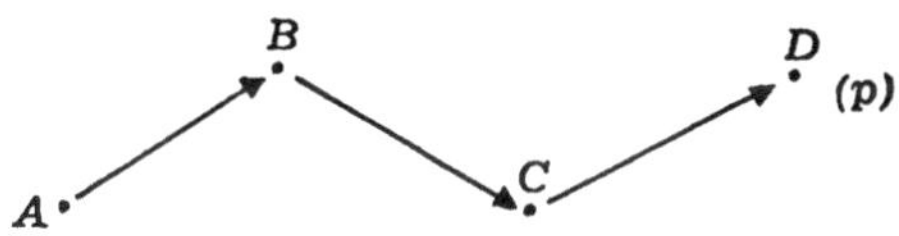

p	0	0	0	1
$(Np$	0	0	0	$1)$
Mp	0	0	1	1
MMp	0	1	1	1

usw.

In der vierten Welt (*D*) ist der Satz *p* wahr, in den anderen nicht. Richte ich gleichsam die Frage an die Welten, ob *p* zutreffe, wird sich *D* melden, die anderen nicht.

Stelle ich danach die Frage, ob *p* notwendig sei, so wird sich wiederum *D*, und nur *D*, bejahend melden. „Notwendig“ bedeutet, daß etwas in allen Welten gelte; aber *D* kennt nur sich selber und weiß es nicht besser.

Stelle ich aber die Frage, ob *p* möglich sei, so wird sich außer *D* auch *C* bejahend äußern; denn *C* hat gesehen, daß *D* die Frage nach der Geltung von *p* bejahend beantwortet hat. *p* ist also — von *C* aus gesehen — möglich, kommt es doch in *D* vor. Ja, *p* ist sogar von *C* aus gesehen *notwendigerweise* möglich; denn jede Welt, die *C* sich vorstellen kann — die eigene wie die von *D* —, hat die Frage nach der Möglichkeit von *p* bejahend beantwortet. Frage ich weiter, ob *p* möglicherweise möglich sei, so wird sich außer *D* und *C* auch *B* melden; frage ich danach, ob es möglich sei, daß *p* möglicherweise möglich ist, so wird sich endlich auch

A melden. Es ist einsichtig, daß dies Verfahren beliebig lange weitergeführt werden kann, auch hin zu hier nicht mehr angeführten Welten wie *A'*, *A''* usw. Dies zeigt: mit der einfachen Zugänglichkeitsbeziehung korrespondiert eine Modallogik mit beliebig oft iterierbaren Modalitäten.

Nehmen wir nun statt dessen an, von jeder der vier Welten könne man jede der drei anderen einsehen.

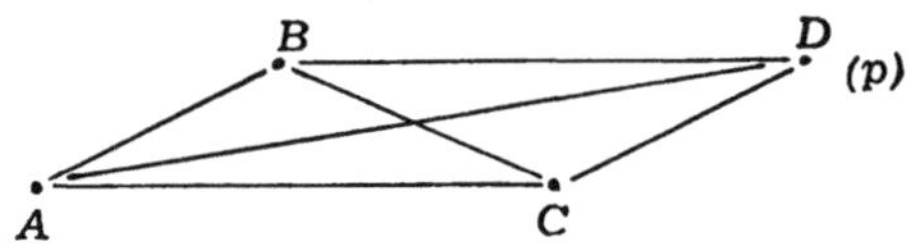

p	0	0	0	1
Mp	1	1	1	1
NMp	1	1	1	1

Auf die Frage nach *p* wird sich wiederum nur *D* melden. Auf die Frage, ob *p* möglich sei, aber wird *jede* Welt bejahend antworten, und das bedeutet auch: auf die Frage, ob *p* notwendigerweise möglich sei, ebenfalls. Ist also in diesem System allseitiger Zugänglichkeitsbeziehung zwischen den Welten irgendwo irgend etwas möglich, so ist es gleich notwendigerweise möglich: $Mp \rightarrow NMp$. Daß die umgekehrte Beziehung gilt, ist trivial: $NMp \rightarrow Mp$. Damit ist plausibel gemacht, daß in einem System mit allseitiger Zugänglichkeit (Äquivalenzrelationen) nur einfache Modalitäten vorkommen bzw. iterierte Modalitäten auf einfache reduziert werden können.

Betrachten wir nun ein Weltensystem mit symmetrischer Zugänglichkeit, in der folgenden Weise angeordnet:

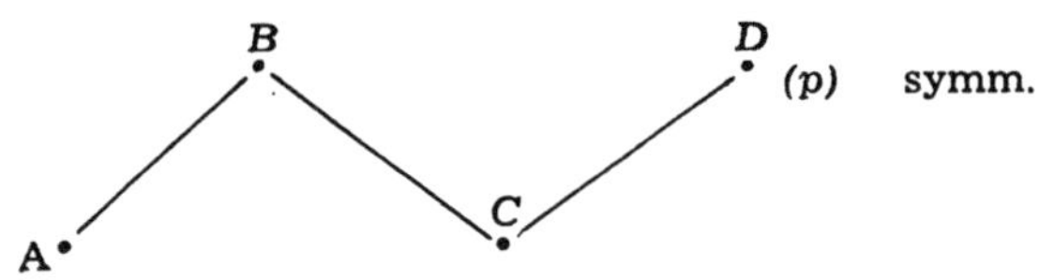

p	0	0	0	1
Np	0	0	0	0
Mp	0	0	1	1

Es ist klar, daß *D*, nachdem er auf die Frage, nach *p* bejahend geantwortet hat, diesmal die Frage, ob *p* denn auch notwendig sei, *nicht* mehr naiv bejahen wird, hat er doch außer den Blick auf die eigene Welt auch noch einen Blick auf *C*, und da fehlt es an *p*. Indessen dauert es genauso lange wie beim System einfacher Sichtbeziehungen, bis sich die Kunde von *p* bis *A* durchgesprochen hat, und sie ist dann genauso sehr durch eine mehrfache Möglichkeit mediatisiert. Und weil dies ebenfalls im Prinzip über *A* hinaus weitergeführt werden kann, ergibt sich, daß auch in einem Modalsystem, das auf der Symmetrierelation beruht, beliebig viele Modalitäten auftreten können.

Blicken wir nun noch auf ein System mit rein transitiven Sichtbeziehungen:

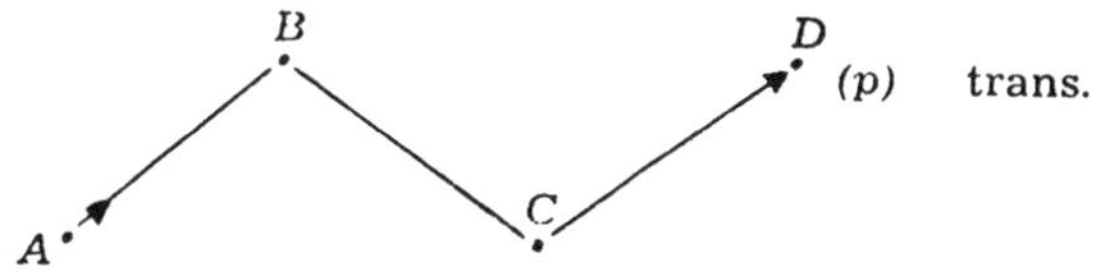

Das Wissen darum, daß in *D p* gilt, verbreitet sich im Nu bis *A*. Und sollten vor *A* noch einige Welten vorgeschaltet sein, würde dafür das gleiche gelten. Iterationen aufgrund von entfernteren Welten können nicht mehr auftreten: Auch die entfernteste Welt hat sofort den vollen Durchblick.

Aber es bleibt das Manko, daß man von keiner Welt aus zurückblicken kann, in unserem Beispiel insbesondere von *D* nicht. Nehmen wir folgendes Weltensystem:

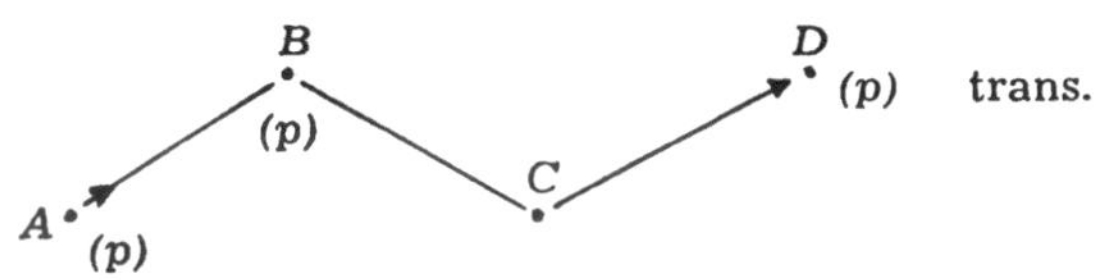

p	1	1	0	1
Np	0	0	0	1
MNp	1	1	1	1

Könnten die Welten, auch *D*, zurückblicken (das liefe auf Äquivalenz hinaus), dann wäre der nächste Modus schon homogen. Fragt man nach *M*, ergeben sich lauter Einsen, fragt man nach *N*, so bildet sich eine durchgehende Reihe von Nullen. Können hingegen die Welten, wenn auch mit transitivem Durchblick, nur nach rechts schauen, so ergibt sich für *N* die Wertefolge 0 0 0 1. Erst bei der nächsten Frage nach *MNp* ist die Wertefolge homogen: 1 1 1 1. Durch sinnreiche Gabelungen könnte man übrigens noch eine weitere Iteration herausholen; aber dann ist endgültig Schluß.

Nach der Einführung in diese Technik hat man bereits die Möglichkeit, einige einfache normative Phänomene zu analysieren. Es sei aber daran erinnert, daß es nicht darum geht, deontische Logik auf Sätze anzuwenden, die menschliches Verhalten regeln sollen, sondern umgekehrt: die deontischen Strukturen im menschlichen Verhalten herauszuarbeiten und bewußt zu machen. Behutsamkeit ist dabei alles. Deshalb sollte man sich auch nicht sogleich an reine Imperative und Erlaubnisse halten, sondern zunächst an normative Phänomene mit stark ontischem Einschlag. Im Alltagssprachgebrauch erkennt man solche Phänomene daran, daß man weniger leicht sagt „Das ist verboten!" oder „Das ist erlaubt!" als etwa „Das ist unmöglich!" oder „Das kann man durchaus noch machen!". An zwei Beispielen sei das nun exemplifiziert:

Die Logiker *Hughes* und *Cresswell* haben ein reizendes Spiel vorgeschlagen, mit dem sich die modallogischen Strukturen gut veranschaulichen lassen[20]. Eine Gruppe von Spielern sitzt auf Stühlen in einem Raum — sie repräsentieren „Welten". Jeder hält ein Blatt Papier in der Hand, auf dem eine Reihe von Sätzen steht, — der Einfachheit halber abgekürzt zu *p, q, r* usw. Ein Spielleiter fragt nun nach einzelnen Sätzen, beispielsweise „*p?*" — wer *p* auf seinem Blatt hat, hebt die Hand; in dieser Welt gilt *p*. Der Spielleiter kann auch nach *Mp* fragen: dann melden sich diejenigen, die zuvor (bei der Frage nach *p*) erkannt haben, daß sich mindestens einer gemeldet hat. Fragt der Spielleiter nach *Np*, so melden sich die, in deren Sichtbereich zuvor jeder die Hand gehoben hat. Indem man die Sichtbeziehungen zwischen den Spielern in sinnreicher Weise einschränkt — durch Spanische Wände etwa — lassen sich die verschiedenen modallogischen Systeme realisieren.

Nun stelle man sich das Spiel leicht modifiziert vor: Die Spieler sitzen nicht auf gewöhnlichen Stühlen, sondern z. B. auf juristischen Lehrstühlen und auf den Richterstühlen der oberen Gerichte. Wer die Lösung eines anspruchsvolleren Rechtsproblems sucht, muß die Publikationen und Entscheidungen der „Spieler" befragen. Diese Äußerungen aber beziehen sich wiederum aufeinander, und der interessierte Leser wird in diesen Beziehungen unschwer bekannte Eigenschaften wiederentdecken. Es gibt Autoren, die sich eingehend wechselseitig zitieren. Bei anderen läuft die Zitierrelation nur in eine Richtung; möglicherweise ist das „cito ut cites!" noch nicht erhört worden. Es gibt auch deutlich transitive Relationen, z. B. im Hinblick auf die von dem akademischen Lehrer angeführte Autoren. Äquivalenzcharakter hat die Zitierrelation beispielsweise zwischen den maßgeblichen strafrechtlichen Kommentaren. (Zur Anregung: Man untersuche einmal das Zitierverhalten innerhalb von Sammelbänden, ferner die wechselnden Usancen des Zitierens zwischen Wissenschaft einerseits und höchstrichterlicher Rechtsprechung andererseits.) Es ist klar, daß diese Struk-

---

[20] Ebd., S. 61 ff.

tureigenschaften nicht mit Einschränkungen der faktisch-intellektuellen Zugänglichkeit zu erklären sind. Vielmehr gibt es außer der Zugänglichkeitsrelation auch noch eine Anerkennungsrelation, die die gleichen Eigenschaften annehmen kann wie jene. Mit einem Wortspiel: accessibility — acceptability! Wobei die Grenzen so fließend sein können, wie es das Wortspiel andeutet: Die Bemerkung „Ich verstehe das nicht!" von einer anerkannten (!) Autorität gesprochen, hat bekanntlich normativen Charakter. Die Anerkennungsrelation bedeutet übrigens keineswegs, daß die Meinung des „Anerkannten" richtig sei; der andere wird lediglich als „vir bonus" anerkannt, dessen „arbitrium" zählt, so daß man sich ihm nicht ohne weiteres entziehen kann. (*Leibniz* scheint die Bedeutung der Anerkennungsrelation gesehen zu haben; jedenfalls möchte ich das angesichts der außerordentlichen Sparsamkeit seiner Ausdrucksweise, die jedes überflüssige Wort vermeidet, vermuten.)

An einem einfachen Strafrechtsfall sei das erläutert[21]. Jemand läßt einem anderen, um ihm Ärger zu bereiten, Waren zusenden; dem Lieferanten spiegelt er vor, der Empfänger selber gebe die Bestellung auf. Betrug? Meines Erachtens nicht. Aber seitdem das Bayerische Oberste Landesgericht in einem solchen Fall Betrug angenommen hat (dem haben sich dann einige Wissenschaftler angeschlossen), muß man dem Studenten, der sich zu dieser Lösung bekennt, wohl ein „vertretbar" an den Rand seiner Übungsarbeit setzen. Dieses „vertretbar" bedeutet keinen Zwischenwert zwischen „eindeutig richtig" und „eindeutig falsch", wie ihn *Klaus Adomeit* annimmt — ich halte die Annahme von Betrug nach wie vor für eindeutig falsch —; aber man kann jetzt nicht mehr die praktisch-normativen Konsequenzen ziehen, die bei einer „zwingend" falschen Lösung zu ziehen wären. Die Tatsache, daß ein oberstes Gericht eine bestimmte Meinung vertritt, ist eben kein bloßes Faktum, sondern verändert das normative Beziehungssystem, in dem ein Jurist sich orientieren muß.

Was den Bereich rechtswissenschaftlicher Meinungen für deontische Analysen besonders interessant macht, ist der Umstand, daß normative Modalitäten hier in einer sonst nicht üblichen Ausdrücklichkeit iteriert werden. Eine bestimmte Lehrmeinung ist „möglicherweise vertretbar". Eine andere These mag „möglicherweise zwingend" sein. Eine dritte Ansicht wird man „für vielleicht vertretbar halten müssen". Diesem letzten Urteil könnten beispielsweise folgende Anerkennungsstrukturen zugrunde liegen: Eine Reihe von Autoren bildet einen Zitierkreis mit allseitiger Anerkennung (Äquivalenz). Sie werden natürlich nicht immer nur einer Meinung sein; aber die Meinungen, die in diesem Kreise

---

[21] BayObLG in: Juristenzeitung 1972, S. 25 mit Anmerkung *Schröder;* wegen der weiteren Anmerkungen hierzu vgl. die Hinweise im StGB-Kommentar von *Schönke-Schröder* (20. Aufl. München 1980), Randnummer 168 zu § 263.

vertreten werden, sind „vertretbar". Angenommen weiterhin, ein Außenseiter verträte eine bestimmte These. Keiner im engeren Kreise hält sie für richtig; aber einer setzt sich doch sorgfältig und interessiert damit auseinander. Die Außenseitermeinung erscheint dann als „möglicherweise vertretbar". Das nachfolgende Diagramm präzisiert, wie es dazu kommt:

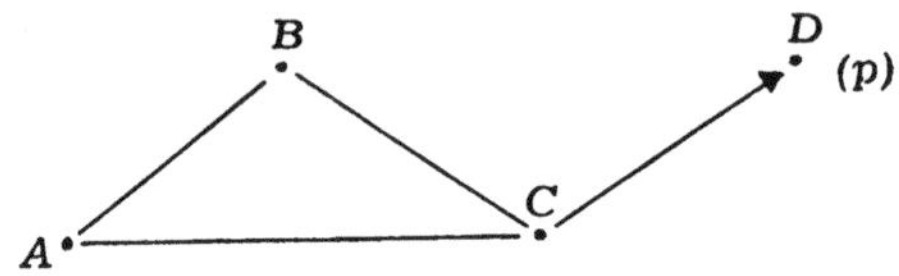

p	0	0	0	1
Mp	0	0	1	1
MMp	1	1	1	1
$NMMp$	1	1	1	1

Das Beispiel der juristischen Zitierkreise ist deshalb für unsere Zwecke besonders geeignet, weil der Artikulationsgrad der differenzierten Bewertungen hier ungewöhnlich hoch ist. Hat man sich aber einmal mit dem Phänomen vertraut gemacht, so wird man es leicht überall in der Lebenswelt wiedererkennen. Insbesondere ist der Übergang vom „reinen Außenseiter" zum „assoziierten Außenseiter" eine Erscheinung, die immer wieder im sozialen oder politischen Vorfeld des Rechts auftritt. Religiöse Gruppen oder andererseits Gewerkschaften, aber auch Staaten sind typischerweise zunächst „vermittelt anerkannt" worden; für die Gegenwart denke man etwa an den Status der PLO.

Zweierlei ist meines Erachtens für eine deontische Logik erforderlich, um sie von der üblichen Modallogik zu unterscheiden. Erstens muß man neben den Zugänglichkeitsbeziehungen noch besondere Anerkennungsbeziehungen annehmen, und zweitens muß man die Reflexivität dieser Anerkennungsbeziehungen in Frage stellen. In Frage stellen bedeutet nicht einfach Verneinen — wie bei den mehr formal orientierten Logikern — sondern ein behutsames Experimentieren: Weglassen, hinzufügen, modifizieren. Was die Anerkennungsrelationen als solche anlangt so ist das Beispiel von der Gelehrtenrepublik der Juristen wegen des hohen Grades an Ausdrücklichkeit gut — was das Infragestellen der Selbstanerkennung anlangt, so gilt das wohl weniger. Hierzu ist das folgende Beispiel zweifellos realistischer: Zwei Frauen treffen sich auf dem Wege zur selben Veranstaltung. Die eine trägt ein schlichtes Tageskleid, die andere das bekannte elegante „Kleine Schwarze". Jede blickt mit Schrecken auf die andere, und es bildet sich eine eigentümliche Spirale, die man folgendermaßen darstellen könnte (p bedeute hier das „Kleine Schwarze"):

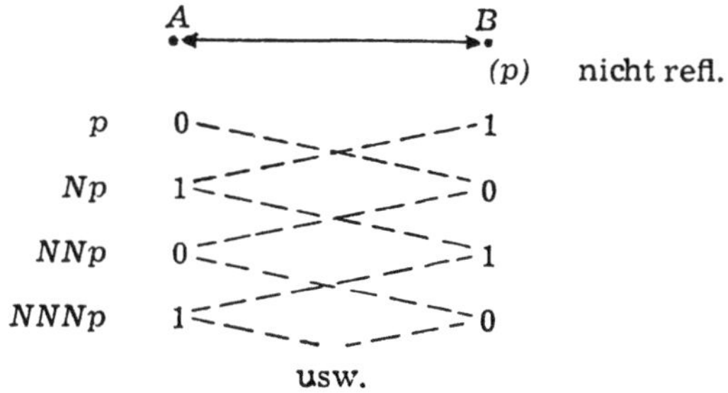

Das Diagramm veranschaulicht eine beunruhigende Eigenschaft der psychisch-normativen Situation[22]: sie ist instabil. Obwohl nur zwei Personen im Spiel sind, lassen sich die Modalitäten beliebig lange iterieren. *A:* „Um Himmels willen — man muß also elegant angezogen sein!" (*B:* „Um Gottes willen — wie werde ich nur auffallen!"). Gibt die Frau *A* durch ihr Verhalten zu erkennen, daß in Wahrheit Frau *B* normgemäß angezogen ist, so könnte Frau *B* eigentlich beruhigt sein: Tatsächlich wird sie nicht im geringsten beruhigt sein, weil sie die reziproken Ängste hat hinsichtlich der Notwendigkeit, unauffällig gekleidet zu sein. Mit jeder Drehung der Spirale steigern sich die Ängste.

Wir wollen freilich hoffen, daß nach einigem „Hin- und Herhasten der Blicke" (um ein bekanntes rechtsmethodologisches Wort zu variieren) jede der beiden erkennt, daß sie selbst es ist, an der die andere sich zu orientieren sucht. Das mag dazu führen, daß jede sich, so wie sie angezogen ist, akzeptiert — die Anerkennungsbeziehung gewinnt reflexiven Charakter. Nun vereinfacht sich die Situation sofort, und sie wird vor allem stabil.

	A ⟷	*B* (*p*)
p	0	1
Np	0	0
Mp	1	1

Es ist freilich auch denkbar, daß nur bei einer der beiden die Anerkennungsbeziehung reflexiv wird (ohne daß deshalb die Relation zur anderen hin aufgegeben wird).

[22] Solche „Spiralen" hat vor allem *Laing* untersucht, vgl. etwa *Laing, Phillipson, Lee,* Interpersonelle Wahrnehmung, Frankfurt a. M. 1971.

B refl.

p	0	1
Np	1	0
NNp	0	0
Mp	1	1

Frau *A* wird nach wie vor und jetzt endgültig der Meinung sein, daß sie falsch angezogen ist; aber Frau *B* hält ihr Kleid nicht mehr für „unmöglich". Vor allem aber hat die Oszillation der wechselseitigen Orientierungssuche aufgehört; auch diese Situation ist stabil.

Es ist bemerkenswert — auf den ersten Blick überraschend, aber durchaus nachvollziehbar —, daß bei drei Personen, von denen eine anders (gekleidet) ist als die beiden übrigen, durchaus eine stabile Konstellation eintritt, und wenn die Mehrheit nicht gegen die Minderheit koaliert und die Anerkennungsbeziehung kappt, so ist der psychisch-normative Status der Minderheit gar nicht einmal so schlecht.

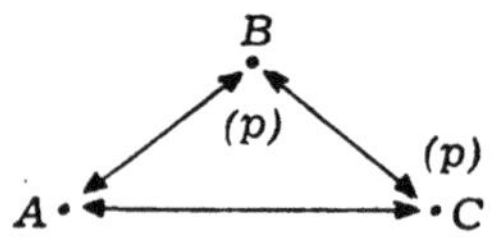

nicht refl.

p	0	1	1
Np	1	0	0
NNp	0	0	0

Allerdings: eine stabile Lösung wird sich dann nicht so leicht einstellen, wenn jeder der Beteiligten annimmt, daß einer der anderen — im Unterschied zu einem selber — über eine besondere normative Zugänglichkeitsbeziehung verfügt, also beispielsweise (um noch einmal auf das Beispiel zurückzukommen) vom Gastgeber darüber informiert worden ist, was „man" zu dieser Gelegenheit tragen sollte.

Zum Schluß sei noch betont, daß die deontischen Strukturen, die ich hier skizziert habe, noch ganz elementar sind. Zum Beispiel begründet die Relativität einer Anerkennungsbeziehung — etwa von *A* zu *B* — noch keineswegs die Relativität des Normcharakters — daß also *A* gegenüber *B* verpflichtet ist und, konvers gesprochen, *B* gegenüber *A* berechtigt. Eine entwickelte Rechtslogik muß aber dies ausdrücken können. Und von der Relativität der Anspruchsbeziehung ist wiederum die

Relativität der Leistungsbeziehung zu unterscheiden (obwohl zwischen beiden Zusammenhänge bestehen): So mag z. B. *A* gegenüber *B* verpflichtet sein, an *C* eine Leistung zu erbringen[23]. Dabei können beispielsweise symmetrische Verpflichtungen auch symmetrische Leistungen (Wertaustausch) zum Gegenstand haben — so etwa beim Kaufvertrag —; notwendig ist das aber nicht: vgl. einen Gesellschaftsvertrag.

In zweierlei Hinsicht bietet es sich an, mit der hier angegebenen Konzeption der deontischen Logik weiterzuarbeiten. Einmal in ethischer und rechtsethischer Hinsicht. Dabei steht die Reflexivität der Anerkennungsbeziehung im Mittelpunkt des Interesses, die Selbstanerkennung im Verhältnis zu symmetrischen, transitiven und „äquivalenten" Erwartungen anderer. Es bietet sich dazu an, das Instrumentarium der deontischen Logik zu verknüpfen mit den psychologischen Fragetechniken des Soziogramms *(Jacob L. Moreno)* und der interpersonellen Wahrnehmung (*Ronald D. Laing*).

Die andere naheliegende Weiterführung liegt in der Analyse jener mehr als zweipoligen Schuldverhältnisse, die in den letzten Jahrzehnten immer mehr an wirtschaftlicher Bedeutung und an rechtswissenschaftlichem Interesse gewonnen haben. Im Zentrum dieser Analysen wird vermutlich der Relationscharakter der Transitivität stehen.

Solche Analysen werden nun freilich viel technischer sein. Aber die Befürchtung, daß die Rechtslogik die Tendenz zu einem rein technischen Rechtsverständnis verstärken werde, halte ich gleichwohl für unbegründet, im Gegenteil: Sie scheint mir die Möglichkeit zu bieten, im modernen technifizierten Recht jene elementaren Grundstrukturen wieder sichtbar zu machen, die eine Wiederanknüpfung an anthropologische, geschichtliche und natürlich auch philosophische Fundamente des Rechts erlauben. Es kann gar nichts schaden, wenn — kraft der Anschauung von Grundstrukturen — bei der Untersuchung von Durchgriffsmöglichkeiten wieder das alte Wort von den „Freunden der Freunde" gegenwärtig wird oder das Bild von der Haftung des Familienverbands.

---

[23] Vgl. dazu vorläufig mein Referat über „Relative und absolute Rechte", gehalten 1979 vor der Österreichischen Sektion der IVR (im Druck).

LOGISCHE REDUNDANZ ALS INSTRUMENT VON ENTSCHEIDUNGSVERFAHREN BEI RECHTLICHEN ARGUMENTEN

Von Helmut Schreiner, Salzburg

I.

1. Der vorliegende Ansatz wurde im Zusammenhang mit der Arbeit am System eines für juristische Zwecke besonders ergiebigen Entscheidungsverfahrens, der sogenannten „Gegenformelmethode“ (*GFM*)[1], entwickelt[2]. Im Rahmen dieses logischen Verfahrens geht es darum, das Vorhandensein oder Nichtvorhandensein bestimmter logischer Eigenschaften festzustellen, nämlich der „Gültigkeit“, der „Gediegenheit“[3] und der „Verträglichkeit“[4] von Argumenten. Im Rahmen der einschlägigen methodologischen Analysen stellte sich heraus, daß das Vorliegen von Redundanzen eine Reihe von jedenfalls für das juristische Denken erheblichen Schlußfolgerungen im Hinblick auf das jeweils in Rede stehende Argument zuläßt. Dementsprechend ist daher das Ziel dieser Arbeit nicht die logische Redundanz an sich, sondern der Einsatz von Erkenntnissen über Redundanzen zum Zwecke der Erleichterung oder Ermöglichung von Entscheidungen über Argumente.

2. Es darf nicht aus den Augen verloren werden, daß die adäquate Erfassung des Begriffes „Redundanz“ in einer Relation erfolgen muß:

a) So ist einmal die Redundanz relativ zu dem jeweiligen Verfahren, z. B. der *GFM*. Je nach den Regeln, die das betreffende Verfahren bietet, erscheint z. B. eine Prämisse überflüssig oder nicht.

b) Redundanz muß aber auch in Relation auf das jeweils intendierte Untersuchungsziel eines Verfahrens gesehen werden. So erweisen sich z. B. im Gediegenheitsprüfungsverfahren, wo es um die Frage geht, ob die Prämissenbasis logisch widerspruchsfrei ist oder nicht, regelmäßig

---

[1] *I. Tammelo / H. Schreiner*, Grundzüge und Grundverfahren der Rechtslogik, 2, München 1977, S. 13 ff.

[2] Eine andere Weiterentwicklung habe ich vorgestellt: Nuovi processi logici per il ragionamento giuridico, in: Informatica e diritto 1978/2 (2).

[3] Widerspruchsfreiheit der Prämissenbasis.

[4] Widerspruchsfreiheit zwischen Prämissen und Konklusion.

eine höhere Anzahl von Prämissen redundant als im Gültigkeitsprüfungsverfahren, wo auch die Konklusion einzubeziehen ist.

3. Wenn sich eine Prämisse im Rahmen eines logischen Prüfungsverfahrens als überflüssig erweist, dann muß sie dies jedoch im Hinblick auf die Erzielung intersubjektiver Zustimmbarkeit des betreffenden Arguments nicht sein; die „logische" Redundanz muß sich mit einer Redundanz im Hinblick auf den juristisch-rhetorischen Argumentationsprozeß nicht decken. Geht man aber davon aus, daß die juristische Argumentation nicht in „Seduktivität"[5], in überrumpelndes Überreden, abgleiten soll, so ist zu fordern, daß auch bei juristischen Argumenten die logisch bestimmten Eigenschaften der Gültigkeit, Gediegenheit und Verträglichkeit vorliegen müssen. Angewendet auf das Redundanzproblem heißt dies daher, daß juristisch-rhetorische Redundanz logische Redundanz impliziert, aber nicht umgekehrt. Dies heißt aber auch, daß ein logischer Defekt, der sich im Rahmen eines logischen Redundanzprüfungsverfahrens offenbart, notwendig auch die juristisch-rhetorische Defizienz des Arguments auslöst. Insoweit kann daher von der prinzipiellen Nutzbarkeit der logischen Redundanzprüfung auch für juristische Argumentation ausgegangen werden.

II.

1. Wie bereits erwähnt, bildete die *GFM* den Ausgangspunkt für die Entwicklung des vorliegenden Ansatzes. Dementsprechend sind dieser Methode auch eine Reihe von Regeln entnommen. Insbesondere die sogenannten „Umschreibungsregeln" (*UR*), die im wesentlichen Dualitätsgesetze sind, und die sogenannten „Zerlegungsregeln" (*ZR*), die aus den Negationsreduktionsregeln, der Autologie, der Konjunktionselimination, dem einfachen disjunktiven Syllogismus und dem komplexen disjunktiven Syllogismus bestehen.

2. Die Hauptregeln stellen die sogenannten „Sparregeln" (*SR*) dar, die auf der Anwendung des Assoziationsgesetzes, der Zulässigkeit tautologischer Einfügungen, der Konnektivität, sowie auf der Ausnützung der Möglichkeiten beruhen, die uns die Äquivalenzen bieten.

3. Die Verfahrenstechnik hat zum Ziel, durch Beseitigung von Redundanzen möglichst rasch zu möglichst einfachen Elementen zu gelangen, um so allfällige logische Defekte erkennen zu können. Werden derartige Defekte entdeckt, so kann dies zum Anlaß eines *Konvalidierungsverfahrens* genommen werden; nach Korrektur der als fehlerhaft

[5] *I. Tammelo*, Modern Logic in the Service of Law, Wien-New York 1978, S. 149 - 156 (Zetetic Procedures).

erkannten Eintragung geht man den gesamten, bislang zurückgelegten Weg wieder zurück und erlangt auf diese Weise eine Basis, die jedenfalls den zunächst entdeckten logischen Mangel nicht mehr enthält.

Für die Nachvollziehbarkeit der weiteren Ausführungen ist es nun notwendig, einen logischen Kalkül einzuführen.

Ich verwende hier die logische Notation und die Kalkülisierung, wie sie in *Tammelo-Schreiner*, Grundzüge und Grundverfahren der Rechtslogik, 1, München 1974, 15 ff., eingeführt wird. Der leichteren Lesbarkeit halber möchte ich aber hier diesen Kalkül in der für die vorliegenden Zwecke ausreichenden Mindestausstattung vorstellen:

Der Kalkül besteht aus:

(1) Kleinbuchstaben als Grundzeichen (die für Variable stehen): a, b, c, welche Zeichen erforderlichenfalls durch Subskripte ($a_1 \ldots a_n$) beliebig erweiterbar sind;

(2) Großbuchstaben als Operatoren: C, A, K, E.

   a) für die C-Verknüpfung (Implikation) gilt, daß nur ein richtiges Antecedens und ein falsches Konsequens die Verknüpfung falsch sein lassen;

   b) für die A-Verbindung (Adjunktion) gilt, daß sie nur dann falsch ist, wenn beide Glieder falsch sind;

   c) für die K-Verbindung (Konjunktion) gilt, daß sie nur dann richtig ist, wenn beide Glieder richtig sind;

   d) für die E-Verbindung (Äquilvalenz) gilt, daß sie stets dann richtig ist, wenn beide Glieder jeweils denselben Wert haben.

(3) Einem Querstrich über einem Zeichen (‾), der für die Negation steht.

(4) Formationsregeln, die die Bildung der zulässigen Formeleinheiten („wohlgeformte Formeln"; WFF) regeln: wohlgeformt ist eine Formel, wenn sie besteht:

   a) aus einem Kleinbuchstaben mit jeder beliebigen Anzahl von Strichen über ihm (also z. B.: x, $\bar{y}$, $\bar{\bar{\bar{z}}}$)

   oder

   b) aus einem Großbuchstaben mit jeder beliebigen Anzahl von Strichen über ihm, dem unmittelbar zwei WFF folgen (also z. B. $C\,x\,y$ oder $\bar{A}\,\bar{x}\,y$, aber auch $K\,C\,x\,y\,z$ und $\bar{\bar{E}}\,\bar{y}\,K\,C\,x\,y\,z \ldots$)

Aus der Umkehrung der letzteren Regel (4, b) läßt sich ein technisches Verfahren entwickeln, das graphisch anzeigt, welche Glieder jeweils zusammengehören und von welchem Operator sie beherrscht werden. In Regelform gebracht lautet dieses Verfahren:

(a) Unterstreiche zunächst jeden Kleinbuchstaben;
z. B. $C\,K\,C\,\underline{x}\,\underline{y}\,\underline{x}\,\underline{y}$

(b) sodann unterstreiche alle Zeichen, wo jeweils bereits zwei Striche aneinanderstoßen und unmittelbar links davor ein Großbuchstabe steht;
also: $C\,K\,\underline{C\,\underline{x}\,\underline{y}}\,\underline{x}\,\underline{y}$

(c) Das Verfahren ist so lange nach (b) fortzusetzen, bis die gesamte Formel mit einem durchgehenden Strich unterstrichen ist;
also: $\underline{C\,\underline{K\,\underline{C\,\underline{x}\,\underline{y}}\,\underline{x}}\,\underline{y}}$

Die „UR", mit denen alle Formeln in strichlose A- oder K-Formeln umgeschrieben werden sollen, lauten auf der Basis der bei (2) und (3) gemachten Einführungen:

(τ^1) $C\,\alpha\,\varepsilon \leftrightarrow A\,\bar{\alpha}\,\varepsilon$

(τ^2) $E\,\alpha\,\varepsilon \leftrightarrow K\,A\,\bar{\alpha}\,\varepsilon\,A\,\alpha\,\bar{\varepsilon}$

(τ^3) $K\,\alpha\,\varepsilon \leftrightarrow A\,\bar{\alpha}\,\bar{\varepsilon}$

(τ^4) $\bar{A}\,\alpha\,\varepsilon \leftrightarrow K\,\bar{\alpha}\,\bar{\varepsilon}$

(τ^5) $\bar{E}\,\alpha\,\varepsilon \leftrightarrow K\,A\,\alpha\,\varepsilon\,A\,\bar{\alpha}\,\bar{\varepsilon}$

wobei α als 1. Glied und ε als 2. Glied zu verstehen ist.

Die „ZR" lauten:

(δ^1) Wo mehr als ein Strich über einem Zeichen vorkommt, streiche jede gerade Anzahl von Strichen, so daß das Zeichen entweder nur mehr einen oder keinen Strich mehr trägt (Negationsreduktion)

also: $\bar{\bar{\bar{x}}} \rightarrow \bar{x}$; $\bar{\bar{x}} \rightarrow x$

(δ^2) Wo ein K- oder A-Operator jeweils genau die gleichen zwei Elemente beherrscht, schreibe anstelle dieser Formel ein Element allein an (Autologie)

also: $K\,\alpha\,\alpha \rightarrow \alpha$, $A\,\alpha\,\alpha \rightarrow \alpha$

(δ^3) 1. Fall: Wo eine K-Formel auftritt, schreibe ihre beiden Elemente gesondert an (Konjunktionselimination)

also: aus $K\,\alpha\,\varepsilon$ wird α und ε

2. Fall: Wo eine K-Formel als eines der beiden Elemente einer A-Formel auftritt, schreibe anstelle der K-Formel jeweils nur eines ihrer beiden Elemente (Konjunktionskontraktion)

also: aus $A\,K\,\alpha\,\varepsilon\,\omega$ folgt $A\,\alpha\,\omega$ und $A\,\varepsilon\,\omega$

(δ^4) Wo immer eine A-Formel vorkommt, für die eines ihrer beiden Elemente eine „Gegenformel im selben Verfahren" hat (d. i. eine Formel, die sich von der anderen nur durch einen Strich über dem ersten Zeichen unterscheidet) schreibe das andere Element allein an (Einfacher disjunktiver Syllogismus)

also aus: $A\,\alpha\,\varepsilon$ und $\bar{\alpha}$ folgt ε

(δ^5) Wo immer zwei A-Formeln vorkommen, die ein Element haben, das in Formel-Gegenformel-Beziehung steht, schreibe eine neue *A-Formel* aus den restlichen beiden Elementen an (Komplexer disjunktiver Syllogismus)

also aus: $A\,\alpha\,\varepsilon$ und $A\,\alpha\,\omega$ folgt $A\,\varepsilon\,\omega$

III.

1. Die erste Gruppe von Sparregeln (*SR* 1) ist in der „Konnektivität" begründet; danach ist es eine Voraussetzung der Vertretbarkeit einer Prämisse, daß sie — in der Terminologie einer Formelsprache ausgedrückt — mindestens über ein eine inhaltliche Information tragendes Zeichen („Kleinbuchstabe") verfügt, das auch in einer anderen Prämisse vorkommt. Ist dies nicht der Fall, dann kann es — was die Prüfung der Gediegenheit zum Vorschein bringen soll — jedenfalls von dieser Prämisse aus zu keinem Widerspruch innerhalb der Prämissenbasis kommen[6]. Insoweit dürfen daher derartige Prämissen als überflüssig eliminiert werden.

(*SR* 1): Streiche jede Formel, deren Kleinbuchstaben außerhalb der Formel nicht vorkommen[7].

2. Soweit auf diese Weise Eliminationen von Prämissen möglich sind, stellt sich die Frage, wieweit das nicht auf die Unangemessenheit der „Übersetzung" des Arguments in die Formelsprache zurückzuführen ist, als zu stark von vorhandenen konnektiven Bezügen abstrahiert wurde. Insoweit ist dieser erste Verfahrensteil auch als Testindikator für die Angemessenheit der Übersetzung geeignet[8].

3. Der Anwendungsbereich der (*SR* 1) kann noch erweitert werden, wenn man hinsichtlich vorhandener Implikationen die Anwendung des „Modus Ponens" und des „Modus Tollens" erweitert.

Die nächste Sparregel (*SR* 2) beruht auf dem „Assoziationsgesetz": Wenn einer Formel Adjunkte angefügt werden dürfen, so darf umgekehrt jede Adjunktion gestrichen werden, von der ein Adjunkt schon als gesonderte Eintragung vorkommt:

(*SR* 2): Streiche jede *A*-Formel, von der ein Element schon angeschrieben ist.

Die volle Anwendung dieser *SR* erfordert zunächst die Umschreibung der Prämissen soweit wie möglich in Adjunktionen und — wodurch u. U. (*SR* 1) wieder anwendbar wird — in Konjunktionen, sowie den anschließenden Einsatz der Zerlegungsregeln:

---

6 Geht es um einen Gültigkeitsbeweis, so wäre auch die Konklusion mit einzubeziehen.

7 Diese Regel ist für die Bedürfnisse von Relationen und Quantifikationen entsprechend zu modifizieren.

8 Das weiter unten vorgeführte Beispiel, bei dem mit (*SR* 1) gleich 10 der 20 Prämissen zu eliminieren waren, legte daher nahe, die „Übersetzung" in die Formelsprache nochmals kritisch zu überprüfen.

4. Sofern als Ergebnis der „Umschreibungen" Autologien auftreten, sind diese zu eliminieren.

(*SR* 3): Streiche jede *K*- oder *A*-Formel, deren beide Elemente gleich sind, sowie jede selbständige Eintragung, die bereits einmal vorgekommen ist.

5. Da tautologische Prämissen die Wertstruktur des Gesamtarguments nicht verändern, dürfen tautologische Eintragungen gestrichen werden.

(*SR* 4): Streiche jede tautologische Formel.

IV.

1. Die Redundanzprüfung erfährt Differenzierungen aus der Strukturierung des Prüfungsverfahrens für die jeweils im Vordergrund stehende logische Eigenschaft: Der Gültigkeit, der Gediegenheit und der Verträglichkeit. Bei der Gediegenheit, die hier an einem Beispiel geprüft werden soll, werden die Prämissen — und nur diese — auf ihre gegenseitige Widerspruchsfreiheit hin untersucht. Da dabei die Konklusion überhaupt nicht vorkommt, muß letztlich die gesamte Prämissenbasis eliminiert werden können; es sei denn, daß Widersprüche in dieser Basis vorhanden sind; diese und nur diese bleiben daher als Eintragungen bestehen.

2. Für dieses Verfahren wurde ein Beispiel aus dem internationalen Recht gewählt, das sowohl in der Rechtspraxis wie auch in der Literatur kontrovers abgehandelt wurde[9] und das es ermöglicht, den größten Teil der oben angeschnittenen Fragen zu demonstrieren. Dabei wurde auf die in der Literatur dafür bereits verwendete Formalisierung zurückgegriffen. An diesem Beispiel läßt sich, um es zusammenzufassen, dreierlei zeigen:

(1) daß durch das Redundanzprüfungsverfahren logische Eigenschaften rasch und einfach aufgedeckt werden können und somit die Dogmatik damit entlastet werden kann;

---

[9] *H. J. M. Boukema,* A Logical Scrutiny of the Van Duyn Case. In: Legal Issues of European Integration, 1978, S. 84 ff., *J. Speller,* In Defense of Logic secundum curiam and Logic simpliciter, (in derselben Zeitschrift im Erscheinen). — Im Hinblick auf das Thema der vorliegenden Arbeit wird in diesem Zusammenhang mit der kontroversen Behandlung dieses Falles wichtigen Fragen nicht nachgegangen, ob der verwendete Kalkül ausdrucksreich genug ist und ob die von den beiden Autoren jeweils vorgenommene „Übersetzung" auch korrekt ist.

(2) daß dieses Verfahren, vor allem nach dem Einsatz von (*SR* 1), zumindest für die Frage nach der Angemessenheit der Formalisierung heuristisch bedeutsam ist;

(3) daß dieses Verfahren die Konvalidierung logisch defekter Argumente ermöglicht.

V.

Das vorher Gesagte soll nun im Rahmen einer „Gediegenheitsprüfung", d. h. einer Prüfung, ob die Prämissen logisch widerspruchsfrei sind, bezüglich des Hauptarguments der oben erwähnten kontroversen Problemstellung zu zeigen versucht werden.

1.	d	~~11~~.	$CKpnw$	
2.	Cdm	~~12~~.	u	
3.	$\bar{r}$	13.	Cev	
4.	$\bar{i}$	~~14~~.	q	
5.	$\bar{e}$	~~15~~.	f	
6.	$Ci\bar{a}$	~~16~~.	g	
7.	$\bar{C}aCr\bar{a}$	~~17~~.	x	
8.	$Ce\bar{a}$	~~18~~.	t	
9.	$\bar{K}CiaCi\bar{a}$	~~19~~.	l	
~~10~~.	o	~~20~~.	Cbc	/ ∴ z

Zufolge (*SR* 1) konnten die Prämissen 10 - 12 und 14 - 20 eliminiert werden, so daß von den ursprünglichen 20 Prämissen nur mehr 10 übrig sind.

Dieses Ergebnis sollte nach dem oben Gesagten zum Anlaß genommen werden, die Formalisierung auf ihre Adäquatheit hin zu überprüfen[10].

Um nun (*SR* 2) zur Anwendung bringen zu können, müssen die verbliebenen Prämissen gemäß den *UR* der *GFM* umgeschrieben werden:

1.	d	1	~~6~~.	$A\bar{i}\bar{a}$	6, τ^1
2.	$A\bar{d}m$	2, τ^1	7.	$KaKra$	7, τ^5
3.	$\bar{r}$	3	~~8~~.	$A\bar{e}\bar{a}$	8, τ^1
4.	$\bar{i}$	4	9.	$AKi\bar{a}Kia$	9, τ^3, τ^5
5.	$\bar{e}$	5	~~10~~.	$A\bar{e}v$	13, τ^1

Nun können (6) wegen (4), (8) wegen (5) und (10) wegen (5) eliminiert werden. Auf die verbleibenden Prämissen sind nun die *ZR* der *GFM* anzuwenden, die hier die Funktion von *SR* haben: Auf (2) wegen (1) der

[10] Dies kann hier schon aus Platzgründen nicht geschehen. Vgl. dazu aber die einschlägige Kritik bei *Speller*.

EDS, auf (7) die *K. E.* und auf (9) die *KK*, so daß sich nunmehr die Prämissen wie folgt darstellen:

1.	m	2, 1, E.D.S.
2.	$\bar{r}$	3
3.	$\bar{i}$	4
4.	$\bar{e}$	5
5.	a	7, *K.E.*
6.	r	7, *K.E.*
7.	a	7, *K.E.*
8.	$A\,i\,i$	9, *K.K.*
9.	$A\,i\,a$	9, *K.K.*
10.	$A\,\bar{a}\,i$	9, *K.K.*
11.	$A\,\bar{a}\,a$	9, *K.K.*

Nunmehr ist zufolge (*SR* 1) (1) zu eliminieren, (*SR* 2) läßt (9) und (11) eliminieren (bei letzterer Prämisse tritt eine Regelkonkurrenz zu (*SR* 4), der Tautologieelimination ein). Zufolge (*SR* 3) wird aus der Autologie, die Prämisse (8) darstellt: *i*, sowie ist (7) (wegen (5)) zu eliminieren.

Die Prämissen lauten daher:

1.	$\bar{r}$	2
2.	$\bar{i}$	3
3.	$\bar{e}$	4
4.	a	5
5.	r	6
6.	i	8
7.	$A\,\bar{a}\,i$	10

(3) kann durch (*SR* 1) eliminiert werden und (7) kann wegen (6) gemäß (*SR* 2) beseitigt werden, so daß nunmehr (*SR* 1) auf (4) anwendbar ist, nunmehr 5 Prämissen übrig sind.

Die übrig gebliebenen Prämissen lauten nunmehr:

1.	$\bar{r}$	1
2.	$\bar{i}$	2
3.	r	5
4.	i	6

Nunmehr zeigt sich, daß nur mehr widersprüchliche Prämissen übrig geblieben sind: (1) zu (3) und (2) zu (4).

Zwecks Konvalidierung rekonstruiert man die ursprüngliche Herkunft der übrig gebliebenen Eintragungen. Man findet sie in den ursprünglichen Prämissen 3, 4, 7 und 9. Von den sich anbietenden Möglichkeiten der Korrektur (3, 4; 7, 9; 4, 7; 3, 9) soll hier die erste (3, 4) herausgegriffen werden. (Die Angemessenheit der Auswahl müßte semantisch oder pragmatisch begründet werden.) Sohin hieße die Prämisse 3. *r* und Prämisse 4. *i*. Durchläuft man nun wiederum das Eliminierungsverfahren im Rahmen eines Gediegenheitsbeweises, so stellte sich heraus, daß ein neues Widerspruchspaar entstünde, nämlich $\bar{a}$ aus 6. und *a* aus 7. Um auch diesen Widerspruch zu beseitigen, wird von den beiden Korrekturmöglichkeiten (6, 7) erstere, also in 6 gewählt; 6. lautet nunmehr *C i a*. Nunmehr ergibt das Gediegenheitsprüfungsverfahren, daß keine Widersprüche mehr vorhanden sind. Sohin ist das Ziel der Rekonvalidierung der Argumentbasis geglückt.

PROBLEMS OF LANGUAGE IN ADP-ORIENTED LEGISLATION

By Leo Reisinger, Wien/Graz

1. Introductory Remarks

Today ADP (automatic data processing) is employed in numerous fields successfully, although its use in law and administration is still more an exception than the rule. One reason for this is the specific nature of the informations processed in the legal and administrative system (laws, ordinances, decisions of courts and administrative bodies, treaties, legal literature, etc.). These informations are formulated in a technical legal language. The direct processing by the machine is hindered for the following reasons:

(a) The legal language generally cannot be described by a context-free but only by a context-dependent grammar. The application of syntactic and semantic rules depends on the context of a syntactic/semantic unit, that is, the meaning cannot be established only from the lexical entries, the *contextual context* has to be taken into consideration also. On the other hand, ADP-programs are formulated according to a very simple context-free grammar.

(b) The understanding (correct processing) of a text formulated in the legal language cannot be reduced to the understanding of the different sentences. To arrive at a formal analysis, an appropriate *text grammar* — not only a grammar of sentences — would be necessary. However the development of text grammars is up to now only rudimentary. This holds true for natural languages in general. To develop a special text grammar for the legal language is one of the main problems of *legal linguistics*. Up to now this discipline has only been postulated, concrete results practically do not exist.

(c) But even if we presuppose such a grammar, the problem of interpretation of legal texts would not be solved. The correct understanding of legal texts presupposes also the *extratextual* situative *context* (knowledge of the dogmatics of the specific field of law, of the methodology of law, of the function of the legal system, etc.).

Because of these reasons the direct processing of legal informations by the machine may only be expected in specific exceptional cases.

A prerequisite for these exceptions is the readiness of the "transmitter of informations" (in the sense of semiotics) to comply with those syntactic and semantic restrictions in formulating legal informations that faciliate — or render possible in the ideal case — the direct processing by the machine. For general norms such restrictions are formulated in the "principles" or "directions" of ADP-oriented legislation (the German term *"automationsgerecht"* has no exact counterpart in English; I shall use "ADP-oriented" as an approximate translation).[1]

In the German speaking countries such directions were formulated for the first time in the *"Vorläufige Grundsätze für das automationsgerechte Abfassen von Vorschriften"* of the Bavarian Government dating from 27. 8. 1969 (Bayerischer Staatsanzeiger Nr. 36 vom 5. 9. 1969). Its content — which became epoch-making for future principles — is arranged in chapters on

simplicity of provisions;

uniformity of provisions;

investigation of individual cases and ascertainment of general cases;

disambiguity of provisions;

provisions of procedure;

proceedings of promulgation of provisions.

2. ADP-oriented Legislation as a Semiotic Process

In a very simple model legislation can be described as a specific process of communication: In a *process of communication*[2], the "transmitter" transmits signals that are received by the "receiver". Intended, however, is not only the transmission of signals but of informations. To realise this, transmitter and receiver must have a common store of signs at their disposal. To formulate this in a more exact way, the transmission of the intended information takes place through an encoding of the signals by the transmitter and a corresponding decoding by the receiver. Transmitter and receiver therefore have to use

[1] Cf. *von Berg,* Automationsgerechte Rechts- und Verwaltungsvorschriften, Köln 1968; *von Oertzen,* Automationsgerechte Gesetze als Voraussetzung der Automation, in: Deutsches Verwaltungsblatt 1969, p. 61; *von Oertzen,* Automationsgerechtigkeit von Gesetzen, in: Verh. des 48. Deutschen Juristentags, volume 2, 1970, T 29; *Spillecke,* Probleme automationsgerechter Gesetzgebung, in: IBM-Nachrichten 1971, p. 865; *Fiedler,* Wandlungen der Automationsgerechten Rechtssetzung, in: Datenverarbeitung im Recht (DVR) 1972/73, p. 41; *Kókai,* Gesichtspunkte für die Abfassung von Grundsätzen zur automationsgerechten Gestaltung von Rechts- und Verwaltungsvorschriften, in: Öffentliche Verwaltung und Datenverarbeitung 1972, p. 91, p. 159.

[2] Cf. *Wersig,* Information — Kommunikation — Dokumentation, 2nd ed., München-Pullach 1974, p. 28.

a common code if there is not to be an interference in the process of communication.

If we interpret legislation as such a process of communication, the transmitter is the legislator, the receiver the norm addressee. The code is defined by the syntactic and semantic rules and the lexicon of the technical legal language. The information is the legal text that is formulated in this language. If processing is done by ADP, the machine is intermediary between the legislator and the norm addressee. In this case the legal language does not constitute an appropriate code however; the machine does not "understand" the legal text. An appropriate *transformation* of the legal text that is formulated in the legal language into an automatically processable text is necessary.

By "processing" legal texts by means of the machine two different cases may be distinguished:

(a) In the first case the legal text is interpreted in a *descriptive* way; the text itself is the object of processing. The aims of processing are documentation in a ADP-based documentation system and/or changes (e. g. amendments) of the legal text by means of automatic text processing. Such processing is done through algorithms formulated in (with respect to the legal language) metalanguage. The most important type of language, that is used for such algorithms are *languages of documentation*.

(b) In the second case the legal text is interpreted in a *normative* way, the text itself gives the pattern of processing. The aim of processing is the ADP-based execution of the law. Such processing is done through algorithms formulated in (with respect to the legal language) object language. The most important type of language, that is used for such algorithms are *languages of design*.

Generally the term "languages of documentation" and "languages of design" are not defined distinctly. Especially languages of design are not only used for designing algorithms in object language but also for documenting them. In this context the distinction is made by reference to the object of processing, however. In using languages of documentation, the object of processing is the legal text itself; in using languages of design, the object of processing is the realisation of the deontic state corresponding to the legal text.

Languages of documentation and design describe the automatic processing of legal texts at the *user's level*. In these languages the (with respect to ADP) *external text model* can be described. To arrive at an *internal text model* (that is directly processable by the machine) the algorithms that are formulated in languages of documentation or design have to be translated into *programming languages* (compiler or assembler languages). Only by this additional translation we achieve a transformation of legal texts into directly processable texts. However, the establishment of the (with respect to ADP) internal text model is largely determined by considerations concerning specific machines and need not be discussed here any further. One may summarize the deliberations of this section by stating that the application of languages of documentation and design constitutes the most important connecting link for the transformation of legal texts into texts that are directly processable by the machine.

3. ADP-oriented Legislation and Languages of Documentation

With respect to ADP-oriented legislation languages of documentation serve to register and to interpret legal texts for storing and retrieving from *legal information systems.*[3] Usually two types of information systems (and therefore languages of documentation) may be distinguished:

(a) *Languages of documentation for descriptor oriented systems:* In this case strings of key-words (descriptors) represent the content of the documents that contain legal texts. Access to the documents is given only through descriptors not through the legal texts themselves.

(b) *Languages of documentation for full text systems:* On principle all words of the legal text (with the possible exception of so-called stopwords) may serve to gain access to the document; the "full text" of the law is used for the information retrieval. The data are organized according to the "inverted file" principle usually, by handling all words of the text as descriptors. A full text system is therefore an extension of the descriptor oriented system; the designation "full text system" is misleading, however — as not the whole information coded in the text and its syntactic and semantic relations can be utilized for retrieval purposes.

Not always full text systems have rendered the expected success. On the one hand, it has been necessary to supplement the legal text by adding descriptors derived from an intellectual analysis of the text. On the other hand, experience has shown that a lot of words of the text are not taken into consideration by the user for retrieval purposes.

[3] For legal information systems cf. *Haft*, Elektronische Datenverarbeitung im Recht, Berlin 1970; *Simitis / Voss-Eckermann / Dammann* (eds.), Materialien zur Rechtsinformatik, Frankfurt/M. 1971, Bundesministerium der Justiz (ed.). Das juristische Informationssystem — Analyse, Planung, Vorschläge, Karlsruhe 1972; *Reisinger*, Rechtsinformatik, Berlin - New York 1977.

The principle of inverted file results in this case in an unnecessary ballast of the system; the response time is lengthened accordingly. Therefore, information systems are designed and implemented now that allow for *automatic indexing* (definition of key-words), for example, the juridical documentation system JUDO at the University of Ratisbon.[4] Such systems however need programs for an automatic syntax analysis as only specific word types (e. g. nouns) or combinations of word types (e. g. adjective-noun combinations) are admissible as descriptors.

Formulating a query in the process of information retrieval takes place according to the syntax of the *query language* that is part of the language of documentation. The minimal requirements of the syntax of a query language are the Boolean operators *and, or, not.* For full text systems additional operators are used, especially operators of context, which use the maximal distance of two words' position in a legal text for retrieval purposes.

Generally it is not the case that the meaning of words contained in a legal text can be ascertained out of context. The problems of synonymity and homonymity hold true for legal texts also. To solve these problems, a specific language of documentation is used, namely the *thesaurus.* A "thesaurus in the field of documentation" may be defined as "an ordered set of designations that constitutes a discipline- and/or problem-oriented system of classification and order of concepts. As a system of classification it aims at a one-to-one mapping of designations and concepts, as a system of order at the marking of relations between concepts by corresponding relations between designations".[5]

Therefore a thesaurus consists of a set of signs (descriptors, designations) and a set of relations between these signs. The relations are defined in such a way that a one-to-one mapping of signs and concepts becomes possible. The aim of this is to eliminate the ambiguity of natural languages in general, of the legal language in particular, and to establish a communication without interference between the legis-

---

[4] Cf. *Reisinger,* Entwicklungsperspektiven Juristischer Informationssysteme, in: Arbeitsgemeinschaft für Datenverarbeitung (ADV), Chancen und Grenzen der Informationsverarbeitung, 6. Internationaler Kongreß Datenverarbeitung im europäischen Raum, Wien 1980, volume 2, p. 321.

[5] Komitee Terminologie und Sprachfragen der Deutschen Gesellschaft für Dokumentation. Fachwörterbuch der Dokumentation (Thesaurus), in: Nachrichten für Dokumentation (NFD) 1968, p. 268; cf. also *Soergel,* Klassifikationssysteme und Thesauri, Frankfurt/M. 1969; *Michajlov / Cernyi / Giljarevskij,* Informatik, Berlin 1970; *Laisiepen / Lutterbeck / Mayer-Uhlenried,* Grundlagen der praktischen Information und Dokumentation, München-Pullach - Berlin 1972; *Bauer-Bernet,* Rechtsdokumentation, Frankfurt/M. 1973; *Salton,* Dynamic Information and Library Processing, Englewood Cliffs 1975; *Wersig,* Thesaurus-Leitfaden, München - New York 1978.

lator and the norm addressee. The documentation language thesaurus is one of the most important instruments to heighten the *quality of selection* of a legal information system, that is, to minimize "silence" (number of relevant but not retrieved documents) and "noise" (number of retrieved but not relevant documents). The implementation of juridical thesauri, however, is often a very difficult procedure.[6]

4. ADP-oriented Legislation and Languages of Design

General norms formulated in law and ADP-oriented algorithms are different *inter alia* in the following aspects: With algorithms the sequence of steps to reach a solution is strictly defined; to apply the algorithm it is not necessary to know the following steps. Processing is stepwise according to the "top-down" ("left-right") principle. Even in the case of jumps or loops, the sequence is strictly determined. The same does not hold true for laws formulated in a traditional way. Although modern legislators have shown a tendency to treat "general" aspects before "specific" aspects, the law may be applied correctly only if it is known as a whole.

As the definition of an algorithm is a necessary prerequisite for automation, the reconstruction of the legal text with respect to a strictly determined sequence of single steps is one of the most important aspects of ADP-oriented legislation. The easiest way of reaching this aim is by using *graphic languages of design*. The result of such reconstructions are flow charts (e. g. data flow charts) whose aim is to represent the dynamic sequence of events and of the relations between these events in an unambiguous way.

The simplest graphic language of design is an *event-function-diagram*. Syntax and semantics of this language are very simple. Only two fundamental symbols are distinguished: circles as symbols for events and rectangles as symbols for functions. The syntax demands only that events and functions must alternate. They are joined by arrows.

Event-function-diagrams are feasible especially for global descriptions. For descriptions of detail we have to distinguish between systems based on manual or automatic techniques.[7] With respect to ADP-orien-

---

[6] Cf. *Lang / Bock* (eds.), Wiener Beiträge zur elektronischen Erschließung der Information im Recht, Wien 1973. The attempt to develop a thesaurus for the pilot project „Constitutional Law" was not successful.

[7] *Parsini / Wächter*, Organisationshandbuch für die Einführung von ADV-Systemen, Berlin 1971; *Adams / Kiederich*, Systemanalyse, Opladen 1973; *Daniels / Yeates / Erbach*, Grundlagen der Systemanalyse, 2nd ed., Köln - Braunsfeld 1974; *Wedekind*, Systemanalyse, 2nd ed., München 1976; *Heinrich*, Systemplanung, 2 volumes, Berlin - New York 1976.

tation only the latter are of interest. The most important languages of design of this group are:

HFFC symbols (*H*orizontal *F*orm *F*low *C*hart);

ECMA symbols (*E*uropean *C*omputer *M*anufacturing *A*ssociation);

DIN 66001 symbols (data flow charts, program flow charts).

In analysing these graphic languages of design with respect to their suitability for the transformation of legal texts, one finds a rich repertory of symbols for data storage media. The specific symbols for functions are data oriented also (merge, sort, check, delete, input, output). For specific juridical problems the set of available symbols is not sufficient.

Apart from graphic languages of design there exist non-graphic languages of design. The most important example are *decision tables.*[8] They are especially suitable for representing the complex interrelationships between conditions and actions that form the rules of processing. In using a *decision logic translator* (preprocessor) it is possible to translate decision tables directly into source codes like *Fortran* or *Cobol.* In this way decision tables may form part of an ADP-program proper. This is a big advantage if compared to graphic languages of design. On the other hand, we have the disadvantage that the dynamic aspect of structuring the problem in a sequence of single steps is not expressed so clearly in this type of language.

5. ADP-oriented Legislation and Theory of Law

Existing languages of documentation and of design have been used widely in system analysis and connected fields. But they do not satisfy the specific needs of ADP-oriented legislation. There is no correspondence between the existing repertory of symbols and means of expressions on the one hand and the concepts of legal dogmatics and of the theory of law on the other. At least this holds true in general. For

---

[8] *McDaniel,* Entscheidungstabellen — Eine Einführung, Stuttgart 1970, McDaniel (ed.), Applications of Decision Tables — A Reader, Princeton - New York - London 1970; *Gildersleeve,* Decision Tables and Their Application in Data Processing, Englewood Cliffs 1970; *Pollack / Hicks / Harrison,* Decision Tables — Theory and Practice, New York - London - Sydney - Toronto 1971; *Turner,* Entscheidungs-Tabellen — Aufbau, Anwendung, Programmierung, Düsseldorf 1972; *Brauchle,* Praxis der Entscheidungstabellen-Technik, Baden-Baden - Bad Homburg 1973; *Elben,* Entscheidungstabellentechnik - Logik, Methodik und Programmierung, Berlin - New York 1973; *Fischbach / Gross / Ott,* Entscheidungstabellen — Hilfsmittel für Entscheidungsfindung, Dokumentation und Programmierung, Köln - Braunsfeld 1975; *Meyhak,* Entscheidungstabellen-Technik, Heidelberg 1975; *Strunz,* Entscheidungstabellentechnik, München - Wien 1977.

specific cases, a structural relationship may be established. For example, it has been shown that there exists an isomorphic relation between specific normative systems and decision tables.[9] But the level of abstraction, where such a relationship holds, is possibly not detailed enough for practical purposes.

The same difficulty arises when one tries to adapt the findings of legal logic (especially deontic logic) to the construction of languages of documentation or design for legislatoric purposes. At the centre of every logical approach to law there is a certain *model* of a norm. The usual components of such a model[10], that is,

deontic operator (e. g. obligation, permission, prohibition, indifference),

deontic action (elementary, compound),

condition (elementary, compound),

quantifier

are not detailed enough for practical purposes. Neither the level of production nor its date are usually taken into consideration explicitly. Both are important however for solving problems of derogation in a well-structured legal system.

Therefore, legal theory in general and legal logic in particular should strive to develop models of legal norms on a less abstract level. This seems to be a prerequisite for the construction of specific law-oriented languages of documentation and design. It is my opinion that especially graphic languages of design would be highly feasible for ADP-oriented legislation. Such languages should be implemented in ADP-based information systems for the legislator. In using them for formulating and amending legal drafts by communicating with the machine such drafts could also be stored *uno actu* and augment the data base of an integrated legal information system.

---

[9] Cf. *Reisinger*, Zur Anwendung der Entscheidungstabellen — Technik in der Legistik, in: Datenverarbeitung im Recht (DVR) 1978.

[10] Cf. as a summary of the approaches of legal and deontic logic *Weinberger / Weinberger*, Logik, Semantik, Hermeneutik, München 1979, pp. 96 - 134.

LEGAL THEORY AND THE IDEA OF TRANSLINGUISTICS

By Ilmar Tammelo, Salzburg

I conceive of legal theory as an enterprise which shuns idle talk and strives for thoughts of the greatest attainable lucidity and precision. The conveyance of thoughts having this quality is dependent on vehicles of expression which enable the legal theorist to say all he wants to, and this expediently and efficiently. Thus in legal-theoretical pursuits a dictum of Wittgenstein according to which "the limits of my language are the limits of my world" causes concern. The limitations of those languages which theorists use make themselves frequently felt frustrating their aspiration to express their thoughts in the way required by their commitment to high-level scholarship. One may wonder whether the limits which the languages actually used by us impose on our thought import a "limit-situation" in the sense of Karl Jaspers — a situation from which there is no "exit", and with which we have to live as well as we can. Or, perhaps, these limits can be expanded, even transcended.

The languages which legal theorists use in their international contacts are so rich that few if any of us can exhaust their expressive potentiality for our purposes. Their subtleties, elegancies, and other excellences are awe-inspiring. But, withal, their irrationalities are appalling. These include their orthographic absurdities, their preposterous ambiguities, vaguenesses affecting the meanings of their expressions, stifling rigidity of their sentence construction, their undue grammatical complications along with serious shortcomings of their grammar, and their poor expressional economy. These linguistic defects are coresponsible for the breakdown or the bad functioning of lawyers' communication occurring in their professional as well as in their scholarly work. The flaws and faults of languages undoubtedly contribute to talking at cross-purposes in legal argumentation, to failures of carrying out legislative intentions, and to interpretational quandaries.

The shortcomings of the languages we use are, to some extent, compensated "sympragmatically", especially their ambiguities and the vaguenesses affecting the meanings of their expressions. Thus, even semantically very deficient expressions may convey the intended meaning quite adequately when we know what they are about in a familiar situation of life, for example, when lawyers handle routine professional matters or when philosophers or mystics address each other in their "lingo". But on a high level of scholarly communication, the sympragmatic situation does not remedy defects of language, especially not when the participants of communication do not belong to the same language community and thus are unable to share relevant linguistic experiences. At this point it is to be considered that no one who has not lived in a pertinent language community for a very long time can master any civilized language completely — because of the enormous wealth and welter of such a language. Waiters, travel agents, and children may be able to speak several languages with admirable fluency, but only for the purposes of their very limited preoccupations.

As against the dismal reality of the languages with which we live, a linguistic ideal can be set up, an ideal which indicates what a language *ought* to be. The purpose of setting it up is to provide an orientation device for criticizing existing languages and for directing our efforts to improve languages insofar as they can be improved. I propose to call this ideal *"semiotic solidity"*. It involves: (1) orthographic solidity, which requires "one sound — one letter"; (2) syntactic solidity, which requires that the construction of sentences does not give rise to any ambiguity; (3) semantic solidity, which requires that words or phrases are free from multiple references; (4) pragmatic solidity, which requires that the language corresponds to the abilities, needs, and inclinations of its users. Semiotic solidity is only an end which can in fact be only approximated, because every kind of semiotic solidity sets limits to another. For example, the observance of the principle "one sound — one letter" leads to written words which, owing to their unfamiliarity, may not agree with the wishes of their users; the removal of all semantic ambiguities would give rise to an excessive number of words impossible to memorize; and the elimination of syntactic ambiguities would produce an undesirable complication of grammar. Still, the ideal of semiotic solidity remains an important aim for linguistic reason, an aim to be attained as far as practicable.

Notable attempts have been made to bring languages closer to the ideal of semiotic solidity through radical language reforms. These have proved feasible and most successful only with languages of some minor nations. Similar reforms, even though scarcely less called for, have not taken place with the languages of great civilized nations. There has been an insuperable resistance to the rationalization of their orthography, to the lessening of their rigidity, and to requisite additions to their vocabulary, let alone the improvement of their grammar. Progress towards semiotic solidity has been possible to achieve mainly in the area of technical terminology — this under the pressure of advancing civilization. The corresponding development has often been unprincipled or insufficiently guided by linguistic reason, thus producing terms which are cumbersome or in poor taste. A reason for the resistance to the requisite reforms lies in weird romantic attitudes to the phenomenon of language: language is regarded as something "organic" with which the creative and rational mind should not tamper. A sound reason for the resistance lies in the consideration that the language reforms threaten to antiquate the treasured massive literature of the corresponding civilizations and that the results of the reforms require re-learning, for which few are prepared. Those offering resistance apparently value the civilizational achievements transmitted by language higher than the needs of the further advance of civilization. In any event, such reforms which would bring a language sufficiently close to the ideal of semiotic solidity would result in turning it into something else than it actually is — to an artificial or "planned" language.

This raises the crucial question as to whether a language can be an artefact at all. It is widely believed that any "genuine" language must be a product of "natural" growth. This view reminds of the one held by the exponents of the historical school of jurists in the last century and its merits are no greater than those of the "*Volksgeist*"-belief, which once was popular among lawyers. It is to be considered that all standard languages are artificial to some extent: they do not correspond to how people are naturally inclined to express themselves. If we indulge in linguistic romanticism, we should consequentially glorify dialects and slangs! It is to be remembered that our civilization is increasingly dependent on "artificial reason", to use a famous phrase of Sir Edward Coke employed by him to characterize law. Many artefacts are superior for their designed purposes to those things which have grown "organically". Of course, no versatile language can be completely artificial. It must rest on our overall linguistic experience: it must use sounds suited to the human organism, its patterns must correspond to human propensities, and its construction must be such that it is expedient for human management. If it is still insisted that language is something "organic", we should not overlook the fact that organisms, too, can be refined and elevated for certain purposes, as has happened in the areas of botany and zoology.

Incontrovertible evidence exists to the effect that language planning is feasible and worthwhile. There are planned languages which have proved adequate to all those purposes for which languages are ordinarily used, namely Esperanto, Ido, Interlingue (formerly called "Occidental"), and Interlingua. These have been well tested and are well working; there are also many projects of planned languages, some of them most notable. The above mentioned matured planned languages belong to the class of "aposteriori languages" — so-called because they are largely based on previous linguistic experience and far-reachingly incorporate what has proved valuable in this experience. Attempts have been made to construct also "apriori languages", whose authors have taken great liberties with the basic linguistic material by undoing and redoing it radically. So far none of these has matured into something useable, but it is not excluded that their ideas have a *pro futuro* significance.

The matured planned languages have already an impressive belletristic, scholarly, and technical literature; some of them, particularly Esperanto, have been successfully used as the sole language in large international congresses with versatile programmes, also in daily family life — exclusively when the husband and the wife have no other common language. The expression potential of these languages is to be rated as far greater than that of any language called "natural". Thus Interlingua can be regarded as Italian, Spanish, and Portuguese — its principal source languages — "rolled into one": what these are able to perform, Interlingua is able to perform, too, in some respects even better. The expression potential of Esperanto, Ido, and Interlingue is even greater than that of Interlingua, because their source-language basis is wider. The matured planned languages are more homogeneous than, for example, English and German, which have admitted sundry foreign linguistic elements without properly assimilating them. The language planning leading to planned languages has paid great attention to euphony and harmony of their linguistic components and, as a total effect, has achieved considerable beauty in their expressions.

Why, then, have planned languages not gained the attention they deserve, and why have they not gained the merited support? The common denominator of the factors which have prevented planned languages from becoming widely used as vehicles of international legal, scientific, and general communication is ignorance combined often with obscurantist ideas about, and irrational attitudes to, the phenomenon of language. Oddly enough, many scholars share these ideas and attitudes; they seem to have talked themselves into believing that language planning is a fool's errand and that planned languages cannot be "living" languages, despite conclusive evidence to the contrary. Educated and apparently intelligent people are wont to say that a planned language is incapable of "carrying our cultural values". If they mean that a planned language cannot carry the German or Russian cultural values as German or Russian do carry their own, they have a point. But consider that neither English nor French, for example, is able to perform this either. Because of their greater expression potential, planned languages can excel any national language as a "transporter" of cultural values, at any rate of international cultural values. The pseudo-arguments advanced against language planning and planned languages have rendered a terrible disservice to the advancement of our civilization on the international level.

Repeated attempts have been made by promoters of planned languages, particularly of Esperanto, to have such a language accepted as an auxiliary language for international intercourse by world or regional organizations. These attempts have failed so far. Arguments providing "reasons" for the relevant decisions taken betoken superficiality, irresponsibility, even stupidity of the decision makers. Whereas the pseudo-reasons resorted to on these occasions cannot justify the taken decisions, there are good reasons for hesitating to officially accept a planned language as an instrument of international communication. Even matured planned languages have faults and flaws which have marred them as intellectual achievements. In the contemporary state of linguistic experience and insights, they could be a great deal better than they actually are. The fact that even the best existing planned languages have not come sufficiently close to the ideal of semiotic solidity is largely due to the circumstance that their originators and promoters have aimed at languages which can be very easily mastered by average members of diverse linguistic communities and would thus be readily accepted and acquired by them. In other words, the primary goal for the planned language movements has been interlinguistic; they have been excessively motivated by pragmatic considerations.

Moreover, a desirable and feasible improvement of planned languages has been hampered by an orthodoxy or fundamentalism holding in spell those responsible for their movements today. For Interlingua the ridiculous claim has been made that it is already perfect, with the corollary that it is not perfectionable. The President of the Esperanto Academy has rejected proposals for urgently needed orthographic and other reforms of Esperanto with the argument that Esperanto is a "living language", seeming to forget that what is living can, and sometimes must, be improved by the intervention of reason.

The "naturalistic" planned languages (Interlingue, and particularly Interlingua) have proceeded from the exaggerated idea that a language resulting from language planning must not be felt as an artefact. To avoid the impression of being an artefact, their originators have kept too close to the raw material of their source languages and in the resulting languages they have retained flaws such as orthographic irrationalities, grammatical poverty, and ambiguities — even of structurally important words. The creation of "autonomous" planned languages (Ido, and particularly Esperanto) has been guided by linguistic reason to a greater extent, but even in these, uncalled-for ambiguities occur and their orthography and grammar are not such as these should and could be.

International communication on a very high level — communication for the purposes also of legal theory as an international enterprise — requires a language which transcends limitations of all existing languages and achieves semiotic solidity to the greatest attainable extent. This language, apart from being orientated to the interlinguistic goal, must also be "*translinguistic*". It has to surpass or at least expand the limits which our language sets to our thought. The translinguistic idea has its origin in the early enlightenment, whose philosophers envisioned a "philosophical" language, which was supposed to provide a powerful means of thinking and conveyance of thoughts. Since unattainable aims were set: the envisioned language was expected to solve philosophical problems and supply categories of thought valid for all times, the idea remained a mere vision, and it was ridiculed and buried.

This, however, does not mean that a more modest translinguistic aim is not within our reach. It imports a balanced compromise between the requirements of orthographic, semantic, syntactic, and pragmatic solidity. It can be attained by proceeding from matured and well-tested planned languages. In my opinion, the best basis for starting the execution of the translinguistic idea can be found in Ido — a language developed from Esperanto with the cooperation of eminent linguists in the beginning of this century and of the eminent logician Louis Couturat. The enterprise I have in mind must be free from "naturalistic" inhibitions and predilections, but also from the fundamentalism and orthodoxy which have bedevilled autonomous planned languages. To give an idea what a model translinguistically orientated planned language would look like, I shall now indicate its essential features.

The basic material for constructing the linguistic components of this model language are internationally widely used words and derivation syllables. The source of both can be any language, classical or modern. The language admits also components constructed by free linguistic creation, whereby attention is to be paid that these harmonize with the totality of language. The ordinary alphabet for immediate practical use is Latin, with the addition of some other internationally widely known and used letters. Diacritic signs such as the circumflex and accents are not used. Since the Latin alphabet is by no means optimal, an alternative alphabet having optimal signs is provided which, for example, indicates the similarities of sounds by the similarities of letters. All those sounds are used which are common to all languages, numbering only about 14. In addition, those further sounds are included which have proved not difficult to learn for members of different language communities. The principle "one sound — one letter" will be followed, but special rules make allowances for slight positional variations.

In the model language in view, the occurrence of homonyms and even synonyms will be avoided as much as pragmatically feasible and advisable. Compensation for synonyms required by stylistic considerations is provided by "quasi-synonyms", that is, by words whose meaning or function slightly differs from the meaning or function of semantically related words. The language is free from ambiguities or from multiple engagements in the area of linguistic functors, that is, of conjunctions, prepositions, and derivation syllables, which are required for the creation of larger expressional units. The derivation of adjectives from substantive roots, adverbs from adjective roots, substantives from verbal roots, etc. occurs by means of the smallest possible linguistic elements. There are rules for liaison and elision, which may be required for euphonic reasons. An articulate system of interpunctuation is provided, which includes, for example, different signs for different purposes of quotation or bracketing. All linguistic "watershoots" are "pruned" from the material used, whereby care is taken that widely known international words remain sufficiently recognizable. Short expressions are preferred to long ones wherever pragmatically feasible and advisable. Short words are available for frequently occurring expressions, especially when a word is often needed for the building of composite words.

The grammar of the model language in view has no unjustified complications, but it is as rich as is required for expediently meeting all communicational needs. Thus it has syntactically useful accusative and subjective genitive as well as objective genitive — to be employed optionally wherever required for the sake of clarity, precision, conciseness, and elegance of expression. The inflection of verbs includes a universal or generic tense *(praesens aeternum)*, which is needed to adequately express definitions, axioms, theorems, the laws of nature, and assignments of timeless qualities. For every person, in the singular as well as in the plural, there is a different pronoun. Apart from those pronouns which indicate natural genders, there are also pronouns to be used where the natural gender is irrelevant or unknown.

The model language in view is completely governed by rules which render all problems of its application decidable. The relevant rules are expressed in the form of a principal rule and an exception or exceptions where otherwise is not convenient. The fact that this language aims at being completely rational raises the query as to whether it is capable of including irrationalities which may be required for literary and for other purposes. The answer to this question is that linguistic irrationalities, also, can be embodied in it, for example, words with indefinite or vague meanings; moreover, it can be employed paramorphically or paradactically. The essential point is that it possesses everything necessary for conveying rational thought in a rational manner. I imagine that the contemplated language, despite its ambitious linguistic qualities, is far easier to learn than any national language, but is more difficult to learn than any existing matured planned language. To learn it would be an intellectual pleasure and rewarding for those trained in scholarly work.

The contemplated language can be so constructed that it incorporates various language levels. The principal levels are: (1) *Xenoglossa,* which is a very modest linguistic vehicle; hence it can be very easily learnt and thus used for meeting unpretentious requirements of communication. (2) *Demoglossa,* which is a linguistic vehicle for all purposes of communication supplying all that is needed for expressing any thought without aiming at the greatest achievable precision, conciseness, and elegance. (3) *Aristoglossa,* which is a linguistic vehicle capable of meeting elevated expectations for communication such as high literary, scholarly, or technical expressive power. Aristoglossa would accomodate *kalloglossa,* whose purpose is to serve belletristics; *sophoglossa,* whose purpose is to serve scholarship; and *technoglossa,* whose purpose is to serve technology. The contemplated language on all its levels can be employed in various ways suited to the requirements or occasions of its application instances. Thus it can be used soberly and sagaciously, figuratively and colourfully.

The translinguistic aim need not import the achievement of a language which would be readily acceptable to a wide range of its potential users or one which would become quickly established as a universal language for international intercourse. It would be used by those who have a real need for the qualities and capacities of a language which is rich without being poor, elegant without being clumsy, and rational without being stolid. It would not be pointless even if there were only one single user of it for a while — who would be able by means of it to unfold and work out his thoughts better than would be possible without it.

Generally, there are many important uses for the model language in view. These include: (1) The use as an instrument, especially on its aristoglossa level, for achieving the greatest attainable adequacy of expression to thought. (2) The use as a paradigm which, actualizing linguistic reason, offers standards for the development of any language; more especially, it can be a source of international words for science, philosophy, and technology — of those standardized words which would meet contemporary exacting requirements. (3) The use as an example which makes fundamental linguistic structures easily apprehensible and thus assists in the expedient and efficient learning of any language. (4) The use as a language whose written expressions can easily be converted into written ones and *vice versa* by means of modern mechanical devices. (5) The use as a source or basis for developing a fully satisfactory language for world-wide communication which would be pragmatically apt for serving this end, and which would relieve international organizations and international congresses from their present language misery and would deliver them from the curse of the Tower of Babel. (6) The use as a means of communication by which linguistic justice can be achieved because it avoids the linguistic hegemony of a national language in its international role or in the role of a single official language of States having substantial ethnic minorities.

In the field of legal work, the model language in view has the use as a means of communication which would enable professional lawyers and legal scholars to formulate their thoughts with the requisite clarity and precision. This is beneficial for legislative, administrative, and judicial purposes — especially in the area of international law. The rational qualities of this language would greatly reduce interpretational problems and occasions for costly litigation. They also would greatly reduce mutual misunderstandings — affecting so many scholarly debates — which arise from insufficient command of a foreign national language used for international purposes or from limitations of the languages with which we work.

That the model language in view has an important use in the special area of legal theory follows from the fact that legal theorists are expected to be rational men, hence they need a fully rational language for carrying out properly their rational intentions. Their special tasks create special translinguistic expectations. As examples of these, I would like to mention the following: Convenient suffixes are required for precise indication of the one who acts, of the action, of the action object, and of the action result. Convenient words are required which would precisely indicate the logical operators for subjunction ("material" implication), dejunction (replication), adjunction (inclusive disjunction), conjunction, and bijunction (equivalence), likewise for the corresponding negative operators. Convenient affices are required by means of which words can be derived for various kinds of legal reasoning and for the corresponding conclusions.

In its service of legal theory, the contemplated model language is expected to supply appropriate words for the fundamental concepts of law. The source material for these words can largely be Latin or Greek, but also free word creation can be resorted to where no language supplies suitable material. In this creation, circumlocutory phrases used for referring to the relevant concepts can supply elements, but, if unavoidable, any euphonically or eugraphically appropriate word freely created is admissible.

I abstain here from going into matters of further detail, and I cannot here afford to engage in a linguistic experiment providing samples of the contemplated language operating in the area of legal theory. I reserve the requisite elaboration of the idea of translinguistics as a legal-theoretical concern to a project which I intend to execute as soon as my other more urgent commitments allow. I have formed this project in the conviction that in our field analytical efforts are not enough. In addition to these, we need a great deal of constructive work, which we should not shun even if its aims appear to be very ambitious. This work is rewarding even if mere blueprints or only relevant utopias result from it as a provisional achievement. For without them we are roving on a poorly charted sea or tramping on a trodden ground.

III. Überlegungen zur Theorienbildung

ON THE TRUTH OF NORM PROPOSITIONS

By Ilkka Niiniluoto, Helsinki

I.

Legal dogmatics is usually defined as the study of the legal order within some community *C*. The *legal order* in *C* is constituted by the *legal norms* which are valid in *C*. As imperatives, legal norms (or sentences expressing legal norms) are not true or false. However, *norm propositions*, that is, statements which say that certain norms are valid in *C*, are either true or false. Therefore, if the task of legal dogmatics is to formulate and establish norm propositions about the legal order in *C*, legal dogmatics is a descriptive science.

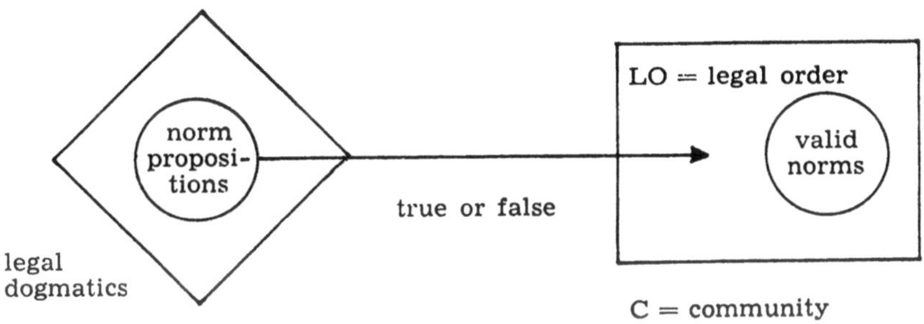

Fig. 1.

This view about the nature of legal dogmatics, which is schematically illustrated in Fig. 1, is open to different interpretations. The basic terms — such as "norm", "validity", "legal order", and "norm proposition" — can be analysed in several alternative ways. Moreover, one may try to combine this view with different philosophical theories of truth.[1] My aim in this paper is to argue for the following thesis:

[1] *Aulis Aarnio* has suggested that something "softer" than the correspondence theory of truth — such as the coherence theory or the consensus theory — is needed in legal dogmatics. See his works On Legal Reasoning (Turku 1977), Legal Point of View (Helsinki 1978), Mitä lainoppi on? (Helsinki 1978), and Denkweisen der Rechtswissenschaft (Wien 1979). For a defense of the correspondence theory, see my essay: On Truth and Argumentation in Legal Dogmatics, in: A. Aarnio, I. Niiniluoto, and J. Uusitalo (ed.), Epistemologische und methodologische Probleme der Juristischen Argumentation, RECHTSTHEORIE Beiheft 2 (1981).

(i) It is possible to formulate the truth conditions of norm propositions in terms of the correspondence theory of truth (in its modern Tarskian version).

Combined with the assumptions

(ii) A central task of legal dogmatics is to formulate norm propositions

and

(iii) The notions of truth and falsity are not directly relevant to the other tasks of legal dogmatics besides that mentioned in (ii),

thesis (i) entails that

(iv) The only notion of truth which is needed in connection with legal dogmatics is the correspondence theoretical one.

The theses (i) - (iv) are highly relevant to questions concerning the nature of the development of the legal theory. If they are valid, then it is in principle possible to analyse (at least a part of) the *progress* of legal dogmatics essentially in the same way as scientific realists analyse scientific progress in general, namely by using the ideas of "increasing truthlikeness" or "approach towards the truth".[2]

II.

A few explanatory comments on assumptions (ii) and (iii) are in order, before going to the more detailed discussion of thesis (i). (See also Section VI below.)

Assumption (ii) is relatively uncontroversial. It leaves open the possibility that legal dogmatics has also other important tasks in addition to the *description* of the legal order prevailing in the community at a given time. For example, some legal theorists would claim that legal dogmatics should propose *revisions* — both expansions and contractions — to the existing legal order. It not only tells what the legal order *is*, but also what it *should* or *should not be* and what it *could be*. Hence, in addition to norm propositions, it is the task of legal dogmatics to make norm proposals or *norm recommendations*.[3]

---

[2] See *I. Niiniluoto*, "Scientific Progress", Synthese 45 (1980), 427 - 462.

[3] The distinction between descriptive norm propositions and non-descriptive norm recommendations is not unproblematic. There are clear cases of statements of these types ("Usury is legally forbidden in Finland", "Let us change the Finnish law so that the Parliament will elect the President"). However, the borderline between them depends upon the definition of "valid norms" (cf. Sections V and VI). In footnote 1 of the original version of this paper (now expanded to a new Section VI), I mentioned a special class of statements that I treated as norm recommendations which the legal community should accept — i. e., as expressions of norms which are not

It is possible to deny assumption (ii) altogether and to claim that legal dogmatists do nothing else but make norm recommendations — and it is then up to other members of the legal community (the lawyers, judges, etc.) to pick up those proposals which they find most suitable for their purposes. If one accepts this view, the notion of legal order and the idea of the validity of legal norms become meaningless, so that one should also give up the notion of norm proposition and the definition of legal dogmatics as the study of the legal order. This way of denying (ii) would therefore make (i) pointless.

Assumption (iii) contains the claim that one cannot apply the notions of truth and falsity to the non-descriptive output of the activity of legal dogmatists. Thus, norm recommendations are not true or false. Rather they are rationally appraised as good or bad, reasonable or unreasonable, acceptable or unacceptable, relative to our ideals of justice and to our factual theories about the functioning of the legal system in the society. These ideals and theories are given to us by moral philosophy and by other branches of legal research, respectively.

Assumption (iii) does not deny the fact that true or false statements about the existing legal order or about the nature of the legal system are *indirectly* relevant to the activity of making norm recommendations. It only claims that the recommendations themselves are not true or false.

III.

My basic strategy in defending thesis (i) is the following: norm propositions are statements about *social states of affairs*. Thus, a norm proposition is true if and only if it expresses an *actual* social state of affairs, that is, if and only if it expresses a *social fact*.

States of affairs in general are ordered configurations of certain individuals together with some of their properties and relations. Given a suitable language, with constants referring to individuals and with predicates designating properties and relations, states of affairs can be expressed by sentences. For example, in a language with the names "Vienna" and "Helsinki" and with the dyadic predicator "is north of", the sentences

(1) Helsinki is north of Vienna

(2) Vienna is north of Helsinki

valid but should be valid. Now I prefer to treat them as descriptive (true or false) statements of the rational commitments of the legal community. I am grateful to Professor *Aarnio* who, during the discussions in Salzburg, insisted that it is precisely statements of this special type which are most relevant in the research practice of legal dogmatics.

express two possible states of affairs. Only the former of these states is a fact, that is, corresponds to the state of the actual world. Hence, sentence (1) is true and sentence (2) is false.

Conversely, we may say that facts are precisely what true sentences express: the state of affairs that (1) expresses is a fact just because (1) is true.

States of affairs may be physical, astronomical, geographical, physiological, etc. A state of affairs is *personal* if it attributes properties to some individual person (e.g. "Max is hungry"), and *social* if it essentially involves social groups and agents, such as groups of people ("Twenty persons were killed in a train accident"), or different sorts of institutions ("The Finnish football team was not successful in the Olympic Games in 1980", "The Parliament accepted a new law"). States of affairs are *institutional* if their existence presupposes the existence of certain social institutions; they may be personal ("Bill signed a check", "Urho Kekkonen is the President of Finland") or social ("The Company owes 100.000 Fmk to the National Bank").

Many statements express social states of affairs even if they do not *explicitly* mention any groups or institutions. Consider, for example, the sentences

(3) Sibelius is popular in Finland.

(4) Quantum mechanics belongs to the scientific knowledge of our age.

It seems natural to analyse them so that (3) is a statistical statement about the musical taste of the Finns and (4) is a statement about the current consensus of the opinions within the scientific community of physicists. Thus, (3) and (4) may be paraphrased:

(3') Most Finns like Sibelius' music.

(4') The present scientific community accepts quantum mechanics as true.

The step from (3) to (3'), or from (4) to (4'), is of great importance, when we consider the truth-conditions of (3) and (4).

IV.

The sentence

(5) Theodor prefers Mahler to Sibelius

expresses a personal state of affairs. It is true if and only if the person whose name is "Theodor" happens to think that Mahler is a better composer than Sibelius.

In a sense, we may say that the truth-value of (5) depends on Theodor: he might acquire a different taste in matters concerning music, and the truth-value of (5) would change if Theodor's preferences would change. Of course, it might be the case that Theodor's preferences are strictly determined by his cultural background, education, and other factors. But that would not change the fact (if it is a fact) that he prefers Mahler to Sibelius. More generally, we may say that the truth-value of (5) is entirely independent of the question of how Theodor came to have his preferences.

Another important aspect of the sentence (5) is the fact that its truth-value is quite independent of all pragmatic features which may be related to its utterance. In particular, the truth-value of (5) is independent of the question of who utters or asserts it. For example, this person may be someone who is very unhappy about the fact that Theodor prefers Mahler to Sibelius. Or the utterer may be Theodor himself. This illustrates the fact that a person may make claims about personal states of affairs which he strongly approves or dislikes and which may involve himself — and this has no consequences on the applicability of the notions of truth and falsity to such claims.

Similar principles are valid in the case of more complex statements about social facts. For example, the sentence

(6) U.S.A. boycotted the Olympic Games in Moscow

is true — and this is so independently of whether it is asserted by Jimmy Carter (who is partly responsible for this social fact) or by Lord Killanin (who tried to prevent it from happening). It is quite another matter that, when Carter expressed in the spring of 1980 the sentence "U.S.A. will boycott the Olympic Games in Moscow", he was doing an act of recommendation which is not true or false, but rather good or bad relative to our political and moral opinions.

V.

We are now ready to discuss norm propositions. I shall treat them in a way which is closely parallel to the analysis of (4) by (4'). Thus, to say that usury (i.e., the charging of exorbitant interest on loaned money) is legally forbidden in Finland is to say that the Finnish legal community accepts the principle that usury is not permitted by the Finnish law. Similarly, to say that adultery is not legally forbidden in Finland means that the Finnish legal community accepts the principle that adultery is not against the Finnish law.

More generally, my proposal is that the sentences

(7) Norm *n* is valid in *C*

(8) Norm *n* belongs to the legal order in *C*

(9) The legal community in *C* accepts norm *n* as lawful in *C*

are to be treated as synonymous.[4] Hence, the truth-conditions for (7) and (8) can be given by the truth-conditions for (9).

Sentence (9) expresses a social state of affairs about *C*, so that its truth-conditions can in principle be stated in accordance with the correspondence theory of truth. To do this, we have to tell (*a*) what is meant by the "legal community in *C*", and (*b*) what is meant by the claim that this legal community "accepts something as lawful". As a first approximation, we may say that the *legal community* consists of the legal profession together with the agents acting in legally relevant positions (e.g. in legislation, administration, as members of jury, etc.). The legal community *accepts norm n as lawful* if there is a reasonable consensus about *n* in this community: most members accept *n*, believe that the other members accept *n*, and act as if *n* were valid.[5]

In each society, there are certain minimum conditions that the legal community has to satisfy in order to qualify as a *legal* community: for example, they have to base their opinions upon certain sources, such as the written law. (This is analogous to the rationality conditions associated with the notion of "scientific community".) However, in giving an account of the truth-conditions of norm propositions, we are not otherwise entitled to analyse the various mechanisms which are in fact applied in bringing about consensus within the legal community (cf. Section IV). It is a very interesting empirical problem for legal sociology to study what methods of argumentation and what sorts of premisses are actually used in particular legal communities. Philosophers and legal theorists may also criticize this practice and suggest improvements to it. But whatever the methods of reaching a consensus in the legal community are, as soon as the consensus is obtained, we may express true or false norm propositions about the valid legal order.[6]

---

[4] See also Section VI, where another notion of validity is discussed.

[5] This account is no doubt too brief, but it gives emphasis to factors that I believe to be essential in defining a rational consensus: a majority rule (i. e., "The community accepts something if the majority of its members accept it") is not enough, but also reference to second-order beliefs (i. e., beliefs of the members about the beliefs of other members) is essential. Moreover, even though it is not required that the members of the community actually follow the norm *n*, they should at least take the validity of *n* into account in their behavior.

[6] We shall see in the next section that the rationality conditions for the legal community are nevertheless relevant in those cases where the community *fails* to accept some norm which it should accept.

Legal dogmatists have a double role in this picture. On one hand, they are members of the legal community, and their norm recommendations may have a decisive influence in the formation of the legal order. A new consensus — or sometimes the breaking of the old consensus — in the legal community may be due to the efforts of the legal dogmatists themselves. However, as noted above in Section IV, this fact has no consequences, as far as truth-conditions are concerned, to the claims about the validity of certain norms at some time that these same legal theorists make.

VI.

One possible objection to the proposal of Section V is the following. The analysis of "validity" in terms of "acceptance within the legal community" has some flavor of legal realism or 'actualism': only those norms which are in some sense *recognized* as lawful within the community are valid. However, it seems possible to say that a certain norm *n* was valid in the Roman law even though the Roman jurists did not recognize it. This would be the case if norm *n* follows from other norms which the Roman jurists accepted as lawful, but they did not notice that it follows from them.[7]

The existence of these two notions of validity is analogous to the problem of 'logical omniscience' in epistemic logic. In many epistemic theories it is required that a rational person knows (believes, accepts as true) all the deductive consequences of other propositions that he knows (believes, accepts as true). This strong closure condition is often defended as a principle of rationality by pointing out that a reasonable person would accept a proposition after he is told that it follows from other acceptable propositions. However, agents in real life often lack the required knowledge of the relevant deductive connections, so that one should apply to them epistemic notions without the strong closure conditions.

A similar situation obtains in connection with the notion of scientific knowledge (cf. (4) and (4′)). Newton's theory has numerous deductive consequences which the scientific community in Newton's time did not recognize. Therefore, the following principle is not valid:

p belongs to scientific knowledge at t
(10) q is deducible from p
Hence, q belongs to scientific knowledge at t.

---

[7] I am grateful to Mr. *Ilkka Patoluoto* for this objection.

One may of course define another notion of scientific knowledge which satisfieds a principle of deductive closure, but this notion is not applicable to real-life scientific communities.

The same conclusion holds for legal communities: they may fail to realize that a norm *n* follows from other norms that they accept, and they may even act against this norm *n* in practice. To say that norm *n* *is* valid in such a situation does not seem very natural. On the other hand, we may say that norm *n* *should* be valid and that it *will* be accepted within the legal community (at least if this community acts rationally). Another way of expressing the same idea is the following: given certain facts and certain rationality requirements, the legal community is *committed* to accept norm *n* as valid.

The rational commitments of a legal community depend upon many different factors: the norms that the community has already accepted, the accepted principles concerning legal reasoning and legal sources, the prevailing theory of justice, and the accepted meanings of certain terms within the linguistic community. All these factors have to be rooted in the social reality which is relevant to the legal community. Therefore, *the rational commitments of legal communities are complex social facts,* so that *statements about these commitments are true or false* in the correspondence theoretical sense.

We may thus distinguish two notions of validity:

(11) Norm *n* is $valid_1$ in *C* if and only if the legal community in *C* accepts *n* as lawful

(12) norm *n* is $valid_2$ in C if and only if the legal community in C is committed to accept *n* as lawful.

It follows that there are also two types of norm propositions:

(13) Norm *n* is $valid_1$ in C.

(14) Norm *n* is $valid_2$ in C.

The truth conditions of (13) refer to the actual acceptance of norms within the legal community, while the truth conditions of (14) refer to the facts that certain norms are $valid_1$ in C and that certain judicial and legal principles have been accepted in C. Thus, the truth conditions of both (13) and (14) can be given in the terms of the correspondence theory of truth.

A norm may be $valid_2$ in *C* without being $valid_1$ in *C*, as our above examples show. But are all $valid_1$ norms also $valid_2$? In other words, is it possible that the legal community reaches a consensus on a norm *n* even if it is not rationally committed to accept *n*? It seems to me that this is possible at least in some "open application situations", where a new law comes into force but its content has not yet been "crystallized".[8]

VII.

I have distinguished above (A) *a consensus theory for the acceptance of norms as lawful within a legal community* and (B) *a correspondence theory for the truth of norm propositions about the legal order.* To propose a consensus theory for the truth of norm propositions is to confuse these two theories.[9]

In spite of this criticism of the correspondence theory, *Aulis Aarnio* seems sometimes inclined to accept the thesis (i), but he complains that the correspondence theory does not clarify the problem of how the validity of norm propositions can be "methodologically controlled" (cf. On Legal Reasoning, 1977, p. 12). In other words, instead of (B), we should be concerned with the *epistemic* problem of justifying, confirming or arguing for norm propositions.

My analysis of the truth-conditions of norm propositions suggests that claims of the forms (13) and (14) should be appraised by studying the opinions and the practice within the legal community: what the

---

[8] The distinction between "open" and "stabilized" application situations is made by *Kauko Wikström* in his paper for this volume.

[9] Following *Peter Winch* and *Herbert L. A. Hart*, *Aarnio* makes a distinction between an *external* and an *internal* viewpoint in the study of the legal order. He suggests that we should "transcend the borders of narrow positivism" which regards legal scholars as "external observers" of regularities occurring in juridical practice: "legal reasoning — and thus also legal research — really amounts at least partly to an *internal* examination of the legal order" (On Legal Reasoning, p. 10).

In suggesting that jurists should separate their roles as legal scholars and as members of the legal community, am I committed to a "positivistic" or "externalist" view of legal research? The answer to this question depends upon what we really mean by "external" and "internal" here. *Aarnio's* proposed (partial) analogy between a legal system and games like chess or ice-hockey suggests that the internal approach would study "the rules the courts regard as binding in a given situation" — just as the internal study of chess concentrates on the rules of chess (cf. *H. L. A. Hart,* The Concept of Law, 1961, p. 55). In this sense, my characterization of legal dogmatics is clearly internalist — or it contains both internal and external aspects.

In another sense, *Aarnio* suggests that persons "involved in the legal order" (such as the judges) represent the internal viewpoint. He also thinks that the relationship between "the scholar's and the judge's modes of thinking" is "quite problematic" (ibid., p. 9). Against this, I hold that the truth-conditions and the assertibility conditions of norm propositions are clearly separable from the rationality conditions of decision making in the courts. The only way they can get mixed up with each other is that the judge may also sometimes adopt an external viewpoint.

written law is, what interpretations the authoritative legal theorists support, what the practice in the application of the law in courts is, and what principles of justice are generally accepted in the society.

To claim that (A), a consensus theory for the acceptance of norms as lawful within the legal community, at the same time serves as (C) *an epistemological theory for the methodological control of norm propositions* is again a confusion — but a more subtle one than the failure to distinguish between (A) and (B). Namely, (A) is a theory of *the acceptance of norm recommendations* which are not true or false, and (C) is a theory of *the acceptance of norm propositions* which are true or false. It is clear that "acceptance" does not have the same meaning in these two contexts.

Moreover, the 'auditories' relevant to (A) and (C) are different: the acceptance of norm recommendations is the business of the whole legal community, while the acceptance of norm propositions is the business of the *scientific community* of legal theorists (cf. sentences (4) and (4′)). This follows from the universal principle about rational inquiry in all fields that scientific knowledge is the product of scientific communities. And there is no reason to suppose that in this case the scientific community would be identical with the legal community.[10]

[10] I am grateful to Professor *Aulis Aarnio*, Mr. *Ilkka Patoluoto*, and Mr. *Juha Pöyhönen* for stimulating discussions about earlier versions of this paper.

THE THEORETICAL NATURE OF PROPOSITIONS IN LEGAL DOGMATICS

By Kauko Wikström, Turku

I shall begin by making some terminological distinctions. It is possible to distinguish between two partly different sets of questions in the study of the legal order. One possibility is to study the problem which I shall refer to as the *normative content of the legal order*. The other possibility is to study the problem which I shall refer to as the *material content of the legal order*.

In the study of the legal order from the point of view of the normative content, one's interest is focused on the problem of the exact content of legal norms. What do legal norms command, prohibit, promise or authorize? For example, the following types of problems can be selected as subjects for study: the difference between murder and manslaughter in accordance with criminal law, the content of the obligation to report income in accordance with taxation law, the legal protection of the purchaser of real estate in accordance with property law, and so on. This way of formulating questions has been typical of traditional legal dogmatics. This paper focuses on problems related with the normative content of the legal order, in other words with traditional legal dogmatics.

In studying the material content of the legal order, the basic problem is posed by the question: In what way does the legal order correspond to or reflect the rest of society. Problems such as the following may be selected as the subjects for study: taxation and the maintenance of the international competative ability of Finland's economy, the influence of prevailing moral beliefs on criminal law, the reflection of the organizational needs of economic activity on the legislation about joint stock companies, and so on. This type of study has not been pursued often in legal science. I shall not deal with the problems of the study of the material content of the legal order here. I shall only note that the dual nature of the subject corresponds to the question of the relation of legal science to other social sciences as a theoretical problem.

Legal dogmatics is one sector of legal science. Doubtless one may consider the major portion of the legal literature as falling within its sphere. Legal dogmatics can be distinguished from the other sectors of legal science above all by the fact that the central question of legal dogmatics is valid law. In this paper, I shall not deal with the other sectors in legal science, for example, with legal history or legal theory.

After the above distinctions, my terminological point of departure may be discerned. Legal dogmatics may be defined as the form of theoretical activity which *presents propositions regarding the normative content of the valid legal order.*

This definition is both general and problematic. In trying to develop my proposal, I shall begin with presenting the philosophical foundation for my views in the form of theses.

Now that (philosophical) positivism has come to a dead-end in the form of logical empiricism, a new situation has arisen in philosophy. It is no longer possible to defend the idea of immediate knowledge on the basis of pure observations, the verification thesis, and the idea of the autonomy of science. The criticism, however, — even in the best case — can only form the starting point for the development of the ideas. In addition, one must be able to present alternatives to the views inherent in logical empiricism relating to the nature of knowledge and scientific activity and the proving of scientific propositions.

One may distance oneself from logical empiricism in many directions. One possibility is *Karl Popper's* view that scientific hypotheses have the nature of guesses, and that only the falsification of scientific propositions is possible. In the following, I shall defend a view which is essentially more optimistic than that of Popper in regard to the possibilities of scientific activity.

The idea of immediate knowledge has been greatly criticized. Perhaps the most famous criticism is related to the doctrine of the so-called hermeneutical circle. Another possibility is to be found in *Peter Winch's* book "The Idea of a Social Science and Its Relation to Philosophy" (1970). The hermeneutical circle and *Winch's* view are linked by the concept of knowledge as something which is interpreted. Our knowledge of reality is always interpreted knowledge. There is no immediate knowledge. *Propositions in legal dogmatics are in the nature of interpretations of reality.*

The idea of the autonomy of science and the verification thesis are related. In both, it is a question of something which can be called the problem of demonstrating scientific propositions, or, on a more general level, the problem of the truth of our propositions. One may characterize the common feature of solutions in logical empiricism as the ideal of scientific knowledge. It has proven to be untenable. The formulation of an alternative, however, is a most difficult task. I shall first try to answer the question about the direction in which it would be possible to find solutions to the problems.

A natural solution to the dead-end caused by the idea of the autonomy of science and the verification thesis is to be found in the idea that the question about the nature of scientific activity and the problem of demonstrating scientific propositions is to be tied into the concepts of theory and praxis and the relation between the two. This idea may be given an interpretation which is adaptable to legal dogmatics.

By taking into account my views about the nature of propositions in legal dogmatics, one is able to obtain the philosophical structure of my conception. Legal dogmatics (theory) and its research subject (praxis) are related to each other. Propositions in legal dogmatics are interpretations of praxis. The reality which is the subject of the interpretations is, by nature, praxis. The verification of propositions in legal dogmatics (the truth of propositions) is fundamentally linked to the relation between legal dogmatics and corresponding praxis.

The taking of the following step requires the adoption of a position on the question about how one is to understand the concept of praxis in connection with legal dogmatics. I shall first examine the problem by asking what the subject of interpretations in legal dogmatics is. There are two primary alternatives. One may say that in legal dogmatics, it is a question about the interpretation of either legal language or legal norms. I shall begin with the first alternative. I shall distinguish between the terms "norm sentence" and "legal norm". Norm sentences are language. From them, we receive information on legal norms. Legal norms are commands, prohibitions, promises or authorizations backed up by organized societal power, in other words by the state.

Here I shall refer to the idea that legal dogmatics is the interpretation of language as *"the linguistic philosophy alternative"*. It contains two different versions, the semantic one and the pragmatic one. In both versions one can see the connection with the general development of linguistic philosophy.

The basic idea of the semantic version can be summarized in the form of a thesis. Legal dogmatics is principally the analysis of the semantics of norm sentences. The propositions to be presented deal with the semantic dimension of norm sentences. Legal norms are the substance of norm sentences. Especially during the 1950's and the 1960's, so-called analytical jurisprudence has contained features which resemble the semantic version characterized above. I shall content myself with this outline of the semantic version primarily because the development in general linguistic philosophy has by-passed the basic point of departure to which the semantic version fundamentally returns.

The change in linguistic philosophy can be characterized as an interest in the pragmatics of language, in the pragmatic dimension of it. One may regard as the fundamental insight the idea that it is not possible to examine the semantics of language and the problem of meaning without taking into consideration the pragmatics of language, in other words, its use. The change in linguistic philosophy is best described by *Ludwig Wittgenstein's* famous observation: *"Die Bedeutung eines Wortes ist sein Gebrauch in der Sprache."*

The relation between the pragmatics and the semantics of language can be understood in a number of different ways. I shall deal here with the possibility that is based on *Wittgenstein's* later philosophy. I refer primarly to his books "Philosophical Investigations"(1953) and "On Certainty" (1969). In this connection I shall take up the central concepts and try to give them counterparts adaptable to legal-dogmatic research.

As is well known, one of the basic concepts in "Philosophical Investigations" is the "language-game". The foundation of the significance of language is in the language-game. Using language is playing language-games. The concept may be given an interpretation appropriate to legal dogmatics. The language used in courts (the application of legal norms) can be one example of language-games. Correspondingly, it is possible to conceive of the following of legal norms as constituting its own language-game. It appears that, within the framework of the pragmatic version of the linguistic philosophy alternative, it is possible to speak quite naturally of the relationship between theory and praxis in legal dogmatics. The subject of the interpretations presented is praxes. The language-games of the application and following of legal norms form the subject of interpretations.

Understanding the subject of legal dogmatics as language-games gives rise to a problem which I shall call the problem of the sufficiency of theoretical possibilities or legal dogmatic rationality. It becomes apparent in examining the question of what forms the foundation of language-games. According to *Wittgenstein,* the foundation of language-games is the concept of "form of life". In my view, this is the key concept in *Wittgenstein's* later philosophy. Structurally, it is in the same position as the concept which appeared in his early philosophy: logical form *("die logische Form").*

There are many problems connected to the form of life concept. Perhaps the major one is the question about what *Wittgenstein* ultimately meant with his concept. His way of dealing with it is indirect.

It is as if he avoids taking a clear and unambiguous stand on the matter. My own interpretation of the content of the concept is based on the work, "On Certainty". *Wittgenstein* writes: "It is our acting, which lies at the bottom of the language-game." This idea may be formulated into an interpretation adaptable to legal dogmatics. The result is the following.

The application and following of legal norms can be understood as an activity. Application and following form the basis of the language-game which is the subject of legal dogmatics. Propositions in legal dogmatics are interpretations of language-games (praxes), the basis of which is the application and following of legal norms. In continuing the development of this idea, we come face to face with the problem I have mentioned above: the sufficiency of rationality.

The problem of the extent of legal dogmatic rationality, of course, is tied to the question of how one defines the tasks of legal dogmatics. On my part, I regard it as natural that one of the central tasks of legal dogmatics is to study the effects of legal norms and the way that legal norms affect society. In the application and following of legal norms, it is specifically a question of the effects of legal norms. Thus, the theoretical possibilities of practising legal dogmatics should also be extended to the application and following of legal norms. The demand is not met, however, if the theoretical structure of legal dogmatics is constructed on the basis of Wittgenstein's later philosophy.

I shall defend my proposition briefly. Basically, it is a question of the "form of life" concept. Form of life delimits the language-game. The limits of the possibilities of the interpretation of language-games are set in the same way. These limits cannot be exceeded. *Wittgenstein* notes, "What has to be accepted, the given, is — so one could say — forms of life". Form of life sets the limits of rationality, but remains outside of the theoretical possibilities (the theoretical approach). The application and following of legal norms set the limits of legal dogmatic rationality, but remain outside of the scope of legal dogmatics. The situation could be described — adapting *Wittgenstein* — by the proposition that one cannot speak of the application and following of legal norms in legal dogmatics.

To summarize, it can be noted that *the understanding of the linguistic philosophy alternative of the subject of interpretations in legal dogmatics is one-sided.* A better point of departure is provided by the view that the subject of interpretations is legal norms. I refer to this idea as *the normative alternative.*

I now return to the concept of praxis in legal dogmatics. It has been noted above that propositions in legal dogmatics deal with praxes and the contents of legal norms. The views may be brought together in the proposition that the subject of interpretations in legal dogmatics is legal praxis. The subject of legal dogmatics is praxis or praxes through which (in the framework of which) legal norms have an effect. It is customary to speak of this same matter as the problem of the validity of norms. The problems dealing with the subject of legal dogmatics and the verification of propositions in legal dogmatics become entangled with the question about the validity of legal norms.

The validity of norms is one of the classic problems in legal science. It has been much discussed. As a matter of fact every work on legal science contains some concept of validity. I will not enter into the discussion on the subject. I shall try to formulate my proposal for solving the problem on the basis of the point of departure I have presented.

In the foregoing, legal norm application and following praxes have been discussed. By application praxis, I refer to the decision-making activity of the authorities, and by following praxis, I refer to the behaviour of citizens. I shall focus on the analysis of application praxis. An examination of the behaviour of citizens would lead my presentation too far afield.

The point of departure of my development of the idea can be summarized as a proposition. Legal norms are valid as application praxis (and as following praxis). The proposition contains two central problems. These can be formulated as questions. In what way is it possible to identify application praxis from among other forms of praxis in society? What takes place in legal norm application praxis? To begin with, a few words on the problem of identification.

The elements of application praxis are, of course, legal norms and their application. It is important that also the norm sentences (language) constitute a part of application praxis. My proposition is based on the idea that legal norms always appear in a linguistic formulation or that one can always find linguistic formulations behind legal norms (as in the case of traffic signs). A corresponding idea has been presented by, for example, *G. H. von Wright* in his book, "Norm and Action" (1963). *Application praxis is an entity which is composed of norm sentences (language), legal norms and their application.* Decision-making activity by the authorities differs from other application praxes in that decisions by the authorities are binding. This binding nature is based on the competence created by legal norms. Its guarantee is organized societal power, in other words the state. Fundamentally, application activity by the authorities is a form of the wielding of societal power. My concept of competence is by and large the same as *Chaim Perelman's* interpretation of the concept "die Autorität des Richters". *Perel-*

man writes, *"Denn der Richter verdankt seine Autorität dem Staate, welcher ihm seine Befugnis und seine Macht verleiht, die mit seiner Aufgabe verbunden sind"*.

The core problem of my presentation is formed by the theme which perhaps best is characterized by the question, *"what takes place in legal norm application praxes?"*. The theme can be analyzed in the form of two subquestions. *What happens to legal norms? What is legal norm application activity?*

I shall first examine the latter question. It can be approached from two points of view. I shall use the terms "subjective (intentional)" and "objective point of view". The subjective point of view is emphasized in the analysis of individual decisions. Why does a judge make the decision he makes? There has been much debate on intentional explanation recently in Finland. The problems of intentional explanation in legal science have been dealt with especially by *Aulis Aarnio* and *Hannu T. Klami*. I shall pass over intentional explanation with this mention and concentrate on the objective point of view.

In examining application activity from the objective point of view, the core problem is formed by the question of the structure of application activity. What are the elements of application activity? The basis of my answer is the idea that *application activity is composed of two different types of elements*. I shall call these "the knowledge element" and "the acting element".

In the knowledge element, it is a question about the setting of premisses of application activity (of the decisions). There are two types of premisses, the norm premisses and the fact premisses. In the norm premiss, it is a question of legal norms, and in the fact premiss, it is a question of the matter to be decided. The essential point here is the link between the premisses. Connecting the premisses, in other words, the proposition that the fact premiss is contained in the norm premiss, is by nature a proposition regarding the content of legal norms. Such propositions are based on the interpretation of norm sentences. *Through the interpretation of norm sentences it is possible to form propositions regarding the contents of legal norms. Propositions in application activity appear in the form of combined premisses. Fact premisses are contained in norm premisses.*

Of acting elements, one can also use the term "regulating elements". Application contains not only the setting of premisses, but also the drawing of conclusions, the making of a decision. This is by nature active interference in the legal status of the parties. The active part of application activity is usually called the choice of legal effects. What is essential here is that in this connection it is no longer a question of only propositions regarding the knowledge about the content of legal norms. *On the basis of the knowledge about the content of legal norms, one interferes in the legal status of the parties, one regulates their activity.*

The idea that application activity is composed of knowledge elements and acting elements can apparently also be defended. I believe that one can find support for the idea from, for example, court decision praxis. It is equally apparent that the elements mentioned are linked to each other. The elements go together. On the other hand, it is not at all settled what view one is to take of the link between the elements. What is the nature of the relation between the knowledge element and the acting element?

It is not possible to deal with the question in detail here. My answer is primarily a proposal for the point of departure of research. The theoretically most promising possibility of answering the question appears to be contained in the idea that the link between the knowledge element and the acting element is a logical one. By "logic" I refer to practical internal logic, not to theoretical formal logic. A corresponding idea concerning the relation between the premisses of an act and doing has been presented by *von Wright*. In legal theoretical discussions, one has tried to develop the practical internal logic primarily in the field of so-called modern argumentation theory. Examples of representatives of this school which can be mentioned are *Perelman* and *Robert Alexy*.

I shall go on to the second subquestion. It concerns legal norms, and can be presented as "What happens to legal norms in application praxis?" The difference between the two subquestions is one of point of view. On one hand, application praxis is examined from the point of view of application activity, on the other hand, from the point of view of the contents of legal norms. One can outline essential changes in the content of legal norms with the help of two interrelated ideas. These form what can be regarded as a lengthwise and a crosswise cut of the same matter. I shall use the terms "concretization process" and "stabilization of legal praxis" to refer to these ideas.

I shall first deal with the initial situation in making an individual decision. What is essential here is the distance between the abstract legal norm and the concrete case which is to be decided. In making the decision, this distance must be closed. It is apparent that the distance is closed from both directions. In any case it is clear that the application of legal norms prerequires the concretization of the content of the legal norm. It is this that the term concretization process refers to. When examining the matter from the point of view of changes in the content of legal norms, the making of a decision (application) can be understood as a concretization process where the end point is formed by a situation where the content of the legal norm and the case to be decided are on the same level of abstraction.

Every jurist has some kind of conception of the phenomenon for which one can use the expression, "stabilization of legal praxis". The same matter is referred to by, for example, the expressions "the opinion prevailing in legal praxis", "the position of legal praxis" and so on. The problem is formed by what stabilization exactly means. What happens to the content of legal norms when application activity becomes stabilized?

The foundation for my answer lies in the distinction between open and stabilized application situations. An *open application situation* is to be found when a new legal norm comes into force. At least in the normal cases, this norm can be applied in a number of different ways. There is what amounts to a field or game area for application possibilities. The legal norm can be applied in many, equally valid ways. In this sense the situation may be called "open". Many application possibilities are open. The content of the legal norm is variable. In a way, it wavers.

A *stabilized application situation* is to be found when a legal norm has been applied in praxis many times. Usually, stabilization takes many years. When one of the application possibilities is realized and is repeated in praxis many times, the field of possibilities narrows, and finally only the realized possibility is left. The unused possibilities disappear. The content of the legal norm is crystallized in a certain way.

In my view, also the surrounding society affects the stabilization of application activity and the crystallization of legal norms. The pressures that the surrounding society directs at legal praxis often become apparent in, for example, demands for legal safeguards, demands for equality ("like cases alike"), and demands for impartiality. Such pressures are conducive towards stabilizing application activity. Doubtless another influence in the same direction is the phenomenon which I would term "judge ideology". Its cornerstone is the idea of impartial application activity. Stabilized application activity fits in well with the idea of impartiality. The reasons which I present are primarily proposals lacking a researched foundation. On my own behalf I regard the study of the societal reasons for the stabilization of legal praxis as an interesting research theme of the first order.

In reality, it is not possible, of course, to show a clear line of demarcation between open and stabilized application situations. The borderline is fluid. The theoretical foundation for the formation and discerning of open and stabilized application situations lies in *Max Weber's* well-known term, *"Idealtypus"*.

Before a summary on the basis of the above development of this idea, one must take a position on the nature of the relationship between theory and praxis in legal dogmatics. My view is based on *Jürgen Habermas'* ideas. The foundation is the term *"praktisches Erkenntnis-interesse"*. It corresponds to the hermeneutical sciences. The legal dogmatics dealt with in this paper is doubtless one such science. Regarding the relationship between theory and praxis, Habermas writes, "... *ist Hermeneutik die wissenschaftliche Form der interpretatorischen Alltagsleistungen"*. When applied to this connection, the idea means the view that *legal dogmatics is the theoretical (in contrast with practical) counterpart of the application of legal norms.*

Regarding legal praxis, I have only dealt with norm application praxis. In many respects norm application and following praxes are different. Even so, I believe that in norm following praxes, one can find a counterpart to the central propositions I have presented. The following of legal norms is formed of a knowledge element and an acting element. In the following of legal norms, one can find an open and a stabilized following situation. *Legal dogmatics is also the theoretical counterpart of the observing of legal norms.*

In conclusion, I summarize my main points. Propositions in legal dogmatics are composed of both knowledge elements and regulating elements. The knowledge elements are propositions regarding the content of legal norms, formed on the basis of interpretation of norm sentences. Regulating elements refer to the using of legal norms (application and observing) in an individual case. *Sentences in legal dogmatics are by nature both propositions and recommendations.* The relationship between the proposition and the recommendation is *logical in the practical internal sense.* The question of the validity of legal norms and the verification of propositions in legal dogmatics are interrelated. *Legal norms are valid if they are applied and followed in praxes. A proposition in legal dogmatics is true if it corresponds to the content of legal norms, in other words, to the way in which legal norms are applied and followed.* In validity and the verification of propositions it is a question about a moving scale, one end of which is an open application and following situation, the other end of which is stabilized. *The foundation of the validity of legal norms and the verification of propositions in legal dogmatics lies in the stabilization of legal praxis.*

One problem becomes quite apparent in the summary. This problem can perhaps be best characterized by asking where the foundation for critical legal dogmatics, exceeding the limits set by legal praxis, lies.

On what grounds is it possible to take critical distance from the stabilization of legal praxis? The possibility of critical science in *Habermas'* thought is based on the concept of *emanzipatorisches Erkenntnisinteresse*. It is not very easy to interpret Habermas' ideas in a way adaptable to legal dogmatics. My own view is that the possibility of critical legal dogmatics lies above all in a change of our point of view. *The examination of the material content of the legal order forms the foundation for exceeding and criticizing stabilized legal praxis.*

Bibliographie

Alexy, Robert: Theorie der juristischen Argumentation, 1978.

Habermas, Jürgen: Erkenntnis und Interesse, 1973.

Perelman, Chaim: Juristische Logik als Argumentationslehre, 1979.

Weber, Max: Methodologische Schriften, 1968.

Wikström, Kauko: Oikeuskäytännön tulkinnasta (On the Interpretation of Legal Practice), 1979.

Winch, Peter: The Idea of a Social Science and its Relation to Philosophy, 1970.

Wittgenstein, Ludwig: Philosophical Investigations, 1953. On Certainty, 1969.

Wright, G. H. von: Norm and Action, 1963.

EXPLIKATIVE ODER NORMATIVE RECHTSTHEORIE?

Von Robert Weimar, Siegen

Der Streit um das dieser Fragestellung zugrunde liegende und mit ihr gemeinhin assoziierte sogenannte Wertfreiheitsprinzip ist noch so jung wie das methodenbewußte wissenschaftliche Bemühen um die Erfassung gesellschaftlicher Vorgänge überhaupt[1]: Seit *Max Weber* das Postulat der Wertfreiheit in die wissenschaftstheoretische (und -politische) Diskussion einführte, bildet es, wenn auch teilweise unter anderen Bezeichnungen, z. B. „Kritische Theorie", „Theorie-Praxis-Verhältnis", ein zentrales Thema insbesondere der Sozialphilosophie und der einzelnen Sozialwissenschaften; in der rechtswissenschaftlichen Debatte hat es nicht den gleichen breiten Raum eingenommen, obwohl es ohne Beschränkung auf die „klassischen" Sozialwissenschaften gilt[2].

Seinem Inhalt nach bezieht sich das Wertfreiheitspostulat auf eine Vermeidung der „schädlichen Auswirkungen undurchsichtiger Verschlingungen von Wert- und Beobachtungsaussagen"[3]. Es verhindert, wenn es beachtet wird, daß wissenschaftliche Streitigkeiten „gewissermaßen von der falschen Instanz entschieden werden"[4].

I. Rechtstheorie zwischen juristischer Dogmatik und Rechtsphilosophie

Geht man davon aus, daß Rechtstheorie und dogmatische Jurisprudenz in einem komplementären Verhältnis zueinander stehen, wie dies *Werner Krawietz* aufgrund der aus wissenschaftstheoretischen Gründen notwendigen „Arbeitsteilung zwischen rein analytischen und den normativen Disziplinen der Rechtswissenschaft"[5] überzeugend herausgearbei-

[1] *J.-M. Priester,* Das Prinzip der Wertfreiheit in den Sozialwissenschaften und das L'art-pour-l'art-Prinzip in der Kunst, in: A. Kaufmann (Hrsg.), Rechtstheorie. Ansätze zu einem kritischen Rechtsverständnis, Karlsruhe 1971, S. 35.

[2] Vgl. *R. Dubischar,* Vorstudium zur Rechtswissenschaft, Stuttgart 1974, S. 33 f.

[3] *J.-M. Priester,* S. 43.

[4] Ebd.

[5] *W. Krawietz,* Juristische Entscheidung und wissenschaftliche Erkenntnis, Wien - New York 1978, S. 202.

tet hat, dann zeigt sich unter dem Aspekt der möglichen Wertfreiheit schon vorab, daß es sich bei der juristischen Dogmatik „um den in präskriptiver Absicht erzeugten, ... letztlich auf Wertungen basierenden, durch die praktischen Entscheidungsbedürfnisse bedingten, juristischen Entscheidungsvorschlag und Argumentationszusammenhang handelt, dessen Erarbeitung zu den täglichen Geschäften dogmatischer Rechtswissenschaft gehört"[6]. Juristische Dogmatik wird in diesem Sinne nicht wertfrei betrieben; ihre Aussagen sind normativ (praktisch). Juristischer Dogmatik liegt demgemäß ein nicht-empirisches Selbstverständnis zugrunde[7]. Dem dogmatischen Denken ist hiernach der Theoriecharakter, wenn auch nicht die Rationalität schlechthin abzusprechen[8]. Denn das rechtliche und das theoretisch abbildende Sprachspiel ist nicht identisch, sondern der Art nach verschieden[9].

Im Gegensatz zur juristischen Dogmatik kommt der Rechtstheorie eine beschreibende und erklärende Funktion zu. Ob sie darüber hinaus eine normative Funktion erfüllt, hängt wesentlich von der Gestaltung ihrer Aufgaben ab. Die Ansichten hierzu sind geteilt. So nimmt etwa *Arthur Kaufmann* an, die Rechtstheorie habe, wiewohl sie Theorie sei, eine praktische, rechtspolitische Aufgabe: durch fortwährende Kritik des dogmatischen „Wissenschaftsbetriebs" das Recht qualitativ umzugestalten, es gerechter, menschlicher zu machen — und das heiße zugleich: die Gesellschaft auf die Gerechtigkeit hin zu verändern[10]. Will jedoch eine Theorie des Rechts sein und bleiben, was ihr Name sagt, nämlich Theorie, wird sie Aufgaben gesellschaftlicher Veränderung, also genuin politische Zielsetzungen, nicht zu ihrem Wissenschaftsprogramm rechnen. Dem widerspricht es nicht, daß Theorie praktisch relevant sein kann. Nur ist der Praxisbezug in der theoretischen Einstellung, in der Hingabe an die Sache, nicht intendiert, sondern tritt zu ihr hinzu.

An diesem Sinn von „Theorie" nimmt nur eine Rechtstheorie teil, die „unter Zurückweisung aller die Reflexion einengenden Dogmen"[11] die

[6] Ebd., S. 213.

[7] Zu einem „empirisch-analytischen Selbstverständnis" der juristischen Dogmatik vgl. *R. Dreier*, Zum Selbstverständnis der Jurisprudenz als Wissenschaft, RTH 2 (1971), S. 37 ff.

[8] *G. Ellscheid*, Zur Forschungsidee der Rechtstheorie, in: A. Kaufmann (Hrsg.), Rechtstheorie, S. 8.

[9] Ebd.: „Wenn ‚Recht' sagt, was sein soll, und wenn dieser Sollenscharakter stets mitverstanden sein muß, sofern man das Wort in einer rechtlichen Argumentation sinnvoll anwenden will, so steht man mit ihm immer schon in einer a-theoretischen Redeweise, mag dies auch durch ein Mißverstehen des verwendeten Sprachspiels unbewußt bleiben." Dieser Ansicht von Ellscheid dürfte zuzustimmen sein.

[10] *A. Kaufmann*, Einleitung, in: ders. (Hrsg.), Rechtstheorie, S. 3.

[11] *G. Ellscheid*, S. 7.

Wirklichkeit des Rechts erforscht. Daß dabei auch Werturteile wissenschaftlich überprüfbar sind, impliziert zwar die Möglichkeit, nicht aber die Notwendigkeit „normativer Wissenschaft". Von dort erscheint es jedenfalls verständlich, daß kein Konsens darüber besteht, ob „die Rechtstheorie ihre einzige Aufgabe darin hat, das Phänomen des Rechts zu erkennen oder zu verstehen"[12]. Es werde von ihr — führt *Ilmar Tammelo* aus — u. a. erwartet, daß sie auch zur Gestaltung des Rechts beitrage. Man dürfe und solle von ihr erwarten, daß sie „unparteiisch, ungebunden, den Zwecken des vernünftigen Denkens und Handelns dient"[13]. Eine heutige Rechtstheorie dürfe nicht als Rechtfertigungsgrund von ideologischen Bekenntnissen oder überhaupt für ethische Urteile verwendet werden[14]. Nach *Tammelo* ist es die Aufgabe der Rechtstheorie — im Gegensatz zur Rechtsphilosophie —, „nur Denkmittel zur Verfügung zu stellen, die keine Basis abgeben, von der man ethische Urteile ableiten könnte"[15].

Was den Gegenstand der Rechtstheorie angeht, bin ich im wesentlichen mit *Kaufmann* der Meinung, daß sich „hier noch alles im Fluß" befindet und das „Formalobjekt der Rechtstheorie noch so unkonturiert [ist], daß es schwerlich gelingen kann, sie exakt von der Rechtsphilosophie einerseits und der Rechtsdogmatik andererseits abzugrenzen"[16]. Für den vorliegenden Zusammenhang bedarf diese Frage keiner weiteren Vertiefung; jedoch setzt die Werturteilsproblematik ein empirisch-kognitives Untersuchungsobjekt der Theorie voraus[17], soll das Wertfreiheitspostulat in bezug auf sie diskutierbar sein. Diese Voraussetzung ist erfüllt, wenn man — wie insoweit auch *Krawietz* annimmt — trotz mancher Abgrenzungsschwierigkeiten Rechtstheorie als diejenige Disziplin begreift, die einerseits prinzipiell unabhängig von den spezifischen Interessen der juristischen Dogmatik, andererseits in Abgrenzung von rechtsphilosophischen Konzeptionen als „rechtswissenschaftliche Grundlagenforschung" betrieben wird, für die Rechtsnormen empirische Phänomene in dem Sinne darstellen, daß sie Gegenstand rationaler wissenschaftlicher Behandlung sein können[18]. Versteht man

---

[12] *I. Tammelo*, Was darf und soll man von der Rechtstheorie heute erwarten?, in: A. Peczenik / J. Uusitalo (eds.), Reasoning on Legal Reasoning, Vammala 1979, S. 96.

[13] Ebd., S. 101.

[14] Ebd., S. 102.

[15] Ebd.

[16] *A. Kaufmann*, Wozu Rechtsphilosophie heute?, Frankfurt/Main 1971, S. 21.

[17] Den empirischen Aspekt bejaht neben einem analytischen Aspekt *I. Tebaldeschi*, Rechtswissenschaft als Modellwissenschaft, Wien - New York 1979, S. 135.

[18] *W. Krawietz*, S. 219 f.

Rechtstheorie nicht nur in einem eher verengten Zuschnitt als „Theorie der Rechtsnormen“, sondern weitergehend als „Theorie der Rechtswirklichkeit“, zu der die empirisch vorfindbare Rechtsdogmatik gehört, ist auch „Theorie der juristischen Dogmatik“ ein Bestandteil der Rechtstheorie[19].

Ist damit die Möglichkeit von Rechtstheorie als einer „empirischen Theorie“ umrissen, für die das Wertfreiheitsproblem relevant sein kann, fragt es sich zunächst, welcher „Sinn“ dem Wertfreiheitspostulat zukommt.

II. Zum „Sinn“ von Wertfreiheit als Wissenschaftsideal der Rechtstheorie

Die explikative oder normative Zielsetzung als Wissenschaftskonzeption ist ein Konstituens für das Wissenschaftsverständnis einer Disziplin, und seine explizite Formulierung ist der notwendige Referenzpunkt bei der Suche nach der adäquaten sprachlichen Gestaltung der wissenschaftlichen Erkenntnis. In den Rechtswissenschaften scheint diese Frage nach der Zielsetzung problematisch zu sein; zumindest wird das Problem der Klärung des Wissenschaftsziels wie des Wissenschaftscharakters meist nicht ausdrücklich in einer Konfrontation der explikativen mit der normativen Aufgabenstellung und ihren Implikationen gesucht. Dies mag in der verbreiteten Meinung begründet liegen, die Beschaffenheit des „Objekts“ (Wertungen und Normen) spiele hier im Gegensatz zu anderen sozialwissenschaftlichen Disziplinen eine bestimmte Rolle und begründe in den Rechtswissenschaften eine eigenständige Problematik. Das trifft jedoch nur dann zu, wenn (und soweit) Rechtswissenschaft mit juristischer Dogmatik („Wertungsjurisprudenz“) gleichgesetzt wird.

Der „Sinn“ der Wertfreiheit, der zu einer umfassenderen Sicht des Problems verhilft, läßt sich nur dann angemessen abschätzen, wenn man das Wertfreiheitsproblem mit der Perspektive der neueren Wissenschaftslogik konfrontiert und die gebräuchlichen Deutungsvarianten des Terms „wertfreie Wissenschaft“ in diesem Rahmen analysiert. Fordert man „wissenschaftliche Objektivität“, scheint es unmöglich zu sein, eine wertsetzende Wissenschaft zu konstituieren. Dieses Problem führt in komplexe Aufgabenstellungen der Rechtswissenschaften, die die logischen Perspektiven und wissenschaftstechnologischen Konsequenzen

[19] Anders W. *Krawietz*, ebd., S. 219. Um die verschiedenen Aufgaben der Rechtstheorie bewältigen zu können, vermag der Rechtstheoretiker auch nicht mit einer einzigen Methode auszukommen. Hierzu führt *I. Tammelo*, S. 101 aus: „Heute scheint es undenkbar zu sein, daß die Rechtstheorie nur die logische oder strukturanalytische Methode anwendet und etwa von den soziologischen oder psychologischen Methoden absieht.“ Hierzu ließen sich freilich „Gegenbeispiele“ nennen.

der Wahl zwischen explikativer und normativer Zielsetzung in ihrem Bereich bisher eher verdunkeln, als deutlich herausgehoben haben. Dies gilt vor allem im Hinblick auf die gegenwärtige Situation der Rechtswissenschaften, wo sich das Wertfreiheitsprinzip bisher kaum hat durchsetzen können. Da das Problem bislang nicht einmal als eindeutig formuliert, geschweige denn als geklärt gelten kann, ist es eigentlich wenig verständlich, daß das Wissenschaftsziel der Rechtswissenschaften und die damit verbundenen Konsequenzen nur vergleichsweise wenige Autoren zu beschäftigen vermochte, die sich überwiegend auf methodologische Reflexionen beschränkten, ohne die wissenschaftliche Praxis näher zu durchleuchten[20]; bei den übrigen Vertretern der Rechtswissenschaft finden sich nur gelegentlich einige Äußerungen zum Thema „Wertfreiheit“[21].

Die mit der Anwendung des theoretischen Wissens für den Juristen verknüpften Probleme der Wahrung der „Objektivität“ bei der Arbeit an praktischen Aufgabenstellungen in Staat und Gesellschaft enthalten im Kern die Werturteilsproblematik, deren jeweilige Interpretation die Lösung determiniert[22]. Hier zeigt sich die Notwendigkeit einer systematischen Behandlung des Grundlagenproblems „wertfreie Wissenschaft“ für das Verständnis der Rechtswissenschaften.

---

[20] Bei diesem mangelnden Bemühen um eine Trennung von deskriptiven und normativen Aussagen kann man sich eigentlich nur darüber wundern, daß die Rechtstheorie als Fundgrube der Werturteils- bzw. Ideologiekritik bisher weitgehend noch unerschlossen geblieben ist.

[21] Eine solche Untersuchung, die nicht innerhalb der primären Zielsetzung meiner Analyse liegt, würde aufzeigen, wo bei der Anwendung theoretischen Wissens die theoretische Fundierung des Handelns — bewußt oder unbewußt — mit dem Versuch seiner Formung Hand in Hand geht oder mit ihr verwechselt wird. Der Widerspruch zwischen dem Bekenntnis einer wertfreien Wissenschaft und dem tatsächlichen Tun dürfte jedenfalls als gewichtiges Indiz dafür anzusehen sein, daß über die logische Grammatik des Ausdrucks „wertfreie Wissenschaft“ und die wissenschaftslogischen Konsequenzen einer explikativen Zielsetzung Unklarheit und Unsicherheit herrschen. Vgl. nur etwa *N. Luhmann,* Zweckbegriff und Systemrationalität, Tübingen 1968, S. 239.

[22] Die unbefriedigende gegenwärtige Situation in der Rechtswissenschaft erklärt sich teilweise daraus, daß, von einigen jüngeren Veröffentlichungen abgesehen, die erkenntniskritische Diskussion keine genügende Kenntnis von der neueren Wissenschaftslogik zu nehmen pflegt. Die Vernachlässigung der modernen Wissenschaftstheorie erscheint um so bedenklicher, als es sich beim Wertfreiheitsproblem um eine Frage handelt, die zu den „Grundproblemen der Wissenschaftstheorie überhaupt zählt“; *W. Weber / E. Topitsch,* Das Wertfreiheitsproblem seit Max Weber, in: Zeitschrift für Nationalökonomie, Bd. XII (1952), S. 158. Damit sei es auch „unerläßlich, ... die philosophische Basis des Streites um eine wertfreie Wissenschaft mitzuberücksichtigen“.

III. Zur logischen Struktur der Werturteile

Einen ersten Zugang zur Klärung der Wertproblematik in den rechtswissenschaftlichen Disziplinen ermöglicht die moderne Sprachanalyse[23], die eine Sinnanalyse der Werturteile gestattet. Es geht dabei darum, die logische Grammatik, die Gesamtheit der Gebrauchsregeln normativer Aussagen offenzulegen. Auf diese Weise kann der Unterschied zwischen den sprachlichen Verwendungsregeln der Wertausdrücke und denen der deskriptiven Aussagen verdeutlicht werden[24].

Werturteile lassen sich in einer ersten Annäherung als Aussagen auffassen, die einen Bezug auf Sollensprinzipien aufweisen, als Urteile also, die wegen dieses Bezugs allgemein als Anweisungen zu einem bestimmten Sollen oder als Stellungnahmen zu verstehen sind[25]. Dieser „vorschreibende" Charakter ist es, der es nicht gestattet, auf die normativen Aussagen das Deutungsmuster für deskriptive Sätze anzuwenden, mit deren Hilfe Zustände, Ereignisse, Entscheidungen usw. beschrieben werden, Tatsachen erklärt und künftige Sachlagen prognostiziert werden können. Werturteile bzw. Wertbegriffe werden der präskriptiven Sprache als Teilklasse zugeordnet.

Grundsätzlich lassen sich in normativen Aussagen, genauer, bei den in normativen Aussagen auftretenden Wertausdrücken, eine empirisch-deskriptive Sinnkomponente, die einen bestimmten, von dem Urteilenden gemeinten Sachverhalt beschreibt und die den kognitiv-informativen Gehalt der Werturteile repräsentiert (das mehr oder minder breite fundamentum in re), und eine normative Sinnkomponente unterscheiden. Diese konstituiert den eigentlichen Wertcharakter der normativen Aussagen und verleiht ihnen ihren normativen Gehalt. Dieser besteht in einer positiven oder negativen Auszeichnung des durch die Aussage beschriebenen Sachverhaltskomplexes („Gegenstands") durch Wertaus-

---

[23] Ihre Anwendung ist eines der Kennzeichen der analytischen Werttheorie. Vertreter dieser Theorie sind z. B. im deutschen Sprachraum: *V. Kraft*, Die Grundlagen einer wissenschaftlichen Wertlehre, 2. Aufl., Wien 1951; *E. Topitsch*, Vom Ursprung und Ende der Metaphysik, Wien 1958; *H. Albert*, Das Werturteilsproblem im Lichte der logischen Analyse, in: Zeitschrift für die gesamte Staatswissenschaft, Bd. 112 (1956), S. 410; *ders.*, Das Wertproblem in den Sozialwissenschaften, in: Schweizerische Zeitschrift für Volkswirtschaft und Statistik, 94. Jahrgang (1958), S. 335; *ders.*, Wissenschaft und Politik, in: E. Topitsch (Hrsg.), Probleme der Wissenschaftstheorie, Wien 1960, S. 201; *H. Albert*, Wertfreiheit als methodisches Prinzip, in: E. Topitsch (Hrsg.), Logik der Sozialwissenschaften, Köln - Berlin 1965, S. 181.

[24] Zugleich legen wir damit auf metasprachlicher Ebene fest, was wir unter den Ausdrücken „Werturteil" bzw. „Wertbegriff" bzw. „normativer Aussage" („normatives Urteil") verstehen wollen. Bei diesen Festlegungen bewegen wir uns im Bereich der Meta-Ethik: die logische Analyse der Sprache der moralischen Forderungen zählt zu deren Untersuchungsobjekt.

[25] Vgl. *V. Kraft*, S. 209.

drücke wie z. B. „gut", „gerechtfertigt", „schlecht" im Hinblick auf bestimmte Sollensprinzipien, für die Allgemeinverbindlichkeit postuliert wird und von denen sich auch der Verbindlichkeitsanspruch der in den Werturteilen enthaltenen Anweisungen herleitet. In der normativen Sinnkomponente der Wertausdrücke liegt deren präskriptive Funktion, die „Wurzel des Wertphänomens"[26].

Die logische Struktur normativer Aussagen (im Unterschied zu den Sachaussagen) führt sozusagen zur „Auflösung" der in der normalen Sprache implizierten grammatischen Einheit[27] von Sein und Sollen durch die Unterscheidung in eine deskriptive und in eine normative Sinnkomponente, die die Werturteile kennzeichnet. Hier liegt einer der Angelpunkte der Werturteilskontroverse: Gemeint ist die Frage des logischen Charakters der Wertprämissen normativer Systeme. Lassen sich Werturteile als „Erkenntnisse über Werte" in dem Sinne auffassen, daß die Grundnormen mit wissenschaftlichen Methoden als „wahr" oder „falsch" präsentiert werden können? Lassen sich normative Urteile analog empirisch-kognitiven behandeln, indem man sie dem gleichen Wahrheitsentscheid unterwirft? Daß diese Fragen heute nicht mehr zu bejahen sind, hat vor allem die analytische Philosophie dargetan. Es sollen daher nicht sämtliche Argumente nochmals angeführt werden, die einer kognitiven Interpretation normativer Urteile entgegenstehen; ich möchte mich mit einigen kurzen Hinweisen hier begnügen.

Einer der Gründe, Werte als „materiale Gegenstände" analog empirischen Objekten zu behandeln, dürfte darin zu erblicken sein, daß in der Umgangssprache Sätze, die Wertungen ausdrücken, und solche, die Prädikationen zum Inhalt haben, dieselbe grammatikalische Form besitzen. Die beiden Aussagen „Der Tisch ist beschädigt" und „Die Demokratie ist gut" sind scheinbar von derselben logischen Beschaffenheit. Da im ersten Satz einem Element einer Klasse empirischer Objekte eine bestimmte Eigenschaft zugeschrieben wird und der im zweiten Satz auftauchende Wertbegriff ebenso durch ein Adjektiv bezeichnet wird wie im ersten Satz die Eigenschaft des Tisches, beschädigt zu sein, kann dies zu der Annahme verleiten, daß es sich im zweiten Satz bei dem Wertakzent auch um eine Eigenschaft handle, so daß, wie *Max Scheler* meinte, „die Wertbegriffe ... in selbständigen Phänomenen ihre Erfüllung

[26] Ebd., S. 28.

[27] In der Alltagssprache vollzieht sich, fast unmerklich, eine oft nur schwer differenzierbare Vermengung deskriptiver und normativer Aussagen, so daß die Grenzen zwischen Werterkenntnis und Sacherkenntnis verfließen und der erkenntnistheoretische Dualismus von Sein und Sollen in das Bewußtsein des Sprachbenutzers nicht vordringt. Zur Kluft zwischen Sein und Sollen vgl. W. *Krawietz*, S. 236 f.

finden"[28]. Werte werden dann einfach als von individueller Einschätzung unabhängige Qualitäten angesehen, die als „materiale Gegenstände" hinter den jeweiligen Wertausdrücken zu suchen seien. Normative Aussagen müßten dann wie deskriptive Urteile als wahrheitsfähige Aussagen behandelt werden. Die Annahme, deskriptive Sätze und normative Urteile ließen sich unter die nämliche Aussagekategorie subsumieren, erweist sich jedoch als fragwürdig.

Werturteile zählen ihrer logischen Grammatik nach nicht zur deskriptiven, sondern zur präskriptiven Sprache. Durch ihre nicht-deskriptive Bedeutsamkeitskomponente tun sie eine Einstellung des wertenden Subjekts zu empirischen Gegebenheiten kund, d. h. zum neutralen Sachgegenstand der normativen Aussage, die für andere als allgemein verpflichtend angesehen wird (pragmatische Funktion der Sprache der normativen Urteile). Die Wertprädikate beschreiben nicht wie die deskriptiven Prädikate Eigenschaften empirischer Objekte, sondern drücken eine praktische Haltung des Urteilenden gegenüber der Beschaffenheit empirischer Sachverhalte aus. Hinsichtlich der normativen Komponente der Wertaussagen gibt es keine wissenschaftlichen Prüfverfahren, mit denen normative Urteile nach dem Beispiel empirisch-kognitiver Sätze unter die Kategorien „wahr" und „falsch" subsumiert werden können. Die Axiome der Ethik, auf die wir uns berufen, wenn wir ethische Urteile aussprechen, sind allgemeinste oder letzte Sollensprinzipien (Maximen), die als menschliche *Festsetzungen* nicht mehr weiter ableitbar oder beweisbar sind, d. h. sie sind als subjektive oder überindividuelle Grundentscheidungen einer erkenntnismäßigen Sicherung nicht zugänglich. *Max Weber*[29] hatte schon darauf hingewiesen, „daß einerseits die Geltung eines praktischen Imperativs als Norm und andererseits die Wahrheitsgeltung einer empirischen Tatsachenfeststellung in absolut heterogenen Ebenen ... liegen und daß der Dignität jeder von beiden ein Abbruch getan wird, wenn man dies verkennt und beide Sphären zusammen zu zwingen versucht". Keine Theorie kann somit über Wahrheit oder Falschheit von Normen ein Urteil fällen. Das heißt freilich nicht, daß Werturteile, auch wenn sie für den einzelnen den Charakter „letzter" Voraussetzungen annehmen, hinsichtlich ihrer normativen Konzeption und Wertmaßstäbe einer rationalen Kritik nicht zugänglich werden könnten. Eine solche Kritik der Wertüberzeugungen knüpft an die empirische Sinnkomponente der Werturteile an. Denn das Werten stellt nicht einen von der empirischen Erkenntnis unabhängigen Vorgang dar.

---

[28] *M. Scheler*, Der Formalismus in der Ethik und die materiale Wertethik, 4. Aufl., Berlin - München 1954, S. 6.

[29] *M. Weber*, Gesammelte Aufsätze zur Wissenschaftslehre, Tübingen 1922, S. 463.

Die Kognitivisten übersehen auch, daß das deskriptiv-indikativische Interpretationsmuster normativer Aussagen nur zu kognitiven Sätzen und damit zu Tatsachenbehauptungen führen kann. Diese Sätze können aufgrund ihrer logischen Grammatik als rein informative Aussagen nicht gleichzeitig im Sinne bestimmter Anweisungen verstanden werden. Aus Aussagensystemen kognitiv-informativen Charakters normative oder andere präskriptive Konsequenzen zu deduzieren, ist mit den zur Verfügung stehenden Mitteln der Logik nicht möglich.

IV. Wertfreiheit als Problem metawissenschaftlicher Entscheidung

Das Problem einer „normativen Rechtstheorie" oder, allgemeiner, ihres pragmatischen Aspekts läßt sich wertfrei nur durch den Bezug auf die Semantik klären, die mittels der Theorie der semantischen Stufen die Ebene der Tatbestände, auf die sich die rechtstheoretischen Aussagen beziehen, von der Ebene der Objektsprache, also Aussagen über eben diese Phänomene, und der Metasprache unterscheidet, zu denen die vorliegenden Ausführungen zu zählen sind[30].

Rechtstheoretisch völlig wertfrei zu arbeiten, z. B. im Sinne einer in jeder Hinsicht zweckfreien — reinen — Gewinnung von Erkenntnissen über das Recht und seine Anwendung, ist nicht möglich; möglich ist es indessen, Rechtstheorie als solche wertfrei zu gestalten. Die Auflösung dieses scheinbaren Widerspruchs findet sich in der logischen Grammatik des Wertfreiheitspostulats. Darauf ist im folgenden näher einzugehen.

1. Wertungen und Normen im kognitiven Bezugsbereich der Rechtstheorie

Es dürfte weitgehend unbestritten sein, daß Wertungen, die sich in juristischen Werturteilen äußern, und ihre Funktionen im Rechtsleben als empirische Tatbestände in den Objektbereich der Rechtswissenschaf-

---

[30] Diesen Gesichtspunkten entsprechend läßt sich der Problemkomplex gliedern, die für eine wertfreie Analyse rechtswissenschaftlicher Wertproblematik zweckmäßig erscheinen, ohne daß man sich in semantische Antinomien oder logische Zirkel verstrickt, in die man mit der „zweckfreien Erkenntnis" und der „Voraussetzungslosigkeit der Wissenschaft" notwendig gerät, sofern man die einzelnen Sprachstufen nicht exakt voneinander unterscheidet. „Wertfreiheit" ist dabei nicht im Sinne eines oben kritisierten normativen Prinzips zu verstehen (worauf die Rede von einem „Wertfreiheitspostulat" hinzuweisen scheint) oder in einem absoluten Sinne, sondern als eine auf theoretische Einsichten gegründete methodische Regel, die wie jedes andere wissenschaftslogische Kriterium weder eine imperativische noch eine normativische oder sonstwie geartete präskriptive Interpretation erlaubt, auch wenn diese Kriterien das Rechtsdenken in eine bestimmte Richtung drängen und die Gestaltung des objektsprachlichen Aussagensystems beeinflussen.

ten fallen[31]. So kann versucht werden, diese Phänomene zu beschreiben, sie zu erklären und ggf. zu prognostizieren.

In der neueren, insbesondere in der zunehmend soziologisch orientierten Rechtswissenschaft werden die tatsächlichen Entscheidungen der Rechtssubjekte und damit Wertungen als empirische Phänomene immer mehr in den Mittelpunkt der Betrachtung gerückt, insbesondere nachdem sich die Erkenntnis durchzusetzen begann, daß das klassische Subsumtionsmodell als idealtypische Konstruktion wegen seines analytisch-tautologischen Charakters keinen hinreichenden Wirklichkeitsgehalt besitzt und zu einer Erklärung bzw. Prognose des Entscheidungsverhaltens nur ausnahmsweise herangezogen werden kann[32].

Die teilweise Neuorientierung der rechtswissenschaftlichen Erkenntnisperspektive führt zu einer Ausweitung des Problembestands vor allem dadurch, daß die normativen Zielsetzungen, insbesondere der diese verwirklichende richterliche und legislative Entscheidungsprozeß, zum Gegenstand der Forschung gemacht werden.

Ich kann mich hier nur auf wenige Andeutungen beschränken, die den Ausgangspunkt der neueren Ansätze zu einer theoretischen Durchdringung des juristischen Entscheidungsverhaltens skizzieren und exemplarisch einige ihrer Probleme aufzeigen mögen.

An den Ausgangspunkt des Entscheidungsprozesses stellt die neuere Forschung nicht mehr sozusagen monolithisch eine einzige Zielsetzung, wie dies die klassische Lehre mit ihrer fiktiven Annahme von der „einzig richtigen Entscheidung" noch getan hatte. Dabei interessiert zunehmend der empirische Prozeß der Zielbildung der Mitglieder des Rechtsstabs, ein Prozeß, der häufig durch eine konfliktäre Situation gekennzeichnet ist, die in divergierenden und veränderlichen Zielvorstellungen der Mitglieder des Rechtsstabs begründet ist und sich in der Struktur des Zielsystems der Rechtsordnung als eines sozialen Phänomens niederschlägt. Die theoretische Analyse solcher Zielkonflikte steckt noch in den Anfängen und ist über programmatische Ansätze kaum hinausgekommen. Hinsichtlich dieser neueren Forschungsaspekte in der Theorie der Rechtsprechung oder der Gesetzgebung geht es hier nicht darum,

[31] Zutreffend führt *O. Weinberger*, Logische Analyse in der Jurisprudenz, Berlin 1979, S. 107 f. aus, die Rechtstheorie müsse das Realsein des Normensystems in der sozialen Wirklichkeit studieren. Auch wenn man darin rechtssoziologische und keine „juristischen" Fragen sieht, ist deren Behandlung in einer „Rechtstheorie als Grundlagenwissenschaft der Rechtswissenschaft" *(Krawietz)* nicht ausgeschlossen. Vgl. auch *E. Mock*, Die Ambivalenz menschlicher Normativität, in: ARSP 63 (1970), S. 179 ff.; *Chr. Starck*, Empirie in der Rechtsdogmatik, JZ 1972, S. 609 ff.

[32] Vgl. etwa *W. Kilian*, Juristische Entscheidung und elektronische Datenverarbeitung, Frankfurt/Main 1974; *R. Weimar*, Psychologische Strukturen richterlicher Entscheidung, Basel - Stuttgart 1969.

einzelne Konzeptionen herauszugreifen und sie daraufhin zu überprüfen, ob sie den verschiedenen Anforderungen der Wissenschaftslogik genügen oder wie die angewandte Methode wissenschaftstheoretisch zu beurteilen ist, sondern darum zu zeigen, daß auch die Rechtswissenschaft Wertungen und Werthaltungen wie deren strukturellen Wirkungszusammenhang in ihren Objektbereich einbezieht und die daraus entspringende Problematik in jüngerer Zeit zum bevorzugten Gegenstand des Versuchs von Hypothesenbildungen[33] macht[34].

Damit ist gezeigt, daß über Wertungen und Werturteile als empirische Erscheinungen und ihren Einfluß auf den Entscheidungsprozeß deskriptive Aussagen gemacht werden können. Diese Phänomene lassen sich ohne persönliche Stellungnahme und individuelle Attitüden beschreiben, erklären und prognostizieren[35]. Daß Wertungen als sprachliche Äußerungen Werturteile und somit präskriptive Sätze sind, zwingt nicht dazu, objektsprachliche Aussagen durch die Einführung von Wertprämissen in ein System von präskriptiven Sätzen zu transformieren; denn zwischen der Ebene der Gegenstände (Nullstufe) und der Objektsprache besteht kein logischer Zusammenhang.

Unterscheidet man zwischen normativen Systemen als empirischen Phänomenen (z. B. Verfassung, Wertsysteme von Richtern, Verwaltungsbeamten und Parlamentsmitgliedern) und Theorien über diese Systeme, hält man also beide Sprachstufen auseinander, gerät man nicht in ein methodologisches Dilemma. Es wäre ein Fehlschluß, sollte man etwa meinen, aus der Beschaffenheit des Forschungsobjekts, z. B. der Werturteile, Normziele, auf die sprachliche Gestalt des objektsprachlichen Aussagensystems schließen zu können. Denn die Entscheidung zwischen empirisch-kognitiver und normativer Zielsetzung ist logisch unabhängig von der Beschaffenheit des Forschungsobjekts.

Aus theoretischen, objektsprachlichen Sätzen kann kein praktisches Urteil wie z. B. „Die Rechtstheorie muß in eine präskriptive Form gebracht werden“ gewonnen oder das Gegenteil gefolgert werden, was — im ersten Fall — Wertprämissen im objektsprachlichen Zusammenhang notwendig macht. Wer so argumentiert, wechselt von den Problemen der Nullstufe zu solchen der metasprachlichen Ebene des vorwis-

---

[33] Durch empirische Überprüfungen läßt sich feststellen, ob Annahmen über Ziele und Zielsysteme, ihre Bildung und ihre Realisierung von der Rechtspraxis gestützt werden (falls sie nicht so formuliert sind, daß sie von vornherein gegen eine Widerlegung durch die Praxis immunisiert erscheinen und damit alles und nichts „erklären“).

[34] Vgl. etwa *K.-D. Opp*, Soziologie im Recht, Reinbek 1973.

[35] Eine andere Frage ist, ob dies stets der Fall ist, ob nicht vielmehr — meist ungewollt — ein eigenartiges Konglomerat von normativen und deskriptiven Annahmen präsentiert wird, was hier jedoch nicht näher zu untersuchen ist.

senschaftlichen Bereichs über und trennt nicht zwischen Erkenntnissen und Entscheidungen. Hiernach läßt sich sagen, daß die Rechtstheorie, wenn sie das Verhalten z. B. der Mitglieder des Rechtsstabs beschreiben und erklären will, nicht umhin kommt, Wertungen als Grundlage des Entscheidens der Mitglieder und die daraus resultierenden Werturteile bzw. das Wertsystem zu berücksichtigen, und daß sie in diesem Sinne wie jede andere sozialwissenschaftliche Disziplin, die Wertungen in ihrem Bezugsbereich aufweist, nicht „wertfrei“ sein kann, ohne aber deswegen das Wertfreiheitspostulat aufgeben zu müssen.

2. Das Basiswertproblem in den Rechtswissenschaften

Die Kritik am Wertfreiheitspostulat und die Zweifel an der Fruchtbarkeit einer scharfen Trennung von deskriptiven und normativen Satzsystemen stützen sich in den Sozialwissenschaften oft auf die auch von den Verfechtern einer explikativen Wissenschaft unbestrittene Tatsache, daß jede bewußte wissenschaftliche Betätigung auf Entscheidungen beruht und Wissenschaft insoweit ohne Wertungen nicht auszukommen vermag. Es ist unkontrovers, daß Wissenschaftler ihre Problemwahl möglichst nach ihren Interessen, Vorlieben, Prinzipien treffen; sie besitzen eine bestimmte Vorstellung von dem, was sie tun wollen, was sein sollte und was sie vertreten können, kurz die Wissenschaft besitzt eine moralische Grundlage („Basis“), die nicht geleugnet werden kann. Dem Forscher jede Wertorientierung zu verbieten, hieße im übrigen, ihn zur Entscheidungsunfähigkeit zu verurteilen *(Luhmann)*.

Es fragt sich, ob bei dieser Feststellung die Forderung nach einer wert(urteils-)freien Rechtstheorie aufrecht erhalten werden kann. Geht man mit *Theodor Geiger*[36] davon aus, daß hinter aller Bemühung um theoretische Erkenntnis „a-theoretische Beweggründe am Werk“ sind, so deutet sich darin an, in welcher Richtung die Lösung des Problems der Wertfreiheit zu suchen sein dürfte. Autonom getroffene wie auch von außen beeinflußte Grundentscheidungen des Rechtstheoretikers konstituieren den vorwissenschaftlichen Bereich von Rechtstheorie, indem sie z. B. Fragestellungen, den jeweiligen Forschungsansatz usw. bestimmen. Bei der Problemwahl spielen die persönlichen Neigungen und Attitüden der Wissenschaftler eine Rolle; der Fragenantrieb des Wissenschaftlers bestimmt die Erkenntnisperspektive. Die Motivation dieser Entscheidungen zu erforschen, ist indessen nicht Gegenstand einer wissenschaftslogischen Untersuchung, sondern eher der Motivationspsychologie bzw. Wissenssoziologie; bedeutsam für unsere Argumente bleibt nur, daß Wertgesichtspunkte über Entscheidungen für die Problemauswahl bestimmend sind.

---

[36] *Th. Geiger*, Ideologie und Wahrheit, Stuttgart - Wien 1953, S. 12.

Die Wertvoraussetzungen der Rechtstheorie oder, wie wir auch sagen können, die existentielle Wertgrundlage rechtswissenschaftlichen Forschens darf nicht verwechselt werden mit den Axiomen, die dem Handeln der Personen des Objektbereichs zugrunde liegen und die nicht in das (objektsprachliche) System der Aussagen als Prämissen im logischen Sinne aufgenommen werden müssen, sondern deskriptiv beschrieben werden können. Die Geltungsmodi der angesprochenen Axiome sind verschieden und lassen sich logisch auseinander halten. Die fehlende oder unzureichende Differenzierung zwischen vorwissenschaftlichem Bereich und Objektsprache führt unter Umständen dazu, daß auch Wissenschaftler, die ihre Aussagensysteme von persönlichen Stellungnahmen freihalten wollen, eigene Wertungen an die Stelle von kognitiven Aussagen setzen. Die nicht selten feststellbare Erscheinung, daß Interessen oder andere Wertgesichtspunkte nicht nur die Problemwahl beeinflussen, sondern in die Problembehandlung eingehen und damit aussagesteuernd werden (auch wenn der Forscher dies nicht beabsichtigt), ist kein Argument gegen eine wertfreie Wissenschaft. Daß Wertprämissen möglicherweise unbewußt eingebracht werden, wird verständlich, wenn man an den sozusagen „natürlichen Wertplatonismus" der Umgangssprache denkt, dessen Einfluß sich auch der Wissenschaftler nicht immer entziehen kann. Daß subjektive Neigungen Aussagen beeinflussen können, ist ebensowenig ein Anlaß, das Prinzip explikativer Rechtstheorie aufzugeben, wie die andere Tatsache, daß sie als soziale Institution selbst in ein System von Wertbeziehungen eingebettet ist und damit normativen Regelungen unterliegt. Wissenschaftler können sich mit bestimmten Zielsetzungen identifizieren und dieses Engagement in Werturteilen innerhalb der objektsprachlichen Aussagen zum Ausdruck bringen, während andere aus persönlichen Überzeugungen bestimmte Problembehandlungen erst gar nicht vornehmen oder ihre objektsprachlichen Aussagen subjektiv-wertfrei gestalten. Insofern bezieht der Wissenschaftler aus seiner Grundhaltung Stellung zu bestimmten Aufgaben, ohne deswegen Werturteile in sein Aussagensystem einfließen lassen zu müssen[37].

Die Feststellung, daß die Rechtstheorie eine Wertbasis als normativen Hintergrund besitzt, in dieser Hinsicht also nicht „wertfrei" ist, und daß auch das Wertfreiheitsprinzip zu eben dieser Wertbasis zu rechnen ist, erledigt die Diskussion um das Wertfreiheitsproblem in den Rechtswissenschaften jedoch nicht schon von selbst. Denn die der Werturteilskontroverse zugrunde liegende Problematik ist in den Rechtswissenschaften, soweit ersichtlich, bisher nicht hinreichend offengelegt wor-

[37] Ebensowenig müssen die Ziele, die von dem einzelnen Wissenschaftler für die Wissenschaft formuliert werden, mit den offiziellen Zielen der Wissenschaft als Institution im Einklang stehen.

den. Es sei daher zunächst hervorgehoben, daß man aus kognitiven Aussagen über Sachzusammenhänge im pragmatischen Bereich der Rechtstheorie wie etwa: „Der Rechtstheorie liegen Wertvorstellungen zugrunde", nicht folgern kann, daß die einzelnen theoretischen Aussagen als Resultate der wissenschaftlichen Tätigkeit diese Wertvorstellungen in Form von Werturteilen als Axiome im logischen Sinne aufweisen müßten. Aus deskriptiven Aussagen lassen sich keine Imperative oder Normative ableiten. Vielmehr ist eine Entscheidung, eine metawissenschaftliche Wertung erforderlich, um die entsprechende Wertprämisse zu liefern. Damit ist der Kern des Werturteilsproblems angesprochen: die Wahl einer deskriptiven oder normativen Gestaltung der Objektsprache, die auf metasprachlicher Ebene getroffen wird. Somit verweist die Frage der Wertfreiheit primär auf die Bestimmung eines methodischen Prinzips, auf die Gebrauchsregeln der Fachsprache und die linguistischen Anforderungen an die theoretischen Aussagen über die zu untersuchenden Gegenstände.

Berücksichtigt man die verschiedenen Sprachstufen, so erscheint evident, daß mit einer metasprachlichen Wertung nicht logisch notwendig eine Stellungnahme zu der Beschaffenheit der Untersuchungsobjekte verbunden ist. Zeichnen wir z. B. Aussagen bzw. Aussagensysteme über empirische Sachverhalte in positiver oder negativer Weise aus, dann machen wir metasprachlich — und auf dieser Ebene bewegt man sich auch beim Wertfreiheitsprinzip — eine wertende Aussage über Aussagen, indem wir sie mittels bestimmter wissenschaftslogischer Kriterien beispielsweise auf ihre logische Konsistenz oder ihren empirischen Gehalt überprüfen, und fällen Werturteile über die betreffenden Aussagen bzw. Theorien, nicht aber über die von diesen beschriebenen Sachverhalte. Der Rechtstheoretiker ist als solcher nicht gezwungen, zu diesen Aussagen in irgendeiner Weise persönlich Stellung zu beziehen. In diesem Sinne ist die Rede von einer „wertfreien" (explikativen) Rechtstheorie zu verstehen und in diesem Sinne ist eine wertfreie Rechtstheorie auch möglich.

Sieht man als grundlegende Voraussetzung der Rechtstheorie Werte wie das Streben nach Erkenntnis und damit nach Wahrheit ihres theoretischen Wissens, nach Objektivität, nach Klarheit usw. an, so darf man das praktische Urteil akzeptieren, daß innerhalb theoretischer Aussagensysteme keine offenen oder verdeckten Werturteile vorkommen sollten.

Daß Werte sich nicht im Sinne des klassischen Begründungspostulats begründen lassen, entzieht die sachlichen Konsequenzen der Wertfestsetzungen nicht einer intersubjektiven Kritik. Für diese Kritik gibt es keinen absoluten Maßstab. „Auch die Intersubjektivität ist Subjektivität, wiewohl erweiterte und insofern geläuterte Subjektivität", sagt

Arthur Kaufmann[38]. Doch auch diese Erweiterung verleihe der Intersubjektivität nicht die „Würde des Absoluten", die ihr die Kritische Theorie beimesse[39]. Wertfestsetzungen lassen sich prinzipiell wertfrei im Rahmen einer Möglichkeitsanalyse kritisch diskutieren. „Die Grenze der Wertfreiheit fällt mit der Grenze der kritischen Diskussion zusammen[40]." Zutreffend bemerkt *Günter Ellscheid*[41], Aufgabe der Rechtstheorie sei es nicht, „das Aufstellen von Rechtspostulaten und das Argumentieren um praktische Lösungen als unwahre Denkweisen zu denunzieren". Vom theoretischen Standpunkt aus sei solches Denken weder wahr noch unwahr, sondern praktisch. Das im Kern a-theoretische praxisbezogene Denken unterliege keiner theoretischen Kritik, da diese sich sinngemäß nur auf theoretische Sätze beziehen könne, die unmittelbar der Abbildung von Wirklichkeit dienten. Das Telos des Rechtsdenkens ziele auf die Herstellung von Intersubjektivität unter gemeinsamen Normen, die sich nicht in wissenschaftlicher Objektivität — im Anerkennen dessen, was ist —, sondern im Auffordern und Zustimmen zu einer Praxis konstituiere. Eine auf einem konsequenten Kritizismus aufbauende Wissenschaftslehre ist sich dabei auch der sozialen Aspekte der vorgetragenen Problemlösungen bewußt.

V. Wertfreiheit als Grundlage explikativer Rechtstheorie

Geht man davon aus, daß das Wissenschaftsideal, bestimmte Ereignisse vorurteilslos und unvoreingenommen zu beschreiben und zu erklären, Strukturen aufzudecken und Zusammenhänge nachzuweisen, Gegenstand subjektiver Basisentscheidungen der einzelnen Theoretiker ist, so wird klar, daß die Ablehnung einer wertfreien Wissenschaft ebenso auf einer persönlichen Entscheidung des Wissenschaftlers beruht wie ihre deskriptive oder wertfreie Gestaltung. Dies bedeutet aber nichts anderes, als daß eine allgemeinverbindliche Lösung des Problems der Wertfreiheit für die Rechtswissenschaften nicht existiert; eine solche Lösung kann es nicht geben, weil die Entscheidung dafür oder dagegen vorwissenschaftlich und vom subjektiven Wollen des einzelnen determiniert ist. Diese Entscheidung besitzt als praktisches Urteil nur für den einzelnen Forscher Verbindlichkeit und zieht keine weitergehenden normativen Konsequenzen nach sich. Daß etwa die Mehrheit der Vertreter einer Disziplin für oder gegen das Wertfreiheitspostulat votiert, ist kein Grund, der die Allgemeinverbindlichkeit einer Wertung

---

38 *A. Kaufmann*, Einleitung, in: ders. (Hrsg.), Rechtstheorie, S. 3.

39 Vgl. ebd.; Zur Problematik der interpersonellen Akzeptierbarkeit von Werturteilen vgl. *H. Schreiner*, Die Intersubjektivität von Wertungen, Berlin 1980, insb. S. 78 ff., 86 ff., 108 ff.

40 *H. Albert*, Wertfreiheit als methodisches Prinzip, S. 183.

41 *G. Ellscheid*, S. 11.

im wissenschaftlichen Sinne begründen könnte. Wissenschaftslogisch ist das Argument einer „überwiegenden Meinung“ jedenfalls irrelevant, mögen sich aus der Tatsache als solcher wissenssoziologisch auch noch so interessante Aspekte ergeben.

Die Frage einer wertfreien Rechtstheorie findet also in der „subjektiven Basis“ der Entscheidung ihren Lösungsansatz. Dies hat nicht zur Folge, daß damit eine rationale Diskussion der Problematik ausgeschlossen wäre. Besteht über die moralische Basis der Wissenschaft keine Übereinstimmung und läßt sie sich auch nicht durch rationale Argumentation herbeiführen, so hat der Konflikt eine mit kognitiven Mitteln nicht mehr weiter reduzierbare Dimension.

Sieht man das Wertfreiheitspostulat als eine aufgrund seiner Konsequenzen prinzipiell kritisierbare methodische Regel an, so läßt sich analysieren, was wertfreie Rechtstheorie zu leisten vermag und was sie nicht zu leisten imstande ist, ohne Wertungen vollziehen oder zu Werturteilen greifen zu müssen. Zugleich erhält man einen Referenzpunkt, um Schwächen der normativen Konzeption aufzuzeigen, bzw. deren evtl. Vorzüge herauszustellen. Ein solches Vorgehen ist ein Werben mit Argumenten für einen bestimmten wissenschaftlichen Zielhorizont und die davon abgeleiteten Spielregeln einer Wissenschaft, zu deren Annahme man niemanden verpflichten oder zwingen kann. Dazu ist eine Entscheidung nötig, die eine kritisch-rationale Einstellung voraussetzt.

VI. Praxisrelevanz, Rechtstechnologie und normative Rechtstheorie

Die Frage nach der Art und Weise der Bemühungen um eine Bewältigung der Probleme, mit denen es Rechtstheorie zu tun hat, führt zu dem Problem, ob eine Normativierung zur Lösung praktischer Gestaltungsaufgaben überhaupt notwendig ist.

Die praktische Bedeutung der Rechtstheorie für das bewußte Handeln z. B. von Rechtsprechung, Verwaltung, Gesetzgebung liegt darin, daß sie durch die Relevanz ihrer Ergebnisse zu einer Verringerung des Grades von Unwissenheit beitragen kann. Jedes planvolle Handeln steht unter dem Zwang der Wahl in einer Situation, die letztlich durch Ungewißheit gekennzeichnet ist. Liegt eine bestimmte praktische Aufgabenstellung vor, bei der der Aktor Kenntnis von seinen unmittelbaren Handlungszielen hat und der Handlungsspielraum festgelegt ist, so besteht das Problem darin, die voraussichtlichen Auswirkungen der geplanten Handlungsalternativen zu ermitteln. Es ist ein empirisch-kognitives Problem, zu dessen Lösung der vor der Entscheidung Stehende auf die Ergebnisse der explikativen Forschung auf dem betreffenden Gebiet, also nicht nur der rechtswissenschaftlichen Forschung, angewiesen ist, die ihn darüber informiert, welche Folgen die jeweils ins Auge gefaßten Alternativen determinieren. Der Aktor wird also in die Lage versetzt, das Eintreffen bestimmter Zustände oder Ereignisse in der Zukunft als Folge seiner Handlungsmöglichkeit in dem Falle ihrer Verwirklichung zu antizipieren; es wird ihm dadurch der Überblick erleichtert, inwieweit die durch die einzelnen Alternativen bewirkten Transformationen der Ausgangssituation der erwünschten Endsituation entsprechen. Bei dieser „Folgenorientierung“ können Konsequenzen auftauchen, die Ziele des Handelnden verletzen, dessen er sich vorher nicht bewußt war. Welche Alternativen zu eliminieren sind, darüber sagen explikative Theorien nichts aus; sie tragen nur im Rahmen ihrer Möglichkeiten zur Lösung der empirisch-kognitiven Problemstellung bei der Vorbereitung von Entscheidungen bei. Mit dieser theoretischen Fundierung der Prognosen der Folgen zukünftiger Handlungen ist die Bedeutung explikativen Forschens jedoch nicht erschöpft. Gilt es, bestimmte praktische Aufgaben zu lösen, und ist nicht bekannt, wie und wo in bestimmte soziale Prozesse z. B. durch Gesetzgebung, Verwaltung, Rechtsprechung eingegriffen werden kann, um das gewünschte Ergebnis herbeizuführen, so können theoretische Aussagensysteme durch logische Operationen so umgeformt werden, daß sie Eingriffsmöglichkeiten und ihre voraussichtlichen Auswirkungen aufzeigen. Durch diese analytische Transformation wird die Theorie in ihre „technologische Form“ gebracht, d. h. eine Menge nomologischer Sätze wird in ein System von Aussagen übergeführt, das über Handlungsmöglichkeiten unter bestimmten (ausgewählten) Zielsetzungen informiert (Finalanalyse)[42].

Das empirische Wissen muß zur Erstellung des technologischen Modells mühsam organisiert und final ausgerichtet werden[43]. Dabei ist es offensichtlich aus praktischen Gründen nicht möglich, jede individuelle Zielsetzung in eine adäquate technologische Form zu bringen und die nahezu unendliche Mannigfaltigkeit der Bedingungen aller möglichen Entscheidungssituationen in technologische Systeme aufzunehmen. Ein solches Vorhaben müßte scheitern. Da aber nicht jedes Mitglied des Rechtsstabs grundsätzlich ein anderes Wertsystem besitzt, sondern sich größere Gruppen finden lassen, die in ihren Zielvorstellungen weitgehend homogen sind, lassen sich technologische Systeme in bezug auf „typische“ Zielsetzungen und Entscheidungssituationen konstruieren. Die Rechtstheorie kann so verfahren, sie muß es aber nicht. Es steht in der freien Entscheidung des Forschers, technologische Systeme nur an

[42] Die Finalanalyse ist nicht zu verwechseln mit dem Teleologismus oder Finalismus, der z. B. mit Hilfe von Entelechien Wirklichkeit „erklären“ möchte und der eine merkwürdige Perversion des Kausaldenkens ist.

[43] Vgl. auch *H. Albert*, Wertfreiheit als methodisches Prinzip, S. 194, der von „beachtlichen Phantasieleistungen“ spricht.

in einem Teilbereich vorgefundenen Zielsetzungen oder Zielkonzeptionen auszurichten oder auch neue Zielvorstellungen zu entwickeln und Möglichkeiten zu ihrer Realisation zu untersuchen. Im übrigen wollen Technologien nicht der praktisch unübersehbaren Zahl denkbarer Situationen gerecht werden und sie erschöpfend systematisieren, auch wenn einiges dafür spricht, daß der Beitrag zu einem rationaleren Handeln größer sein wird, wenn an typischen Zielsetzungen orientierte technologische Systeme entwickelt werden, die auf die jeweilige Entscheidungssituation abgestimmt werden können.

Theorien in ihrer technologischen Form nehmen dem einzelnen Entscheidungssubjekt weder die Verantwortung für die verfolgte Zielsetzung noch die über die Realisierung einer der alternativen Maßnahmen zur Verwirklichung des angestrebten Zieles ab; sie können es aufgrund ihrer Zielsetzung auch nicht, wenn sie als informatives Instrument einer rational fundierten Möglichkeitsanalyse verwendbar sein sollen.

Soll über rechtlich relevante Wirkungsmöglichkeiten im Hinblick auf ein mögliches Geschehen etwas ausgesagt werden, so setzt die Umformung empirisch-kognitiver Aussagen in technologische voraus, „daß bestimmte Desiderata hypothetisch unterstellt werden, d. h. in ihrer Geltung offengelassen werden, und (dies *R. W.*) erfordert also nicht die Einführung expliziter Wertprämissen“[44] als Vordersätze in den Deduktionszusammenhang[45], wie es bei normativen Systemen der Fall ist.

Soweit Rechtstheorie nicht nur informieren will, sondern Verhalten zu lenken beabsichtigt, ist sie gezwungen, die in technologischen Systemen lediglich hypothetisch unterstellten Desiderata zu normativen Prämissen umzufunktionieren, wenn sie nicht gegen die Logik der präskriptiven Sätze verstoßen will. Soll Verhalten normiert werden, sind Entscheidungen unentbehrlich. Eine solche Entscheidung, die sich in einer normativen Aussage ausdrückt, fungiert als zusätzliche Prämisse, die erforderlich ist, um technologische Systeme in normative zu verwandeln und mit einem Verbindlichkeitsanspruch auszustatten, der ihnen im Zeitpunkt der Transformation noch nicht zukam. Eine Transformation explikativer Satzsysteme kann dem empirischen Gehalt der Aussagen nichts hinzufügen, d. h. das dem Entscheidungssubjekt vermittelte empirische Wissen kann den Informationsgehalt der transformierten

[44] *Ders.*, Wissenschaft und Politik, in: E. Topitsch (Hrsg.), Probleme der Wissenschaftstheorie, Wien 1960, S. 213.

[45] Die Beliebigkeit der Problemwahl, mit der sich ein bestimmtes Engagement verbinden kann, das die Auswahl des Objekts einer empirischen Analyse bzw. einer technologischen Untersuchung beherrscht, zwingt nicht dazu, die wertfreie Gestaltung des objektsprachlichen Aussagensystems zu verlassen und zu einer normativen Wissenschaft überzugehen. Anderenfalls begibt man sich in eine Konfusion verschiedener Sprachebenen, die jedoch vermeidbar ist.

Hypothesen nie überschreiten. Die Transformation explikativer Satzsysteme ist also tautologisch. Daher wäre es aus logischer Sicht aussichtslos, allein aus den kognitiven Aussagen einer Theorie Verfahrensanweisungen, Verhaltensnormen usw. ohne Zuhilfenahme präskriptiver Prämissen deduzieren zu wollen: Sofern in den Prämissen nicht zumindest eine präskriptive Prämisse enthalten ist, kann ein präskriptiver Schluß nicht abgeleitet werden.

In der Normativierung technologischer Systeme wird der Bereich der explikativen Wissenschaft verlassen. Nicht mehr Informationen über mögliche Ansatzpunkte des Entscheidungsverhaltens und über seine Folgen stehen im Vordergrund des wissenschaftlichen Interesses, sondern die Entscheidungen werden zu lenken und zu präformieren versucht, indem wertend zu ihnen Stellung bezogen wird, bestimmte Zielsetzungen und/oder die Wahl einer bestimmten Alternative werden empfohlen und ein davon abweichendes Verhalten negativ eingestuft.

Rechtstheorie wird dann zum Streitfeld von Ideologien, deren jede behaupten kann, nur ihre Maximen seien Ausdruck „wissenschaftlicher Erkenntnis". Mit dem Verzicht auf objektive Überprüfbarkeit der Aussagen wird die kritische Diskussion ihrer Grundlage beraubt und der Streit darüber, welche nicht-kognitiven Aussagen die Etikette „wissenschaftliche Erkenntnis" beanspruchen dürfen und welche nicht, unentscheidbar. Diese Konsequenzen muß man bedenken, wenn man eine diesbezügliche Konvention trifft und die Spielregeln des „Spiels explikative Rechtstheorie", wie sie hier verstanden wird, beiseite läßt und die eigentliche Antwort nach dem „richtigen Sollen" selbst zur Aufgabe der Rechtstheorie macht. Hier wird deutlich, daß die „Definition" von Rechtstheorie nicht nur ein sprachlogisches Problem darstellt, sondern ebenso eine bestimmte methodologische Konzeption impliziert, von der her dann das Demarkationsproblem, die Abgrenzung von Wissenschaft und Politik bzw. Metaphysik, zu lösen ist. *Jürgen Schmidt* will daher die Rechtstheorie auf eine „aufklärende Funktion" im Sinne einer strengen „Neutralität der Rechtstheorie" beschränken[46].

Bei den normativen Satzsystemen ist nicht die Beschreibung, sondern die „Gestaltung" der Wirklichkeit das erstrebte Ziel, auf das sich die Bemühungen richten. Vertritt man jedoch ein Deutungsmodell der Rechtstheorie, in dem der Erfahrung und dem logischen Argument die entscheidende Bedeutung zuerkannt wird, führt dies zu dem Ergebnis, daß eine explikative Rechtstheorie nicht auch zu lehren vermag, was man soll, sondern nur, was man kann. Hier zeigt sich die Grenze, die dem theoretischen Wissen gezogen ist: „Wir fühlen, daß selbst wenn

[46] *J. Schmidt,* Die Neutralität der Rechtstheorie gegenüber der Rechtsphilosophie, RTH 2 (1971), S. 95 ff.; kritisch hierzu *W. Krawietz*, S. 216.

alle möglichen wissenschaftlichen Fragen beantwortet sind, unsere Lebensprobleme noch gar nicht bewältigt sind[47]."

VII. Argumente gegen das Wertfreiheitsprinzip?

Im Verlauf der Diskussion um das Wertfreiheitsprinzip wurde die Möglichkeit rein technologischer Aussagensysteme mit unterschiedlichen, auch ethischen Argumenten bestritten. So wurde angeführt, daß „die Unterstellung einer Zielsetzung als rein hypothetischer nur ein formaler Ausweg ist, der in der Praxis darum nicht gangbar ist, weil trotz der formalen Sicherung im Letzten doch immer wieder eine Stellungnahme und nicht nur eine Kenntnisnahme ins Spiel kommt"[48]. Auf der gleichen Linie liegt etwa das Argument, daß die Wissenschaft „mit der Wahl ihrer Untersuchungsobjekte, mit der Zielsetzung ihrer Fragestellung sich vor Entscheidungen gestellt [sieht], die ihr — im einzelnen häufig gar nicht bewußt — eine Parteinahme abverlangen"[49]. Auch wurde geltend gemacht, daß das Vermeiden heikler Untersuchungsthemen ebenso wie ihre Inangriffnahme „in irgendeinem Sinne eine Parteinahme bedeutet"[50].

Von hier ist der Weg nicht mehr weit zu der Frage nach dem cui bono, der Frage, ob bei der Verwendung explikativer Theorien zum Zwecke der Herstellung technologischer Systeme nicht die Gefahr bestehe, daß „eine — allzu willfährige — Gelehrsamkeit"[51] die Wissenschaft zum Spielball von Interessenpolitik mache.

Es gibt keinen Grund dafür, warum ein Vertreter des Wertfreiheitsprinzips bestreiten sollte, daß auch bei rein hypothetisch unterstellten Zielsetzungen Stellungnahmen und Parteinahmen ins Spiel kommen, d. h. daß bei der Problemwahl beispielsweise Wertungen vollzogen werden. Der normative Hintergrund des theoretischen Wissens und seiner technologischen Transformation kann realistischerweise nicht bestritten werden.

Dies führt jedoch nicht zur Aufgabe der Wertfreiheit als methodisches Prinzip der Rechtstheorie. Eine paradoxe Situation entsteht daraus allenfalls für den, der zwischen den verschiedenen Ebenen der Wert-

---

[47] *L. Wittgenstein,* Tractatus logico-philosophicus, London 1963, 6.52.

[48] *W. Wegener,* Die Quellen der Wissenschaftsauffassung Max Webers und die Problematik der Werturteilsfreiheit der Nationalökonomie, Berlin 1962, S. 179.

[49] *Ch. V. Faber,* Der Werturteilsstreit 1909 - 1959, in: E. Topitsch (Hrsg.), Logik der Sozialwissenschaften, Köln - Berlin 1967, S. 176.

[50] Ebd., S. 177.

[51] *G. Weisser,* Normative Wissenschaft im Dienste der Gestaltung des sozialen Lebens, in: Soziale Welt, 7. Jahrgang (1956), S. 8.

problematik nicht differenziert. Daß Normsetzungen, Wertungen, Werturteile usw. in den Untersuchungsbereich der Rechtstheorie fallen und daß auch die Rechtstheorie einen mit Wertungen durchsetzten, vorwissenschaftlichen Hintergrund besitzt, erscheint unabweisbar. Weder das eine noch das andere für sich allein noch beides zusammen führen jedoch dazu, diese Wertungen als Prämissen im logischen Sinne zu formulieren und als individuelle und/oder überindividuelle Forderungssätze in Form normativer Prämissen (Axiome) mit zum *Inhalt* des objektsprachlichen Aussagensystems zu machen. Soweit Wertungen trotz des Bemühens um wertfreie Gestaltung der Rechtstheorie sich (unbewußt) einschleichen, ist gerade die Wertfreiheit selbst das methodisch-regulative Prinzip, um die Aufdeckung solcher Wertungen zu erleichtern[52].

Die Art der Gestaltung des Aussagensystems hängt zwar auch von einer vorwissenschaftlichen Entscheidung ab, nur hat diese mit der Frage der Wertfreiheit nichts zu tun. Das eine gehört in den Entstehungszusammenhang, das andere zum — wissenschaftslogisch primär interessierenden — Begründungszusammenhang einer Theorie bzw. Technologie. Die Bejahung einer Wertbasis und einer wertfreien Technologie führt also nicht in ein Dilemma. Es bleibt grundsätzlich der Entscheidung des einzelnen Wissenschaftlers überlassen, ob er sich den geltenden Wertvorstellungen anpassen oder damit in Konflikt treten will. Wie technologische Systeme dann in der juristischen Praxis wirken, verwendet werden oder verwendet werden sollen, ist ein Problem, das bei ihrer Konstruktion noch nicht zu lösen ist. Technologische Analysen beabsichtigen selbst keine positive oder negative Wertung der unterstellten Ziele.

Und zum anderen, warum sollte beispielsweise ein Wissenschaftler fremde Zielsetzungen, die seinen eigenen entgegengesetzt sind, nicht in den Kreis seiner Betrachtungen einbeziehen oder auf technologischer Basis Mittel und Wege zu ihrer Realisierung untersuchen können, ohne dabei seine eigenen Wertvorstellungen bzw. Überzeugungen opfern zu müssen? Auch der — um es aus anderem Blickfeld zu sehen — in einem Kollegium überstimmte Richter, der mit seiner wissenschaftlichen Meinung nicht durchzudringen vermag, wird als Berichterstatter die Urteilsbegründung im Sinne der Mehrheit des Kollegiums liefern, ohne daß er seine eigenen Bedenken in der Sache dabei aufgeben müßte. Ich glaube kaum, daß hier ein Identifikationsproblem auftaucht. Auch der der normativen Verfassung von Theorie zuneigende Wissenschaftler, der sein Engagement in seine Sprache übernimmt, kann hypothetische

---

[52] Spiegeln sich in der wissenschaftlichen Bearbeitung von bestimmten Problemen die an bestimmten expliziten Sollensprinzipien orientierten Vorgehensweisen wider, so ist die Wertprämisse immerhin erkennbar.

Unterstellungen vornehmen, um so seinen Idealen abträgliche Handlungen (und die Maßnahmen zu ihrer Verhinderung) abzuschätzen.

Sucht man danach, welche Vorteile mit der Normativierung von Aussagensystemen für den Erkenntnis- oder Verstehensprozeß und die sachliche Diskussion verbunden sein können, so findet man aus dieser Sicht keine. Der mit normativen Aussagen assoziierten „Bevormundung" kann man sich jedenfalls dann leicht entziehen, wenn zwischen den in die normativen Systeme aufgenommenen Entscheidungen und den in ihnen enthaltenen Erkenntnissen differenziert wird und man darauf verweisen kann, daß sich für die Wertkomponenten normativer Systeme keine intersubjektiv anwendbaren Kriterien angeben lassen, mit denen das Behauptete auf seine Gültigkeit überprüft werden könnte. Für die normative Sinnkomponente besteht in diesem Sinne keine objektive Basis für eine fruchtbare Diskussion, wie sie für den Sachgehalt der normativen Aussagen hingegen regelmäßig gegeben ist.

Um diesen neutralen Sachverhalt herzustellen, müssen die Wertelemente eliminiert werden. Die Ausschaltung der normativen Komponente, d. h. die Abstraktion von der pragmatischen Dimension des normativen Satzsystems, ist dann „nichts anderes als eine Transformation dieses Systems in ein semantisch äquivalentes technologisches System"[53], die die wissenschaftliche Diskussion auf die Ebene der Möglichkeitsanalyse zurückführt und die Wahl der Ziele wie der Mittel als das herausstellt, was sie ist: ein Phänomen, das nicht mit den Kategorien „wahr" oder „falsch" zu bewältigen ist — es sei denn, man relativiert oder substituiert die kognitive Verfaßtheit von Wahrheit überhaupt.

Fragt man nach den Vorteilen der Normativierung technologischer Systeme, so findet man solche nicht, wohl aber Nachteile; auf sie kann verzichtet werden, denn „die Normativierung technologischer Systeme schafft ... höchstens zusätzliche Probleme. Sie löst kein Problem, das nicht auch ohne sie gelöst werden könnte"[54].

Zusammenfassend läßt sich festhalten: Die normative und die explikative Fragestellung kann jederzeit auseinander gehalten werden, die Möglichkeit einer objektiven Rechtstechnologie ist nicht zu bestreiten, und die Notwendigkeit einer normativen Rechtstheorie kann, anders als die Notwendigkeit wertender Dogmatik, die Wertungen argumentativ verwendet[55], nicht festgestellt werden.

[53] *H. Albert*, Wissenschaft und Politik, S. 220 f., der dies weiter ausführt.

[54] Ebd., S. 216.

[55] *E. von Savigny*, Juristische Dogmatik und Wissenschaftstheorie, München 1976, S. 139; weiterführend *Chr. Schefold*, Das normative Element des Rechts in seinem nicht zu funktionalisierenden Begründungssinn, in: Anuario de Filosofia del Derecho, Madrid 1973, S. 283 ff.

LEGISLATION AS A TASK FOR LEGAL THEORY

By Erhard Mock, Salzburg

In consideration of the importance of legislation, its legal scholarly treatment appears to be quite modest so far. Legal dogmatics as well as legal methodology deal almost exclusively with legal situations *after* the enactment of a law.[1] It seems that legal dogmatics wants to confine itself to the function of the "legislator's transformer". But this is only the first impression: In reality, legal dogmatics deviates from the legislative ideas in cases where this is thought to be called for and well founded. Very seldom, this activity results in a suggestion to alter the law or to amend it. It is even regarded as a triumph of legal scholarship to present new legal contents in interpretation by means of old legal provisions. It may not be inept to characterize traditional legal science as a pure judicative science. But this has not always and everywhere been so; one may think here of *Franz Zeiller's* comprehensive treatise *Das natürliche Privatrecht*.[2] It may also be mentioned that in the United States *Benjamin N. Cardozo* already in 1921 called for a theory of legislation, which demand led to the establishment of legislative reference services.[3]

The confinement of legal scholarship to the legal situations *after* the enactment of a law seems also to influence, from time to time, legal theory being understood as the theory of positive law despite the fact

---

[1] Cf. *Peter Noll*, Von der Rechtsprechungswissenschaft zur Gesetzgebungswissenschaft, Jahrbuch für Rechtssoziologie und Rechtstheorie, Bd. II, Düsseldorf 1971, p. 524.

[2] *Franz von Zeiller*, Das natürliche Privatrecht, Wien 1802. Other famous authors in the field of theory of legislation are: *Jeremy Bentham*, An Introduction to the Principles of Morals and Legislation, ed. by L. Lafleur, New York 1948 (The 1876 Oxford edition is a reprint of the 1823 edition); *idem*, Theory of Legislation, translated from the French of E. Dumont by R. Hildreth, London 1896; *Robert v. Mohl*, Politik, Bd. I, Tübingen 1862; *Eugen Huber*, Recht und Rechtsverwirklichung, 2. ed. Basel 1925. More recent authors are: *Frederick Keating Beutel*, Some Potentialities of Experimental Jurisprudence as a New Branch of Social Science, Lincoln 1957; *Georges Ripert*, Les Forces Créatrices du Droit, Paris 1955. As to *Rudolph von Jhering's* Theory of Legislation see *Werner Krawietz*, Juristische Entscheidung und wissenschaftliche Erkenntnis, Wien 1978, p. 220; *G. C. Thornton*, Legislative Drafting, 2. ed., London 1979.

[3] *Benjamin N. Cardozo*, A Ministry of Justice, Harvard Law Review, XXXV, pp. 113.

that this theory is concerned with general characteristics and structures of law and of jurisprudence. A survey of the German literature of the last 30 years, which is of relevance for a comprehensive treatment of legislation, shows that it deals mainly with detailed problems of legislative techniques and of legislative linguistics.[4] All of these in part very stimulating monographies reached a systematization only in *Peter Noll's Gesetzgebungslehre* in 1973.[5] Furthermore the legal logic developed into a formal discipline applied to legal thought is concerned with legislation, too. In this field, the late *Jürgen Rödig* proved to be a pioneer.[6] One of the most gratifying problems of legal logic in the field of legislation is that connected with the macro-structure of legal codifications. It proves here that the more codificates comply with the requirements valid also for axiomatic systems the better they can fulfill their tasks. These requirements relate to consistency and completeness. With regard to inconsistent legal provisions which claim equal validity, the principle of *"ex falso quodlibet sequitur"*[7] can be resorted to. In some cases incomplete laws have clearly the same effect as the legislator's abstaining from the course of law (in the so-called denial of justice). In other words: The logical analysis of the law's macro-structure raises the question as to how one can construct consistent laws and how relevant logical criteria can offer guidance for the theory and the technique of legislation. The conclusion that a provision importing an exception necessarily requires its restrictive interpretation — a conclusion recommended by many legal methodo-

---

[4] Legislative techniques: *Kurt Ball,* Vom neuen Weg der Gesetzgebung, Berlin 1921; *Felix Weber,* Koordination der Gesetzgebung im Hinblick auf Gesetzestechnik und Gesetzesredaktion, in: Zeitschrift für Schweizerisches Recht, 1950, pp. 251; *Robert Walter,* Die Lehre von der Gesetzestechnik, in: Österreichische Juristenzeitung, 1963, pp. 85; *Hanswerner Müller,* Handbuch der Gesetzgebungstechnik, Köln 1963.

Legislative linguistics: *Eugen Huber,* Schweizerisches Civilgesetzbuch, Erläuterungen zum Urentwurf, Bd. I, Bern 1901; *Fritz v. Hippel,* Richtlinie und Kasuistik im Aufbau von Rechtsordnungen, Marburg 1942; *Hans Dölle,* Vom Stil der Rechtssprache, Tübingen 1949; *Horst Neumann-Duesberg,* Sprache im Recht, Münster 1949.

[5] *Peter Noll,* Gesetzgebungslehre, Reinbek b. Hamburg 1973.

[6] *Jürgen Rödig's* bibliography see in: Gesetzgebungstheorie, Juristische Logik, Zivil- und Prozeßrecht. Gedächtnisschrift für Jürgen Rödig, ed. by U. Klug, Th. Ramm, F. Rittner, B. Schmiedel, Berlin - Heidelberg - New York 1978, pp. 394. Especially see: *Jürgen Rödig,* Die Denkform der Alternative in der Jurisprudenz, Berlin - Heidelberg - New York 1969; *idem,* Die Theorie des gerichtlichen Erkenntnisverfahrens, Berlin - Heidelberg - New York 1973. *Rödig's* most important articles have been published in: Schriften zur juristischen Logik, ed. by E. Bund, B. Schmiedel and G. Thieler-Mevissen, Berlin - Heidelberg - New York 1980.

[7] *Ilmar Tammelo,* Modern Logic in the Service of Law, Wien - New York, pp. 21, 127, 132; cf. *Ota Weinberger,* Ex falso quodlibet in der deskriptiven und in der präskriptiven Sprache, in: RECHTSTHEORIE, VI (1975), pp. 17.

logists — could not stand the test of an analysis in regard of the consistency of this procedure.[8]

Another example of a logical analysis of the macro-structure of legal codificates is the logical analysis of the way in which legal texts are presented. In this context the legislation-technical devices of authentic definition, of fiction, of reference, of general provisions, and of explicit repetitions have been logically analysed. It has turned out that they are exchangeable under the viewpoint of abbrevation and structuring of codifications. A number of further examples could easily be supplied.[9]

The other line of research which conceives the theory of legislation as part of legal theory relates to the method of legislation itself. Here *Noll's* already mentioned *Gesetzgebungslehre* is of eminent importance. He raises the question as to how social conditions can be influenced by legal means in a certain direction.[10] This question can be easily misunderstood as an advocation of the technology of power. But it is not *Noll's* intention to understand a theory of legislation in its pure instrumental function. From the very beginning, the value-problem is implicitely taken into consideration by him.[11] In defining the social problem to be solved, it is in no way possible to dispense with evaluation, priorities, or critique of power[12]. Thus the possibility of distinguishing between "good" and "bad" law is given. *Noll's* position ought not be and cannot be used for the advocation of an axiotic absolutism. As a matter of fact, *Noll* fights for thinking in alternatives[13].

As legislation never occurs in a space devoid of law and it always is institutionally or factually "precedented" to a certain degree, there is scarcely a new law, which does not replace or at least amend an old one. *Noll's* method is to gain distance from the given state of legislation; in this way only, one can find better alternatives for an improvement and amendment[14]. This means at the same time that the value-decision is first to be recognized and then confined within the appropriate limits. *Noll* maintains that the norm-problem and suggestions for the solution of this problem should be known with all their consequence

[8] *Jürgen Rödig*, Logische Untersuchungen zur Makrostruktur rechtlicher Kodifikate, in: Studien zu einer Theorie der Gesetzgebung, ed. by J. Rödig, Berlin - Heidelberg - New York 1976, pp. 592; esp. pp. 609; *Gerda Thieler-Mevissen*, Methode zum Beweis von Widerspruchsfreiheit und Vollständigkeit für Gesetze, op. cit. pp. 628.

[9] *Rödig*, op. cit. pp. 603; cf. *C. Homann*, Die Verwendung Allgemeiner Teile oder allgemeiner Vorschriften in der neueren Gesetzgebung, op. cit. pp. 328.

[10] *Noll*, op. cit. pp. 63.

[11] *Noll*, op. cit.

[12] *Noll*, op. cit. pp. 63, 81, 125.

[13] *Noll*, op cit. pp. 107.

[14] *Noll*, op. cit. pp. 72.

in order to be able to take an evaluative choice between the existing alternatives.

According to *Noll's* opinion, legal theory at present is not yet capable of the above-mentioned procedures, which is primarily true in the area of legislation. Legal science has developed into purely normative science, which is exclusively specialized in the application of law. Its exponents can be compared with a surgeon, who uses to perform operations without the advice of other medical specialists. In other words: Legal science must become *as* specialized as medicine so that the cooperation necessary for the solution of its problems remains within the framework of this science itself; this means that legal science has to associate itself with other sciences of fact and deal with the main topics of its own discipline, as it already has happened in penal law in association with criminology. This would mean less to obtain a detailed knowledge of the objects of regulation than to have the ability of mastering the facts normatively and, on the other hand, to gain the knowledge of the complex context which enables us to master the facts and elucidate them. This is a task so far unfulfilled for the lawyers.[15]

Such an interdisciplinary legal science aims not only at more adequate solutions but also at the recognition and circumscription of value-problems. *Noll* suggests, as a pragmatic method for a rational evaluative critique, the so-called "itemizing comparison".[16] Here he proceeds from *Pareto's* assumption that one can discuss results only, but not principles. Moreover *Noll* contends that one can discuss merely alternatives, but not a single decision. Primarily, a legal norm is hypothetically laid down. The second step is the actualization of the legal norm. This step is like an experiment. Situation A is transformed into situation B by applying and executing norms. Then the situation in which a norm is applied is compared with the situation in which it is not applied and in which another norm is applied. By such an "itemized comparison" it is possible to ascertain whether a norm would be a possible future law. If necessary, the norm is corrected. This method of itemization (which compares alternatives with each other, then discusses the results, and if necessary aims at a revision of the norm) has been applied in adjudication already for a long time. In this way the German *Bundesverfassungsgericht* (Federal Constitutional Court) proceded in the so-called pharmacy decision.[17] *Noll's* idea to provide a

---

[15] *Noll*, op. cit. pp. 37, 40, 64.

[16] *Noll*, op. cit. pp. 125 (itemizing comparison).

[17] Bundesverfassungsgericht Decision of June 11, 1958 = BVerfGE 7, 377; reprinted in: Neue Juristische Wochenschrift, Frankfurt - München 1958, pp. 1053; this very important decision is also to be found in *Hermann Weber*, Rechtsprechung zum Verfassungsrecht, Die Grundrechte, Bd. II, München

rational evaluative critique by means of an itemized comparison is not new; only the application of the idea is new. *Noll* postulates, on the one hand, an interdisciplinary legal science and, on the other hand, the procedure of the itemized comparison to be used as a universal touchstone for legal science. To summarize the points of departure for a theory of legislation the following can be named:

1. The requirement to analyse legal codifications logically.
2. The opening of legal science for interdisciplinary cooperation.
3. The development of procedures of rational evaluative critique in judging alternative solutions.

When we ask whether a theory of legislation means an extension of legal theory, we come to the following conclusions: A theory which considers the whole of law as its subject-matter will proceed more adequately if it includes legislation and not only the application of law. Logical analysis, also that of the macro-structure of legal codificates, will accomplish a higher degree of control of hypotheses, which will help to obtain clarifications and prognoses. Finally, the method of the itemized comparison offers the possibility to reach better founded and more reasonable legislative decisions.

If we assume that such an extension by a theory of legislation is required, it is necessary to ensure an appropriate nomenclature for the requisite inordination and articulation of the new topic in research and teaching. On the one hand, it is required to develop a practice- as well as teaching-oriented discipline on the basis of legal science in order to meet the challenge of the "motorized legislator".[18] For this purpose the word "legistics" seems to be suitable (which word corresponds to the German term "*Legistik*"). On the other hand, the theory of legislation itself could be called "legislatorics" (the German equivalent being "*Legislatorik*"). Both together would be branches of science of legislation needed by modern complex society for efficient regulation of its life.

1977, pp. 48. Weber also gives a survey of the relevant literature. The critique of this decision does not say anything on the correctness of the method of itemizing comparison.

[18] Cf. *Theo Mayer-Maly*, Rechtskenntnis und Gesetzesflut, Salzburg - München 1969, pp. 100, who suggests a general reduction of the quantity of norms in modern society by an "encyclopaedic jurisprudence".

PROBLEMS OF A REALIST INTERPRETATION OF THEORIES IN LEGAL DOGMATICS

By Juha Pöyhönen, Helsinki

I.

1. When we are analyzing legal science, the viewpoints of science studies are apt to help us reformulate at least some traditional legal-scientific problems in an interesting and fruitful fashion.[1] However, the fruitfulness of the science of science seems to become clear only after one has acquired an answer to certain fundamental questions in the philosophy of legal science. We face a sort of quandary: only after we know what legal science is, can we gain advantage from the use of science studies approaches that have been developed particularly for the analysis of scientific activity. One way to proceed here is to try to pick out such ideas from the science of science whose significance is relatively broadly recognized and whose application is not too closely tied up with some particular branch of science.

In what follows I shall take up the problem concerning the possibility of a realist interpretation of juridical theories. The realist interpretation — in the meaning rendered precise below in section 7 — is chosen because it is one way of working out a necessary condition for the concept of progress: a continuing tradition.[2]

The notion of scientific theory that I will use is an example of what I mean by a typical widely discussed scientific idea that as to its content is not too closely tied up with some particular branch of science. My notion of a theory is inspired by the critical debate against the positivist notion of theory that is based on a certain understanding of

---

[1] This problematics will be taken up for example in *Aulis Aarnio / Juha Pöyhönen / Jyrki Uusitalo*, The Structure and Growth of Knowledge in Legal Dogmatics (to appear in 1981).

[2] It is usual to interpret the ideas put forward by *Thomas Kuhn* in such a way that in science it is impossible to speak about progress because the different paradigms make scientist to see things differently. However, in this seminarium *Aulis Aarnio* is proposing such kind of interpretation to the Kuhnian concepts that makes it possible to apply them from the point of view of scientific change and progress.

natural science.[3] In presenting my own standpoint I shall take as given two criteria of a scientific theory: one of them functional, the other one structural. In the functional context, a scientific theory is seen essentially as one that produces solutions to scientific problems. Accordingly, *one* (but not the only one) of the tasks of a theory is to solve problems[4] in a consistent and well-founded manner. From the structural point of view, I regard a theory as a whole composed of various elements.

Making use of this general notion of a theory, I shall pursue my analysis by trying to define what a juridical theory is. After this I shall try to give an outline of what the so-called scientific realism as a way of interpreting the nature of legal dogmatics (i. e., legal-dogmatic research) means. In conclusion I shall briefly discuss the problem how a scientific realist would thematize the problem concerning the validity of a legal norm.

A key assumption in my study is that the propositions (or statements) put forward by science can be assessed (e. g. justified or verified) only in relation to some theory and not as autonomous entities of their own. On the other hand, the theory which "produces" these propositions, can be assessed as an entity of its own. In this respect the following inquiry, which in a broad sense can be called holistic, in principle differs from analyses that are based on a propositional approach.[5] There are good grounds for claiming that this sort of holistic approach at the very least is complementary to the propositional viewpoint.

II.

2. I shall illustrate the significance of the notion of theory for the analysis of legal-dogmatic activity by means of three examples. The first one deals with the notion of a simulated juridical act (*Scheinge-*

---

[3] Central names in the debate are *Peter Achinstein, Roy Bhaskar, Pavel Kopnin, Thomas Kuhn, Larry Laudan, Wilfrid Sellars*, and *Frederick Suppe*. A good overview is the Structure of Scientific Revolutions, ed. by *Frederick Suppe*, 2nd ed. London 1978. See also *Ilkka Niiniluoto*, Johdatus tieteenfilosofiaan. Käsitteen- ja teorianmuodostus (An Introduction to the Philosophy of Science), Keuruu 1980.

[4] This point is developed for example by *Larry Laudan* in his Progress and Its Problems, London 1977. For further literature about problem-solving in science, see *John Kekes*, The Centrality of Problem-solving, in: 23 Inquiry 1979. See also *Jerzy Wróblewski*, Verification and Justification in the Legal Sciences, in: RECHTSTHEORIE Beiheft 1 (1979), p. 201 - 202, where he starts with "the enumeration of problems which usually legal science is called for to solve".

[5] See for example *Wróblewski* (n. 4) and in this volume the papers of *Ilkka Niiniluoto* and *Kauko Wikström.*

schäft),[6] known from the law of contract. The nature of this act has been conceived of in two main ways. According to the so-called traditional theory, a simulated juridical act is an expression of the will whose issuers agree that the expression has not been in fact willed but has been issued only for the sake of appearances. To the background of the expressed will, a 'real' will is postulated. Depending on the case in question, it may be necessary to detect the latter behind the transformed appearance that even may be functioning as a disguise. The essential point here is that the traditional theory is based on a certain model of rational human action; on the basis of this model one decides what the 'real' will, independent of the expressions, in any particular case is.

The so-called objective theory of simulation, on the other hand, wants to dissociate itself from the fiction of a 'real' will. According to this theory, a simulated juridical act will be in question if certain external states of affairs obtain. According to such a theory, an example of a simulated act is a transfer of property that has been done in conditions where a plausible, acceptable model for the transfer of property does not exist. The criteria of the inference, and only they, are simultaneously the characteristic features of the notion itself.

Now, practical jurisprudence abounds with various arguments for the superiority of either one of these theories. The 'objectifying' theory is better able to describe the courts' decision-making activity exercising discretion concerning simulated contracts, and this theory also can manage without the deeply problematic notion of a 'real will'. On the other hand, the traditional theory has been at least to a certain extent tied up with the legislation, and therefore the latter can be better systematized by means of the traditional notion. Moreover, the traditional theory also covers the relationship between the parties of a simulated contract and in this sense is more extensive than the objectifying theory. After all, the greatest practical differences between the theories are connected precisely with the creditor's protection as well as with the standpoint towards the parties' right to claim a simulated contract void.

But does one here make comparisons between the right kinds of things? What things do in fact belong to a juridical theory, and on what basis does such a theory acquire its content? What significance should one attribute to so-called legalized fictions?

---

[6] This example is based on the article *Erkki Aurejärvi*, The Concept of a Simulated Juridical Act, in Lakimies 1980, p. 205 - 229 (in Finnish). By this example I want also to stress the intimate relations between legal concepts and juridical theories. Cf. also BGB 117.1 §.

3. Does the Finnish legal order contain the principle of *numerus clausus?*[7] That is to say, are the subjects' property rights exhaustively defined in the legislation — contrary to the situation in the law of contract where the principle of freedom of contracts prevails? If one wants to verify or falsify[8] statements about the validity of the *numerus clausus* principle, then one of course has to know on what basis juridical principles may turn out to be true or false. Does the situation, as described here, at all involve a principle in the usual sense of the term? What kinds of (necessary) connections could obtain between legal principles and other constituents of theoretical legal dogmatics?

4. How should one juridically assess a situation where the workers of a factory, in connection with an industrial dispute, occupy the factory?[9] At least two lines of interpretation have been considered possible:

(i) The occurrence is either a violation of ownership, a violation of the factory owner's legal possession, or it is both of these;

(ii) the occupation is a legal measure of pursuing a strike.

Can both of these lines of interpretation be regarded as juridical of their nature? What kinds of theoretical starting points will guarantee that a statement tells us something about the valid legal order? Is it likely that, for instance, the evaluative decisions contained by the legislation will remain external to the *legal-dogmatic* judgments?

5. From the viewpoint of the questions presented above, an important point is this: What sort of a notion of juridical theory does one adopt? The problems can be rephrased to deal with the structure and content of a juridical theory as well as the principles of theory formation. How, then, would such a notion of juridical theory look like as were apt to get some soundboard from the discussions within the science of science? My own suggestion is the following one.[10]

6. "An Theorien in der Jurisprudenz herrscht kein Mangel", writes *Ralf Dreier.*[11] However, it is easy to see that, notwithstanding this fact,

---

[7] For a more detailed discussion see *Juhani Wirilander,* Käyttöoikeudesta kiinteistöön (The Right to Use Land Property), Vammala 1980, Chapter 1.

[8] Ibid., 2.

[9] See *Sabine Wendt,* Die Betriebsbesetzungen in Frankreich, in: Demokratie und Recht 1978/1, p. 14 - 23.

[10] My suggestion is developed in more detail in Juridisista teorioista (On Juridical Theories), Helsinki 1981, chapter 3. See also my article "On the Role of Theories in Legal Dogmatics", in: RECHTSTHEORIE Beiheft 2 (1981).

[11] *Ralf Dreier,* Zur Theoriebildung in der Jurisprudenz, in: Recht und Gesellschaft, Berlin 1978, 103 - 132, is one of the most inspiring ones among the astonishingly few articles about theories (or more precise: about the concept of theory) in legal dogmatics.

the common legal-dogmatic parlance, that is, the everyday juridical language, does not provide us with a solid foundation for the definition of the notion of a theory. The use of the term "theory" in everyday jurisprudence contains equivocations and is vacillating. For this reason, the definition of the concept must be based on an understanding of the legal-dogmatic activity as a social group activity. The solving of problems is a domain of juridical activity which is significant as regards the general notion of a theory adopted earlier here. But of what kind are juridical problems, then?[12]

The foundation for juridical problems lies in the legal order. We must distinguish between the normative and the factual content of this order. I shall not elaborate this distinction in detail. Anyway, it is based on principles evolved out of the concrete application of legal regulations. On one hand, we must clarify the systems of commands, prohibitions, permissions and exhortations included in the legal order, the legal institutions and the legal norms. On the other hand, we must explain the relationship between the legal order and societal states of affairs. To these two tasks correspond two kinds of problems, which I shall call the *normative* and the *factual* ones. The relationship between a legal order and the matters it regulates can be schematically represented in the following way:

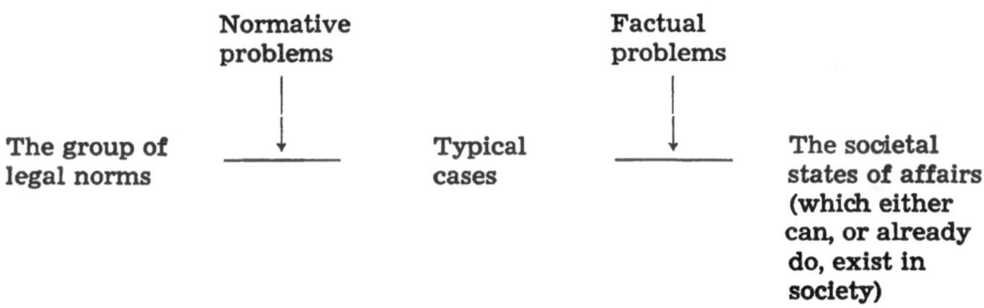

Fig. 1: Relations between a legal order and its object

Figure 1 clearly indicates the dual nature of descriptions concerning the content of a legal order. On one hand, it is important to grasp the typical cases that can be found in the legal order; on the other hand, we must find out what kinds of juridically relevant features the

[12] See also *Michael Machan*, Legal Questions: What Are They and How Are They Answered, to appear in: RECHTSTHEORIE Beiheft 2. See also chapter 3.3 in my work (n. 10). Principally the same way of handling the problem in a broader context is found in *Roy Bhaskar*, The Possibility of Naturalism, Sussex 1979.

sequences of social events contain. The former task is tantamount to the solving of the normative problem, the latter to the solving of the factual one.

What kind of (classifiable) commitments enable a juridical theory to fulfill its problem-solving function? As regards this question, I consider a juridical theory a whole the elements of which seem to include at least the following five types of things: (a) factual and (b) valuative commitments concerning the social relations included in the object of the theory, (c) legal norm propositions concerning the norms forming the object problem in question, (d) legal principles, and (e) principles of systematization.

Before I proceed to give a brief characterization of each of these elements I want to emphasize that (at least) all of the enlisted elements seem to be necessary constituents of a juridical theory. Even if some normative problems were solvable primarily by help of the legal principle and the systematization principle elements, this would not destroy the significance of the factual and valuative elements in the decision-making as well. That is, juridical problems, in my view, are not "purely" juridical of their nature (i. e. "juridical" in the sense that the solving of them were independent of the factual and valuative conceptions contained by a rationally reconstructable theory).

The *factual element* of a juridical theory contains a representation of the social phenomena specified by the set of norms which make up the object of the theory. For example, a theory of the simulated juridical act contains a more or less systematic conception of the nature of agents in society.

Let us then have a look at the *value element* of a juridical theory, again in its relation to the object of the theory. Value-assertions that are relevant as regards a juridical theory can be grouped under three heads: (i) value commitments concerning the object of the juridical theory; (ii) value commitments concerning the system of legal norms; and (iii) normative commitments concerning the application of a juridical theory (e. g., methodological rules). In the earlier mentioned example concerning factory occupation, value judgments about the relationship between private and common property or about the concrete content of ownership would be of type (i). Generally speaking, to formulate value judgments here means to take a stand on the circumstances included in the factual element. — Value judgments of type (ii) are mostly assertions about the fairness and consistency of the way the system of norms functions. For instance, norms regulating ownership can be examined from the point of view of how they protect private property.

Juridical theory yield statements that tell us something about the valid legal order.[13] I shall call these statements "norm propositions$_2$". For the formation of such statements, some preliminary conceptions about the legal order are necessary. These I shall call norm propositions$_1$. A *norm proposition element* of a theory is a functioning whole constituted by these norm propositions$_1$.

When speaking of a juridical theory, we must first be clear about what the traditional way of defining a legal principle means. It seems to me that a legal principle, as traditionally understood (correspondingly, a general legal principle), functions according to the situation as a value scale for both the set of norms and the object of the norms. For the sake of clarity, then, I shall use the term *"legal principle element" only* to indicate the value assertions which concern the *set of norms.*

The *systematization criterion element* is connected with what is customarily called the general doctrines of some branch of law. Both material and formal systematization criteria are essential to the heuristics of juridical problem-solving.

III.

7. One may perhaps group the ways of thought advocating scientific realism under two main lines. I shall call them the *strong* and the *weak* versions of realism. Their common feature is the realist stance, which in this connection means the assumption that science has an object which exists independently of it. This being so, scientific theories would not be mere representation-technical devices but would tell us something about the way and the why of the world.

To characterize the differences between these two versions, one may cite the following standpoints.[14] According to the strong form of realism, there is a correct conceptualization for problems concerning reality, that is, there are correct concepts for the thematization of a certain state of affairs which poses a scientific problem. This being so, one of the characteristic features of scientific progress would be the approximation of this correct conceptualization.

On the other hand, the weak form of realism wants to associate the development of concepts with the internal development of the science

[13] The reason for this is pointed out in section 14.

[14] I am indebted for these points to *Uskali Mäki.* It is perhaps also possible to call the strong version as metaphysical and the weak version as intrinsic realism. See *Hilary Putnam,* Meaning and the Moral Sciences, London 1978. They should be kept distinct from what could be called naive realism, i. e. the idea that thoughts are just mechanistic pictures of the world in the mind.

that investigates a particular problem posed by reality. According to the weak form of realism there exists no philosophy which in a universally valid fashion could tell us of what sorts of entities the slice of the world under study consists.

The weak version of realism would seem to imply that it is not possible to determine in a universally valid way any demarcating borderline between the (empirical) appearance and the 'real nature' of things. Even if the weak realism in principle admits the possibility of the existence of this borderline, the line in fact will shift in the course of scientific development.

An important consequence of this as regards the interpretation of a scientific theory is that in weak realism, the semantic relations (truth and reference, for example) will remain internal to the theory. This means that the theory in itself is not, say, true or false; instead, the theory would have reference to a model object which is a construction formed by us. In the course of development of science these constructions would show a more and more adequate correspondence with reality. According to the strong version of realism, truth involves a direct correspondence between a scientific theory and the real object. Thus, one may see that the idea about truth as correspondence is shared by both kinds of realism.

8. One way in which a juridical theory can be endowed with a realist interpretation is an analysis of a theory's particular elements. In what follows I shall outline some problems that emerge when one seeks to interpret the factual, valuative, and norm proposition elements of a juridical theory in a realist fashion.[15] Here I shall focus my attention to the following problem: What requirements scientific realism would pose regarding the origins and the justification of the elements of a juridical theory? I will here proceed from the preliminary standpoint concerning meanings to discuss the problem how the requirement concerning correspondence would look like if discussed in terms of the criteria internal to science.

9. The significance of the factual and the valuative elements in the process of producing juridical knowledge is a complex question. However, it is preceded in the order of discourse by the question concerning the origins of these elements. Realism holds that it is not enough to justify this kind of knowledge concerning man and society merely by the claim that some sort of knowledge is necessary. Neither can realism be satisfied with the claim that knowledge of a certain content

[15] For the two elements which are not dealt with here see chapters 3.4.2.4. and 3.4.2.5. in my work (n. 10).

seems to function well in the description of the legal order, if this claim is being offered as the primary justifying argument.

10. At least for a realist who adheres to the strong position,[16] it might be well-founded to adopt the stance that there is only one element, one that contains both the factual and the valuative elements. Traditionally this idea has been voiced by talking about legal dogmatics as a science which yields norm recommendations concerning the valid law and not primarily legal-policy recommendations. That is, legal dogmatics on this view would be an approach characterized by the normativity of its results.[17] A thorough-going descriptiveness may be just a demand imposed on legal dogmatics; for theoretical reasons, the carrying through of this demand cannot be successful. The description of the valid law contains or implies an explanation for the fact why a legal norm claimed to be valid is necessary or makes sense.[18]

From this impossibility of a pure description it follows that the borderline between conducting descriptive and normative inquiry cannot be established in a universally valid fashion but can be pointed out only for each particular research tradition. The descriptive part of legal research is always tied up with some normative theory. All social science — including legal research — shares questions with some ideology. By ideology, I mean a whole that includes a certain conception of the social reality as well as a theory about how the appropiate kind of society would look like, what true justice would be like, and so on. In this connection, some authors have talked about the intertwinement of theoretical social science and normative social philosophy.[19]

The problems involved with the realist interpretation of the factual and valuative elements can best be seen if one asks whether it is possible to bring about change in the view of reality or world-picture lying behind the legislation and yet preserve the juridical character of the statements involved. In the example concerning a simulated juridical act, mentioned in the beginning of this paper, this question would be of the form: What difficulties does one encounter if one

---

[16] As an example see *Bhaskar* (n. 12), esp. 78 - 83.

[17] See chapter 3.1.3. in my work (n. 10).

[18] This is clearly one of the leading themes in *Juha Tolonen*, Empiirisen tiedon käytöstä oikeustieteessä, in: Lakimies 1976, p. 593 - 609 (The Use of Empirical Knowledge in Legal Science).

[19] In Finland we owe this idea very much to *Ilkka Patoluoto*. See *Aulis Aarnio*, Legal Point of View, Helsinki 1978, p. 50 - 81, as an example of a possible way of applying this thesis to the problems of the philosophy of legal science. As a part of a strong realist analysis, *Bhaskar* sees it necessary to break the so-called Humean Guillotine, i. e. to show how values can be derived from facts and the other way round. See *Bhaskar*, (n. 12), p. 78 - 83.

wants to drop off the fiction of the so-called real will looming behind many regulations of the law? Formulated in this way, the problem falls together with the general question concerning the possibility of all critical social science. The substitution of the legislator's world-picture by another one is not a question of either/or; it is a question about the extent to which such a substitution would be (juridically) possible. It is a fact that the legal order often is based on mutually conflicting world-pictures; this is shown lucidly by the example concerning factory occupation cited earlier. But when does one then encounter such societal boundary conditions as would and must appear within the legal order?[20] The investigation of these boundary conditions would seem to fall outside the scope of legal science.

However, the criteria used in the choice of factual and valuative elements are clearly connected with the assumed conception about validity. Above all, they are connected with the degree of significance one attributes to societal changes and pressures towards a change in connection with the determination of the content of valid law. This can be clearly seen also when one examines the origins of the legal norm proposition element.

11. The delimitation of legal-dogmatic problems presupposes a preliminary view about the set of norms determining a juridical problem. The norm proposition element included by a juridical theory makes up such a preliminary picture. From the standpoint of the realist interpretation of theory, norm propositions$_1$ should be regarded as statements that simultaneously tell us something about the validity of the norm and about its content. This duality is a consequence of the fact that juridical theories on the realist view, are not theories about possible norm orders; they are cognitive wholes by the help of which one may thematize the valid law prevailing in a certain country. Thus a norm proposition$_1$, which contains a statement concerning a certain non-valid norm, from the standpoint of juridical theory would be unjustified right at the outset and consequently should be rejected. On the other hand, as regards the functions of the theory, only such statements concerning a norm are significant as — in addition to stating the norm's quality of being valid — tell us something about the content of the norm.

The question How open[21] is considered to be the legal order? has important consequences regarding the criteria of the choice of the

[20] In this point the realist views in basic ontological assumptions always have some analogy to natural law thinking or to the central ideas of *F. C. von Savigny*. Also *Wróblewski* (n. 4), in his discussion about verification in legal science, observes that "the discussion will face the basic issues of legal ontology and epistemology opposing the basic philosophical dilemmas" (195).

norm proposition$_1$. If (and only if) the legal order is considered a closed system, one may support one's choice by referring to a consistent correspondence between the norm proposition$_1$ and the legal order. If one, in addition to this, assumes that everything involved with the law can (in principle) be formulated in linguistic terms, realism would only face the problem of making the juridical language as unequivocal as possible. By submitting to certain rules concerning the use of language, one could make sure that no room for interpretation would remain.[22]

But on which grounds could one choose the more 'truthlike'[23] one from two norm propositions$_1$ that deal with an open point in the legal order? The choice is backed by the assumed doctrine concerning legal sources. In virtue of this, also the problem discussed here gets connected with the standpoint which has been adopted concerning the validity of the legal norm, that is, the problem has something to do with the characteristics met by a valid legal norm. Consequently, we must give a more precise answer to the problem concerning meanings.

IV.

12. The conception concerning the validity of a legal norm naturally determines the object of legal science. At the same time, the basic solutions offered to this problem also characterize the outlook of different philosophies of legal science. That is to say, posing that legal science is the subject matter of the investigation, then also this (object-)science must be delimited in one way or another. What one takes to be legal science is primarily dependent on what one considers the law to be.

According to the strong form of realism, it is possible to philosophically establish limits of plausibility to the conception of validity that is being applied in legal science.[24] On this view, it would be possible

[21] I use the term "open" in the sense that is common in system-theoretical literature: a system is open if there exists a plurality and a multiplicity of causes. I think an equivalent way to put this is to say that the legal norms are genuinely equivocal. See *Aulis Aarnio*, Linguistic Philosophy and Legal Theory, in: RECHTSTHEORIE Beiheft 1 (1979), p. 21 and my work (n. 12), p. 71 - 74.

[22] Some variants of strong realism would consider the whole way of seeing things wrong. *Bhaskar*, for example, calls it a linguistic fallacy to believe "that the statements about the world can always be transposed into linguistic terms, that is into statements about the language one uses to describe the world". *Bhaskar* (n. 12), p. 208. The consequences of what Bhaskar calls linguistic fallacy are clearly seen for example in *Jürgen Habermas'* concept of "*Idealauditorium*".

[23] On truthlikeness see, for example, *Niiniluoto's* article in RECHTSTHEORIE Beiheft 2 (1981).

[24] See for example *Bhaskar* (n. 12).

to philosophically seek (in a sense analogous to scientific inquiry) a conception of validity which would be as plausible as possible; one thus would be able to philosophically establish some necessary characteristics of law that must obtain *semper et ubique* (i. e., irrespective of time and place). In short: the correct notion of validity, on this view, does exist (even if it may not be always attainable).

13. In the following I shall briefly critisize the so-called auditory-theoretic way of thought from one of the possible (strongly) realist views of validity. The different forms of the auditory-thinking may be typified according to whether they take the validity of a legal norm to mean its actual acceptance or its potential acceptability.[25] The former standpoint I will call the actualist, the latter the potentialist auditory thesis.

One of the realist's possible criticism of the *actualist auditory thesis* could be based on the fact that this thesis includes a description — plausible as such — of certain human behaviour which is significant as regards the law. However, the realist philosophy of legal science wants to go deeper and gain knowledge about the processes taking place under this 'surface'. The fact that a certain legal norm is valid means that this norm fulfills certain (social) characteristics. These criteria, on the other hand, contain a reference to such societal tendencies whose realization can be seen in the fact that a human group relevant to the legal order accepts the norm as valid. The actualist auditory thinking thus seems to contain only the starting point for the definition of concepts.

One way of making the realist stance more precise would be to say that the validity of a legal norm is a real possibility.[26] The norm's validity is tied up with societal power relations, and the valid norms undergo a constant change irrespective of the changes taking place in legislation and other surface phenomena. Thus, the fact that some given norm is not valid, cannot be negatively inferred from the fact that some given norm has not gained the acceptance of the relevant auditory.[27] When some human group takes a conscious standpoint

[25] On this distinction see *Aulis Aarnio,* On Truth and Rationality in Legal Argumentation (to appear in RECHTSTHEORIE Beiheft 2).

[26] See *Lars D. Eriksson,* Utkast till en marxistisk jurisprudens (A proposal to a Marxist Legal Dogmatics), in: Retfaerd 1979/11, p. 40 - 54 and his dissertation "Marxistisk teori och rättsvetenskap" (Marxist Theory and Legal Science), Helsinki 1980.

[27] For example an act that the Parliament has passed is valid in the realist sense if the Parliament's position in the wielding of social power is a fact. However, this kind of an act is — for a certain time — impossible to be recognized in any auditory, because there is no information about it. If on the other hand the members of the Parliament are considered an auditory,

concerning a norm, this takes place in the society which is an open system. Interfering factors may bring about that the tendency towards accepting does not result in actual acceptance.[28]

The *potentialist version of the auditory thesis* places only one condition for a norm's validity: its acceptability. If acceptability in this approach is deemed to be a condition of ideal conversation (*eine ideale Sprechsituation*)[29] or rational discourse,[30] then the strong realist would present his criticism by referring to the 'linguistic fallacy'. He would maintain that it is highly problematic to rephrase the problem of validity in terms of such notions and conditions as merely characterize the communication connected with validity.

On the other hand, if the social conditions of the auditory are stressed in connection with the discussion of acceptability,[31] then the theorist in fact can arrive pretty close to the realist standpoint. The difference of standpoints could then be, at least in part, mostly one concerning definitions: does the notion of validity deal with acceptability, or the reasons for acceptability, that is, with the social determinants of the auditory? To refine the auditory thinking by laying stress on the historical change and changeability of the auditory's boundary conditions would come very close to the realist assumption that the ultimate criterion for the validity of statement concerning the legal order were the social relations essential to the law as well as their change. Another thing is that in regard to the methodology, finding out that the acceptance takes place may be one way of establishing the change taking place in these relations.[32]

14. In the beginning of this paper, my aim was to thematize the notion of the legal order from the basic viewpoint of what kind of problems the legal order necessarily must arise for legal science. After this, I outlined some necessary conditions for a science which

---

one must change the relevant auditory *for the same norms* continuiningly *ad hoc*.

[28] Thus legal science as practised under realist conditions would not produce any predictions.

[29] The term is used by *Jürgen Habermas*.

[30] See *Robert Alexy*, Theorie der juristischen Argumentation, Frankfurt am Main 1978.

[31] See *Aarnio* (n. 25). The key point of a realist criticism relates to the problem as to whether auditory-thinking is an adequate description "of the manifest image of man".

[32] One of the difficulties in the realist interpretation of theories which *Ilkka Niiniluoto* pointed out during the seminarium, is to what degree can certain problems of validity involved by certain norms that mainly solve technical problems (the order of legal actions) be interpreted as methodological ones. Cf. e. g. with the classification of norms suggested by *Imre Szabo*, Les fondements de la théorie du droit, Budapest 1973.

is trying to solve these problems. But what, then, is the connecting link between the science of law and the legal order? Why should the science of law necessarily be a research concerning the valid legal order? Why should legal knowledge at all be in correspondence with the juridical reality?[33] One argument, which at the same time is one from the history of legal science, is that at least partly the same societal pressures give rise to both the legal order and the science of law. However, to give support for this argument obviously is already a theme for a study in the history of the legal sciences.

[33] For science in general: *Bhaskar* (n. 12), chapter 1.

ANALYSIS OF JUDICIAL PRACTICE
A FINALISTIC APPROACH

By Hannu Tapani Klami, Turku

1. Ontology of Law

In legal — as in other — research the starting-point is or at least it ought to be the *ontological* quality of the object of research. We are thus asking: What is law? For it is clear that we are analysing judicial practice not for its own sake but in order to learn something *about law*. To start from ontology needs no special justification; rather a clarification of the scope of the present essay is required.

In my opinion law is an inherently *dualistic phenomenon*, consisting ontologically of *norm and behaviour*, but not so that law is simply *norm + behaviour*. Norm and behaviour reflect each other at the level of *interpretation. Norms are concretized* by and in the behavioral *facts*. But, on the other hand, legally relevant behaviour is always to be *interpreted with norms:* behaviour follows a certain rule — set of rules — or it does *not* follow them. In any case it is interpreted with the norm or with its negation.[1]

The scope of the present study is to show how this ontological dualism works at the level of methodology. For it is clear that ontological stipulations are reflected in the methodology used. Thus it is also necessary to start from the basic questions. In my opinion, even a student of positive law should now and then be asking: *What am I really doing?* Otherwise the methodology used entails the ontological stipulations without their being recognized.[2] I shall try to show that

[1] The ontological dualism I have in more detail analyzed in my book "Finalistinen oikeusteoria" [*Hannu Tapani Klami*, The Finalistic Theory of Law], Turku 1979 (with an English summary), Ch. I. and in my essay "Sääntö ja käyttäytyminen" [*Hannu Tapani Klami*, Norm and behaviour], Oikeustiede-Iurisprudentia XII (1979, with an English summary), p. 137 ff. Some of the ideas of the present essay have been published in my essay "Oikeustapausanalyysin perusteita" [*Hannu Tapani Klami*, Elements of Case Analysis]. Lakimies 1979, p. 407 ff.

[2] See *Jerzy Wróblewski*, Ontology and Epistemology of Law, Rivista internazionale di filosofia del diritto 1973, p. 832 ff. On legal positivism see also my "Länsimaisen oikeusfilosofian historia" [*Hannu Tapani Klami*, History of Western Legal Philosophy], 3rd ed., Turku 1980, Ch. VIII: 1.

the current methods of analyzing cases express — more or less clearly — certain ontological assumptions — which all too often remain unspoken assumptions.

In short, there are relations of entailment:

What law is → How to study law and legal phenomena.

But ontology, of course, expresses the *socially conditioned interest of explanation. V. Tumanov,* who thinks that law is a complex phenomenon which only can be coped with by means of the Marxist method of dialectical materialism, claims that bourgeois legal theory tends to overstress different aspects of law, depending on the social circumstances.[3] The result is onesideness — an accusation which he also directs towards those theories of law which stress the *teleological* and instrumental nature of law. Of course, my *finalistic* theory of law belongs to this group of bourgeois (i.e. non-Marxist) conceptions of law. My theory is also exposed to his criticism that law is essentially a *norm* and not in the main a method of social engineering. But now we have already come to the crucial point. Because law is a reflective norm ↔ behaviour-relation, an analysis of judicial practice should take both norm and behaviour into account, especially when cases are interpreted. But law is also social behaviour and has a social impact. Behaviour is — or can be interpreted — as being *intentional. Norm-rationality* and goal-*rationality* are inherent aspects of legally relevant behaviour.[4] We should, therefore, ask:

What is the intended/real social impact of judicial practice?

Ontological assumptions express, as said, certain interests of explanation, but the relation is not a simple entailment but rather a *reflective* one:

What is law ↔ Why do you study law and legal phenomena?

To put it very briefly: In my opinion, the aim of the study of judicial practice is *not* to satisfy the norm-desire of judicial organs and other people. Not only. Neither is it to provide materials for attorneys or litigants to prophesy the outcome of their present or future law-suits. Not simply that. What I want to stress is the *social role of the judicial practice.* The main questions are here:

What are the *conditions of rationality* of a certain judicial practice, viz. of a certain legal case?

---

[3] *V. A. Tumanov,* Contemporary Bourgeois Legal Thought, Moscow 1974, p. 16 ff.

[4] *Stig Strömholm,* Normer och mål — det normbundna beslutsfattandets särart. Svensk Juristtidning 1976, p. 161 ff.

Can these conditions of rationality be *accepted* in a certain *axiological system* (AS) — which consists of more or less known present or future *states of affairs*, their interdependence and *evaluative operations?*

2. Different Ontologies and Their Approaches to Judicial Practice

Jerzy Wróblewski[5] has classified the ontologies of law as follows:

Normativism → Law is a norm

Realism → Law is a fact < social / psychological

Axiology → Law is a value < idealistical ontology of values / materialist ontology of values

Complex theories → Law is a complex phenomenon.

I already stated that different ontological assumptions express — or may express — different *interests of explanation.* We cannot here deal with the whole spectre of possible ontologies. We are now examining the methods of analyzing judicial practice. The current methods can easily be linked with the mainstreams of *legal positivism* to-day, that is, with its normativist and realist version. I shall try to show that normativism and realism are, *in ultima analysi, interreducible,* which, on the other hand, is due to the ontological dualism of law and to their common feature of treating judicial practice as a phenomenon which is in the positivist manner conceived of as being something given "in advance" and not to be affected by research.

In legal practice, *cases* are analyzed. In "cases" there is a connection

facts → decision

It is, however, clear that the facts of the case do not *cause* the decision. The link between them is *human behaviour,* an act of decision-making. In analyzing the cases this behavioural link will be the object of study. Various approaches as to this link are possible. It is common to speak about explanation *("Erklären")* and understanding *("Verstehen")*.[6] To put it briefly, explaining a sequence of facts does not presuppose that the question of their intentional relation is posed, whereas understanding means that a sequence of facts cannot be explained without asking what the *intended connection* between the various parts

[5] *Wróblewski,* Ontology ..., cited *supra* n. 2.

[6] On the distinction "explanation/understanding" *(Erklären/Verstehen)* see *Georg Henrik von Wright,* Explanation and Understanding, London 1971, Ch. I and *passim.*

of the sequence of facts was — or, over-simplifying, why the facts are connected in this-and-that way. The explanation *must* be a norm.

If it is not covered by a norm, that is, there is no regularity in the sequence $F \rightarrow D$, the case is a *random* sequence. For a lawyer it would, then, be uninteresting. And an analyst of judicial practice is looking for norms which cover the case. But is there really any covering law? This leads us to a difficult methodological problem known as the *Hempel v. Dray* controversy. In my opinion the problem can be simply presented as follows.

A law *covers* a sequence of facts, when the following structure of explanation can be used

$$\underbrace{\text{conditions}^p \;\&\; \text{Cause}^p \rightarrow \text{event}^p}_{\substack{\text{“covering” \textit{general law:}} \\ \text{conditions}^g \;\&\; \text{Cause}^g \rightarrow \text{event}^g}}$$

There is a *structural similarity* between the *general law* which speaks of *general (typical)* conditions, causes and events, and the *particular* sequence of facts. But does this explanatory model suit for explaining historical events, for example, human conduct? History does not repeat itself. *Dray* has rejected the "covering law"-model of *Hempel* and claims instead that a historical event can be *ex post* explained only by *telling the whole tale*. This means that the explanation becomes utterly individual and loses the character of a covering law or norm.[7] The problem is very complicated indeed; there is no need to go into all its details in this essay. In my opinion the covering law model and explanation with the individual properties of the sequence *do not exclude each other*. A general law of the Hempelian type covers the *broad outline* of the happening. The law allows several possible sequences, whereas the *realized* version can be — deterministically — explained only by telling all *relevant details*.[8]

It is, then, evident that some kind of norm *can* theoretically be used when judicial practice is explained. For a practical lawyer this seems to be a trivial truth, but it needs some elucidating remarks.

---

[7] On the discussion see *C. G. Hempel*, Aspects of Scientific Explanation, New York 1965 and on the other hand, *William Dray*, Laws and Explanation in History, Oxford 1969; my own comments in more detail in "Finalistinen oikeusteoria", p. 215 ff.

[8] See *Hannu Tapani Klami*, General Norms and Legal Reasoning. Legal, Social and Teleological Norms as Explanations of Legal Decision-making. Rechtstheorie 1980 (in print). There I have developed a theory that the ultimate explanations are "*individual norms*", which are structurally similar in all these types.

(1) The facts of the case do not *cause* the decision. The link between the facts and their legal consequences *is not a causal one*. Rather we could perhaps say that the *conditions*, the "cause" is the act of decision, and the "event", the result are the so-called *legal-consequences*.

(2) *Not all* facts of the case are *relevant* for the decision. The need for norms is easily seen when one is asking: "What are the *conditions of relevance* of a set of facts with respect to a certain decision (→ legal consequences)?" *Wróblewski*[9] has pointed out that dividing the facts of the case into relevant and irrelevant ones is the starting-point of *norm-formation*.

(3) Events of nature do not reflect or ponder on the laws of nature. The decision-maker, however, can consider the norms linking facts with decisions. He may try to interprete them — or he may even reject them.

But *what kind of norms* can link facts and decisions? There seem to be three main types:

(I) *Legal norms:* they can leave a wider or narrower range of choice for the decision-maker.

α) The formation of facts require discretionary and/or evaluative operations (the norm-formulations use value-laden concepts as "good faith", or vague concepts, e.g. "illness").

β) There are several alternative choices, for example punishment for a certain crime within a given scale of penalties.

Karl N. Llewellyn speaks of leeways of decision-making.[10] The legal norms leave a range of choice for the decision-maker.

(II) *Socio-causal norms.* Depending on the theoretical conceiving of social norms they can come more or less near to the view, already refuted above, that certain facts *cause the decision-maker to make a certain decision.* But one cannot say generally that following a social norm would be unconscious and unreflecting adherence to a social practice. Social cohesion and pressure may be so strong that the decision-maker might not always be asking himself: What and why am I doing? But

α) the *possibility* of intentional adherence or non-adherence to a social rule is always present, whether it is in fact used or not;

---

[9] See *Jerzy Wróblewski*, The Concept and the Function of Precedent in Statute-Law Systems, Archivum Iuridicum Cracoviense VII (1974), p. 7 ff.

[10] *Karl N. Llewellyn*, Jurisprudence, New York 1962, p. 137 ff.; p. 153 f.

β) social norms do not always indicate a certain determined way of conduct — just as legal norms, they may leave a certain range of choice to the decision-maker.

(III) *Axiological (technical) norms*[10a]

They can simply be described with the help of the following scheme.

(1) If G is envisaged as a *goal*

(2) and if M is in *conditions* C a necessary condition of achieving G, then

Norm: *you should do M, provided that C.* As applied to legal decisions this would mean: $F \rightarrow D \rightarrow G$: in factual context (conditions) F it is necessary to make decision D in order to achieve goal G (which might be a state of affairs more or less identical) with D or be *sensu largissimo* caused by D.

But neither do axiological norms always indicate a determinate decision:

α) Often it is very unclear what the optimal means (decision) would be.

β) More often than not an *axiological system* must be *created* in order to choose the optimal decision: this is the case when there are several goals and the available means are not *equally* accomplishable; there may, in addition, be some uncertainty as to the means-goals-relations.[11]

It is easy to recognize the legal theoretical background of these three explanatory norm types: (I) normativism, (II) realism, (III) axiology. They do not exclude each other as explanations; they may be used in a *complementary* manner. Moreover, adherence to a certain norm-type can at least partially be explained by referring to another norm-type, for example:

A legal norm was followed because of social pressure exerted by some group on the decision-maker.

[10a] I do not mean that axiological norms are *per se* technical: technical norms show how to act, provided that a certain system of values and goals is accepted *and* certain epistemic conditions prevail. These techniques combine a certain axiology and a certain set of possible means in such a way that we can speak about an *axiological system of action.*

[11] On the structure of axiological and normative systems see *Jerzy Wróblewski,* Systematically Relativized Statements, Logique et Analyse 1978, p. 67 ff.; my own conception is set forth in "Finalistinen oikeusteoria", p. 81 ff.

A social norm was followed because it was backed by a legal norm. But the most important observation is that adherence to legal norms and/or social norms *implies* that their social impact, the decision and its (thought-of) consequences are *axiologically accepted.* This is an essential part of my *finalistic* theory of law (and judicial practice). Adherence to legal and/or social norms can and *should* always be judged by evaluating their social consequences.

In "normal" cases there is no significant difference between the ranges of choice given by these three norm-types. Usually it is both socially expected and axiologically acceptable to act in accordance with law. But there are several non-trivial possibilities:

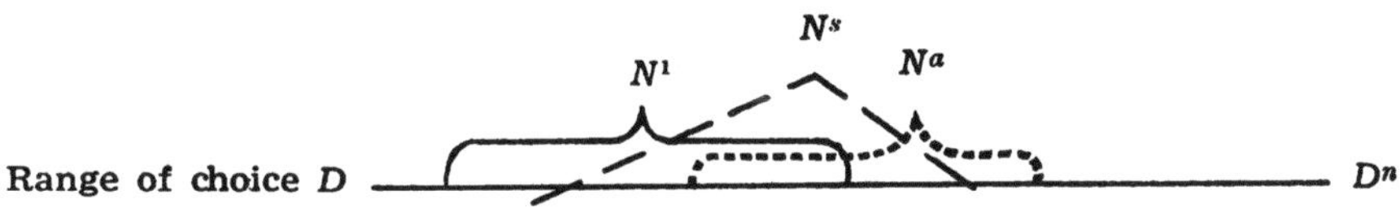

A part of the range of choice given by legal norms (N^1) is excluded by social norms (N^s) which, on the other hand, would allow decisions not permitted by the law. A part of the decision-alternatives in conformity with legal and/or social norms are axiologically non-rational (i.e. they cannot be accepted in a certain *AS*). On the other hand, law and social norms do not always recognize decisions which a certain axiology *AS* would recommend as rational. I will, of course, not deny that adherence to a certain *AS* is also *socially conditioned.*

As already stated, judicial practice *is*, ontologically, *behaviour* in connection with a norm which can be used as its interpretation scheme. Behaviour is intentional (i.e. it may be thus interpreted). We see here three interpretative schemes:

norm-intentional in the legal sense: the decision-maker follows a *legal rule;*

norm-intentional in the socio-causal sense: the decision-maker follows a social rule;

axiologically intentional: the decision-maker follows technical norms derived from a certain *AS*.

It imposes serious limitations upon the usefulness of the analysis, when the social impact of legal decisions is ignored. This is, however, often done by the representatives of *legal positivism* — both by normativists and by realists: they are examining legal practice *such as it is* and not as it *should* be (this, it is claimed, requires value-judgments which are banned from true positivist science).

3. Judicial Practice as a Social Phenomenon

The common method of analyzing judicial practice is affected by some general weaknesses:

(a) *Lack of historical treatment* of the cases:

α) Often cases which are based on application of the same norm-formulations, are analyzed in a *statical* manner, as if they were parallel and not a part of a socio-historical *continuity*.

β) The view on the continuity of judicial practice is based only on *formal* criteria of legal validity: the continuity is going on as long as certain norms are in force; when they are replaced by new ones, the continuity is broken as if new law would *quasi* automatically create a *"tabula rasa"* and destroy the social, doctrinal and legal systematical background factors of the judicial practice which was based on the old law.

γ) If legal science is at all taken into account as a factor influencing judicial practice (and not *vice versa*), the commensurability of different scholarly opinions (including those of the analyst himself) is thought to be sufficiently guaranteed by the fact that they are speaking of the same norms. If old authorities are taken out of their *historical context*, they are no match for the modern critics.

(b) Judicial practice is also often analyzed as an *isolated phenomenon:* only as a relation between facts, norms, and decisions in different cases, which are compared.

δ) It is often forgotten that even if a single case can be explained by referring to a norm, judicial practice — as an *aggregate* — is a *dynamic social phenomenon,* where not only later cases are influenced by the earlier ones, but where all cases receive impulses from outside: from legal science and from the society as a whole. On the other hand, even if the social impact of a *single* case might be only marginal, judicial practice can be a very influential social power.

ε) Provided that law and/or judicial practice have not undergone any major change, the analyst often feels it justified in *ignoring* social changes as if they were *irrelevant* for the practice. On the contrary, the tendency in legal practice towards inertia is far from being uninteresting.

It is not possible to show in this essay, *how* judicial practice could be analyzed from a social and historical point of view. Some sketchy observations will suffice.

There is a *structural* intertwinement and cohesion between the society as a *whole* and its different parts, such as legal norms (legislation), their application (judicial practice) and scientific treatment (legal science). In such a *whole-parts* structural relation there is a *mutual coherence* between different states of affairs. This mutual coherence *cannot* simply be interpreted as a *causal* nexus, even if one might feel some temptation to do so, especially when an event is historically preceded by another one. The *time dimension* is in any case *relevant*, although it would often be silly to conclude *"post hoc, ergo propter hoc"*. The following scheme might perhaps elucidate my methodological intentions:

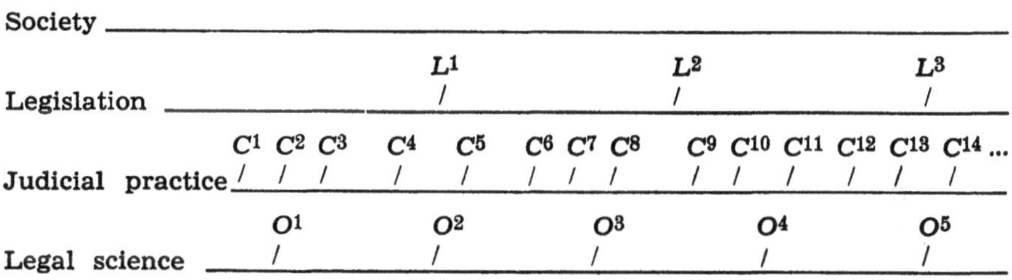

The structural coherence between society, laws ($L^1 - L^3$), cases ($C^1 - C^{14}$) and scientific opinions ($O^1 - O^5$) should be examined without a preconceived explanatory scheme. The extremes are easily avoided — for example, the "materialist" type of explanation $\overrightarrow{\overrightarrow{S \rightarrow L} \rightarrow C \rightarrow O}$ or the "ideological" one $\overrightarrow{\overrightarrow{O \rightarrow C} \rightarrow L \rightarrow S}$. But one should also be careful in adopting the (semi-)official doctrine of *sources of law*, for example, that judicial practice shall be subordinate to legislation or that legal science shall have no authority as a source of law. Then it is easier to avoid the temptation to brand a case which is an exception to the practice as "mistaken" or a scholarly opinion as "wrong" if it has found no adherence among other scholars or decision-makers.

It is always interesting to see, for example, whether the role of the judicial practice has been receptive and passive, or creative and active, and to *explain* why it has come to be in this or that way. The same can, of course, be said about legal science: Has it contented itself only with a description of laws and cases, for example, with an attitude of legal positivism; has it tried to guide the development of law? Why, how, *"cui bono"*, one may ask. In this kind of analysis one should, however, remember that the pre-existing *structural coherence* imposes *limits* upon a change of matters. Certain legal norms would allow a judicial practice within the limits $C^1 \ldots C^n$, but the accepted systematical thinking and axiology of legal science may exclude, perhaps, $C^1 \ldots C^5$ from this range of choice. If the explanations are truly many-dimensional, one could go on with giving examples. But let us make a stop here.

In his book on interpretation of legal practice *Kauko Wikström* — himself a "hermeneutical realist" says that norms are *concretized by facts*. On the other hand, *Wikström*[12] speaks of three situations of interpretation:

> *open interpretation*, where new law allows several lines of interpretation;
>
> *the usual situation of interpretation*, where legal practice has chosen some line of interpreting the law (some of the original possibilities have turned into *reality*, whereas some of them have been rejected);
>
> a "strong" situation of interpretation: the law has become obsolete or a *"Funktionswandel" (Karl Renner)* has taken place — interpretation is no longer based on the wording of the law.

Now there is a clear tendency to think that the cases themselves *replace* their normative base, that is the *norm-expressions* of the official regulatory information (above all of the statutory law). Cases are conceived of as being *real norm-reformulations:* norms on a lower level of abstraction — concretizations of abstract norms. I do not claim that this is also *Wikström*'s opinion, but his classification of the interpretation situations suits perfectly well this scheme:

> In the beginning there is the *text* of the law; if it is "open", let us speak about it, give interpretative reformulations etc. But when the *cases* appear, then we have something real and more concrete to speak about; the role of the text of the law diminishes.

It is plain that judicial practice *creates rules:* it *needs* them. There is an inherent *"regulo-petal"* feature in it: this, on the other hand, expresses general values of decision-making, *formal justice,* and *legal certainty.*

4. Analyzing Facts

It is commonly known that the facts of a case are not "brute" facts, but *interpreted facts*. As in all interpretation, the method and result of the interpretative activity is conditioned by the *aim of the activity*. In decision-making (and in its preparatory stages as, e.g., in police investigations and hearings) the aim is to make a *good* — right and just — *decision*. In analyzing decisions, the aim might be somewhat unclear;

12 *Kauko Wikström,* Oikeuskäytännön tulkinnasta [On the Interpretation of Judicial Practice], Vammala 1979, p. 190 ff. (with a summary in German).

but let us now assume that the analyst strives for a covering *norm-explanation* (understanding) of the case. To this a *rule-sceptic* would perhaps object: not all decisions can be interpreted as expressions of an *intention* to follow a legal norm. He would rather like to try to explain the decisions by referring to their respective *combinations of facts.* But even then one will come to *norms,* provided that it is possible to single out the *relevant* facts from the *irrelevant* ones. $F \rightarrow D$. $F \equiv (F^R \,\&\, F^i)$. This means: $F^R \rightarrow D$ and this sequence may already be conceived of as being a *norm* (*ratio decidendi*); even it might, admittedly, be an "individual" norm (i.e. the decision-maker has not intended to follow or to set up a general rule).

But analyzing single and separate cases is not as such meaningful: some *comparison* between cases is always needed. Sometimes this is thought of as meaning a comparison between the *facts* and the *decisions* of the cases; accordingly there is no need to treat the legal *norms* as a kind of *tertium comparationis.* In my opinion this is a mistake, however common the view might be. But it is far from trivial: there lies a clear — but onesided — theoretical conception behind this scheme. Let us begin with a brief exposition of this conception.

Wróblewski has shown that there is a striking and strict *structural analogy* between such a method, which compares cases *by analogy* and the so-called *ratio decidendi*-method, where the comparison is based on the decision norms of the cases.[13]

In the "analogy" method some features of the cases are compared; the features are either irrelevant or relevant, that is, *sufficient* or *necessary* conditions of a decision. For example:

(1) $F^R \,\&\, F^{i1} \rightarrow D$; $F^R \,\&\, F^{i2} \rightarrow D$ — The cases are "analogous" because of the presence of F^R in both.

(2) $F^{R1} \,\&\, F^{i1} \rightarrow D^1$; $F^{R1} \,\&\, F^{i2} \,\&\, F^{R2} \rightarrow D^2$ — The cases are not similar in spite of F^{R1}, because F^{R2} in the latter case is relevant, too.

Also the *ratio decidendi* method requires the comparison of relevant features:

(1) $F^R \,\&\, F^{i1} \rightarrow D$
(2) $F^R \,\&\, F^{i2} \rightarrow D$
— The cases are similar, because they are both covered by the norm N^{rd}, whose content is $F^R \rightarrow D$.

---

[13] On legal concepts see, e. g., *Jerzy Wróblewski,* Facts in Law, Archiv für Rechts- und Sozialphilosophie 1973, p. 161 ff.; id. The Problem of the So-Called Judicial Truth, Juridiska Föreningens Tidskrift 1955, p. 19 ff.; *Klami,* Finalistinen oikeusteoria, p. 167 ff.

The relevant sequence ($F^R \rightarrow D$) can be conceived of as being a *norm:* it is not a pure sequence of conditioning facts and a certain act of decision. But once a norm is found, a legal positivist is content with it. This is in my opinion insufficient, however. Facts are not linked with decisions for their own sake. Linking certain facts with a certain decision is human activity. Roughly speaking, there are two principal components in it:

cognition of reality: it includes both *cognitive* and non-cognitive (*evaluative*) operations (*Joachim Hruschka*[14] speaks of "constitution of a legal case", which means ascertaining the facts of a case);

the *justification procedure:* facts are linked with decisions because of a set of *arguments.*

In Scandinavian legal dogmatics there has, however, been a tendency to *neglect* the chain of facts in law and their legal consequence. This can, in my opinion, be ascribed to the not-so-sane tenets of later ultra-empirical Scandinavian realism. One of its slogans is "*helhetsbedömning*", a *holistic* appraisal of facts. This method is acutely criticized by *Aleksander Peczenik,*[15] who has shown that it has led to a mere presentation of a big number of cases; he speaks of cases on the law of torts (where there is, by the way, a highly interesting *functional coherence* between the basic criteria of responsibility, namely causation, guilt, and the concept of damage).[16] Not all realists have been content with the empty phrase that a decision expresses a "*helhetsbedömning*", which cannot be analyzed any further. There have been attempts at revealing the *factual conditions* of decisions in the holistic appraisal method. These factual conditions are conceived of as some kind of *fact arguments.*

Eero Routamo[17] has undertaken an analysis of the *fact combinations* which have or have not been classified as contract of employment (in cases concerning insurance against injuries in work). Certain facts are "telling" *pro,* that is, for the subsumption of the case under the norms

---

14 See *Joachim Hruschka,* Die Konstitution des Rechtsfalles, Berlin 1965, p. 46 ff. and passim.

15 See *Aleksander Peczenik,* Causes and Damages, Lund 1979, p. 367 ff.

16 *Hannu Tapani Klami,* Om skadeståndsrättens teoretiska grundstruktur, Juridiska Föreningens Tidskrift 1979, p. 124 ff.

17 *Eero Routamo,* Vastuu työtapaturmasta [Responsibility for Working Accidents], Porvoo 1972, esp. p. 169 ff. Cf. the criticism delivered by *Martti Kairinen* in his book "Perussuhdeteoriasta työoikeuden yleisten oppien osana" [On the basic Relationship Theory as a Part of the General Doctrines of Labour Law], Vammala 1979 (with a summary in German), p. 242 ff. *Kairinen* accuses Finnish legal science of excessive submissiveness to judicial practice.

protecting the employees; their negations and other facts are telling in the opposite direction.

There are five *necessary conditions* for considering a contractual relation as a contract of employment: there must be a *contract* concerning *work* on the account of *another;* there must be a state of *direction* (employer/employee) and a *counter-obligation* (pay or something similar). In *Routamo*'s analysis certain facts are telling *for* the subsumption of the relation under the concept of working contract. Different facts can be classified under the necessary conditions (viz. their negations). For example: That the contract includes only work speaks *for* the contract of employment; if it imposes other obligations, this is a fact speaking against the positive subsumption. The duration of the work affects the accomplishment of the legal characteristic of the "*work*", as is the case with the tools and materials used in the work. The requisite of "direction" is, among other things, determined by such questions as: shall the work be personally done or is the employee entitled to have assistants.

It is, however, clear that the fact-arguments cannot always be directed or focused to a *certain legal characteristic* included in a norm-expression. Often the *same* facts can be used where different characteristics are concerned: this is a point stressed by adherents of the "*helhetsbedömning*" method.

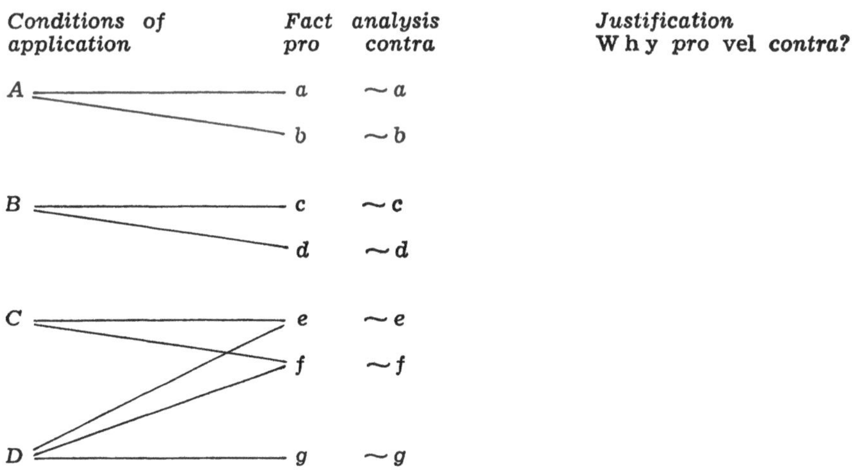

Routamo admits that there can be no *coefficients of relevance* for the fact-arguments. This self-evident methodological statement is of course due to the connection between facts and decisions. It is easy to *lower the level of abstraction* of the norms. The conditions of their applications *are expressed* by a certain number of *fact combinations*. This is not unlimited; their combinations can, however, be understood as norms of a *lower level of abstraction*. This is the main point: fact analysis tends to replace the "legal" conditions of application of a norm by *new norms* with different fact combinations. Let the original norm be $A \& B \& C \& D \rightarrow R$. There appear in the judicial practice different fact combinations, say $F^1 \equiv (a, b, \sim c, d, e, \sim f, g)$ and so on. The decisions can be mapped with different criteria (e.g.: which was the *main feature* of the subsumptory problem: *A*, *B*, *C* or *D*?). Which decision has been chosen, is of course important:

R	or non-*R*
$F^1\ F^2\ F^3\ F^4$	$F^5 \ldots F^n$

Instead of the original norm we now have several norms of a lower level abstraction, $F^1 \rightarrow R$ and so on.

To venture a hypothesis: the *first* decisions having been made with particular respect to the *teleological* link between the $F-s$ and *R*, the growth of the number of cases leads to a replacement of other means of justification by a *fact comparison between earlier decided cases and the present one*. This is the situation even if a rigid *stare decisis*-doctrine is not adopted as a part of the sources of law theory. In this manner *general clauses* are often replaced by "typical cases"; *evaluative concepts* (concepts which require evaluative operations in order to cognize reality) are replaced by certain combinations of facts; in short, questions of judgment and argumentation are eliminated by *norms* of a lower level.[18] This is a typical tendency of *legal positivism*. But there are several problems of principle involved in this attitude.

(1) As already stressed, the *social impact* of cases cannot be ignored or: it *should* not be forgotten. A certain decision $F \rightarrow D$ might have been made in order to achieve the goal *G*: $F \rightarrow D \rightarrow G$; the means, however, may be irrelevant as to achieving the goal. Then it would perhaps not be rational to decide *another* case in a similar manner simply because their *facts* are similar.

(2) In the analysis of judicial practice, the comparison of facts is in most cases based solely on the *factual premises* of the justification chains of the decisions. This poses several problems of a theoretical as well as of a practical nature.

[18] See *Hans Julius Wolff*, Typen im Recht und in der Rechtswissenschaft, studium Generale V/1952, p. 195 ff.; *Karl-Heinz Strache*, Das Denken in Standards, Berlin 1968, p. 78 ff. and passim.

(a) A major part of the facts are by their nature *institutional facts,* which can only be understood in their *social context,* which includes the *legal system* and its *norms;*

(b) Hence, institutional facts are already by their inherent nature *norm-interpreted facts,* but this holds good for other facts in law as well: they are not "brute" facts but interpreted in the decision-procedure.

(c) Even if the interpretation cannot affect the *facts of the past,* one must remember that in legal decision-making it is not the "pure facts" but rather the *factual premises* that are the *conditions* of a certain decision.

The interpretation of facts is *intentional:* it is linked with the decision-making behaviour. This can be schematically expressed as follows.

Facts of the past: →	*Intention:* →	Act of decision-making
(Factual conditions)	— norm^{L}	
— natural & social facts	— norm^{S-C}	
— human behaviour	— norm ^{AS}	

When the facts are taken from the chain of justification, this method tends to *over-emphazise* the role of *legal norms* as the link affecting interpretation of facts. The external *structure* of decisions *resembles* to that of Aristotelian syllogism (of course it is *not* a logical inference);[19] a decision should, if possible, be written in such a manner that it is a *valid and solid inference*[20] from the norm premisses and fact premisses:

Fact premisses
Norm premisses
———————
∴ Conclusion (= Decision)

The logical validity of the decision inference implies that the conclusion is *built-into* the formulation of the premisses — there is a *tautology* (logical truth), as Wittgenstein has stated. Fact premisses and norm premisses should be formulated in such a manner that they *correspond* to *each other* and *justify* the decision-alternative which has been chosen. *Karl Engisch* has characterized this correspondence: „When norms are interpreted, you look backwords and forwards, between the

[19] See, e. g. *Kaarle Makkonen,* Zur Problematik der juridischen Entscheidung, Turku 1965, esp. p. 47 ff.; *Aulis Aarnio,* On Legal Reasoning, Turku 1977, p. 53 ff.

[20] On problems concerning the validity and solidity of legal inferences see *Ilmar Tammelo,* Modern Logic in the Service of Law, Wien-New York 1978, p. 36 and passim.

facts of life and the legal norm."[21] (If the decision which the decision-maker considers as just and suitable, deviate from the "usual" way of dealing with facts and norms, he will probably be more inclined to formulate a suitable fact premise than to reveal that he is actually doing something *praeter* or even *contra legem.*)

Our analysis has shown that it is very problematical to interpret the sequence $F \rightarrow D$ as a "practical norm" — as *Saarenpää* calls it.[22] *Saarenpää* — who in part follows the analysis of *Martin Kriele*[23] — wants to analyse judicial practice by setting up a *hypothetical norm,* which *explains* the decision in a reasonable manner. But this is, in my opinion, an insufficient way of explaining judicial practice: the *intentional link* between facts and decisions is far more complicated than that it could be covered by legal norms only. The link consists in an intertwinement of legal, socio-causal, and axiological norms.

5. Rationality Model: Final Remarks

As already stated, it is important to complete the explanatory scheme with explanations by socio-causal norms and value-rationality models. I shall now speak about the latter ones only and very briefly to boot. It is not always so that the decision-maker weighes values when making his decision. But it is, nevertheless, useful to *construct models* which show the *conditions of rationality*[24] of a given decision or of a certain judicial practice: models of this kind help us to answer the crucial question: *should a certain practice be accepted in future decision-making or not?* I must stress that these models are *constructions.* They are *not intentional, historical explanations* of judicial behaviour. They are built on the assumption of rationality, according to which decision-makers are acting in a consequent manner. It *might* be so but is probably not always so. Moreover, decisions are often made by *several* persons *together:* the resultant, the final decision might not express anyone's personal opinion vector.

---

[21] *Karl Engisch,* Logische Studien zur Gesetzesanwendung, 2nd ed. Heidelberg 1960, p. 14 f. But the facts are not often 'brute', "*in einem Rohzustande*" as *Engisch* says: the protocols of police hearings already contain legal interpretation and subsumptory operations.

[22] *Ahti E. Saarenpää,* Tasajaon periaate [The Principle of Equal Division], Helsinki 1980, p. 19 ff. He refers to a *need for norms.*

[23] *Martin Kriele,* Theorie der Rechtsgewinnung, Berlin 1969.

[24] Cf. *Jerzy Wróblewski,* A Model of Rational Law-Making, Archiv für Rechts- und Sozialphilosophie 1979, p. 187 ff.

A rationality model consists of

(1) *Evaluations:* some states of affairs are envisaged as *goals*. They are *hierarchically ordered* to a more or less exhaustive system of *preferences* (e.g. G^1 *B* G^2, G^3 *S* G^4 & c).

(2) *Epistemological premises* of the type: It is more or less certain (or probably, $0 \rightarrow 1$) that decision *D* as means will produce the goal *G*.

Constructing these models will result in statements of the following type:

> The decision *D* was/is rational, provided that goals $G^1 \ldots G^n$ are accepted and hierarchically ordered in the epistemological conditions to an axiological system *AS*.

Some comments are needed. Evaluations are made under certain epistemological premisses, not only weighing the intrinsic values of the goals. The value of a certain goal in a decision situation *depends* on the *possibility of achieving it with the available means*. The core of *AS* is thus the *instrumental value of certain means with respect to the intrinsic values of certain goals and to the epistemological premisses concerning the means/goals-relations*. Evaluations and their epistemological premisses are in a way incommensurable, but once a decision is to be made, they must be brought together and thus evaluated. But this would seem to imply that there are *several possibilities* for constructing rationality models for a certain case or a number of cases. The same decision can be rationally justified in different ways, depending on how the goals are chosen, how much credit one gives to the epistemological premisses, what means are considered (often this is connected with the interpretation of legal and/or social *norms* and the range of choice which these norms will allow) — and ultimately on how everything is evaluated.

One should not, however, exaggerate the difficulties involved in choosing the most "natural" rationality model. Although rationality model is not a historical explanation, it is an attempt at understanding other people's behaviour. We do it "to our best understanding", not with malice afore-thought. We try to construct a rationality model which *as well as possible* corresponds to our opinion concerning the good justification of the decision. Another thing is that we may perhaps *not accept* the goals, the epistemological premisses etc.

Often it is even necessary to construct a rationality model in order to make possible a meaningful comparison of cases. When, for example, similar cases have been decided in a different manner, the rationality models may constitute a necessary grounds for comparison. Otherwise one would be compelled to state that there are two or more decisions in which similar facts have led to different legal consequences.

But it might be considered as very questionable whether a rationality model can be used if the decision-maker has only tried to be *norm-rational,* without reflecting on the possible evaluation which may lie behind a blind obedience to the norms. This is one of the problems which one faces when attempting such an inquiry as *Matti Mikkola*[25] has done in his doctoral dissertation on the conditions of employment security. He constructed an *AS* whose starting-points were the *interests of the unemployed worker.* This *AS* he compared with the administrative judicial practice and its rationality model, which he has derived from a completely capitalist and technocratic attitude towards the goals of the policy concerning labour force. His methodological experiment suffers from certain weakness in regard to the reconstruction of the explanatory models of the single cases. But the strength of the analysis is well illustrated by the fact that soon after the publication of *Mikkola*'s book the Ministry for Labour revised its directives concerning the application of the norms on employment security — and much in the same vein as recommended by the author of the book. Ascertaining the axiological system behind the current administrative practice was an essential condition for the success of this "alternative legal dogmatics".

The dualist ontology of law as *rule ↔ behaviour* contains *in itself* no dynamic features; on the contrary, rule-oriented behaviour is inherently *static.* This is, among other things, shown by such models of justifying legal decisions as *legal certainty* and *formal justice:* they stress the continuity of judicial practice. But law and legality are *not intrinsic values* in themselves — even if law is not *merely* a social instrument but a *means-goals-complex.* Law and judicial practice should be dynamic: the dynamic feature comes from outwards, from experience and its evaluation according to the accepted axiology.

[25] *Matti Mikkola,* Työttömyysturvan ehdoista [The Conditions of an Employment Security], Vammala 1979 (with an English Summary), p. 26 ff. and his criticism in Ch. VI.

IV. Gedanken zur Gerechtigkeitstheorie und Ethik

ETHISCHE SYSTEME ALS KRITERIEN ZUR BEWERTUNG VON RECHTSORDNUNGEN

Von Rupert Schreiber, Köln

Die zweckmäßige Wahl einer geeigneten Rechtsordnung ist eine der Grundfragen der Rechtspraxis. Gemeint ist nicht nur die Wahl einer Rechtsordnung im Sinne einer Grundordnung oder Gesamtordnung wie etwa die Wahl einer Verfassung, sondern jede Ausgestaltung einer Rechtsordnung bedeutet die Wahl zwischen Rechtsordnungen. Denn eine Wahl zwischen Rechtsordnungen ist auch dort gegeben, wo sich die Rechtsordnungen nur in einer einzigen Rechtsnorm unterscheiden.

Diese Vorbemerkung soll die Anforderungen an Kriterien präzisieren, die zur Bewertung von Rechtsordnungen brauchbar sind. Es genügt nicht, daß ein Kriterium zur Darstellung großer Zusammenhänge verwendet werden kann — etwa zur Gegenüberstellung extremer Alternativen in der Verfassung von Rechtsordnungen —, wenn ein solches Kriterium in den relevanten Rechtsfragen des Rechtsalltags in Rechtssetzung und Rechtssprechung versagt.

Kriterien zur Bewertung von Rechtsordnungen, die sich mit der Bewertung von Rechtsordnungen im ganzen begnügen, begegnen auch leicht dem Einwand, nur Evidenzen nachzuzeichnen und damit einem Bereich eine vielleicht besonders schöne Formulierung zu geben. Doch eine solche Formulierung hätte nur ästhetischen Reiz. Denn Evidenzen, die nachgezeichnet werden, kommen über eine Formulierung dessen, was sie vorfinden, nicht hinaus[1].

Die Rechtsphilosophie muß sich immer wieder gegen die Rolle wehren, von den Praktikern zur Verklärung der jeweiligen Zustände, sei es im Staat allgemein, sei es in der Rechtspraxis im besonderen, benutzt zu werden[2].

Die Möglichkeit der zweckmäßigen Wahl einer Rechtsordnung setzt die Möglichkeit einer adäquaten Bewertung von Rechtsordnungen voraus. Diesem Problem widmen sich letzthin alle Untersuchungen zum

---

[1] *Topitsch,* Sprachlogische Probleme der sozialwissenschaftlichen Theoriebildung, in: Logik der Sozialwissenschaften, S. 18. *Albert,* Traktat über rationale Praxis, S. 66.

[2] *Albert,* S. 65 f.

Problem der Gerechtigkeit. Denn wie immer man dieses Problem angehen mag — auch wenn man von der Suggestionskraft dieses Begriffes erfaßt werden mag —, die Relevanz dieses Begriffes für die Rechtswirklichkeit liegt in der Bewertung von Rechtsnormen. So sind die Arbeiten, die diesem Zweck am meisten Rechnung tragen, von besonderem Interesse und geeignet, den Zugang zur Bewertung von Rechtsordnungen zu eröffnen[3].

Der Begriff der Gerechtigkeit ist für die Bewertung von Rechtsordnungen dann nicht geeignet, wenn er eine Leerformel ist. Zwar hat eine Leerformel den Vorteil, daß sie keinen Widerspruch zu fürchten braucht, daß jeder zustimmen kann und sich doch zu nichts Konkretem, d. h. zu nichts, verpflichtet. Gerade in der Literatur über die Gerechtigkeit spielen solche Leerformeln eine große Rolle. Erinnert sei nur an die Formel „Jedem das seine“[4]. Diese anspruchslose Formulierung hat eine Evidenz, die schwer aufzulösen ist. Wer mag schon bestreiten, daß jedem das seine zukommen soll. Neben dieser Wirkung einer Leerformel verblaßt der Hinweis des Semantikers auf die Inhaltslosigkeit dieser Formel als eine pedantische Bedenklichkeit.

Aber die Beschränkung der Evidenz wird nicht dadurch beseitigt, daß man aus der Einfachheit und Durchschaubarkeit dieser Leerformel in komplizierte und weniger transparente Begriffskonstruktionen ausweicht. Der Nachweis der Mängel dieser Konstruktion wird schwerer, das Ergebnis für die Verwendbarkeit dieser Begriffe aber nicht besser.

Es ist deshalb immer ein Fortschritt in der Diskussion um den Begriff der Gerechtigkeit, wenn dieser Begriff durch eine Konkretisierung seines Inhaltes weiterentwickelt wird[5]. Doch auch in einer solchen Entwicklung zeigen sich alsbald Grenzen. Gerade eine Konkretisierung des Begriffs der Gerechtigkeit zeigt nicht nur Grenzen in dem technischen Problem der Formulierung, sondern stellen die Verwendbarkeit eines solchen Begriffes jedenfalls für eine Bewertung von Rechtsordnungen überhaupt in Frage.

Zunächst ist die Konkretisierung dem Einwand ausgesetzt, sie verenge den Standpunkt in der Auswahl, indem sie andere Möglichkeiten ausschließt, mit der Gefahr, daß eine solche Ausgestaltung des Begriffes der Gerechtigkeit zur Ideologie wird. Dieses Problem wird auch nicht dadurch ausgeräumt, daß eine solche Ausgestaltung auf eine Zielset-

---

[3] Hier vor allem *Tammelo*, Theorie der Gerechtigkeit, 1977.

[4] Solche Formeln haben oft eine erhebliche Funktion für das Ingangsetzen einer Diskussion, indem sie ein Thema erst einmal zum Bewußtsein bringen. Doch darf eine solche heuristische Rolle von Formeln nicht darüber hinwegtäuschen, daß sie für eine wissenschaftliche Analyse der Problematik unbrauchbar sind.

[5] *Tammelo*, Theorie der Gerechtigkeit, S. 80 ff.

zung zu einer humanen Rechtsordnung aufbaut und diesen als allgemeinen Konsens voraussetzt. Es bleibt doch meist die Relativierung eines solchen Begriffes, der nur unter der Prämisse des Ziels einer solchen Rechtsordnung gültig ist, unausgesprochen[6].

Die Prämisse der Übereinstimmung einer humanistischen Rechtsordnung als Zielsetzung stillschweigend vorauszusetzen, zeigt bereits eine gewisse Realitätsferne. Ist es schon die Ausnahme, daß etablierte Machthaber, und seien es Parteien in Demokratien, sich außer in Erklärungen und Zugeständnissen zwecks Popularität auf eine solche Zielsetzung verpflichten lassen, so sind nicht einmal die Opfer von Rechtsordnungen, die dem Menschenglück eher feindlich oder gleichgültig gegenüberstehen, bereit, sich in ihrer Mehrheit auf eine konsequente humanistische Zielsetzung einer Rechtsordnung festlegen zu lassen. Der Versuch, einen Fortschritt dadurch zu erzielen, daß man nur eine einzige Alternative des Gerechtigkeitsbegriffs anbietet, ist demnach nicht nur wissenschaftlich unkorrekt, sondern, wie die Geschichte zeigt, in der Rechtswirklichkeit unwirksam[7].

Die Möglichkeit einer Konkretisierung des Begriffs der Gerechtigkeit stößt noch auf weitere Grenzen. Wo eine Konkretisierung dieses Begriffes auf die Evidenz rekurriert, stößt sie an die Grenzen der Differenzierbarkeit der Evidenz. Dies läßt sich gut an einem Beispiel der Präzisierung zeigen, das *Ilmar Tammelo* in seiner Entwicklung des Begriffs der Gerechtigkeit gegeben hat.

Unter den Grundsätzen, die den Begriff der Gerechtigkeit bestimmen sollen, nennt *Tammelo* die Regel „Vereinbarungen sollen eingehalten werden"[8]. So plausibel ein solcher Grundsatz ist, so zweifelhaft ist seine Geltung, nicht zuletzt im Hinblick auf eine Übereinstimmung mit dem Evidenzgefühl der Gerechtigkeit. Als gerecht empfinden wir, daß der Käufer eines Anzugs den vereinbarten Kaufpreis zahlt. Aber als ungerecht empfinden wir, daß der Käufer einen vereinbarten Kaufpreis zahlen soll, den er versprochen hat, weil der Verkäufer beteuerte, der Anzug sei aus reiner Wolle, während er aus minderwertiger Faser ist.

---

[6] Tammelo entgeht dieser Gefahr durch seine Feststellung: „Die Gerechtigkeitsordnung ist somit primär als ein rein gedankliches System von gerechten Normen eines möglichen Rechts zu verstehen, das zum Teil auch wirkliches Recht der verschiedenen Rechtsordnungen darstellt. Wie alternative Ideale, so sind auch verschiedene Gerechtigkeitsordnungen vorstellbar." *Tammelo*, S. 81. — Aber wenn solche einzigen Alternativen unter dem Begriff der Gerechtigkeit in die praktische Diskussion geraten, werden solche Beschränkungen meist nicht übernommen.

[7] Als Beispiel kann dienen: *Kriele*, Kriterien der Gerechtigkeit.

[8] *Tammelo*, Theorie der Gerechtigkeit, S. 91 (3 r).

Man könnte das Beispiel zu korrigieren versuchen, indem man den Grundsatz *Tammelos* hinzufügt: „Das für einen selbst Unerwünschte soll anderen nicht zugefügt werden[9].“ Doch diese Regel kann die Schwierigkeit nicht lösen. Selbst wenn man von Fragen der Präferenz zwischen diesen beiden Regeln absieht, versagt die Regel für den Fall, daß der Verkäufer den Betrug generell nicht ablehnt, sondern selbst unter der Gefahr, selbst betrogen zu werden, ein solches Verhalten zuläßt. Dies dürfte eine realistische Einschätzung sein, denn notorische Betrüger rechnen sich in einer Welt, in der jeder jeden betrügt, einen Vorteil in ihrer Überlegenheit an Geschicklichkeit und Skrupellosigkeit gegenüber anderen Teilnehmern am Rechtsverkehr aus.

Versagt die goldene Regel zur Korrektur des pacta sunt servanda, bleibt nur, die Regel „Vereinbarungen sollen eingehalten werden“ durch weitere Ausnahmeregeln einzuschränken. Dies wäre notwendig für weitere Fallgruppen, so etwa wenn Minderjährige, wenn Geisteskranke sich verpflichten, wenn jemand sich unter einer Drohung verpflichtet hat, wenn jemand sich verpflichtet, einen anderen zu schädigen[10]. Aber mit Regeln auch über diese Fallgruppen, die zu einer immer weitergehenden Differenzierung des Begriffes der Gerechtigkeit führen, stehen wir schon in dem Bereich der klassischen Privatrechtsordnung, mit dem Ergebnis, daß der Gerechtigkeitsbegriff durch die Gesamtheit aller Gesetze bestimmt wird, sei es der, die wir vorfinden, sei es solcher, die wir im Gegensatz zu den geltenden Gesetzen für gerechte halten.

Die Konkretisierung des Begriffs der Gerechtigkeit führt zu einer Auflösung in die Einzelproblematik der einzelnen Rechtsgebiete. Dies ist ein Ergebnis, das die Vorstellungen der Gerechtigkeit in ihrer Brauchbarkeit für die Rechtswirklichkeit weiter entwickelt, einen zentralen Begriff der Gerechtigkeit jedoch auflöst.

Denn wenn der Begriff der Gerechtigkeit eine Rechtsordnung bewerten soll, muß sich dieser von der Ordnung selbst unterscheiden lassen.

Selbst wenn diese Entwicklung dahin führt, daß Rechtsordnungen einander gegenüber gestellt werden mit dem Ziel, die davon gerechteste auszuwählen, so geht dieses Verfahren doch in eine schlichte Gegenüberstellung über. Ein Kriterium als tertium comparationis, wie es der Begriff der Gerechtigkeit leisten müßte, ist dann nicht mehr vorhanden. Mit der Unmöglichkeit, ein Kriterium für die Bewertung von Rechtsordnungen durch Weiterentwicklung der bisherigen rechts-philosophischen Begriffe der Gerechtigkeit zu gewinnen, entfällt jedoch nicht

[9] *Tammelo*, S. 86 (2 m).

[10] Im Recht der Bundesrepublik Deutschland geregelt in den §§ 104 - 107, 123, 142, 134, 138 des Bürgerlichen Gesetzbuchs.

das Bedürfnis, Rechtsordnungen zu bewerten und die Wahl von Rechtsordnungen zu präzisieren. Das Scheitern von Begriffen der Gerechtigkeit beseitigt nicht die Probleme der Gerechtigkeit.

Wie immer, wenn Begriffe eine Problemlösung nicht ermöglichen, ist es zweckmäßig, es ohne eine Zwischenschaltung eines solchen Begriffes zu versuchen. Die Aufgabe, Kriterien zur Bewertung von Rechtsordnungen zu gewinnen, ist letzten Endes mit der Aufgabe identisch, Rechtsordnungen in ihrer Eignung für bestimmte Zwecke zu charakterisieren. Wenn Begriffe der Gerechtigkeit eine solche Charakterisierung nicht leisten können, sollte man den Weg versuchen, Zielsetzungen und geeignete Rechtsordnungen in direkter Weise miteinander zu verknüpfen. Die Schwierigkeit bleibt hier die gleiche, die zu dem Interesse an Begriffen der Gerechtigkeit geführt hat und die eine Bewertung von Rechtsordnungen zunächst verstellt, nämlich die nicht abzählbare Menge von Interessenkonstellationen auf eine überschaubare Menge von Alternativen zu reduzieren.

Es sind genau die ethischen Systeme, die die Entscheidungen in einer unübersehbaren Menge von Entscheidungssituationen auf einige Grundentscheidungen zurückführen. Wenn nur eine gewisse Konsequenz des Handelns vorausgesetzt wird, hat der Mensch nicht jene große Auswahl an Verhaltensmöglichkeiten, die ihm eine oberflächliche Idee von Willensfreiheit und Willkürlichkeit des Handelns suggerieren mag. Wenn schon ganz allgemein die Entscheidungen des Menschen eine gewisse Regelhaftigkeit aufweisen, dann müssen gerade solche Entscheidungen wie für oder gegen eine Rechtsordnung auf Grundentscheidungen bezogen werden können. Denn Rechtsordnungen befassen sich mit solchen Ordnungsbereichen, die für das Zusammenleben der Menschen so relevant sind, daß sie einer einschneidenden und verbindlichen Regelung für eine Rechtsordnung unterworfen werden müssen. So mag man einer freien Entwicklung überlassen, ob der Bürger B der Gemeinde G von dem dortigen Kegelklub aufgenommen wird. Es kann aber nicht den freien Kräften einer Ordnung in der Gemeinde überlassen bleiben, ob diesem Bürger ein Anschluß an die gemeindliche Wasserleitung gewährt wird. Für den letzteren Fall ist eine grundsätzliche Regelung nicht nur notwendig, sondern Gerechtigkeitsvorstellungen auch leichter zugänglich.

Eine Systematisierung der Grundentscheidungen, die Menschen über ihre Lebensgestaltung treffen, läßt sich in den ethischen Systemen geben, die in der Geschichte dieser Disziplin auch einen breiten Raum einnehmen. Selbst so grundsätzliche Unterscheidungen wie etwa der Wohlfahrtsstaat westlicher Prägung und der religiös determinierte Staat einer islamischen Republik haben schon vor Jahrtausenden wie in dem System der Vor-Sokratiker, etwa der Hedonisten und der älteren Pythagoräer, ihre frühe Ausformung erhalten.

Ethische Systeme lassen sich beliebig differenzieren und können damit jeden Konflikt der Zielsetzungen für Rechtsordnungen kennzeichnen. Wenn diese Differenzierung in der Praxis weit weniger abgefragt wird, als die grundsätzliche Aussage von der Subjektivität der Wertungen erwarten läßt, so liegt es in der Erschöpfung unserer Ressourcen, Lebensziele zu verwirklichen, die erreicht ist, ehe wir unsere vorrangigen Ziele verwirklicht haben, und in der Beschränkung unserer intellektuellen Kapazität, die mit einer Zunahme des Zielkatalogs in eine Komplexität der Probleme gerät, die unsere Problemlösungsmöglichkeiten alsbald überschreitet.

Der Vorschlag, anstelle von Begriffen der Gerechtigkeit ethische Systeme als Kriterien für die Bewertung von Rechtsordnungen zu nehmen, erweist sich noch in anderer Hinsicht als zweckmäßig. Betrachtet man viele Probleme der Ausgestaltung von Rechtsordnungen, so zeigt sich, daß der Konflikt über die verschiedenen Möglichkeiten von Rechtsordnungen gerade an den Nahtstellen ethischer Systeme liegt. Man kann sogar sehen, daß dort, wo ein solcher Konflikt an anderer Stelle geführt wird, die wahren Interessengegensätze verschoben sind. Diese treten oft in längeren Auseinandersetzungen, in denen die zugrunde liegende Problematik weiter entwickelt werden kann, dann in ihrer klareren Ausprägung doch als solche an der Scheidelinie ethischer Systeme hervor.

Nimmt man z. B. die Neuregelung der Ehescheidung, so war man sich in vielen Fragen der Konfliktlösung sehr nah. Alle Parteien waren sich darüber einig, daß eine Ehescheidung notwendig war[11]. Auseinander klaffte aber die grundsätzliche Beurteilung der Frage, ob die Ehe in ihrem Wesen auflöslich oder unauflöslich sei[12]. Dies sind aber Grundfragen des jeweiligen ethischen Systems.

Der Rechtsphilosoph fragt sich vielleicht am Schluß dieser Betrachtung, ob eine solche Problemnähe bis zu den praktischen Fragen des Problems der Gerechtigkeit die Rechtsphilosophie nicht auf das Niveau von Parteiengezänk und Interessengegensätzen herabzerrt. Die Frage, glaube ich, kann man verneinen. Die Fragen der Ethik sind ureigene Fragen der Rechtsphilosophie und die Ethiker waren immer im Mittelpunkt von Auseinandersetzungen über das richtige Handeln. Sie waren die ersten, die Aussagen über die Lebensqualität von Rechtsordnungen

[11] Dies führte zu der Einigung auf das sogenannte Zerrüttungsprinzip im Scheidungsrecht des Bürgerlichen Gesetzbuchs.

[12] Diesen Wünschen kam man durch den programmatischen Satz des § 1353 Absatz 1 Satz 1 des Bürgerlichen Gesetzbuchs entgegen.

gemacht haben. Was bisher gültig war, ist es auch weiter: Nur eine rechtsphilosophische Aufklärung der Problematik hebt das Argumentationsniveau und den Entscheidungsspielraum in die Klarheit und Transparenz wissenschaftlicher Analyse.

UMPOLUNG IDEOLOGISCHER BEWERTUNGSFELDER UND DIE KONTINUITÄT DER RECHTSTHEORIE

Von Friedrich Lachmayer, Wien

Die Konjunktur der Rechtstheorie als Informationsproduktion ist von verschiedenen Faktoren abhängig. Nicht nur von den „dynamischen Unternehmern", von deren „internationaler Arbeitsteilung" wird die rechtstheoretische Informationsproduktion bestimmt, sondern auch von der Kompatibilität der rechtstheoretischen Information mit anderen Informationssystemen. Die Einbindung der Rechtstheorie in den gesellschaftlich relevanten Informationsverbund rührt immerhin daher, daß sich die Rechtstheorie auf das Recht bezieht und dieses das augenscheinlichste Steuerungsmittel der Gesellschaft ist.

Ordnet man ideologische Inhalte nach ihrer Bewertung, so ergeben sich drei Bereiche: ein positiver, ein negativer und ein indifferenter. Da sich mit Gegensätzen trefflich motivieren läßt, tendieren die positiven und negativen ideologischen Bereiche zur markanten Ausformung, während der indifferente Bereich entweder zur Pufferzone oder zur Leermenge herabsinkt.

Die der Umpolung vorausgehende Situation besteht darin, daß die zu diesem Zeitpunkt herrschende Ideologie bestimmte positiv bewertete Positionen vorsieht, denen negativ bewertete gegenüberstehen. Beide Positionen werden durch Menschen ausgefüllt. Dies ist vergleichbar der juristischen Unterscheidung zwischen Organen und Organwaltern.

Den herrschenden Institutionen und Eliten stehen negative Institutionen und Eliten gegenüber. Kommt es zur Umkehr der Machtverhältnisse, zur ideologischen Umpolung, so wandert ein Teil des vormaligen Untergrundes in den positiven Bereich, steigt gleichsam auf, während ein Teil des vormals heilen Bereiches in den unheilen, negativen Bereich versinkt (siehe Abb. 1 auf S. 264).

Diese Bewegung findet zweifach statt: Einerseits bei den Institutionen, welche nunmehr verklärt oder stigmatisiert werden, und andererseits bei den Menschen, denen gleiches widerfährt.

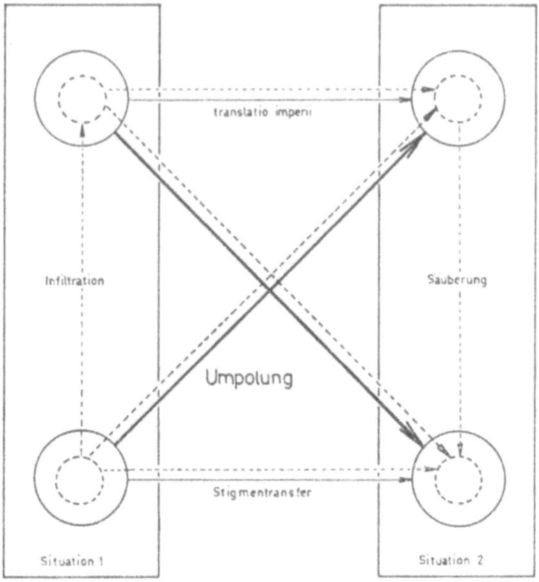

Abb. 1

Freilich gibt es auch Ausnahmen: Ausgenommen von dieser Wertumpolung können vor allem Teile des indifferenten Bereiches sein, welche nach wie vor indifferent bleiben. Weiters werden gewisse Institutionen des vormals positiven Bereiches wie Beutestücke übernommen und, nachdem die bisherigen Träger daraus entfernt wurden, als Hüllen mit anderem Inhalt angefüllt und weiter verwendet. Dies gilt nicht nur für Häuser, welche mit anderen Bewohnern weiterbestehen, sondern auch für Institutionen. Die translatio imperii ist ein Beispiel dafür. Umgekehrt können vormals stigmatisierte Hüllen, die für die Apotheose nicht herangezogen wurden, den neuen Bewohnern der stigmatisierten Gefilde umgehängt und denen zur qualvollen Haut werden. Die Kleider der neuen Herrschenden sind dann einerseits solche, welche sie aus dem früheren Bereich mitgenommen haben, wie andererseits Beutestücke. Hingegen kleiden sich die im negativen Bereich Versunkenen teils mit ihren alten, vormals positiven Hüllen, die jedoch nunmehr negativ gedeutet werden, teils mit den im Schattenbereich vorgefundenen.

Die Organwalter haben die Tendenz, bewertungsmäßig ihren Institutionen zu folgen. Soferne die menschliche Kontinuität nicht physisch unterbrochen wird, was bei solchen Vorgängen immer wieder vorkommt, werden sich die vormals Herrschenden im Negativbereich ansiedeln und umgekehrt die aufrückenden Personen aus dem Schatten in das Licht treten.

Nur ausnahmsweise sind die Menschen mit ihren Lebensbedingungen des früheren Bereiches so verflochten oder so vertraut, daß sie in diesem ungeachtet der grundsätzlichen Umkehr verharren. Dies gilt für im Herrschaftsbereich derartig Verankerte, wie etwa für einen Talleyrand, ebenso wie für einen an den Negativbereich Angepaßten, welcher selbst nach dem Erfolg seiner Bewegung im Schattenbereich verbleibt oder in diesen zurückkehrt. Infiltration und Säuberung nehmen die Umpolungsvorgänge personell vorweg oder holen sie nach.

Für die bewertungsmäßige Umpolung der Klischees gilt die Tendenz, daß die Amplitude erhalten bleibt, nur die Richtung ändert sich. Aus der fehlenden Amplitude des Indifferenzbereiches ergibt sich die Wahrscheinlichkeit, daß dieser erhalten bleibt, soferne es nicht zu umfassenden tektonischen Brüchen kommt, welche auch den Indifferenzbereich erfassen und ausschalten.

Im einzelnen sind derartige ideologische und machtmäßige Umschichtungsprozesse ausgesprochen kompliziert. Sowohl für die der Umpolung vorausgehende Zeit als auch für die nachfolgende Zeit ist zwischen der Sicht der verschiedenen gegensätzlichen Gruppen zu unterscheiden, wobei bei den Gruppen dann wiederum jeweils die Informationen verschieden sein werden, die sie für sich selbst und die sie für andere produzieren.

Ideologische Ablösevorgänge sind von einer politischen Rhetorik begleitet, die sich mehr oder weniger sublim bis zur Propaganda steigert.

Auszugehen ist bei dieser *politischen Rhetorik* davon, daß es nicht so sehr um Informationen über Gegenstände geht als vielmehr um Informationen, die deuten. Die Deutungen betreffen die Umwelt, die eigene und fremde Gruppe, die eigene und fremde Bewegung, die Zeitsituation, die Geschichte und dergleichen mehr. Diese Deutungen streben kollektive Verbindlichkeit an. Die Deutungskonsumenten richten ihr Verhalten nicht nach den tatsächlichen Umgrenzungen der Gegenstände aus, sondern nach den Bedeutungsgrenzen. Die kognitive Herrschaft ist die Grundlage für die normative Herrschaft. Halten sich die Deutungskonsumenten an die gleichsam gläsernen Wände der Bedeutung, wird also die Bedeutungslandschaft internalisiert, dann sind die Normen nur mehr flankierend.

Zum Gegenstand kommen die Bedeutungen hinzu. Sie sind subjektbezogen, relativ. Die Bedeutungen können einander überlagern, widersprechen usw.:

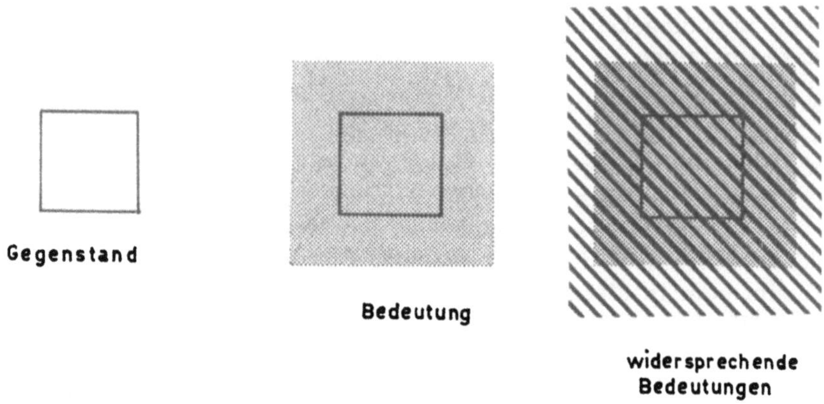

Abb. 2

Es läßt sich eine eigene „Theorie der Bedeutungen“ aufstellen, wobei die einzelnen Bedeutungen vom Gesichtspunkt der Mengenlehre, der Negationen, der verschiedenen Bewertungen gesehen werden können. Dazu kommen noch dynamische Gesichtspunkte wie das Verdecken und Entdecken von Bedeutungen.

Die ideologische Auseinandersetzung ist auch ein Kampf der Deuter. Dieser Deutungskampf besteht darin, daß dem eigenen Bereich positive Deutungen, dem feindlichen Bereich negative Deutungen verliehen werden. Der gegnerische Deuter „durchschaut“ diese Deutungen dann wieder als „Beschönigungen“, als „Bemäntelungen“ einerseits, als „Diffamierungen“ und „Anmaßungen“ andererseits. Aber auch für diese „entlarvenden“ Deutungen gibt es wieder neue gegnerische Deutungen, so daß sich nicht nur bei den Sachen, sondern auch bei den Personen die einander widersprechenden Bedeutungshüllen akkumulieren. Der Deutungskampf erfolgt nicht als Einzelauseinandersetzung, sondern als Gruppengeschehen, so daß es Deutungsbeihilfen gibt. Neben die nach außen gerichteten stigmatisierenden Deutungen tritt dann nach innen die positive Deutungskultur auf, die sich zum Personenkult, zur Apotheose steigern kann.

Wissenschaftliche Informationen orientieren sich jedoch grundsätzlich nicht an solchen Deutungen, außer sie befassen sich ausdrücklich mit solchen, sondern vielmehr am deutungsfreien Gegenstand. Wissenschaftliche Informationen haben die Deutungen zu durchbrechen. Insoferne ergänzen sich Wissenschaft und Politik, als die eine die Entscheidungsgrundlagen liefert, die andere die handlungsleitenden Deutungen und — in das Recht umgeformt — die Normen. Klaffen jedoch Sein und Bedeutung übermäßig auseinander, indem etwa das zweite dem ersten bewußt entgegensteuert, dann ist die Möglichkeit des Konflikts nicht ausgeschlossen.

Dies gilt auch für die Rechtswissenschaft. Ist deren Gesichtskreis nur auf die Analyse abstrakter Strukturen eingeschränkt, wobei dem Wissen darüber kaum eine unmittelbare gesellschaftliche Relevanz zukommt, wie etwa bei der sogenannten Rechtslogik, dann ist die Kompatibilität zwischen Ideologie und Wissenschaft noch am ehesten gegeben und somit auch eine Überlebenschance einer gegenüber der Ideologie relativ eigenständigen Rechtstheorie.

Hat jedoch die Rechtswissenschaft auch die gesellschaftlichen Interdependenzen zum Gegenstand, dann muß diese Kompatibilität nicht mehr gewährleistet sein.

Ähnlich ist es auch mit der Rechtsdogmatik, zumal wenn sie sich auf ideologisch sensible Bereiche bezieht, wie auf Staatsrecht oder Strafrecht. Da das Recht den herrschenden Bedeutungslandschaften nachgeformt ist wie ein Fahrplan der geographischen Landschaft, so ergibt sich aus diesen Wert- und Bedeutungsresten im Recht ein Ansatz für einen Widerspruch mit den Ideologien. Diese Bedeutungsreste spiegeln sich in der dogmatischen Rechtswissenschaft wider, so daß es auch dort zum Widerspruch kommt.

Wissenschaft und Ideologie sind zwei Teile der Informationsproduktion. Entwicklungsgeschichtlich erst relativ vor kurzem entstanden wurde das Gebiet der Wissenschaft gleichsam durch die Deiche der intellektuellen und methodischen Selbstdisziplin dem Meer der Deutungen abgerungen. Immer wieder kam es vor, daß die Wissenschaft versunken, ideologisch überflutet worden ist. Die Wissenschaft selbst ist zwar keineswegs deutungsfrei, doch müssen augenscheinliche Bewertungen von dem gleichsam grundwassermäßig vorhandenen Deutungsfundament unterschieden werden. Weiters existiert die Wissenschaft in keiner ideologiefreien Gesellschaft, doch gibt es verschiedene Toleranzgrade der deutenden Informationsproduzenten gegenüber den deutungsfreieren. Insoferne ist die Kontinuität der Rechtstheorie nur ein Teil der Kontinuität der Wissenschaft insgesamt.

Gerade weil sich die Wissenschaft lange im Gegensatz zur herrschenden Ideologie teils im Schattenbereich entwickelt hat, vermochte sie an Entfaltungskraft zuzunehmen. Durch ideologische Umpolungen könnte es neuerlich zu einem zumindest teilweisen Abdrängen der Wissenschaft kommen, soferne nicht die Wissenschaft gleichsam neuerlich als Magd und Produzentin von Hilfsinformationen vereinnahmt wird.

Wissenschaft und Ideologie sind nicht nur inhaltlich verflochten, sondern auch organisatorisch. Geht man davon aus, daß sich die Gesellschaft nach den Kommunikationsarten in Bereiche aufgliedern läßt, dann lassen sich sowohl der Wissenschaft als auch der Ideologie Organisationen zuordnen. Die Kontinuität der Wissenschaft ist nicht das unmittelbare Ergebnis einer inhaltlichen Kompatibilität mit der Ideologie, sondern vielmehr die Auswirkung organisatorischer Maßnahmen.

Es wäre ein Irrtum anzunehmen, daß die Gewaltenteilung innerhalb des Staates im juristischen Sinn ausreicht, um in der Gesellschaft durchgehend ein freies Gefüge zu garantieren. Der Staat ist nur eine Teilorganisation der Gesellschaft und insoferne begrenzt in seiner Auswirkung.

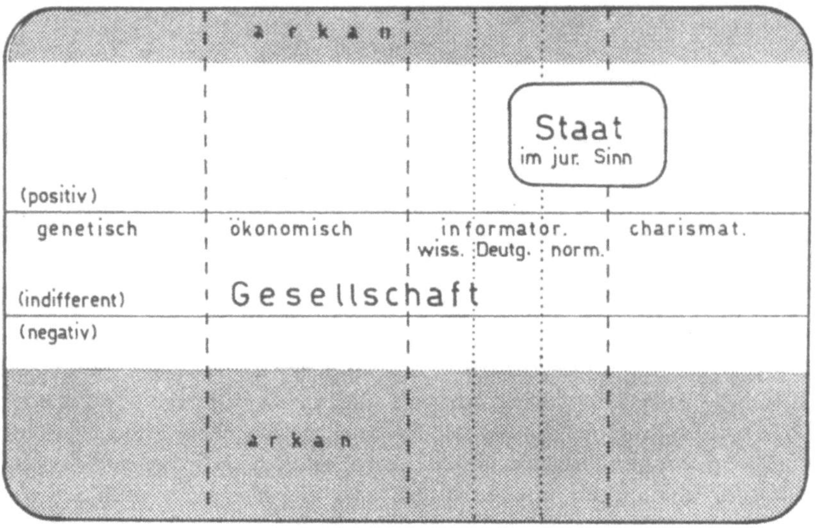

Abb. 3

Entsprechend den genetischen, ökonomischen, informatorischen und charismatischen Kommunikationen lassen sich verschiedene Bereiche der Gesellschaft annehmen. Damit ist aber nicht ausgeschlossen, daß es darüber hinaus noch weitere gäbe.

Der Informationsbereich ist wiederum aufzuteilen in drei Teile: Einerseits in wissenschaftliche Informationen, andererseits in Deutungsinformationen und schließlich in normative Informationen.

Jeder der gesellschaftlichen Bereiche läßt sich in ein positives, ein indifferentes und ein negatives Feld untergliedern.

Im positiven und im negativen Feld werden in den Extremen jeweils Arkanbereiche angenommen, also solche der verminderten oder nicht vorhandenen Publizität. Die Grenzen dieser Arkanbereiche werden je nach dem Bereich und nach der historischen Situation verschieden sein, sind jedoch auf der negativen Seite ausgeprägter.

Unter diesen Gesichtspunkten gesehen ist der Staat vor allem eine Organisationsform, welche schwerpunktmäßig im normativen Bereich anzusiedeln ist und die den Deutungsbereich und den charismatischen Bereich mitberührt. Weiters kommen dem Staat auch noch ökonomische Komponenten zu.

Die ideologischen Organisationen sind schwerpunktmäßig im charismatischen Bereich anzusiedeln mit starken Komponenten im Deutungsbereich.

Ideologien setzen nicht nur Deutungsschwerpunkte, sondern auch Lösungsschwerpunkte. Jeder der gesellschaftlichen Teilbereiche hat seine spezifischen Probleme und deren Lösungsversuche. Keiner der bisherigen Ideologien ist es noch gelungen, eine bereichsmäßig ausbalancierte Gesamtlösung zu finden. Bisher wurden stets die einen Bereiche zu Lasten der anderen betont. Ein höherer Standard in einem Bereich wurde bisher immer durch Substandards in anderen Bereichen erkauft. So wird etwa in der Askese ein höheres charismatisches Niveau mit bewußtem Verzicht auf ein Niveau in anderen Bereichen angestrebt. Es ist aber auch der Fall nicht ausgeschlossen, daß ökonomische Ziele mit normativen Repressionen und informatorischen Verformungen verfolgt werden. Es ließen sich zahlreiche Beispiele solcher balancegestörter und durch die Verlagerung auf andere Bereiche somit kompensatorischer Ideologien anschließen.

Wird eine balancegestörte Ideologie durch eine andere balancegestörte Ideologie abgelöst, dann hilft die Umpolung vom Gesamtergebnis her gesehen nur beschränkt, da nur ein neues Lösungsungleichgewicht erreicht wird. Das Ziel müßte freilich eine im positiven Bereich ausbalancierte Ideologie sein. Durch eine Selbstbezeichnung als „Wahrheit“ oder „Wissenschaft“ lassen sich Negativpositionen zwar verdecken aber nicht aufheben. Selbst die positive Deutung der zwangsläufigen Schattenseite vermag nicht am bisherigen Lösungsungleichgewicht etwas zu ändern. *Die Dialektik als Deutung* der Umpolung kennzeichnet auch nur eine Phase der Entwicklung des Denkniveaus. Metadialektische Modelle oder besser gesagt transdialektische Modelle sind durchaus möglich und würden aus dem umpolenden und stets unerfüllt bleibenden Hoffnungsprinzip herausführen.

Das Problem der Kontinuität der Rechtstheorie ist eingebettet nicht nur in die Kontinuität der Wissenschaft, sondern letztlich auch in die menschliche Kontinuität. Wie sehr unausbalanciertes Wachstum gefährdend ist, zeigen deutlich die ökologischen, ökonomischen und militärischen Prognosen. Ein ausbalancierter Zustand vermag freilich nur über eine ausbalancierte Ideologie erreicht werden und hängt davon ab, ob sich diese noch zeitgerecht massenwirksam etablieren kann. Die Frage nach der Kontinuität der Rechtstheorie führt über den Bereich der ideologischen Kompatibilität hinaus zu der bereits aufgeworfenen Frage einer „Philosophie des Überlebens“.

ÜBER RECHTSPSYCHOLOGIE

Marginalien zu einer empirisch orientierten Strömung im Bereich des Gerechtigkeitsdenkens

Von Raimund Jakob, Salzburg

> **Wir erwarten von der „Psychologie des Unbewußten" und von der „Tiefenpsychologie" keine restlose Lösung der Wesensfrage des Rechts, keine Entdekkung „absolut gültiger, zeitloser Richtmaße" für menschliches Verhalten, nicht die endliche Enträtselung des Naturrechtsproblems, um das abendländisches Rechtsdenken seit zweieinhalbtausend Jahren ringt. Daß aber einige tiefere Einsichten sich öffnen, umstrittene Zusammenhänge im neuen Licht sich darstellen, daß scheinbar bereits gesicherte Ansichten fragwürdig und neue Begründungen für bisher Umstrittenes sichtbar werden, davon sind wir überzeugt.**
>
> **E. Fechner, Rechtsphilosophie², 1961, 165 f.**

I.

Die Suche nach Gerechtigkeit gehört zu den ältesten Problemen der Menschheit, zugleich ist es eines der frühesten des Kindes, das ohne noch bewußt über seine Existenz verfügen zu können, in die Menschen-Welt hineingeboren wird. Wird seinem subjektiven Anspruch auf Anerkennung, d. h. auf affektive Zuwendung, nicht entsprochen, so erscheint seine spätere Einbindung in die Gesellschaft der Menschen, in ihre Kultur mit ihren Idealen und den daraus gegenüber dem Einzelnen resultierenden Anforderungen nur bedingt möglich.

Gesellschaften ohne Rechts- und Gerechtigkeitsvorstellungen sind ebenso wie Gesellschaften, die sich „bewußt" als Unrechtsordnungen verstehen, unbekannt; Recht und Gerechtigkeit erscheinen somit als elementare menschliche Werte. Die Gesetze und ihre Anwendung sollen in entwickelten Gesellschaften dazu beitragen, diese Grundwerte zu realisieren. Daß die Ergebnisse dieser Realisierungsversuche in den verschiedenen Gesellschaften unterschiedlich ausfallen, ist nicht verwunderlich; zum einen sind die jeweiligen topographischen, klimatischen, ethnischen und sonstigen Sachgegebenheiten und -zwänge Grund dafür, und zum anderen lassen sich selbst innerhalb einer Gesellschaft Wertungsfragen nur in der Form der Mehrheits- bzw. Machtentscheidung allgemein verbindlich festlegen, und schließlich birgt auch die sprachliche Dimension solcher Realisierungen zahlreiche Probleme.

Daß die Ergebnisse des Rechtsdenkens, Rechtssetzens und Rechtsanwendens nicht allein Produkte bewußter Vernunft, angewendet auf Sachgegebenheiten sind, mag ein Wort Montesquieus über den Gesetzgeber verdeutlichen: „Les loix rencontrent toujours les passions et les préjugés du législateur. Quelquefois elles passent au travers, et s'y teignent; quelquefois elles y restent, et s'y incorporent"[1] (De l'esprit des lois, XXIX, 19, in: Oeuvres de Monsieur de Montesquieu, Ausgabe London 1767, Bd. II, S. 291). Es scheint nun, daß ein allgemeiner Zugang und ungetrübter Blick für das, was unter „Gerechtigkeit" zu verstehen ist, möglicherweise durch jene Disziplin erlangt wird, die in der Folge als Rechtspsychologie bezeichnet wird.

Freilich von ihren Anfängen an, die sich bis in die zweite Hälfte des 19. Jahrhunderts zurückverfolgen lassen, stand ihr noch nicht ein adäquates Rüstzeug zur Bewältigung des Unbewußten zur Verfügung. Auch Leon Petrazycki, der Anfang dieses Jahrhunderts die Auffassung vertritt, daß das Wesen des Rechts befriedigend nur unter Zuhilfenahme psychologischer Erkenntnisse erfaßbar ist und der für die Rechtspsychologie den Anspruch erhebt, die einzig sinnvolle Rechtsphilosophie zu sein[2], stützte sich noch nicht auf Ergebnisse der Tiefenpsychologie, die zu diesem Zeitpunkt in den Entdeckungen Freuds und der von ihm begründeten Psychoanalyse bereits ihre Grundlegung erhalten hatte[3]. Die zunehmende Bedeutung von Neukantianismus und Rechtspositivismus mit der von diesen geforderten strikten Trennung von Sein und Sollen hat in der Folge eine Entwicklung psychologisch orientierten Rechtsdenkens im deutschen Sprachraum weitgehend hintangehalten. Auch die Position der sogenannten Freirechtsschule, die sich mit logischen und psychologischen Mitteln in Deutschland gegen das Wiederaufkommen einer Begriffsjurisprudenz wandte, erwies sich gegen den Rechtssicherheit verheißenden Kodex und seine Begrifflichkeit schon bald als unhaltbar und aussichtslos.

[1] „... Die Gesetze erinnern stets an die Leidenschaften und Vorurteile der Gesetzgeber. Manchmal gehen die Gesetze durch sie hindurch und nehmen nur ihre Farbe an, manchmal verfangen sie sich darin und schlagen sich darin nieder."

[2] So auch in seinem ins Deutsche übertragene Werk: Über die Motive des Handelns, Berlin 1907, S. 21, in dem er auch den Terminus „Rechtspsychologie" (S. 48) verwendet.

[3] Im Jahr 1900 erschien die „Traumdeutung", die als das Hauptwerk von Freud angesehen werden kann.

Erst allmählich gewinnen in Deutschland und Österreich rechtspsychologische Überlegungen, beginnend etwa mit Albert A. Ehrenzweig und seiner richtungweisenden „Psychoanalytischen Rechtswissenschaft“[4], wieder zunehmend an Aktualität; liegen mag dies am Dilemma der Rechtsphilosophie zwischen absolut gesetztem Naturrecht und „bereinigtem Rechtsdenken“, das man gegenwärtig durch Verzicht auf absolute Einsichten und Kommunikation über konsensfähige Positionen und Bereiche zu bewältigen versucht. In diesem Zusammenhang wird auch den Vorbedingungen, Kriterien und Tatsachen der Realisierung von Recht und Gerechtigkeit gesteigerte Aufmerksamkeit zuteil.

II.

Der Grundgehalt des hier verwendeteten Begriffes der Rechtspsychologie kann mit „Gerechtigkeit und ihre Realisierung als psychologisches Phänomen“ umschrieben werden. In diesem Sinne beschäftigt sich auch die amerikanische Rechtswissenschaft mit der psychologischen Dimension des Rechts[5]. Besonders bekannt geworden sind in diesem Zusammenhang in Europa lediglich die Bemühungen der „Realistischen Bewegung“, die vor allem darauf gerichtet sind, mit wissenschaftlichen Mitteln, insbesondere behavioristischen, die Motivation des richterlichen Urteils festzustellen.

Wegen ihres vorrangigen Erkenntnisobjekts, der Gerechtigkeitsidee, wird man die Rechtspsychologie jenen rechtsphilosophischen Strömungen zurechnen müssen, die eine im weiteren Sinne empirische Näherung an diese Idee suchen. Darüber hinaus war eine „primitive Rechtspsychologie“ schon dem frühen Rechtsdenken immanent. So war man gerade in der Rechts- und Staatsphilosophie von jeher bemüht, die Denkergebnisse auf Theorien über die menschliche Natur zu gründen. Diese Theorien beinhalten aber wesentlich zwei Elemente: Das eine Element kann in gewissen spekulativen Verallgemeinerungen von bei Menschen zu beobachtenden Eigenschaften, also einer unkritischen Vorläuferin der Psychologie, erblickt werden; das andere Element erscheint aus damit in Zusammenhang stehenden Wertungen konstituiert. Die Unzulänglichkeit so mancher Rechtsphilosophie, die sich aus Spekulationen über menschliche Vernunft herleitet, ist hier zu suchen.

Dieser Begriff der Rechtspsychologie unterscheidet sich grundlegend von dem wie er verschiedentlich bis vor kurzem noch in deutschspra-

---

[4] Psychoanalytische Rechtswissenschaft, Berlin 1973.

[5] So beispielsweise *R. Redmount*, Law as a Psychological Phenomenon, in: American Journal of Jurisprudence, Notre Dame 1973, S. 80 ff.

chigen juristischen oder psychologischen Handbüchern und Konversationslexika — falls er in solche überhaupt aufgenommen wurde — in Erscheinung getreten ist. Der dort verwendete Begriff stellt vorrangig auf die Anwendung der Psychologie im Dienste der Rechtspflege ab, wesentliche Bereiche dieses Begriffes werden durch die Forensische Psychologie und die Kriminalpsychologie abgedeckt; aber auch organisationspsychologische Überlegungen haben dort neben einzelnen Fragestellungen der Verfahrenspsychologie ihren Platz. Im Gegensatz zum obengenannten Begriffsbild handelt es sich hier schon vom Erkenntnisobjekt her um eine psychologische Disziplin. Als Grenz- und Überschneidungsgebiet beider Begriffe ist die „Schuld und Sühne"-Problematik anzusehen, aber auch die Gerechtigkeitsforschung, die neuerdings deutschsprachigen Psychologen erschlossen werden soll[6].

III.

Geht man davon aus, daß in den vergangenen zweieinhalb Jahrtausenden dem Rechtsdenken nur die bewußte und die historische Dimension von Gerechtigkeit und Recht zugänglich war, uns aber die eingangs angesprochene „irrationale" bzw. unbewußte Dimension verschlossen blieb, so bieten sich hier als Denkalternative die Tiefenpsychologie, insbesondere aber die Erkenntnisse der psychoanalytischen Theorie an. Als Motor menschlichen Verhaltens hat die Psychoanalyse Triebregungen und Bedürfnisse nachgewiesen, die von den psychologisch verankerten, selbst nicht unmittelbar beobachtbaren Trieben gespeist werden. Sie hat aufgezeigt, daß die bewußte Seelentätigkeit nur einen relativ kleinen Sektor des Seelenlebens ausmacht, und daß viele entscheidende Antriebe seelischen Verhaltens dem Menschen nicht bewußt sind. Wir verdanken ihr erstmals eine einigermaßen systematische Kenntnis menschlicher Motivation und damit den Zugang zu einer neuen Persönlichkeitstheorie.

Die psychoanalytische Theorie, von Freud nicht ohne Absicht auch als Metapsychologie bezeichnet, enthält für die Psychologie jene Grundannahmen, die ihr auf weite Strecken die Wahrnehmung jener Funktion ermöglicht, für die zuvor allein die Metaphysik als Lehre vom Erfahrungsjenseitigen zuständig erschien. So gesehen handelt es sich bei der psychoanalytischen Theorie um eine philosophische Disziplin, deren Ergebnisse jedoch weitgehend klinisch und insoweit empirisch erhärtbar sind. Dieser Umstand mag auch erklären, daß sich im Hinblick auf das menschliche Gerechtigkeitsstreben die Psychoanalyse in besonderem Maße eignet, Leistungen auf dem Gebiet der Rechtsphilosophie zu erbringen.

---

[6] Siehe dazu: *G. Mikula* (Hrsg.), Gerechtigkeit und soziale Interaktion, Bern 1980.

Die Psychoanalyse ist ihrer Entwicklungsgeschichte entsprechend zunächst eine hermeneutische Disziplin (Psychoanalyse als Therapie), deren Erfahrungsschatz ursprünglich die psychoanalytische Theorie und damit in der Folge Psychoanalyse als erklärende, nomothetische Disziplin erst grundgelegt hat. Die genannten beiden Teilbereiche stehen seither zueinander aber in einer gewissen Wechselbeziehung. Diese Auffassung entspricht neuerdings grundsätzlich auch der herrschenden Lehrmeinung im Bereich der Psychoanalyse[7].

Der dialektische Ansatz prädestiniert die im weltanschaulichen und moralischen Sinne selbst wertfreie psychoanalytische Theorie als sehr geeignetes Interpretationsinstrument, da sie Phänomene des Alltags in und während ihrer sozialen Relationen wahrzunehmen unternimmt und übersteigt damit die empirisch-beschreibenden und die normativ-postulierenden Erkenntnismöglichkeiten. Die empirische Frage wird zwar auch hier gestellt, sie wird aber ergänzt durch die Frage nach den Gründen und durch die kritische Prüfung dieser Gründe. Sie ermöglicht so die Bewußtmachung unbewußten Materials und bietet weiters Konstruktionen zur Erklärung dieser bisher hintergründigen Zusammenhänge an.

Dieser Art empirischen Arbeitens sind Grenzen unter anderem durch eine beschränkte Operationalisierbarkeit bzw. Quantifizierbarkeit der einzelnen Ergebnisse in ihrem Zusammenhang vorgegeben. Auch können gewisse andere Unschärfen nicht gänzlich ausgeschlossen werden. Eine davon muß in der nicht ausreichend präzisen Bedeutungsfeststellung verschiedener psychoanalytischer Begriffe erblickt werden. Es sei hier allerdings vermerkt, daß auch für den Psychoanalytiker die gesamte Terminologie seiner Disziplin keine buchstäbliche Geltung hat; in der Tat kennt die Psychoanalyse einen spezifischen Jargon, der zum Teil als unglücklich oder unzulänglich gewählt betrachtet werden kann, und der lediglich von den damit Vertrauten entsprechend verstanden wird. Der Vorwuf, der der Psychoanalyse gerne gemacht wird, daß sie vorrangig nur dazu diene, Kausalitäten aufzudecken, daß die Frage nach einem überindividuellen Sinn dabei aber nicht gestellt werde, übersieht, daß andernfalls die Psychoanalyse als Interpretationsinstrument unbrauchbar wäre. Diese Frage zu beantworten, ist aber die legitime Aufgabe der in ihrem historisch-kulturellen Kontext eingebetteten Weltanschauungen.

Nicht unbeantwortet bleiben soll in diesem Zusammenhang die Frage, ob es überhaupt zulässig ist, psychoanalytische Erkenntnisse auch im Hinblick auf gesellschaftliche Phänomene anzuwenden und ob mög-

---

[7] Vgl. dazu *H. J. Möller*, Zur wissenschaftstheoretischen Kritik an der psychoanalytischen Theorie, in: Der Nervenarzt, 50. Jg., Berlin 1979, S. 157 ff.

licherweise dabei soziale mit psychologischen Strukturen verwechselt werden. Dieser Fragestellung liegt zugrunde, daß die analytische Technik, die auf das Individuum abstellt, mit der psychoanalytischen Theorie in einen Topf geworfen und somit die Anwendbarkeit einer „Individualpsychologie“ auf gesellschaftliche Phänomene verneint wird. Dabei wird übersehen, daß das Individuum in die es prägende Kleingruppe eingebettet ist und auch diese nicht im luftleeren Raum schwebt. Durch die Vermittlung gesellschaftlicher Werte wird die Familie zum Medium des psychologischen und soziologischen Schicksals — das Kind erhält so seine Prägung, bevor es überhaupt mit der Sozietät in Kontakt kommt. Als Erwachsener wird es dann selbst den Nährboden speisen, aus dem die gesellschaftlichen Wertvorstellungen hervorgehen. Dazu muß man sich noch vorstellen, daß Millionen solcher Sozialisationsvorgänge, die durch die biologische Abhängigkeit des Kindes vom Erwachsenen charakterisiert sind, jeweils parallel ablaufen. Was nun das angesprochene Mißverständnis betrifft, so ist es sicher unzulässig zu behaupten, eine Gesellschaft sei neurotisch. Andererseits wird kaum jemand ernsthaft bestreiten können, daß vorrangig am Leistungsprinzip orientierte Gesellschaften, wie es die Gegenwartsgesellschaften zumeist sind, gewisse neurotisierende Strukturen aufweisen, wie sie sich durch das Zustandsbild der Angst, der Aggressivität und in gesteigerten Schuldgefühlen offenbaren. Zu den Aufgaben einer psychoanalytisch orientierten Sozialpsychologie[8] gehört es beispielsweise, solche Entwicklungen zu erkennen und aufzuzeigen.

Als Erkenntnisquellen für das Rechtsdenken und als Interpretationsinstrumente erweisen sich die Theorien von S. Freud und C. G. Jung in besonderem Maße geeignet. Wo es aber von der Sache her angebracht erscheint, können auch die Ergebnisse der neopsychoanalytischen Schule, die der analytisch orientierten Entwicklungspsychologie und schließlich auch die Erkenntnisse der modernen Verhaltensforschung herangezogen werden. Damit soll nicht einem Methodensynkretismus das Wort geredet werden, vielmehr soll die Heranziehung verschiedener Ansätze in Konkurrenz und insofern zur wechselseitigen Ergänzung erfolgen. Das gilt insbesondere auch für die Konfrontation des psychoanalytischen und des lerntheoretischen Ansatzes, die entgegen einer verbreiteten Auffassung einander nicht unbedingt ausschließen, zumal gerade Lernprozessen in der psychoanalytischen Theorie grundlegende Bedeutung zukommt. Es darf in diesem Zusammenhang auch unterstellt werden, daß ein bestimmter Ansatz bis zu einem gewissen Grad seine Möglichkeiten auf einem bestimmten Gebiet mitbestimmt, daß ein universeller Ansatz realistischerweise nicht gefunden werden kann.

---

[8] *E. Fromm*, Analytische Sozialpsychologie und Gesellschaftstheorie, Frankfurt a. M. 1970, S. 9 ff.

IV.

Kurz gefaßt und ohne Anspruch auf Vollständigkeit sollen abschließend verschiedene konkrete Anwendungsmöglichkeiten der hier beschriebenen Rechtspsychologie aufgezeigt werden. Der Rahmen ist dabei mit Absicht sehr weit gesteckt worden. Auch sind gewisse Überschneidungen in Kauf genommen worden. Die folgende Aufstellung erfaßt sehr Unterschiedliches, sie erfaßt zentrale Problemkreise des Gerechtigkeitsdenkens und solche, die man nur in einem weiteren Sinn der Thematik zurechnen kann, letztere in der Annahme, daß die Befassung mit diesen eher peripheren Fragestellungen doch auch von einem gewissen heuristischen Wert für das fundamentale Gerechtigkeitsdenken ist.

1. Die Tiefenpsychologie als Psychologie des Individuums ermöglicht uns, Persönlichkeit und Ideen von Rechtsdenkern, -anwendern und von politischen Führerpersönlichkeiten zu erhellen und zu objektivieren — eine Vorgangsweise, wie sie vergleichbar auch von der Geschichtswissenschaft, insbesondere der amerikanischen, praktiziert wird[9].

2. Die psychoanalytische Theorie eröffnet unter Berücksichtigung soziologischer, historischer und wissenschaftstheoretischer Gesichtspunkte erstmals die Möglichkeit zu umfassender Kritik von Kulturidealen und Ideologien und des weiteren zur Kritik der auf diesen fußenden Ismen[10].

3. a) Integral ihrer Persönlichkeitstheorie beinhaltet sie eine systematische Psychologie „moralischen Verhaltens“[11]. Aufgrund der gemeinsamen Ontogonese der teilweise inhaltlichen Überschneidung und der gemeinsamen Zielrichtung von Moral und Recht scheinen diesbezüglich weitere Forschungen gerade für Juristen vielversprechend.

b) Weiters ermöglicht sie es uns, Funktion und Bedeutung von Gerechtigkeit und Recht für den einzelnen und für die Gesellschaft zu erkennen. Diese Kenntnis ist aber die entscheidende Voraussetzung für eine zufriedenstellende Antwort auf die Frage nach der Verrechtlichung sozialer Vorgänge.

c) Der psychoanalytisch orientierten Entwicklungspsychologie und der Kulturanthropologie verdanken wir fundamentale Erkenntnisse betreffend Typen und Entwicklung der Gerechtigkeitsvorstellungen[12].

---

[9] Siehe dazu *D. Blasius*, Die Psychoanalyse — eine historische Wissenschaft?, in: Neue politische Literatur, 18. Jg., Wiesbaden 1973, S. 453 ff.

[10] Vgl. dazu *I. Caruso*, Soziale Aspekte der Psychoanalyse, Reinbek bei Hamburg 1972, S. 131 ff.

[11] Grundlegend dazu *H. Hartmann*, Psychoanalyse und moralische Werte, Stuttgart 1973.

Diese ermöglichen es uns, prägende Muster für Kriterien gerechter Ordnung zu finden[13]. So kann beispielsweise für die Psychoanalyse Gerechtigkeit nur dort erfahren werden, wo der Mitmensch anerkannt wird[14].

4. Auch kann die Psychoanalyse für das Selbstverständnis der juristischen Berufe Bedeutung erlangen.

5. a) Sie eignet sich auch im Hinblick auf eine psychologisch orientierte Verfahrens- und Argumentationslehre und ermöglicht darüber hinaus den in juristischen Berufen Tätigen, das eigene Entscheidungsverhalten zu reflektieren.

b) Auf dem Gebiet der Mittel-Zweck-Beziehungen vermag die Psychoanalyse einen Beitrag zur Realisierung von Gerechtigkeitsvorstellungen zu leisten (Rechtspolitik, Legislatorik).

c) Eine besondere Anwendungsmöglichkeit kann auch in der Psycholinguistik der Rechtssprache gesehen werden.

6. Außerdem vermag die analytische Sozialpsychologie die Bedeutung des Verhältnisses von staatlichen Institutionen, einschließlich des Rechts und sozialer Strukturen, und dem psychischen Einzelschicksal aufzuzeigen. Da Gesellschaftsstrukturen durch parallele Erziehungsabläufe weitgehend kontinuierlich weitervermittelt werden, scheint es bis zu einem gewissen Grad auch zulässig, Charaktertypen der Psychoanalyse analog auf konkrete Gesellschaften und die von ihnen gestalteten Staaten anzuwenden[15]. Eine Änderung des gesellschaftlichen Charakters bedeutet in ihrem Kern eine Veränderung der kulturellen Situation, die entweder bloß zufällig (Entdeckung der Dampfkraft), historisch gewachsen (Calvinismus) oder geplant („Kulturrevolution") sein kann.

7. Der Symbol- bzw. Sinngehalt rechtlicher und staatlicher Institutionen bzw. deren Wirkweisen können mit ihrer Hilfe hinsichtlich der „archaischen Erbschaft", die sie beinhalten, ausgelotet werden[16]. Die

---

[12] Hier insbesondere *J. Piaget*, Das moralische Urteil beim Kinde, Frankfurt a. M. 1973, S. 223 ff.

[13] Vgl. dazu *A. A. Ehrenzweig*, Psychoanalytische Rechtswissenschaft, S. 229 ff.; *I. Tammelo*, Theorie der Gerechtigkeit, Freiburg 1977, S. 117 ff.; *R. Jakob*, Gerechtigkeit und Gerechtigkeitsvorstellungen, in: Wissenschaften und Philosophie als Basis der Jurisprudenz (ARSP Beiheft NF 13), Wiesbaden 1980, S. 155 ff.

[14] Ohne direkten Bezug auf die Psychoanalyse, obschon an ihr nicht uninteressiert, kommt *Kelsen* (Was ist Gerechtigkeit?[2], Wien 1975, S. 40 ff.) zum Leidwesen vieler Juristen zu einem sehr ähnlichen Ergebnis; er verneint die Möglichkeit, absolut gültige Werte erkennen zu können, er erwähnt aber an Stelle dessen eine Grundbedingung, unter der Gerechtigkeit gedeihen kann, nämlich das Regime der Toleranz.

[15] Vgl. *E. Fromm*, S. 41 ff.

Psychoanalyse steht hier noch eher am Anfang: Es ist diesbezüglich konkret auf die „Komplexe Psychologie“ von C. G. Jung zu verweisen. Die Schweizer Juristen Hans Marti[17] und Max Imboden[18] haben auf ihrer Grundlage beachtliche Ergebnisse erzielen können.

8. Schließlich sei im Zusammenhang mit der Frage nach Schuld und Sühne die Bedeutung tiefenpsychologischer Erkenntnisse für die Kriminalpsychologie nicht vergessen. Es handelt sich hiebei wohl um den ältesten Bereich der Anwendung psychologischer, im besonderen auch psychoanalytischer Erkenntnisse auf dem Gebiet des Rechts[19].

---

[16] *S. Freud* (1939), Der Mann Moses und die monotheistische Religion, GW XVI, S. 204 f.

[17] Urbild und Verfassung, Bern 1958.

[18] Politische Systeme/Staatsformen, Basel 1964.

[19] Klassisch geworden ist hier von *Freud* (1915) sein „Verbrecher aus Schuldbewußtsein“ (Einige Charaktertypen aus der psychoanalytischen Arbeit, GW X, S. 389 ff.).

NOTWENDIGKEIT EINES GERECHTIGKEITSBEGRIFFES IN EINER GESELLSCHAFTSVERTRAGSTHEORIE

Von Michaela Strasser, Salzburg

Hinter dem als Postulat zu verstehenden Titel dieses Beitrages verbirgt sich die primär inhaltliche, weniger methodische Analyse einer modernen Kontrakttheorie. Es handelt sich hiebei im Gegensatz zu der in einer Fülle von Literatur diskutierten „Theory of Justice“[1] von John Rawls um einen neueren vertragstheoretischen Ansatz, der bisher in der Literatur weniger Beachtung gefunden hat, nämlich um J. M. Buchanans „The Limits of Liberty“[2].

J. M. Buchanan will mit Hilfe entscheidungs- und spieltheoretischen Instrumentariums die alle Vertragstheorien bewegende Frage nach der möglichen Begründung gesellschaftlicher Ordnung und staatlicher Herrschaft überhaupt beantworten. Abgesehen von den eingesetzten neuen Methoden ist das Spezifische an diesem Ansatz in dem Bemühen zu sehen, die Entstehung einer das Individualverhalten und die individuelle Freiheit beschränkenden Rechtsordnung rein aus dem vom rationalen Nutzenkalkül geleiteten ökonomischen Denken ohne Rückgriff auf ethische Wertmaßstäbe oder ohne Gerechtigkeitsbegriff vertragstheoretisch zu erklären.

Das erkenntnisleitende Interesse kann auch in die Frage gekleidet werden: Kann das vom Prinzip der Nutzenmaximierung gelenkte Eigen- oder Selbstinteresse rationaler Egoisten unter bewußter Ausschaltung ethischer Prinzipien zur Begründung politischer Ordnung und Rechtsordnung überhaupt genügen?[3]

Da der diesem Beitrag gesteckte enge Rahmen Kürze der Ausführungen gebietet, beschränkt sich meine Aufgabe auf erstens die Dar-

[1] *John Rawls*, A Theory of Justice, Oxford 1972.

[2] *J. M. Buchanan*, The Limits of Liberty, Between Anarchy and Leviathan, Chicago / London 1975. (Die deutsche Übersetzung von mir liegt bereits im Manuskript abgeschlossen vor. Deswegen ist die genaue Angabe der Fundstellen nicht möglich, daher sind diese Angaben noch nach dem englischen Original gemacht.)

[3] Vgl. dazu *O. Höffe*, Strategien der Humanität, Zur Ethik öffentlicher Entscheidungsprozesse, Freiburg - München 1975, bes. S. 55 ff. Höffe gelangt in der Auseinandersetzung mit den rationalen Entscheidungstheorien zur Entwicklung seiner Strategien der Humanität.

stellung der Vertragstheorie von J. M. Buchanan in ihren Grundzügen und zweitens die thesenhafte Skizze jener Ansätze in seiner Theorie, die einen originären Beitrag zu dem die praktische und politische Philosophie bewegenden Grundproblem der Legitimität politischer Herrschaft leisten[4].

I.

Die gesellschaftsphilosophische Ausgangsposition kann als eine vom strikten Individualismus und absoluten Freiheitsdenken geprägte gekennzeichnet werden, wobei „die beherrschende Rolle individueller Freiheit von der Anerkennung der Methodologie des Individualismus abhängt und nicht von der subjektiven Wertschätzung des einen oder anderen Gesellschaftsphilosophen"[5].

Aus diesem methodologisch individualistischen Ansatz folgen gewisse Grundzüge seines vertragstheoretischen Modells, die ihn als durchaus in dieser politisch philosophischen Denktradition stehend ausweisen. Unter diesen gerade die klassischen Vertragstheorien auszeichnenden Gemeinsamkeiten sind zu nennen[6]:

1. Das den Vertragstheorien zugrundeliegende Bild vom Menschen leugnet die gesellige Natur des Menschen; die gesellschaftliche Ordnung liegt daher nicht im Wesen des Menschen selbst begründet, sondern meint immer eine Einschränkung seiner persönlichen individuellen Freiheit.

2. Am Ausgangspunkt der theoretischen Überlegungen steht das freie Individuum, so daß die Notwendigkeit einer Einschränkung der indi-

---

[4] Eine vergleichende Analyse der von Buchanan aufgestellten Vertragstheorie mit sowohl den klassischen Vertragstheorien des 17. und 18. Jahrhunderts als auch den modernen vertragstheoretischen Gesellschafts- und Staatsphilosophien vor allem von *Robert Nozick* (Anarchy, State, and Utopia, Oxford 1974; dt. Anarchie, Staat, Utopia, München 1976) und *John Rawls* muß im Rahmen dieses Beitrages unterbleiben.

[5] *J. M. Buchanan*, The Limits of Liberty, S. 2. Als eingehende Studie des methodologischen Individualismus siehe *R. B. Tucker*, Marxism and Individualism, Oxford 1980. Danach unterscheidet Tucker zwischen dem Besitzindividualismus (als Exponent dieser Richtung zieht er R. Nozick heran), den utilitaristischen Individualismus und den radikalen Individualismus (mit den beiden Exponenten J. Rawls und Ronald Dworkin; s. *R. Dworkin*, Taking Rights Seriously, London 1977), vgl. *R. B. Tucker*, vor allem 2. Teil, S. 121 ff. — Nach den von Tucker genannten Kriterien ist der in diesem Beitrag analysierte individualistische Ansatz Buchanans dem vom C. B. Macpherson so bezeichneten „possessive individualism" (Besitzindividualismus) zuzuordnen (vgl. *C. B. Macpherson*, Politische Theorie des Besitzindividualismus, Frankfurt a. M. 1973).

[6] Vgl. dazu *O. Höffe*, Ethik und Politik, Grundmodelle und -probleme der praktischen Philosophie, Frankfurt a. M. 1979, S. 195 ff.

viduellen Handlungs- und Willkürfreiheit einer Begründung seitens der Betroffenen bedarf[7].

3. Die als notwendig erachtete Einschränkung individueller Freiheit kann einzig und allein mit einem Gesellschaftsvertrag erklärt und begründet werden. Dieser Sozialvertrag geht jedoch auf kein historisches Ereignis zurück, sondern ist lediglich als *hypothetisches Konstrukt* zu verstehen[8]. Als Besonderheit an der Vertragskonstruktion Buchanans sei hier nur erwähnt, daß er im Gegensatz zu Rawls nicht mit dem Schleier des Nichtwissens („veil of ignorance") arbeitet[9].

II.

Bei der Ausformung seiner Theorie bedient sich Buchanan der von den bisherigen Vertragstheoretikern entwickelten Grundfigur.

1. Der dem Gesellschaftsvertrag vorgegebene Naturzustand (original position) und der anthropologische Hintergrund

Da eine nicht in Chaos versinkende anarchistische Gestaltung der Gesellschaft[10] — aufgebaut nach den Prinzipien der wechselseitigen

[7] Entgegen den sozialutopischen Forderungen nach Herrschaftsfreiheit ist die Verwirklichung individueller Freiheit nur innerhalb einer als Regelsystem bezeichneten Rechtsordnung, unter der Herrschaft von Recht möglich. Vgl. *J. M. Buchanan*, Constitution of Freedom, Referat gehalten am Forum Alpbach 1976 (Arbeitspapier, vervielfältigt). Daß die Beschränkung der Freiheit einseitig weder aus den den Menschen beherrschenden Trieben (z. B. Glücksverlangen, Machtstreben, Selbst- oder Eigeninteresse) geschlossen werden muß — mit der Zugrundelegung eines solchen Menschenbildes schließt sich Buchanan der von Thomas Hobbes in seinem „Leviathan" vorgezeichneten Anarchie im Naturzustand an — noch aus Güterknappheit bzw. Mangelwirtschaft noch aus dem dem liberalen Denken gemäßen partiellen Egoismus begründet werden kann, sondern schon aus den der Freiheit inhärenten Grenzen geschlossen werden muß, sobald der Mensch auf seinesgleichen trifft, findet sich bei Buchanan nicht explizit ausgeführt (vgl. *O. Höffe*, Ethik und Politik, S. 404 ff.).

[8] Mit der Frage der hypothetischen Vertragskonzeption setzt sich *Peter Koller* in seinem Beitrag „Die Idee des Sozialkontrakts als Begründung sozialer Gerechtigkeit" zum V. Internationalen Wittgensteinsymposium 1980 auseinander (dieser Beitrag wird in den Akten des V. Internationalen Wittgensteinsymposiums 1981 gedruckt erscheinen). P. Koller stützt seine Argumentation, daß nämlich „die kontrafaktische Annahme eines hypothetischen Vertrages allein nicht schon geeignet sei", um eine gesellschaftliche Verfassung zu begründen und zu legitimieren (vgl. S. 3 in der vervielfältigten Vortragsfassung) auf Ronald Dworkin ab; vgl. *R. Dworkin*, The Original Position, in: N. Daniels (Hrsg.), Reading Rawls, Oxford 1975, S. 16 ff.

[9] Daher trifft die von Dworkin entfaltete Kritik gerade an der Unwissenheit zum Zeitpunkt des Vertragsabschlusses auf Buchanan nicht zu. Vgl. *P. Koller*, S. 3.

[10] In der Terminologie von Buchanan die sogenannte *„ordered anarchy"*, die auch in der heutigen Gesellschaft in den nicht vom positiven Recht erfaßten

Achtung vor den jeweils dem anderen zugewiesenen Rechten und der Toleranz — nur unter idealen Menschen möglich ist und der empirische Befund gegen diese Möglichkeit spricht, liegt der einzige Ausweg zur Konfliktregelung unter Bewahrung der individuellen Freiheit in der Herrschaft des Rechts.

Das hervorstechendste Merkmal am Naturzustand, so wie Buchanan ihn ausgehend von seinen anthropologischen Prämissen gestaltet, ist die Annahme der *Ungleichheit* unter den Menschen. Auf diese Weise will er die Konstruktion des die Rechts- oder Eigentumsordnung konstituierenden konstitutionellen Vertrages, die Struktur einer freien Gesellschaft methodisch so stark wie möglich absichern[11]. Die Ungleichheit unter den Menschen resultiert aus drei Faktoren: den Präferenzen (oder der Präferenz- oder Nutzenfunktion des einzelnen), seinen Fähigkeiten (die die potentielle Beziehung des einzelnen zu Input und Output bestimmende Produktionsfunktion) und der Umwelt[12].

Die zweite Voraussetzung, die den Naturzustand und damit die Ausgangsposition für den zu schließenden Gesellschaftsvertrag prägt, ist das alle Entscheidungen des Individuums bestimmende Eigeninteresse[13]. Aus dem rationalen Nutzenkalkül der vom Eigen- oder Selbstinteresse geleiteten ungleichen Individuen leitet Buchanan unter Verwendung der ökonomischen Größen „externe Effekte“ und „Internalisierung von Externalitäten“ die Entstehung eines natürlichen Gleichgewichts ab; entscheidend dabei ist, daß in diesem Gleichgewichtspunkt (in der natürlichen Verteilung) noch keine Eigentumsrechte im strengen Sinn festgelegt werden.

Aus dem Streben, mehr Kräfte (Ressourcen) auf die Güterproduktion verwenden zu können und nicht für Verteidigung oder Raub vergeuden zu müssen, werden erste Abkommen, sogenannte Waffenverzichtsabkommen *(disarmament agreements)* zur Beschränkung des Verhaltens getroffen[14]. Damit werden sowohl dem eigenen als auch dem Verhalten der anderen Schranken gesetzt.

Bereichen herrscht, von dem aber in immer weitere Freiheitsräume, die noch nicht rechtlicher Regelung unterliegen, vordringenden Verwaltungs- und Sozialstaat zurückgedrängt wird. Vgl. *J. M. Buchanan*, The Limits, S. 18 f., bes. 9. Kapitel.

[11] „In this book I am attempting to explain how ‚law‘, ‚the rights of property‘, ‚rules for behavior‘ might emerge from the non-idealistic, self-interested behavior of men, without any presumption of equality in some original position — equality either actually or expectationally.“ *J. M. Buchanan*, The Limits, S. 54.

[12] Vgl. *J. M. Buchanan*, The Limits, S. 11, S. 55.

[13] Zum Begriff des nicht mit Eigennutz oder Selbstsüchtigkeit gleichzusetzenden Eigen- oder Selbstinteresses im rationalen Nutzenkalkül siehe *O. Höffe*, Strategien der Humanität, S. 45 ff.

Neben dieser durchaus interessanten und eigentlich an den Hobbesschen Kriegszustand erinnernden Schilderung des Naturzustandes, in dem der Mensch dem Menschen ein Wolf und damit das Leben „einsam, armselig, ekelhaft, tierisch und kurz“[15] ist, überwiegen zur Erklärung der Entstehung des Rechts doch folgende Faktoren:

— die Prämisse der Ungleichheit

— die rationale Nutzenkalkulation und das rein ökonomische Prinzip der Nutzenmaximierung

— das diesem Kalkül zugrundeliegende Eigen- oder Selbstinteresse.

Allein aus diesen Faktoren, ohne Bezugnahme auf ethische Grundvorstellungen ist nach Buchanan die Entstehung des Rechts als Einschränkung individuellen Verhaltens und Freiheitsstrebens zu erklären[16].

2. Der konstitutionelle Vertrag (das Stadium des ‚constitutionalism‘)

Unmittelbar auf das das eigene Verhalten einschränkende Waffenverzichtsabkommen verlangen die einzelnen Anerkennung ihrer positiven Rechte auf Güterreserven, Rohstoffe und Aktionsfelder[17]. Die daraus resultierende Verteilung von Rechten muß aber gemäß der Annahme der Ungleichheit unter den Menschen eine ungleiche sein[18].

Analog zum klassischen Häftlingsdilemma aus der Spieltheorie und in konsequenter Befolgung des der rationalen Entscheidungstheorie inhärenten Grundsatzes der strikten Nutzenmaximierung führt der Autor den Beweis, daß entgegen der möglichen freiwilligen Befolgung von Vertragsvereinbarungen in einer Zweipersonenkonstellation die

---

[14] Als Motiv zu einer solchen Verhaltensänderung, welche im Kern zu einer Einschränkung der Handlungsfreiheit führt, gibt der Autor eine nicht näher begründete „Einsicht“ an, vgl. *Buchanan*, The Limits, S. 59. — Zwei Faktoren liegen offensichtlich dieser Überlegung zugrunde: 1. Die hinsichtlich Aktionsspielraum und — in diesem Falle wichtig — hinsichtlich Zielsetzung relationale Rationalität des rationalen Nutzenkalküls der Entscheidungstheorie; beide Bereiche werden innerhalb dieser Theorie als vorgegebene Daten betrachtet (vgl. *O. Höffe*, Strategien der Humanität, S. 57 ff.). 2. Das Bild eines sich in Arbeit und Produktion verwirklichenden Menschen.

[15] *Thomas Hobbes*, Leviathan, Neuwied u. Berlin 1966, 13. Kap., S. 96.

[16] Vgl. *Buchanan*, The Limits, S. 54. Beim Abwägen von Alternativregelungen entweder im Vorfeld des konstitutionellen Vertrages oder einer später noch zu erläuternden Revision dieses konstitutionellen Vertrages in einer „constitutional revolution“ läßt er ethische Wertvorstellungen über die Motivation der Individuen zur Entscheidung einfließen. Daß die aus dem Prinzip der Nutzenkalkulation resultierende Verpflichtung zur Nutzenmaximierung und Erfolgskontrolle in eine Erfolgsethik mündet, wird bei Buchanan nicht expliziert. Vgl. *O. Höffe*, Strategien der Humanität, S. 47.

[17] *J. M. Buchanan*, The Limits, S. 64.

[18] Ebd., S. 11.

wechselseitige Anerkennung einmal zugewiesener Rechte in einer von Anonymität geprägten Großgruppe bzw. Gesellschaft durch eine eigene *Durchsetzungsinstanz* (*enforcement agency*, enforcement institution) gewährleistet sein muß[19].

Diese ähnlich einem Schiedsrichter konstruierte Durchsetzungsinstanz ist besonders gekennzeichnet dadurch, daß sie zunächst den Parteien, deren Rechte gesichert werden müssen oder in deren Namen eine Verletzung von Rechten geahndet wird, extern sein muß[20]. Zweitens ist es das Element der Neutralität, das dieser Instanz bei Ausübung ihrer Funktion zukommt. J. M. Buchanan legt besondere Betonung auf die kategorische Unterscheidung zwischen der im konstitutionellen Vertrag enthaltenen Festlegung von Individualrechten und der Durchsetzung dieser Rechte, die einer eigenen Instanz, nämlich dem Staat in seiner *protektiven* Rolle übertragen wird. „In seiner Rechte durchsetzenden (protective) Rolle ist der Staat als solcher an der Gestaltung des ‚Guten' oder der ‚Gerechtigkeit' nicht beteiligt ...[21]." Seine Aufgabe ist es, bei der Durchsetzung der im konstitutionellen Vertrag vereinbarten Rechte eine neutrale Haltung einzunehmen. In Bewahrung dieser Neutralität wird die im Naturzustand angenommene Ungleichheit der Menschen durch gleiche Behandlung bei der Durchsetzung und Ahndung von Verletzungen ihrer Rechte ausgeglichen[22].

Im Rahmen des konstitutionellen Vertrages müssen daher folgende Vereinbarungen getroffen werden:

— die Festlegung von Verhaltensgrenzen und der den einzelnen definierenden Individualrechte

— die Einrichtung einer externen Durchsetzungsinstanz

— als dritter — bisher noch nicht genannter — integraler Bestandteil kommt die Einigung über Regeln der kollektiven Entscheidungsfindung im postkonstitutionellen Stadium hinzu.

Gerade dieser letzte Punkt ist im Sinne Buchanans besonders hervorzuheben. In seinem Vertragsmodell geht es ihm vor allem um die Differenzierung zwischen sowohl den verschiedenen Aufgaben als auch den jeweils verschiedenen Trägern, denen die Lösung dieser Aufgaben übertragen wird. Es handelt sich hiebei um die Rechte durchsetzende Gewalt, die dem Staat in seiner protektiven Rolle zukommt, und um den Prozeß der kollektiven Entscheidungsbildung, den zu steuern es Aufgabe des produktiven Staates im postkonstitutionellen Stadium ist.

[19] Ebd., S. 66.

[20] Ebd., S. 67 f.

[21] Ebd., S. 68.

[22] Ebd., S. 68, 12.

3. Postkonstitutionalismus: der produktive oder Sozialstaat

Das auf den konstitutionellen Vertrag folgende Stadium wird von Buchanan als das postkonstitutionelle bezeichnet, in dem die Prozesse der kollektiven Entscheidungsbildung ablaufen. Die Regelbildung zur kollektiven Entscheidungsfindung — selbst noch Inhalt des konstitutionellen Vertrages — wird notwendig, wenn im Modell nicht nur von einem reinen Privatgütermarkt ausgegangen wird, sondern die Beschaffung, Bereitstellung und Finanzierung öffentlicher Güter und Dienstleistungen mit einem bestimmten Schlüssel zur Kostenaufteilung mit in die Analyse einbezogen werden. Da die Regelbildung für den Entscheidungsprozeß im postkonstitutionellen Stadium im konstitutionellen Vertrag erfolgen muß, wird der Schlüssel zur Kostenaufteilung, sprich das Steuersystem, auf das sich die Beteiligten einigen müssen, selbst zum Inhalt dieses konstitutionellen Vertrages.

Bei den öffentlichen, nicht teilbaren (nicht dem Ausschlußprinzip unterliegenden) Gütern, um deren Beschaffung und Finanzierung es im produktiven Staat geht, bedarf es der Beteiligung bzw. Zustimmung aller, um ein effizientes, dem Paretokriterium entsprechendes Abkommen über die Aufteilung von Nutzen und Kosten zustande zu bringen[23]. Jede zu diesem Zweck getroffene Entscheidung kann als „postkonstitutioneller Vertrag" bezeichnet werden, als solcher unterliegt er der (von Knut Wicksell) geforderten Einstimmigkeitsregel[24].

Da Einstimmigkeit unter der Beachtung des sogenannten Free Rider-Problems (bedingt durch die Anonymität von Großgruppen) nicht erreichbar erscheint, muß die Möglichkeit von Zwang in Betracht gezogen werden. Dies widerspricht allerdings der Freiwilligkeit der Wahlentscheidung zur Erreichung der Einstimmigkeit; daher müßte die Möglichkeit des Ausschlusses potentieller Free Rider von öffentlich bereitgestellten und finanzierten Gütern und Dienstleistungen bereits im konstitutionellen Vertrag verankert sein. Das ist notwendig, um nicht mit den im selben Vertrag festgelegten Individualrechten (die auch das Recht der Mitgliedschaft zu diesem Gemeinwesen miteinschließen) zu kollidieren[25].

Als Ausweg aus diesem Dilemma bieten sich Abweichungen von der Einstimmigkeitsregel in allen möglichen Varianten an (von denen der Autor zur Illustration die Mehrheitsregel wählt)[26]. Für Regeln unter-

---

[23] Vgl. ebd., S. 38.

[24] Ebd., S. 38 f.

[25] Vgl. ebd., S. 39 ff.

[26] Vgl. ebd., S. 41 ff. Diesem Grundproblem staatlicher Willensbildung widmete sich der Autor im besonderen in seiner früheren Auseinandersetzung mit den Regeln kollektiver Entscheidungsfindung, nämlich in „The Calculus

halb der Einstimmigkeitsgrenze spricht, daß die den Nutzen übersteigenden Kosten zur Herstellung der Einstimmigkeit unter Beteiligung aller vermieden werden. Wird aufgrund von Regeln unterhalb der Einstimmigkeitsgrenze entschieden, kann aber die von der Mehrheitsentscheidung betroffene Minderheit Nutzenverluste im Sinne von Opportunitätskosten erleiden (wieder rein im Sinne individueller Nutzenmaximierung gemessen).

Wenn wir uns nun der Beurteilung des produktiven Staates zuwenden, in dem sich Probleme und Widersprüche des modernen Sozial- und Wohlfahrtsstaates, ja der westlichen Demokratie überhaupt widerspiegeln, so gilt es, vor allem ein Grundproblem besonders zu behandeln.

Die durch institutionell-politische Entscheidungen ausgehandelten Mengen von öffentlichen Gütern und die entsprechende Aufteilung von Kosten (über das jeweilige Steuersystem) zu ihrer Bereitstellung stellen selbst wieder Verträge dar. Da diese Verträge zwischen dem Staat, als Entität betrachtet, und einer „Untergruppe" der eigentlichen Entscheidungsträger (deren Repräsentanten) ausgehandelt werden, werden sie von Buchanan als „Putativverträge" oder „putative Fiskalverträge" bezeichnet[27]. Eine Anmerkung hier am Rande sei gestattet. In konsequenter Ausführung seines streng individualistischen Ansatzes legt Buchanan wiederum besondere Betonung darauf, daß im postkonstitutionellen Entscheidungsprozeß der alleinige Maßstab für die „Putativverträge" die ausdrücklichen Wünsche der Bürger sind, und daß es nicht um die Verwirklichung „gesellschaftlicher Ziele" oder „nationaler Prioritäten" geht[28].

Bedingt durch die Notwendigkeit der Durchsetzbarkeit und faktischen Durchsetzung der Verträge kommt es im postkonstitutionellen Stadium

of Consent", gemeinsam mit *Gordon Tullock*, Ann Arbor, 1962. In dieser frühen Analyse arbeitete Buchanan noch mit dem vor allem von J. Rawls in seiner Vertrags- und Gerechtigkeitstheorie eingesetzten „veil of ignorance".

[27] Vgl. Buchanan, The Limits, S. 103 ff.

[28] In konsequenter Befolgung des entscheidungstheoretischen Ansatzes werden diese „Bürgerwünsche" streng nach dem Prinzip der Nutzenmaximierung formuliert und unterliegen damit der bereits erwähnten verengten ökonomischen Betrachtungsweise.

Das Problem der Umsetzung von Individualwerten in Kollektiventscheidungen wird bei Buchanan ausgeklammert; von den sich daraus ergebenden Schwierigkeiten seien folgende nur angedeutet: das Problem der Informationsgewinnung; der Datenvorgabe; der Aggregation von Gruppen und Interessen; der Artikulation und Kommunikation; der interpersonalen Vergleichbarkeit von Nutzenfunktionen und Aggregation zu Sozialwahlfunktionen (neben dem den gesamten nutzenkalkulatorischen Ansatz zwar nicht in Frage stellenden, aber doch komplizierenden Problem einer metrischen Erfassung der Größe „Nutzen"). Vgl. dazu *O. Höffe*, Strategien der Humanität, bes. seine Auseinandersetzung mit der Wohlfahrtsökonomie und deren Erweiterung in der Sozialwahltheorie, S. 156 ff.

zu einem Überlappen von protektivem und produktivem Staat[29]. Die größere Gefahr in Gestalt eines übermächtigen, allseits intervenierenden Staates (als Leviathan) droht nach Ansicht Buchanans nicht seitens des produktiven (Sozial-)Staates, sondern seitens des sich in der Rechtsprechung verwirklichenden protektiven Staates. Der Staat in seiner protektiven Rolle ist also nicht mehr gewillt, die ihm im konstitutionellen Vertrag gesteckten Grenzen einzuhalten, d. h. er überschreitet seine Kompetenzen. Er maßt sich das Recht auf Revision oder Neufestsetzung der im konstitutionellen Vertrag definierten Individualrechte an; und nicht nur das, sondern auch eine Neufestsetzung der Regeln, nach denen der kollektive Entscheidungsfindungsprozeß im postkonstitutionellen Stadium abläuft. Das entscheidende Problem bei dieser Fehlentwicklung ist jedoch nicht die Anmaßung seitens des Staates, sondern die Frage der Kontrollmöglichkeit. Während die Kompetenzüberschreitung der Entscheidungsträger des produktiven Staates vor allem über den Wahlmechanismus noch kontrollierbar ist, scheidet diese Möglichkeit bei der Durchsetzungsinstanz, bei dem nicht nach demokratischen Prinzipien eingerichteten protektiven Staat aus[30].

Es wurde knapp zuvor die Frage einer Revision des konstitutionellen Vertrages angeschnitten. Wenn sich nun J. M. Buchanan einer solchen Revision entgegenstellt, gilt sein Widerstand nicht der Sache selbst, sondern den Trägern dieser Revision. Im Gegenteil: Buchanan legt besondere Betonung auf den Umstand, daß seine Vertragstheorie nicht im Sinne eines falsch verstandenen Konservativismus zu einer Verteidigung des Status quo dekretiert wird[31]. Eine Neufestsetzung der Rechte und Spielregeln kann niemals vom Staat ausgehen, sondern nur von den Parteien des konstitutionellen Vertrages selbst, sprich von jedem einzelnen Mitglied der Gemeinschaft im Rahmen einer sogenannten „constitutional revolution“[32]. Daß die grundlegende Umgestaltung der Rechtsordnung wiederum von jenen Faktoren abhängt, die auch für die Festlegung der ursprünglichen konstitutionellen Ordnung maßgeblich waren — nämlich vor allem von der Prämisse der Ungleichheit, dem Prinzip der Nutzenmaximierung und dem einem (zweck-)rationalen Nutzenkalkül zugrundeliegenden Eigen- oder Selbstinteresse —, sei hier nur kurz vermerkt und betont. Zu dem der Nutzenkalkulation zugrundeliegenden Größe des Eigeninteresses nimmt Buchanan für die als Postulat zu verstehende „konstitutionelle Revolution“ noch die Ver-

[29] *J. M. Buchanan*, The Limits, S. 103 ff.

[30] Vgl. ebd., S. 105 f.; spätestens an dieser Stelle tritt der undemokratische Zug der Institutionen des protektiven Staates zutage; vgl. dazu auch S. 98 f.

[31] Vgl. ebd., Kapitel 5, bes. S. 77.

[32] Siehe ebd., 10. Kapitel.

gleichsgröße der „renegotiation expectations", der Neuverhandlungserwartungen hinzu[33].

III.

Im Zuge einer kritischen Stellungnahme zu dem hier vorgestellten modernen kontrakttheoretischen Ansatz sei zunächst auf die negativen Aspekte verwiesen. Von den zum Teil schon genannten und kritisierten Punkten soll abschließend vor allem die Frage der Gerechtigkeit bzw. eines Gerechtigkeitsbegriffes aufgegriffen werden. Es setzt doch etwas in Erstaunen, daß einerseits John Rawls seine Vertragstheorie zu dem Zweck entwickelt, um im Sinne einer Gerechtigkeit als Fairness zu fundamentalen Gerechtigkeitsprinzipien zu finden, Buchanan hingegen Probleme der Gerechtigkeit und einer gerechten gesellschaftlichen Ordnung nur am Rande behandelt — und dies durchaus bewußt.

Selbst bei Annahme der evolutionistischen „invisible hand"-Position (F. A. Hayek) und „hidden hand"-Position (Robert Nozick) oder, anders formuliert, der „Erklärung mittels der Idee der unbeabsichtigten Konsequenzen individuell rationalen Handelns"[34] muß spätestens bei der Beurteilung geltender Rechtsordnungen und bei der Frage nach einer Revision oder Verbesserung bestehender Regelungen ein Bewertungsmaßstab eingeführt werden.

Ausgehend von seiner rein vertragstheoretischen Position besteht für Buchanan der einzige Maßstab zur Beurteilung einer geltenden Rechtsordnung als „effizient" oder „gerecht" — will man nicht auf das Kriterium eines Endzustandes als idealen Maßstab zurückgreifen — im Begriff der Zustimmung oder des Quasikontraktes. Eine Regel oder Norm gilt als akzeptabel, wenn alle Teilnehmer am Spiel, in diesem Fall alle Beteiligten an den ursprünglichen Vertragsverhandlungen oder an den Neuverhandlungen für den konstitutionellen Vertrag, zugestimmt haben. Hier bedarf es noch der Erläuterung, daß Buchanan „akzeptabel" durchaus mit „fair" oder „gerecht" für austauschbar hält, — sich also der Definition von John Rawls von „justice as fairness" anschließt. Das Kriterium für eine solche „fairness" ist allerdings nicht mit materiellen Gerechtigkeitsprinzipien gegeben. Buchanans Gerechtigkeitskriterium weist sich also als reine Verfahrensgerechtigkeit aus und ist nicht Ausfluß einer der Regel oder Norm selbst unabhängig

---

[33] Damit gewinnt *Buchanan* eine Vergleichsgröße zwischen dem Status quo und allen möglichen Alternativen einer Neuregelung, siehe bes. Kapitel 9.

[34] *Christian Watrin*, Soziale Probleme der modernen Industriegesellschaft. SD aus Verhandlungen auf der Arbeitstagung des Vereins für Socialpolitik. Gesellschaft für Wirtschafts- und Sozialwissenschaften in Augsburg 1976, Berlin 1977, Neue Folge Bd. 92 I + II, S. 975.

zukommenden Qualität oder Eigenschaft und bleibt ohne materielle, inhaltliche Ausfüllung.

Schließen wir mit den positiven Aspekten ab.

Buchanans Beschreibung des Naturzustandes vermag durchaus neue Einsichten zu vermitteln. Dies gelingt ihm vor allem durch die Prämisse der Ungleichheit unter den Menschen, durch die er sich entscheidend von den klassischen, dem Gleichheitsdenken verhafteten Vertragstheoretikern unterscheidet. Es drängt sich darüber hinaus angesichts der vom ökonomischen und Leistungsdenken geprägten, vom Eigeninteresse gesteuerten modernen Gesellschaft die Frage auf, ob nicht die Kategorie des (individuellen) Nutzens und das Prinzip der Nutzenmaximierung nicht doch die Rolle spielen, die Buchanan ihnen zuweist.

Ein weiteres Bild taucht auf, das die von Buchanan analysierten und demonstrierten Grundelemente gesellschaftlicher Ordnung zu bestätigen scheint. Im Verlauf der Bemühungen um die Errichtung einer internationalen Ordnung treten all jene Grundhaltungen in Erscheinung, die den vom Besitzdenken und Eigeninteresse getragenen Naturzustand ausmachen. Und es hat den Anschein, daß die Frage der Abrüstung (des Waffenverzichts und der Aufgabe des Raub- und Verteidigungsverhaltens, um in der Terminologie Buchanans zu verbleiben) zumindest für die nächste Zeit an der Frage des Nutzen-Kosten-Kalküls und dem Problem einer Durchsetzungs- und Kontrollinstanz der vereinbarten Vertragsbestimmungen scheitern wird.

A FORMAL ANALYSIS OF THE CONCEPT OF JUSTICE*

By Rudolf Stranzinger, Salzburg

Preface

Various philosophers consider justice — or, to be more exact, "acting justly" — as a relation, without giving a full logical analysis of it, for instance, Joel Feinberg[1], Norbert Hoerster[2], Chaim Perelman[3], and Ilmar Tammelo[4]. These authors seem to have abstained from analysing the relation because they deal with other (perhaps more important) problems in connection with justice. But it is often essential to have an exact analysis especially in the case of complex problems of justice. It is, for instance, a crucial point in the discussion as to who is acting justly toward whom (between which persons the relation holds). The following formal analysis is intended as a contribution clarifying what is exactly meant by "acting justly". The first task of such an analysis is to make the basic ideas more familiar. Because of the great complexity of the topic I cannot provide an exhaustive treatment here. So I shall merely attempt to show how the problems can and should be handled.

The first section deals with the formal structure of the expression "acting justly". I shall indicate and discuss, among other matters, different possibilities of formalization. After presenting and comparing some systems of the logic of action in the second section, I shall discuss, in the third section, different kinds of negation which give us various possibilities for expressing "acting justly", "not acting justly", "acting unjustly", and "not acting unjustly", and some relations between them. I shall finally show the formal structure of the principle(s) of justice in section four.

---

* I wish to thank *Eva Stranzinger* for valuable advice and *Peter Simons*, *Lyndall*, and *Ilmar Tammelo* for correcting my English.

1 Cf. *J. Feinberg*, Social Philosophy, Englewood Cliffs, New Jersey 1973, p. 98.

2 Cf. *N. Hoerster* (ed.), Recht und Moral. Texte zur Rechtsphilosophie, München 1977, p. 122.

3 Cf. *Ch. Perelman*, Über die Gerechtigkeit. Mit einer Einleitung von *T. Viehweg*, München 1967, pp. 58, 64, 163.

4 Cf. *I. Tammelo*, Theorie der Gerechtigkeit, Freiburg, München 1977, pp. 18 f.

1. The Structure of the Expression "acting justly"

1.1 It seems unquestionable that the phenomenon of justice belongs to the social universe. Thomas Aquinas furnishes a classical example for this position:

> I answer: Justice concerns persons in their relation to others.[5]

As Hoerster, Hans Kelsen, Tammelo, and Ota Weinberger emphasize, justice primarily relates to actions which are directed to a person or a group. So we have an actor x and somebody y who is acted upon, or toward whom the action is directed. Every action A, including just actions, is directed toward some end or aim. The aim of just actions is to bring about something p which is in accordance with a principle of justice s. Thus we judge the action in relation to a principle. These considerations are not new: we find Thomas Aquinas (commenting on Aristotle) already talking about justice in the same way:

> I answer: Human virtue is "what makes the actions of a man good and in addition the man himself a good one" [Aristotle]. That is what justice is. For the action of a man is good as it corresponds to the rule of rationality, which gives the measure of man's actions.[6]

Thus the structure of justice is: Person x acts (A) justly (J) toward person y with regard to principle s by bringing about p.

There are several ways of expressing this formally, including the following. The expression "just action" contains the adjective "just", while the expression "acts justly" contains the adverb "justly". In a formal language, the syntactic problem arises as to whether "just"/"justly" is to be represented as a predicator or as a(nother) functor (operator). If it is a predicator, is it one-place (monadic) or multi-place (polyadic)?

In view of the above analysis, it is indicated first to represent "just" as a multi-place predicator, and then come to the question as for whether some of the places, governed by the predicator, can be dispensed with. "Just" looks like a multi-place predicator, considering that an action is just *relative to* a principle s.

1.2.1 "Just" as a multi-place predicator: $J(s, h)$: Action h is just in relation to principle s. $A(x, y, p)$: x acts toward y so that p (is the case). If we combine both expressions we get: $J(s, A(x, y, p))$: In relation to principle s, x acts justly toward y by doing p; or: It is just, relative to

---

[5] *Thomas Aquinas*, Summa Theologica. Recht und Gerechtigkeit. Komm. v. *A. F. Utz*, Heidelberg, München/Graz, Wien, Salzburg 1953, II - II 58, 5, p. 32, (translated by *R. Stranzinger)*; cf. also op. cit., II - II 57, 1, pp. 4 f.

[6] Op. cit., II - II 58, 3, p. 27 (translated by *R. Stranzinger)*.

principle s, that x is acting toward y so that p (takes place). Here s (the expression standing for the principle) is a sentential variable, and $A(x, y, p)$ is a sentence, where A is a three-place (triadic) predicator (or sentence-functor, cf. 3.), p is a sentential variable, and x and y are individual variables. J applied to s and $A(x, y, p)$ produces also a sentence.

The semantical analysis of this dyadic predicator "just" (as far as I have developed it) can look like this: It makes sense to say that the sentence "x is acting justly toward y by doing p" is true in relation to principle s, that is, it could be analysed with the following model concept: we take a model as a triple, $\langle D, \varphi, S \rangle$ where D is the domain of the individuals; φ is the interpretation function from $\{wff\} \times S \rightarrow \{t, f\}$; and S is the set of principles s. $\varphi(J(s, A(x, y, p)), s) = t$ if and only if $\varphi(J(s, A(x, y, p))) = t$ in $s \in S$. The concept of truth relative to a principle s is constructed analogously to a possible world semantics. Each principle s (or combination of principles) defines a world s namely the world s in which s is true. The question as to the conditions under which $J(A(x, y, p))$ is true in s is an open one. Such tasks lie in the future.

Above I treated J as a dyadic homogeneous predicator, leaving the semantic interpretation partially open. I only hinted at the direction which could be taken.

1.2.2 In general, the relativity to principle s must be kept in mind, but I shall leave s out of account in the following considerations, where I shall deal with the predicator $J(A(x, y, p))$ (which was left open in 1.2.1).

I add to the language of the classical first-order predicational logic a fact-functor F which produces, when applied to formula α a singular term $F(\alpha)$.[7] I shall try to make clear what is intended with an example. The sentence

It is surprising that he is still alive,

seems to contain *two* predicators "is still alive" and "is surprising". If this is so, then "that he is alive" is a *singular term* formed from the sentence "he is alive" by means of the expression "that". So we could express this in predicational logic with "F" by

$$S(F(Lx))$$

where "Sx" represents "x is surprising" and "Lx", "x is still alive". So the fact-functor "F" is the formal counterpart to the English expression "that".

---

[7] For further discussion in this section cf. *U. Blau*, Die dreiwertige Logik der Sprache. Ihre Syntax, -Semantik und Anwendung in der Sprachanalyse, Berlin, New York 1978, pp. 121 - 127.

The (individual) domain D of the model $\langle D, \varphi, S \rangle$ is enlarged by adding *facts*. For this purpose, no formal change in the model concept is needed. The interpretation function is supplemented by the following condition:

(i) $\varphi (F (\alpha)) \in D$ if and only if $\varphi (\alpha) = t$.

Analogously to the definition of the interpretation for the classical predicational logic we obtain:

(ii) $\varphi (P (F (\alpha))) = t$ if and only if $\varphi (F (\alpha)) \in D$ and $\varphi (F (\alpha)) \in \varphi (P)$.

(iii) $\varphi (P (F (\alpha))) = f$ if and only if $\varphi (F (\alpha)) \in D$ and $\varphi (F (\alpha)) \notin \varphi (P)$.

That is, regardless whether $P (F (\alpha))$ is true or false does not affect the truth of the fact $F (\alpha)$, because $\varphi (F (\alpha))$, has to be in D in both cases, that is, α has to be the case (has to be true). But the interpretation function has to be extended so that it also includes those cases where $\varphi (F (\alpha)) \notin D$, that is, where $F (\alpha)$ is not a fact, that is, $F (\alpha)$ does not denote anything.

There are two possibilities:

(a) To extend the domain of the values of φ so that we have more values, for example: t, f, u (where "u" means "indefinite"). Then we get the following additional truth condition:

(iv) $\varphi (P (F (\alpha))) = u$ if and only if $\varphi (F (\alpha)) \notin D$,
that is, $\varphi (F (\alpha)) \notin D$ if and only if $\varphi (\alpha) = u$ or f.

(b) To consider φ as a partial interpretation function, that is, as only partially defined. The value $\varphi (P (F (\alpha)))$ is then not defined if $\varphi (F (\alpha)) \notin D$.

I now apply the fact-functor to the predicator "just": It is just [in regard to principle *s*] *that* x is acting toward y so *that* p (takes place): $J (F (A (x, y, F (p))))$. Here J is a monadic predicator (if we leave principle *s* out of consideration); F: the fact-functor; A: a triadic action predicator (or cf. 1.3); x, y: individuals; and p: a (sentence about a) fact. Analogously to what we have above we obtain:

(i) $\varphi (F (A (x, y, F (p)))) \in D$ if and only if $\varphi (A (x, y, F (p))) = t$ if and only if $\langle \varphi (x), \varphi (y), \varphi (F (p)) \rangle \in \varphi (A) \subseteq D \times D \times D$ and $\varphi (F (p)) \in D$ if and only if $\varphi (p) = t$.

(ii) $\varphi (J (F (A (x, y, F (p))))) = t$ if and only if $\varphi (F (A (x, y, F (p)))) \in D$ and $\varphi (F (A (x, y, F (p)))) \in \varphi (J)$.

(iii) $\varphi (J (F (A (x, y, F (p))))) = f$ if and only if $\varphi (F (A (x, y, F (p)))) \in D$ and $\varphi (F (A (x, y, F (p)))) \notin \varphi (J)$.

That is, regardless whether $J (F (A (x, y, F (p))))$ is true or false, in any case it follows that $\varphi (A (x, y, F (p)))$ is true, that is, the act is performed: this is the crucial assumption for our analysis.

In 1.2.2 J in $J(s, F(A(x, y, F(p))))$ is treated as a two-place non-homogeneous predicator. It was possible to develop a complete semantic interpretation by adding the fact-functor: on the other hand, we have the assumption that facts can be treated as being individual, which however may seem doubtful.

Furthermore, the considerations above showed that "just" as a monadic predicator would be too coarse; so I refrain from discussing this matter in detail. This does not mean that "acting justly" must always be considered relative to a principle, although I am convinced that my analysis, according to which a principle is required, whether it is explicitly mentioned or not, is a correct one.

1.3 In some respects (from a formal point of view) it makes no real difference whether J is a predicator or a(nother) functor (operator). For the same reason mentioned at the end of 1.1.1, it is, from my point of view, insufficient to have a one-place functor. Thus I shall only discuss a dyadic functor which is applied to two sentences producing also a sentence. I only mention here what must be taken into account if it is decided that J is to be a dyadic functor. Such a functor is only interesting if a logical system is constructed with additional axioms for this functor, such as: $J(s, A(x, y, p)) \& J(s, A(x, y, q)) \rightarrow J(s, A(x, y (p \& q)))$.

As this shows, treating J as a sentential functor requires us to discuss the functor A in $A(x, y, p)$ in its own right in the next section.

2. Some Comments on the Logic of Action

2.1 Although there is a number of quite different systems of action logic, I have not found anyone dealing with interpersonal action[8], that is, an action involving more than one person, of whom one is the agent and one the person acted upon. We require well-formed formulas of the following kind for a logical treatment of interpersonal action: $A(x, y, p)$, that is, x is acting on y so that p obtains. There are two possibilities for this treatment: Firstly, to construct a logic of interpersonal action: secondly, to change the formal structure of "acting justly" slightly (without changing the content) and to take one of the standard systems, for example, one of von Wright's logic of action systems. Constructing a new logical system seems to be more laborious than changing the formal structure of "acting justly". Before I change it, I shall consider some very simple logical systems of action.[9]

[8] von Wright's concept of "interaction" is different; cf. *G. H. von Wright*, Logic of Action — A Sketch, in: N. Rescher (ed.), The Logic of Decision and Action, Pittsburgh, p. 127.

[9] For some fundamental preliminary reflections on the topics of action, action theory, and logic of action cf. *N. Rescher* (ed.), The Logic of Decision

2.2 The Logic of Change (LoC): One of the systems is based on von Wright's so-called "Logic of Change" which is explained in his book *Norm and Action.*[10] I shall provide a brief summary of such matters dealt with in this book as are crucial for my analysis.

The main idea is that an action is a transformation of one state of affairs to another (or the same one), also called state-transformation. These states of affairs are described by propositions like "My typewriter is standing on my writing-desk". *p, q,* ... are variables and should be understood as schematic representations of sentences expressing propositions.[11] "*-T-*" is a symbol schematically representing statements which describe (generic) events[12], where the blanks on the left and the right hand side of this letter are filled by propositional expressions. For example: "*pTq*" describes the transformation (transition) from an initial state of affairs (described by *p*) to an end state of affairs (described by *q*). If "*p*" means, for instance, "This light is on", "$\sim p$" means that "This light is off" (= "not on"). "$\sim pTq$" means that "After the light was off, it was on" or that "A world in which the light was off changes (is transformed) into a world where the light is on". "$pT \sim p$" means that "The light which was on, is off". "*pTp*" means "The *p*-world remains unchanged (untransformed; the light remains on)", and similarly with "$\sim pT \sim p$": "The light remains off".[13]

The logic of change as outlined is a presupposition for the proper logic of action constructed in *Norm and Action.* To every act corresponds a change in the world as described by a transition, where the end-state is the result of this act. An elementary act is schematically described (using the symbol *d* for acting) by *d(pTp)*, $d(\sim pTp)$, etc., which are schematic representations of sentences describing acts. Using

---

and Action; *H. Lenk* (ed.), Handlungstheorien interdisziplinär, Vol. I. Handlungslogik, formale und sprachwissenschaftliche Handlungstheorien, München 1980.

[10] *G. H. von Wright,* Norm and Action. A logical Enquiry, London, New York 1963; see also the advanced system in his paper "Logic of Action — A Sketch". For a critical comment cf. *H. Schoeters,* G. H. von Wright's deontic Logic. A critical Analysis of von Wright's book 'Norm and Action', and a Project for a More Extended Deontic Logic, in: Studia Philosophica Gandensia, 4, Gent 1966, pp. 5 - 11.

[11] Cf. *G. H. von Wright,* Norm and Action, pp. 27, and 23. Von Wright speaks of "*generic* propositions" which have, by themselves, no truth-value; as distinct from *individual* propositions, which possess a truth-value.

[12] Cf. op. cit., p. 28. An event is the change or transition from an earlier state of affairs (initial state) to a later one (final state).

[13] Von Wright discusses also T-expressions like $(p \,\&\, q)\, T\, (\sim p \,\&\, q)$, which I shall not discuss in this paper because this would lead us too far away from our main topic. Some years later von Wright discussed this system in further detail; cf. "Logic of Action — A Sketch" and the comments on this paper by R. M. Chisholm, and J. Robinson, with von Wright's reply.

the previous example, we can read $d(\sim pTp)$ as "The light is turned on", schematically read "it is brought about that *p*". $d(pT\sim p)$ can be read as "the destroying of *p*" or "bringing *p* to an end"; $d(pTp)$ as "the preserving of *p*"; and $d(\sim pT\sim p)$ as "the suppression of *p*".

Beside acts there are also forbearances, for which I shall use the symbol *f*.

> An agent, on a given occasion, forbears the doing of a certain thing if and only if he *can do* this thing, but *does* in fact *not do* it.[14]

$f(\sim pTp)$ means "forbearing to do (bring about) *p*"; $f(pT\sim p)$ means "forbearing to destroy *p*"; $f(pTp)$ means "forbearing to preserve *p*"; and $f(\sim pT\sim p)$ means "forbearing to suppress *p*".

2.3 Logic of Action (LoA):[15] The LoA disregards the dynamic aspect of action. Von Wright called this system a primitive one. His main idea was to show the logical peculiarities of sentences about acting and not acting (omitting to act).[16]

p, q, ... are variables and should be understood as a verb or a part of a sentence designating actions; they are atoms of LoA, for example, walking, working, writing, etc. Not all verbs are action-verbs (activity verbs). It is not discussed in von Wright's essay whether one can show a specific distinction between action-verbs and others. The negation of an action *p* (symbolized as $\sim p$) is the not doing (omission) of the action *p*. *a, b, ...* are constants designating individuals; *x, y, ...* are variables ranging over individuals (actors). "[p]*a*" means that "*a* is acting (does) *p*" or "*a is p*-ing".[17] "[$\sim$ p]*a*" means that "*a* does not-*p*".[18] Both are action-sentences. There is a second kind of negation: "$\sim$ [p]*a*" which means "it is not the case that *a* is acting *p*" or "*a* does not do *p*". The atomic-verbs can also be connected, for example, $(\sim p \,\&\, q)$, $\sim (p \vee q)$,

[14] *G. H. von Wright*, Norm and Action, p. 45.

[15] Cf. *G. H. von Wright*, Handlungslogik, in: H. Lenk (ed.), Normenlogik. Grundprobleme der deontischen Logik, Pullach bei München 1974, pp. 9 - 24.

[16] These are not explicitly intentional actions but actions in a broader sense. I use further on "doing" because it seems to me neutral, whereas "neglect" is for unintentional and "forbearance" for intentional actions. Cf. op. cit., pp. 12 and 15.

[17] The square brackets have a linguistical function. They change the infinitive into the indicative form of the third person in the present tense.

[18] Cf. *Ch. Weinberger/O. Weinberger*, Logik, Semantik, Hermeneutik, München 1979, p. 119. They do not call an omission an action; but construe action and omission as different kinds of behaviour, whereas von Wright thinks that [$\sim$ p] can also be called an action. Also cf. *F. von Kutschera*, Grundbegriffe der Handlungslogik, in: H. Lenk (ed.), Handlungstheorien, specially pp. 68 - 70, 90; where he talks about activities: the activities and their omissions are activities, but the omissions of actions are not themselves actions.

etc. Von Wright states, beside the usual axioms of propositional logic, a list of four axioms of his LoA, a substitution rule and *modus ponens*.

W1 $$[\sim p]\, x \rightarrow \sim [p]\, x$$

W2 $$[\sim \sim p]\, x \leftrightarrow [p]\, x$$

W3 $$[p \,\&\, q]\, x \leftrightarrow [p]\, x \,\&\, [q]\, x$$

W4 $$[\sim (p \,\&\, q)]\, x \leftrightarrow ([p \,\&\, \sim q]\, x \vee [\sim p \,\&\, q]\, x \vee [\sim p \,\&\, \sim q]\, x)$$

It is also possible to show the distribution of the truth-values with a truth-table:

$[p]\, x$	$[\sim p]\, x$	$\sim [p]\, x$
T	F	F
F	T	T
F	F	T

In a further essay, von Wright connected LoA with a system of deontic logic. One of its advantages is that this system is free from paradoxes such as Ross' paradox, because of LoA.[19].

2.4 Standard Action Logic System (SAL): This system can be found, for instance, in Edgar Morscher's *Habilitation*[20] thesis; it is in some respects very similar to von Wright's LoA.

p, q, ... (also with indices) are sentence variables expressing states of affairs. *A* is an undefined action functor[21] governing two terms. The first term place is for variables (or constants) designating or ranging over individuals. The second place is for one or more (connected with logical connectives) state variables (or constants) or their negations (negates); for example, Axp, $Ax \sim p$, $Ax\,(p \,\&\, q)$, etc. "Axp" can be read as "x acts so that p" or "x brings about p". Also the action functor can be negated; that is "$\sim Axp$" which means "x is omitting p".

Usually three axioms are given[22] (in addition to propositional logic):

M1 $$Axp \rightarrow p$$

M2 $$Ax\,(p \,\&\, q) \leftrightarrow (Axp \,\&\, Axq)$$

M3 $$Ax\,(p \vee \sim p)$$

---

[19] Cf. *G. H. von Wright*, Normenlogik, in: H. Lenk (ed.), Normenlogik, pp. 25 - 38.

[20] Cf. *E. Morscher*, Philosophische Grundlagen der Normenproblematik (mimeographed), Salzburg 1974, pp. 183 - 190. In this there is also given an interesting combination of this action logic with a deontic logic.

[21] Its definition is implicitly given by the axioms.

[22] Morscher splits the second axiom into two implications.

In addition we also have a substitution rule and *modus ponens*.

2.5 If we compare these three proposals, it is striking that LoC (cf. 2.2) shows not only the state of affairs which obtains after the action (as SAL does), but also the initial state of affairs. This can be very important in the discussion about justice, especially to show under which circumstances somebody acted. An advanced version of LoC is presented in von Wright's essay "Logic of Action — A Sketch".[23] The big advantage of this new system lies in the various distinctive expressions like "preventing a state from vanishing", "letting a state continue", or "letting a state remain absent".

In LoA (cf. 2.3) *actions* are represented and not changed (or unchanged) states of affairs. In LoC the actor is neglected; he is not mentioned explicitly, but is hidden in the state descriptions. But obviously it is important, especially when talking about "acting justly", to take the actor also into consideration.

In SAL (cf. 2.4) only the final state of affairs is expressible. Though this is a disadvantage as compared with LoC, the system has the advantage of representing the actor, and we do not get such long and sometimes complicated formulas as we have in LoC. Besides this, it seems to me that SAL would be the best system to extend in order to obtain a logic of interpersonal action. For this reason, and also because of its simple and clear formalism, I shall use this system in my further exposition.

2.6 I have analysed "acting justly" as $J(s, A(x, y, p))$. If we treat y constant we can overlook it (abstract from it), (as it is done in SAL), expressing it in the following manner: "x is just, concerning to the principle s, toward y by (x is) acting that p." I formalize it: $J(s, x, y, A(x, p))$.

Thus it seems that we do not really need a logic of interpersonal action, though I believe it would be more appropriate for analysing expressions such as those treated in this paper. For example, talk about the irreflexivity of justice has (as I understand it) to do with the property of the relation between just agent and the person acted upon. For discussing an assertion like this in detail, I think it is fundamental to have an analysis as shown in this paper and perhaps a logic of interpersonal action. Otherwise misunderstandings cannot be excluded.

3. Different Possibilities of Expressions by Negation

3.1 There is a crucial difference with regard to actions between two different kinds of negation. Everyday language hardly notices these

[23] Cf. *G. H. von Wright*, Logic of Action — A Sketch, pp. 121 - 136.

distinctions (perhaps in consideration of the whole context) although quite different things can be meant.

I shall employ again a simple example: "x turns on the light". The negation: "x does not turn on the light". This is ambiguous. It can mean:

(a) "x simply does not act to turn on the light" (perhaps it is turned on already) or "x acts so that the light is not turned on" (either x turns the light off or x prevents the light from being turned on). This can be shown formally very easily. I use "A" for "acting"; "l" for "the light is turned on"

The two negations of Axl are:

(a) $\sim Axl$ (external negation),

(b) $Ax \sim l$ (internal negation).

The implication $Ax \sim l \rightarrow \sim Axl$ is valid; but the implication $\sim Axl \rightarrow Ax \sim l$ is not valid (cf. section 2).

3.2 What does this mean for "acting justly"? We get several variants by negating different parts of our formal expression for "acting justly".

To make the formulas easy to survey I choose the syntax of SAL (cf. 2.4) with brackets and the formalization of "acting justly" as proposed in 1.3 with the reformulation of 2.6. So "Concerning a principle s, x is just toward y by (x is) acting so that p" is formalized as: $J(s, x, y, A(x, p))$.[24]

$J(s, x, y, A(x, p))$: x is just, concerning s, toward y by acting so that p.

$J(s, x, y, \sim A(x, p))$: x is just ... by not acting so that p.

$J(s, x, y, A(x, \sim p))$: x is just ... by acting so that *not-p*.

$J(s, x, y, \sim A(x, \sim p))$: x is just ... by *not* acting so that *not-p*.

3.3 I have to mention first, before I continue listing the different ways of negating "acting justly", that I make a distinction between "acting unjustly" and "acting non-justly". I also express this distinction syntactically by: $U(s, x, y, A(x, y))$ "acting unjustly" and $\sim J(x, s, y, A(x, p))$ "acting non-justly".[25]

$\sim J(s, x, y, A(x, p))$: x is *non*-just, concerning s, toward y by acting so that p.

$\sim J(s, x, y, \sim A(x, p))$: x is *non*-just ... by *not* acting so that p.

$\sim J(s, x, y, A(x, \sim p))$: x is *non*-just ... by acting so that *non-p*.

$\sim J(s, x, y, \sim A(x, \sim p))$: x is *non*-just ... by *not* acting so that *non-p*.

---

[24] It would also be possible to manage without having to write x twice.

[25] Cf. N. *Rescher*, Distributive Justice. A Constructive Critique of the Utilitarian Theory of Distribution, Indianapolis, New York, Kansas City 1966, p. 63.

Corresponding to this we get also eight cases of injustice which can be differentiated:

$U\ (s, x, y, A\ (x, p))$	$U\ (s, x, y, \sim A\ (x, p))$	$U\ (s, x, y, A\ (x, \sim p))$
$\sim U\ (s, x, y, A\ (x, p))$	$\sim U\ (s, x, y, \sim A\ (x, p))$	$\sim U\ (s, x, y, A\ (x, \sim p))$
$U\ (s, x, y, \sim A\ (x, \sim p))$		
$\sim U\ (s, x, y, \sim A\ (x, \sim p))$		

I shall try to make the difference between "acting unjustly" and "acting non-justly" clearer by the following schema:

$$\begin{array}{|c|c|c|} \hline J\ (s, x, y, A\ (x, p)) & [N\ (s, x, y, A\ (x, p))] & \sim J\ (s, x, y, A\ (x, p)) \\ \hline \sim U\ (s, x, y, A\ (x, p)) & & U\ (s, x, y, A\ (x, p)) \\ \hline \end{array}$$

Thus the following is valid:

$$J\ (s, x, y, A\ (x, p)) \rightarrow \sim U\ (s, x, y, A\ (x, p))$$

or

$$U\ (s, x, y, A\ (x, p)) \rightarrow \sim J\ (s, x, y, A\ (x, p))$$

respectively.

But it is not valid that:

$$\sim U\ (s, x, y, A\ (x, p)) \rightarrow J\ (s, x, y, A\ (x, p))$$

or

$$\sim J\ (s, x, y, A\ (x, p)) \rightarrow U\ (s, x, y, A\ (x, p))$$

3.4 Actions like swimming, walking, etc. are not usually classified as just or unjust, but as neutral. Neutrality (N) can be defined easily as:

$$N\ (s, x, y, A\ (x, p)) = df \sim J\ (s, x, y, A\ (x, p))\ \&\ \sim U\ (s, x, y, A\ (x, p))$$

3.5 Finally I mention a few examples to show that many relations between the different expressions exist.

$$J\ (s, x, y, A\ (x, p)) \rightarrow \sim J\ (s, x, y, \sim A\ (x, p))$$

$$J\ (s, x, y, \sim A\ (x, p)) \rightarrow \sim J\ (s, x, y, A\ (x, p))$$

$$U\ (s, x, y, A\ (x, p)) \rightarrow \sim U\ (s, x, y, \sim A\ (x, p))$$

$$U\ (s, x, y, \sim A\ (x, p)) \rightarrow \sim U\ (s, x, y, A\ (x, p))$$

$$J\ (s, x, y, A\ (x, \sim p)) \rightarrow J\ (s, x, y, \sim A\ (x, p))$$

4. The Formal Structure of the Principle of Justice

4.1 I conceive a theory of justice as a system of sentences where at least one sentence is a principle of justice. This principle of justice (indeed, I believe, there is more than one) has to fulfil certain formal and material conditions. I shall not specify all these conditions here[26]; I only look briefly at the formal (mainly syntactical) structure of the principle(s).

4.2 Consider, to begin with, an example. Perhaps the most famous principle of justice is the *suum cuique*. Because of its contentual emptiness, it is open to various interpretations such as: "To each according to his merits (deserts)", "To each according to his needs", "To each according to his works", and so on. Chaim Perelman singled out the formal structure of all these principles[27], and called it *formal* or *abstract justice*. I would also contend that the principle "To each the same" says no more than the above sentences. I would not interpret it in a strict egalitarian way; I regard it nothing else but a shortened version of the *formal justice principle.*

4.3 Perelman's principle of formal or abstract justice says:

> *Formal or abstract justice* can be defined as a *principle of action according to which beings of the same category ought to be treated in the same way.*[28]

First, let us consider this principle more closely. I would interpret "the same category" as "having the same essential(?) property". Human beings with this property belong to the same category; so:

(†) All people x with a property Φ should be treated in the same way Ψ.

4.4 There are different ways to formalize this principle:

4.4.1 If a *one-place-ought-functor* is used, (†) can be formalized as:

4.4.1.1 $O(x)(\Phi x \rightarrow \Psi x)$ (i.e. "it is obligatory that for all x, if Φx then Ψx") which is usually equivalent with $(x)\, O(\Phi x \rightarrow \Psi x)$.

4.4.1.2 It seems to me more adequate to represent it in the following way: $(x)(\Phi x \rightarrow O\, \Psi x)$ (i.e. "for all x, if Φx then it is obligatory that Ψx"). The problem is here that this formula, brought into connection

---

[26] Cf. my paper given at the 5th International Wittgenstein Symposium 1980: *R. Stranzinger*, Gerecht handeln. Formale und materiale Bedingungen, in: E. Morscher and R. Stranzinger (eds.), Ethics, Foundations, Problems, and Applications, Proceedings of the Fifth International Wittgenstein Symposium, Vienna 1981.

[27] Cf. *Ch. Perelman*, Über die Gerechtigkeit, p. 28.

[28] Op. cit. (italized by Perelman). This is a translation form the cited German version of Perelman's book. Perelman talks about "beings" ("Wesen") but I shall limit later this formal principle to human beings. Like Perelman, I do not think that the additional formal principle "Treat all unequal beings unequally" (cf. *L. I. Katzner*, An Analysis of the Concept of Justice, (dissertation), Ann Arbor, Michigan 1968, p. 47) is necessary, because it, too, can lead to paradoxical consequences; cf. *R. Stranzinger*, Gerecht handeln.

with a deontic logic, engenders paradoxes, mainly the derived obligation paradox and the contrary-to-duty paradox of Roderick M. Chisholm.[29]

4.4.2 It was again von Wright who developed a new functor (operator), a dyadic one: $O(-/-)$. For example: $O(p/q)$ may be read as "p is obligatory under circumstance q". So (†) would be formalized as $(x)\, O\,(\Psi\, x/\Phi\, x)$, and can be read as "For all x, $\Psi\, x$ is obligatory under the circumstances $\Phi\, x$".

But the introduction of this dyadic functor alone could not solve all these problems, and von Wright was forced to construct various deontic systems, including this functor, with different axiomatisations.[30] Also Nicholas Rescher developed such a deontic logic[31] and finally Bengt Hansson presented a semantical system.[32] Here I do not go into these problems of deontic logic but only remark that the dyadic functor seems to produce better results than the monadic ought-functor. I think the discussion about the so-called hypothetical norms is not finished and maybe that a fruitful idea would emerge.

4.5 Let us interpret the formula $(x)\, O\,(\Psi\, x/\Phi\, x)$: x stands for a person or group of persons with property Φ. Φ can be, for example, an ability, an achievement, a merit, a need, a claim, but also an action or an omission (e.g. murdering, working, or evading tax); and also state-descriptions (circumstances) can be included in Φ. A kind of treatment Ψ is obliga-

---

[29] Cf. *R. M. Chisholm*, Contrary-to-Duty Imperatives and Deontic Logic, in: Analysis, 24, 2, 1963, pp. 33 - 36. Cf. for further discussion: *L. Åquist*, Good Samaritans, Contrary-to-Duty Imperatives, and Epistemic Obligations, in: Nous, 1, 1967, pp. 361 - 379; *M. Moritz*, Bemerkungen zu einem sog. deontischen Paradox. Über Roderick Chisholm's 'Contrary-to-duty Imperatives and Deontic Logic', in: H. Kohlenberger (ed.), Reason, Action, and Experience. Essays in Honor of Raymond Klibansky, Hamburg 1979, pp. 71 - 85; and *R. Stranzinger*, Die Paradoxa der deontischen Logik, in: I. Tammelo / H. Schreiner, Grundzüge und Grundverfahren der Rechtslogik, Bd. 2, München 1977, pp. 142 - 159.

[30] Cf. *G. H. von Wright*, A Note on Deontic Logic and Derived Obligation, in: Mind, 65, 260, 1956, pp. 507 - 509; Norm and Action; A New System of Deontic Logic, in: Danish Yearbook of Philosophy, 1, 1964, pp. 173 - 182; A Correction to a New System of Deontic Logic, in: Danish Yearbook of Philosophy, 2, 1965, pp. 103 - 107; Deontic Logic, in: American Philosophical Quarterly, 4, 2, 1967, pp. 136 - 143; An Essay in Deontic Logic and the General Theory of Action, in: Acta Philosophica Fennica, Fasc. XXI, Amsterdam 1968, pp. 22 ff.; The Logic of Practical Discourse, in: R. Klibansky (ed.), Contemporary Philosophy. A Survey, Firenze 1968, pp. 151 ff.; Deontic Logic and the Theory of Conditions, in: R. Hilpinen (ed.), Deontic Logic: Introductory and Systematic Readings, Dordrecht-Holland 1971, pp. 159 - 177.

[31] Cf. *N. Rescher*, An Axiom System for Deontic Logic, in: Philosophical Studies, 9, 1 - 2, 1958, pp. 24 - 30.

[32] Cf. *B. Hansson*, An Analysis of some Deontic Logics, in: Nous, 3, 1969, pp. 373 - 398.

tory O under the circumstances Φ. This Ψ can be, for instance: being punished, getting a reward, getting support or getting something allocated (e.g. a charge, a right, a duty, or some goods like money, territory or a prize).

4.6 All this says nothing about the material content of principles of justice; for example, it says nothing about which properties can be combined justly with which treatment.[33]

Thus my analysis of the concept of justice provided in this paper is only a first step, but it should point out how some of the problems of justice can be clarified and prepared for discussion, and perhaps also solved. Analysis with modern logical means enables us to make such a complex problem as justice clearer and more surveyable.

---

[33] Cf. for further details: *R. Stranzinger*, Gerecht handeln.

ANALYTISCH-DIALEKTISCHE GERECHTIGKEITSTHEORIE

Skizze einer handlungstheoretischen und non-kognitivistischen Gerechtigkeitslehre*

Von Ota Weinberger, Graz

Ich möchte einige Voraussetzungen diskutieren und einige Thesen begründen, die mir dazu geeignet erscheinen, eine spezifische Konzeption der Gerechtigkeit zu bestimmen. Ich nenne diese Auffassung ‚dialektische Gerechtigkeitslehre', wobei der Terminus ‚dialektisch' in einem noch näher zu erklärenden, nicht-hegelianischen Sinne zu verstehen ist.

Die Theorie der Gerechtigkeit versucht, objektive Kriterien der Gerechtigkeit anzugeben (und dadurch den Begriff der Gerechtigkeit zu definieren), indem sie diese Prinzipien als formale Kriterien, als materiales, intuitiv evidentes Apriori, als anthropologische Gegebenheit oder als religiöse Glaubenssätze hinstellt. Der objektiven Bestimmung von ‚gerecht' und ‚ungerecht' dienen auch die utilitaristischen Theorien ebenso wie die *Rawls*sche Kontrakttheorie. Der strenge Rechtspositivismus läßt dagegen eine Gerechtigkeitsfrage nur relativ zu einem positiv gegebenen Normensystem zu. — Abschnitt I

Gerechtigkeitspostulate müssen als Determinanten des Entscheidens und Handelns, also als Elemente der praktischen Argumentation verstanden werden. — Abschnitt II

Ich gehe von einer non-kognitivistischen Konzeption der praktischen Argumentation aus: es gibt praktisches Denken und Argumentieren, aber keine praktische Erkenntnis. — Abschnitt III

Die praktische Argumentation kann auf Struktursysteme des rationalen Operierens (Normenlogik, formale Teleologie, Axiologie, Präferenzlogik, ...) gestützt werden. — Abschnitt IV

Ich gehe von einer formalistisch-teleologischen Handlungstheorie aus. Auf der Basis der so konzipierten Struktur des Handelns läßt sich die anthropologische Funktion von Vorsätzen, Werten sowie von autonomen und heteronomen Normen erklären. — Abschnitt V

Handlungs- und Wertentscheidungen sind durch ein komplexes Zusammenspiel von Utilitätsüberlegungen, normativen Regeln, Wertentscheidungen (und ggf. irrationalen Determinanten) bestimmt. — Abschnitt VI

---

* Ich danke den Teilnehmern an dem Salzburger Finnisch-österreichischen Symposium für die rege Diskussion im Anschluß an mein Referat. Sie haben wesentlich zur Klärung meiner Gedanken beigetragen.

Das Problem der Gerechtigkeit liegt im Schnittpunkt von Moral, Recht und Politik. Moral, Recht und Politik sind in gewissem Sinne komplementär; sie betreffen die Beziehungen des einzelnen zu seinen Mitmenschen und zur Gemeinschaft. Gerechtigkeit umfaßt die Postulate, wie die Verhaltensweisen und Positionen der Personen gestaltet sein sollen. — Abschnitt VII

Der Non-Kognitivismus schließt die Existenz immanenter Gerechtigkeitsprinzipien, nicht jedoch rationale Argumentationen im Bereich der Gerechtigkeitsanalysen aus. Er braucht für die praktische Argumentation überzeugende Argumente, die weder rein formal noch empirisch-kognitiv sein können. Die Existenz intuitiv gültiger Gerechtigkeitsüberzeugungen bei jedem einzelnen und in sozialen Gruppen jeder Art ist eine anthropologische Tatsache. — Abschnitt VIII

Da die Gerechtigkeitsüberzeugungen und die Gerechtigkeitsurteile immer Gegenstand der Analyse sind und in rationalen Erwägungen entwickelt und begründet werden, bemüht sich die Gerechtigkeitslehre, Theorien und Methoden der materialen Begründung des Sollens darzulegen, z. B.

(a) die Methode der „selbstverständlichen" Voraussetzung,

(b) die Analyse der Ausgewogenheit des Rollenspiels,

(c) das Prinzip der Gegenseitigkeit aufgrund faktischer oder vertraglicher Partnerschaft,

(d) konsenssuchende Analysen, u. ä. — Abschnitt IX

Ich bezeichne die Gerechtigkeitsüberlegungen als dialektische Analysen, weil sie zwar rationale und im Prinzip formal darstellbare Vorgänge (Informationsverarbeitung) sind, aber nicht in Form *einer* Deduktionskette von festgesetzten Prämissen zur Konklusion dargestellt werden können. Die Überlegung ist oft mehrwegig; sie enthält vergleichende Wertung und Wertentscheidungen, rationale und empirische Bewährungsprozesse. Die Gerechtigkeitsüberlegung strebt ein Gleichgewicht zwischen traditionsbestimmter moralischer Intuition und Kritik an. — Abschnitt X

I. Die Problemsituation der Gerechtigkeitstheorie

Die philosophischen Gerechtigkeitslehren wollen objektiv begründen, was als gerecht anzusehen ist; mit anderen Worten: sie bestimmen die Prinzipien der Gerechtigkeit oder *ein* solches grundlegendes Prinzip, aus dem die übrigen ableitbar sein sollen. Die Objektivität der Begründung — aus der folgt, daß universelle Anerkennung der Prinzipien gefordert werden darf — wird in verschiedener Weise zu erreichen versucht:

(i) Gerechtigkeit als formales Prinzip

Das Postulat der Gerechtigkeit wird als *formales Prinzip* aufgefaßt, das deswegen objektive und universelle Gültigkeit hat. Von dieser Art sind insbesondere folgende Theorien: *der Versuch, Gerechtigkeit auf Gleichheit zurückzuführen (Platon, Aristoteles);* die *Kant*sche Lehre vom *kategorischen Imperativ*[1] und eine Reihe verwandter Lehren; das Prinzip der formalen Gerechtigkeit, wenn es als Kriterium der Gerechtigkeit angesehen wird, z. B. in der *Perelman*schen Konzeption, dergemäß Personen der gleichen Kategorie gleich zu behandeln sind[2]. Hierher gehört auch das Postulat der Universalisierbarkeit des Sollens[3].

Die an Aristoteles anknüpfende Lehre unterscheidet zwischen *iustitia commutativa, iustitia distributiva* und *iustitia retributiva.* Im Geiste des Aristoteles wird angenommen, alle diese Formen der Gerechtigkeit seien in gewisser Weise auf Gleichheiten, also auf formale Relationen, reduzierbar.

Ich habe den Eindruck, daß unter der Bezeichnung ‚iustitia commutativa' Verschiedenes zusammengefaßt wird:

(a) das Postulat der Gleichwertigkeit gegenseitiger Leistungen,

(b) das Prinzip der Gegenseitigkeit in zwischenmenschlichen Beziehungen,

(c) das Postulat der formalen Gleichheit des Sollens.

Zu (a): Es ist eine Frage des Charakters der *Rollenbeziehung* der Beteiligten, ob Gleichwertigkeit der Leistungen zu fordern ist; wenn dies der Fall ist, dann ist die *Gleichwertigkeit der Leistungen keine empirische Feststellung, sondern ein relatives Werturteil.*

Zu (b): Gegenseitigkeit der menschlichen Beziehungen ist ein Strebensziel der demokratischen Lebensauffassung, aber *kein universelles Gerechtigkeitsprinzip,* denn es gilt nur für jene Beziehungen, die wir partnerschaftlich gestalten wollen.

Zu (c): Formal gleiche Beurteilung ist wohl eine allgemeingültige Forderung der Gerechtigkeitsanalyse; für die Beantwortung der Frage, was in concreto gerecht ist, bleibt jedoch die Entscheidung offen, welches die Kriterien der Gleichheit sind und welche Sollfolgen für den Falltypus gerecht (das heißt hier: angemessen) sind.

---

[1] Gemeint ist natürlich die erste Formulierung des kategorischen Imperativs (*„handle nur nach derjenigen Maxime, durch die du zugleich wollen kannst, daß sie ein allgemeines Gesetz werde"; I. Kant,* Grundlegung zur Metaphysik der Sitten, BA 52), nicht die mit ihr nicht äquivalente zweite Formulierung (*„Handle so, daß du die Menschheit, sowohl in deiner Person, als in der Person eines jeden andern, jederzeit zugleich als Zweck, niemals bloß als Mittel brauchest."; I. Kant,* a.a.O., BA 66 f.). Diese ist eine inhaltlich bestimmende Regel, in der eine solche Zweckeinstellung, die allein als eine moralische gelten kann, postuliert wird.

[2] *Ch. Perelman,* Über die Gerechtigkeit, München 1967, S. 28: „Die formale oder abstrakte Gerechtigkeit läßt sich demnach definieren als ein Handlungsprinzip, nach welchem die Wesen derselben Wesenskategorie auf dieselbe Art und Weise behandelt werden müssen."

[3] Vgl. *R. M. Hare,* Freedom and Reason, London - Oxford - New York 1967 (1963[1]).

Die *Verteilungsgerechtigkeit* kann sicherlich nicht auf Gleichheit reduziert werden; sie ist auch insoweit viel komplexer, als nebeneinander verschiedene Kriterien anzuwenden sind, so daß die Entscheidung über die gerechte Verteilung von gewichtenden Wertentscheidungen abhängig ist.

Die *gerechte Strafe* kann sicherlich nicht durch eine einfache Gleichheitsrelation bestimmt werden, denn Strafe ist sicherlich nicht nur — ja nicht einmal in erster Linie — als Kompensation des Delikts aufzufassen.

Wenn ich aufgefordert bin, nach jener Maxime zu handeln, von der ich will, sie gelte als allgemeines Gesetz, dann werde ich dazu angehalten, meine moralische Betrachtung als generelle Schau zu gestalten, ich habe aber durch dieses Postulat des *kategorischen Imperativs* kein Wertkriterium der Gerechtigkeit erhalten, sondern nur ein Schema für die formal universelle Anwendung meiner Wert- und Präferenzmaßstäbe. Und Gerechtigkeit ist gegenüber Maßstäben nicht indifferent.

Das *Prinzip der formalen Gleichheit* — so wichtig es ist — ist nur ein Instrument zur Gewinnung der Transparenz der materiellen Gerechtigkeitswertung. Die Bestimmung der relevanten Kategorienmerkmale und der zugeordneten Sollfolgen ist offen; sie muß wertend als gerecht oder ungerecht beurteilt werden.

Das *Universalisierbarkeitsprinzip* ist verwandt mit dem Prinzip der formalen Gleichheit. Es ist m. E. nicht zweckmäßig, wie *Hare* es tut, den Begriff des Sollens definitorisch an die Universalisierbarkeit zu binden. Universalisierbarkeit der moralischen oder rechtlichen Entscheidung zu fordern, bedeutet nichts anderes, als eine Strukturbedingung für Wertentscheidungen zu setzen, der man durch Auffindung differenzierender Umstände, die immer vorhanden sind, gerecht werden kann. Das Prinzip ist also kein Mittel des moralischen Entscheidens, sondern bietet bloß eine Strukturierung der Entscheidungsüberlegung.

Hinsichtlich aller Versuche, die Gerechtigkeit rein formal zu bestimmen, muß kritisch festgestellt werden, daß rein formale Postulate ex definitione inhaltsleer und wertneutral sind, so daß sie *allein* prinzipiell keine Entscheidung über gerecht oder ungerecht liefern können.

(ii) Gerechtigkeit als materiales Apriori

Es wird die Existenz inhaltlicher Gerechtigkeitsprinzipien als *materiales Apriori* vorausgesetzt, das durch Intuition oder/und Analyse aufgedeckt werden kann.

Die Existenz apriorischer inhaltlicher Gerechtigkeitsprinzipien halte ich für eine wissenschaftlich inakzeptable Voraussetzung, die auch für die Gerechtigkeitsargumentation — wenn man sie nicht als religionsartigen Glauben voraussetzt — kaum verwertbar ist. Dies gilt unbeschadet der Tatsache, daß wir evidente Gerechtigkeitswertungen intuitiv erleben.

Die Tatsache, daß wir etwas intuitiv als gewiß erleben, bedeutet keineswegs, daß dieser Inhalt objektiv richtig ist und daß er nicht durch Analyse oder/und spätere Erfahrung in Frage gestellt werden kann. Die Gerechtigkeitsintuition kann zwar als Tatsache in Argumentationen verwertet werden (vgl. Abschnitt VIII), sie ist aber nicht fähig, apriorische inhaltliche Gerechtigkeitsprinzipien zu begründen.

Religiös orientierte Denker begründen die *Gerechtigkeitsprinzipien* als *dem Menschen von Gott vorgegeben*. Was als gerecht zu gelten hat, wird nach dieser Auffassung durch das Glaubenssystem bestimmt, das dem Menschen durch Offenbarung oder durch andere religiöse Erfahrung zugänglich ist.

Neben den drei erwähnten Formen der Gerechtigkeit (iustitia communtativa, distributiva und retributiva) wird heute oft von *Verfahrensgerechtigkeit* gesprochen; sie wird jedoch nicht auf die Idee der Gleichheit zurückgeführt. Die Verfahrensgerechtigkeit liefert keine direkte Bestimmung darüber, was als inhaltlich gerecht anzusehen ist. Sie stützt sich auf die Hypothese, daß gewisse Verfahrensformen zu materiell gerechten Lösungen führen, oder — wenigstens — daß angemessene Verfahrensformen die Wahrscheinlichkeit gerechter Lösungen wesentlich erhöhen. Von der Frage, inwieweit diese Hypothese empirisch belegt ist, können wir hier absehen. Die Verfahrensgerechtigkeit hat noch einen anderen Aspekt, der vom Standpunkt der Gerechtigkeit bedeutsam ist. Die moderne Gesellschaft braucht normierte Verfahrensformen — seien sie kodifiziert oder gewohnheitsrechtlich festgelegt —, um einerseits die Wahrscheinlichkeit angemessener Entscheidungen zu maximieren und um andererseits Gleichheit der Subjekte im Verfahren zu garantieren. (Bewußte) Abweichung von den Verfahrensregeln indiziert eine unobjektive Einstellung der zur Entscheidung berufenen Instanzen. Im Rahmen demokratischer Systeme wird auf die Verfahrensgerechtigkeit besonderes Gewicht gelegt.

(iii) Anthropologisch gegebene Gerechtigkeitsprinzipien

Manche Autoren leiten aus dem Wesen des Menschen Prinzipien ab, die bestimmen, was objektiv als gerecht gelten muß, weil diese Prinzipien als Implikationen von anthropologischen Konstanten selbst *anthropologisch notwendige Sollensgrundsätze* sind.

Es ist ein grundlegendes anthropologisches Merkmal des Menschen, daß er in der Gestaltung seiner Verhaltensweisen und der persönlichen sowie interpersonalen Lebensformen weitgehend offen ist. Die Gestaltung des Lebens, und noch mehr des Zusammenlebens, ist weitgehend von unserer Vorstellungswelt und Ideologie abhängig. Daraus folgt, daß es zwar anthropologisch notwendige Sollensregulative und Gerechtigkeitsüberzeugungen mit gewissen notwendigen Funktionen gibt, doch bleibt die Bestimmung des objektiv richtigen (gerechten) Sollens in diesem Rahmen weitgehend freigestellt und bietet reichlich Alternativen für Dezisionen.

(iv) Die utilitaristischen Gerechtigkeitskriterien

Von anderer Art ist das *utilitaristische Prinzip*, demgemäß das moralisch Gute (das Gerechte) das ist, was den größten Nutzen für die größte Anzahl von Menschen mit sich bringt. Abgesehen von den Schwierigkeiten des Vergleichs von Nutzen und Schaden bei verschiedenen Subjekten, gibt es offensichtlich Handlungen und Entscheidungen, die jeder Gerechtigkeitsintuition widerstreben, aber utilitaristisch gerechtfertigt werden können. Den Utilitarismus als Gerechtigkeitstheorie aufzufassen, ist auch deswegen problematisch, weil das utilitaristische Prinzip es nicht gestattet, einen Unterschied zwischen dem Aspekt des Gerechten und der sonst allgemein nützlichen Entscheidung zu machen. Es mag z. B. gut und utilitaristisch begründbar sein, einen Kanal zu bauen, doch ist es keine Frage der Gerechtigkeit, sondern des zweckmäßigen Wirtschaftens, ob man so ein Projekt realisiert oder nicht.

(v) Gerechtigkeit als Fairneß

Zu den klassischen Gerechtigkeitstheorien gehört heute auch schon *Rawls'* Theorie der *Gerechtigkeit als Fairneß*, dergemäß das Problem der gesellschaftlichen Verteilung den Kern jedweder Gerechtigkeit bildet und die durch eine Entscheidungsüberlegung in einer durch Postulate definierten Situation, der Urposition, begründet wird. Rawls stellt seine Lehre als Konsenstheorie dar, weil seiner Meinung nach unter den gegebenen Voraussetzungen jeder den Gerechtigkeitsprinzipien zustimmen müßte[4].

---

[4] Vgl. *J. Rawls*, A Theory of Justice, London - Oxford - New York 1971, deutsche Übersetzung des revidierten Textes von *H. Vetter*, Eine Theorie der Gerechtigkeit, Frankfurt a. M. 1975. Zum Problem des *fiktiven Konsenses* dieser Art siehe *O. Weinberger*, Die Rolle des Konsenses in der Wissenschaft, im Recht und in der Politik, in: RECHTSTHEORIE Beiheft 2 (1981).

Die *Urposition* setzt eine Gesellschaft mit folgenden Eigenschaften voraus:

(a) In der Gesellschaft herrscht ein solches Ausmaß an materieller Knappheit, daß zur Befriedigung der Bedürfnisse der Mitglieder der Gesellschaft Kooperation erforderlich ist, und daß andererseits Chancen bestehen, daß die Kooperation zur Bedürfnisbefriedigung erfolgreich sein kann.

(b) Die Gesellschaft ist wohlgeordnet, worunter Rawls die Tatsache versteht, daß jeder einzelne die Grundsätze der Gerechtigkeit kennt, sie anerkennt, von seinen Mitmenschen dasselbe weiß, und daß jeder sich nach ihnen tatsächlich richtet und weiß, daß die anderen sich ebenfalls nach ihnen richten.

(c) Jedermann hat grundlegende Bestrebungen und Interessen und anerkennt dies auch für jeden anderen; deswegen ist es berechtigt, die Institutionen so zu gestalten, daß gegenseitige Ansprüche berücksichtigt werden.

Die Entscheidung wird unter dem *Schleier des Nicht-Wissens* getroffen. Der Schleier des Nicht-Wissens ist sehr dicht, er umfaßt alles Individuelle: soziale Stellung, Klasse, Rasse, Geschlecht, Vorliebe, Charakter, Fähigkeiten, die historische Position usw. Es wird volle Kenntnis der Natur- und Gesellschaftsgesetze vorausgesetzt. Die Mitglieder der Gesellschaft sind freie und gleiche Individuen, die die Freiheit der anderen ebenso achten wie die eigene; sie sind ausschließlich vom individuellen Selbstinteresse geleitet und kennen keinen Neid. Die zur Wahl der Gerechtigkeitsprinzipien führende Analyse umfaßt bei Rawls auch einige methodologische Beschränkungen: Es werden Analysen über die Wahrscheinlichkeit, daß das Subjekt diese oder jene Position in der Gesellschaft einnehmen wird oder in welcher historischen Epoche man leben wird, ebenso wie Wahrscheinlichkeitsüberlegungen über den Erfolg des Handelns ausgeschlossen. Begabung, Fertigkeiten oder Leistung werden nicht als Argumente der Verteilungsdifferenzierung herangezogen. Unter diesen Voraussetzungen würde man sich nach Rawls für folgendes Prinzip der Gerechtigkeit entscheiden:

1. Jedermann soll gleiches Recht auf das umfangreichste System gleicher Grundfreiheiten haben, das mit dem gleichen System für alle anderen verträglich ist — Grundsatz der größtmöglichen Freiheit.

2. Soziale und wirtschaftliche Ungleichheiten sind so zu gestalten, daß
   (α) sie zu jedermanns Vorteil dienen — das Unterscheidungsprinzip, und
   (β) sie mit Positionen und Ämtern verbunden sind, die jedem offen stehen — Grundsatz der fairen Chancengleichheit.

Der erste Grundsatz ist immer vorgeordnet (lexikalisch, wie Rawls sagt).

Die Idee des Schleiers des Nicht-Wissens ist ein ausgezeichnetes Modell der unbeteiligten und unparteiischen Beurteilung, doch macht sie eine Entscheidungsanalyse unmöglich, da sie bei Rawls auch die Interessen, Ziele und Präferenzen umfaßt.

Wir können hier von der problematischen Begründung der Lehre[5] absehen und fragen, ob das Prinzip selbst ein brauchbares Gerechtigkeitskriterium darstellt. Ich meine, daß dies nicht der Fall ist: Das Problem der Gerechtigkeit sollte m. E. nicht auf Gesellschaften eines gewissen ökonomischen Niveaus beschränkt werden. (Zwischen Häftlingen im nazistischen KZ gibt es auch Gerechtigkeitsprobleme). Auch ich werte Freiheit als der Gleichheit vorgeordnet, doch keineswegs in der Weise, wie es Rawls sieht: sowohl Freiheit als auch Gleichheit sind Bündel verschiedener Postulate und eine generelle Vorrangstellung der Freiheiten löst das Problem nicht, unter anderem deswegen, weil Freiheiten untereinander in Konflikt geraten können. Zu fragen, wann Ungleichverteilung gerecht ist, ohne zu fragen, wann und warum wer mehr und wer weniger bekommen soll, geht m. E. an dem Gerechtigkeitsproblem vorbei. Es erscheint mir auch problematisch, den Maßstab der Gerechtigkeit überhaupt durch eine Utilitätsentscheidung (in einer fiktiven Situation) bestimmen zu wollen[6].

(vi) Gerechtigkeit nach Maßgabe einer Normenordnung

Die traditionelle *positivistische Lehre* reduziert das Gerechtigkeitsproblem auf die Übereinstimmung des Handelns mit der positiven Norm bzw. auf das formal gleiche Entscheiden nach der geltenden Norm. Diese Übereinstimmung (d. h. die Subsumtion) ist objektiv feststellbar, der Inhalt der Norm wird weder gewertet noch begründet, sondern als soziale Gegebenheit hingenommen. Durch Relativierung in bezug auf das positive System wird das Problem der Gerechtigkeit objektiviert, der eigentlich materiale Kern der Gerechtigkeitsanalyse wird aber aus der Überlegung ausgeklammert.

Im ganzen kann man die *traditionellen Gerechtigkeitstheorien* in folgender Weise charakterisieren: *Sie stellen das Gerechtigkeitsurteil als*

---

[5] Ich habe sie als Illusion bezeichnet. Siehe *O. Weinberger*, Begründung oder Illusion. Erkenntniskritische Gedanken zu John Rawls' Theorie der Gerechtigkeit, Zeitschrift für philosophische Forschung, Bd. 31/Heft 2, 1977, S. 234 - 250.

[6] Trotz meiner kritischen Einstellung zu Rawls unterschätze ich keineswegs die Bedeutung seiner Lehre, insbesondere der Idee des Schleiers des Nicht-Wissens, seiner Überlegungen betreffend das Überlegungsgleichgewicht und seiner Hinweise auf die Bedeutung der Verfahrensgerechtigkeit.

objektive Erkenntnis hin: entweder aus naturrechtlicher Überzeugung, welche praktische Erkenntnis oder einen religionsartigen Glauben voraussetzt, wonach Sollensprinzipien dem Menschen vorgegeben sind [(i) - (iii) und (v)]; *oder aufgrund eines objektiv gedeuteten Utilitätskalküls* [(iv)]; *oder durch Relativierung auf ein positives Sollsystem* [(vi)].

II. Gerechtigkeitspostulate als Handlungsdeterminanten

Während die traditionellen Gerechtigkeitstheorien sich bloß mit dem Suchen nach Gerechtigkeitsprinzipien und deren Begründung befassen, sehe ich das Problem primär in einer anderen Perspektive. *Ich frage mich, welche Rolle spielen Gerechtigkeitsüberlegungen als determinierende Momente des menschlichen Handelns,* und zwar sowohl im Verhalten des einzelnen als auch in gesellschaftlichen Relationen. Meine Überlegungen über Gerechtigkeit sollen daher eine verstehende Beschreibung des Suchens nach Gerechtigkeit als eines wesentlichen Faktors der Lenkung des individuellen und gemeinschaftlichen Verhaltens liefern. Gleichzeitig muß ich erklären, wie Gerechtigkeitsanalyse und Vorsätze sowie Normen überhaupt in die Bestimmung der Handlung eingreifen, und diese Erklärung muß aufgrund einer Theorie des Handelns dargestellt werden. Ich gehe von einer *formalistisch-finalistischen Handlungstheorie* aus, deren grundlegende Konzeption ich schon an verschiedenen Stellen skizziert habe[7]. *Meine Betrachtungsweise der Gerechtigkeitsfrage wird argumentationstheoretisch ausgerichtet sein*; soziologisch ist sie nur insoweit, als die Tatsache des Daseins von Grundsätzen der Gerechtigkeit im individuellen und gesellschaftlichen Bewußtsein beachtet und die zwischenmenschlichen Beziehungen, die Gegenstand der Gerechtigkeitswertung sind, ins Auge gefaßt werden. Ich werde mich aber nicht mit jenen Fragen befassen, die in den Bereich der Moralsoziologie fallen, denn es geht mir hier weder um die Feststellung der Gerechtigkeitsvorstellung als eines Bestandteils der moralischen Überzeugungen der Menschen noch um die Beobachtung des Verhältnisses zwischen faktischem Verhalten der einzelnen und von Gruppen in Relation zu den moralischen Überzeugungen.

Mit dieser handlungs- und argumentationstheoretischen Betrachtungsweise verbindet sich meine *non-kognitivistische, rechtspositivistische und wertrelativistische Auffassung der praktischen Sphäre,* durch die

[7] Vgl. *O. Weinberger,* Rationales und irrationales Handeln, in: Recht und Gesellschaft. Festschrift für Helmut Schelsky zum 65. Geburtstag, hrsg. von F. Kaulbach und W. Krawietz, Berlin 1978, S. 721 - 744; *ders.*, Handeln und Schließen. Überlegungen zum Begriff der praktischen Inferenz, in: The Law between Morality and Politics, hrsg. von F. van Dun, Philosophica 23, 1979 (1), S. 5 - 36; *Ch. Weinberger / O. Weinberger,* Logik, Semantik, Hermeneutik, München 1979, Kap. 8.

jede Form praktischer Erkenntnis (im naturrechtlichen Sinne) ausgeschlossen wird. Gerade auf dieser Basis — nicht durch naturrechtliche oder pseudoformale Argumentation — kann eine effektive Theorie der materiellen Gerechtigkeitsanalysen erstellt werden, die einerseits die Realität des menschlichen Lebens erfaßt und andererseits das Element des Moralischen in unserem individuellen und gemeinschaftlichen Dasein unterstreicht, ohne in metaphysische Spekulation zu verfallen.

III. Der non-kognitive Charakter der praktischen Argumentation

Der Non-Kognitivismus in der praktischen Philosophie beruht einerseits auf einer gewissen anthropologischen Konzeption, andererseits auf der ihr entsprechenden erkenntnismäßig differenzierten Semantik. Der Mensch wird als handelndes Wesen aufgefaßt, dessen Denken und Erkennen im Prinzip der Praxis, d. h. der Lenkung des Handelns, dient *(anthropologisches Primat der Praxis). Das Denken ist Informationsverarbeitung,* die ein Instrument der Erkenntnisgewinnung, der Verwertung von Erkenntnissen im Kontext der Handlungslenkung ist; d. h. Denken ist ein Prozeß, der eine wesentliche Rolle in der Struktur der Handlungsdeliberation und Lenkung spielt.

Die dieser anthropologischen Konzeption entsprechende Semantik geht von einer grundlegenden kategorialen Unterscheidung *theoretischer (rein beschreibender)* und *praktischer Sätze* aus (erkenntnismäßig differenzierte Semantik). Die theoretischen Sätze sind Instrumente der Tatsachenbeschreibung, der Darstellung von Erkenntnissen, Annahmen, Hypothesen, Voraussetzungen und Prognosen ebenso wie der Darstellung logischer Beziehungen (logisch gültige und analytische Sätze). Die wichtigsten praktischen Sätze sind Normsätze (Soll- und Darfsätze), Wunschsätze und Wertsätze.

Mit dieser Konzeption der Semantik verbindet die analytische Philosophie das Postulat der *gnoseologisch-methodologischen Bestimmtheit der Sätze und Begriffe:* die Sätze sind in der rationalen Rekonstruktion so darzustellen, daß von jedem Satz und jedem Teilsatz bestimmt ist, ob er als praktischer oder theoretischer Satz zu verstehen ist. Ebenso ist die Begriffsapparatur der Sprache auf ihren erkenntnismäßig semantischen Charakter hin zu bestimmen. Dies schließt jedoch nicht aus, daß es auch solche Termini gibt, die gemischten Charakter haben, so daß in ihren Definitionen beschreibende und praktische Termini (bzw. Sätze) verwendet werden müssen.

Mit der kategorialen Zäsur zwischen theoretischen und praktischen Sätzen verbinden sich die metalogischen *Postulate der Unableitbarkeit:*

(i) Sind alle Prämissen Aussagesätze, kann kein (informativer) Normsatz gefolgert werden.

(ii) Sind alle Prämissen Normsätze, kann kein (informativer) Aussagesatz gefolgert werden[8].

Die These des Non-Kognitivismus geht über die Unableitbarkeitspostulate hinaus. Sie behauptet nicht nur, daß deduktiv keine informativen praktischen Sätze aus rein beschreibenden (Erkenntnisse ausdrückenden) Prämissen gewonnnen werden können, sondern hält es überhaupt für unmöglich, informative praktische Sätze rein kognitiv zu begründen, d. h. ohne solche Argumente, die auch Stellungnahmen enthalten. *Der Non-Kognitivismus schließt also nicht nur deduktive Begründungen rein kognitiver Art aus, sondern auch alle anderen rein kognitiven Wege des Begründens praktischer Sätze* (induktive Methoden, die Methode der Hypothesenbildung und Bewährung).

Der Non-Kognitivismus führt aber keineswegs zu einem Normenirrationalismus, demgemäß es keine logischen Beziehungen zwischen Normen gibt und der die Möglichkeit normenlogischen Folgerns leugnet (*Jørgen Jørgensen, Karel Engliš, Hans Kelsen* in der „Allgemeinen Theorie der Normen“[9]).

Mit dem Non-Kognitivismus ist auch die Meinung verträglich, daß die materiale Begründung des Sollens rational strukturiert ist und daß eine *Theorie der materialen Sollensbegründung* erstellt werden kann.

Eine wichtige Konsequenz des Non-Kognitivismus für die praktische Argumentation ist es, daß *jede praktische Begründung in irgendeiner Weise materiell stellungnehmende Argumente benötigt.* Diese Prämissen der Argumentation können aus der Intuition, aus Konsens, aus vertraglicher Übereinkunft und aus ähnlichen Quellen gewonnen werden.

Es können die Folgen möglicher Handlungen oder Maßnahmen kognitiv bestimmt werden; durch Stellungnahme zur Handlung und zu ihren Folgen ist ein wertender Rückschluß auf die Erwünschtheit oder Unerwünschtheit der Handlung möglich.

---

[8] Die Einschränkung der Unableitbarkeitspostulate auf informative Konklusionen erscheint deswegen notwendig, weil analytisch gültige Aussagesätze Folgerungen jeder beliebigen Prämissenklasse sind. Analoges gilt auch von solchen Normsätzen, die informationsleer sind, wie z. B. der Sollsatz von der Struktur ‚Wenn $\mu \wedge \neg p$), dann soll q sein‘. Näheres über meine Auffassung des normenlogischen Folgerns enthält das Buch *Ch. Weinberger / O. Weinberger,* Logik, Semantik, Hermeneutik, München 1979.

[9] *J. Jørgensen,* Imperatives and Logic, Erkenntnis, Bd. 7, 1937 - 1938, S. 288 - 296; *K. Engliš,* Die Lehre von der Denkordnung, Wien 1961; *ders.,* Die Norm ist kein Urteil, ARSP L, 1964, S. 305 - 316; *H. Kelsen,* Allgemeine Theorie der Normen, Hrsg. K. Ringhofer / R. Walter, Wien 1979; vgl. auch: *O. Weinberger,* Normentheorie als Grundlage der Jurisprudenz und Ethik, Berlin 1981.

Für die non-kognitivistische Konzeption erscheinen *tentative Begründungsverfahren* sinnvoll, bei denen praktische Voraussetzungen hypothetisch gesetzt werden, deren Konsequenzen in Zusammenhang mit empirischen Erkenntnissen abgeleitet und gewertet werden. Die Ergebnisse verschiedener hypothetischer Voraussetzungen können in relativer Wertung konfrontiert werden und bilden so eine Basis für rationale Entscheidungen zwischen verschiedenen hypothetisch bestehenden Möglichkeiten.

In der Argumentation, durch die Sollen oder Wertungen begründet werden, treten immer praktische Sätze als Argumente und Stellungnahmen auf, die in rational bestimmten Beziehungen stehen. Meist werden neben stellungnehmenden Prämissen auch Erkenntnisse als Argumente auftreten. Diese Begründungen sind also rationale Argumentationen — doch immer relativ zu Klassen von Prämissen, die auch nicht-kognitive Elemente enthalten —, so daß es im ganzen *keine praktische Erkenntnis*, d. h. keine rein kognitive Begründung praktischer Sätze, gibt.

IV. Strukturtheorien des praktischen Denkens

Denken ist Operieren, Verarbeitung von Informationen nach gewissen Regeln. Diese Regeln sind von der Art, daß sie beim Folgern wahrheits- bzw. geltungskonservierend sind. Die Regeln können, müssen aber nicht, explizit bewußt sein. In der logischen Theorie werden sie explizit dargestellt.

Es ist prinzipiell verfehlt — und zwar auch für den rein aussagenden Bereich —, Denken als eine Art des Erkennens aufzufassen. Auch im rein aussagenden Bereich ist das *Denken* formales Operieren und *nur relativ objektiv;* das heißt: objektive Geltung hat die Beziehung zwischen den Prämissen und der Schlußfolgerung, aber die Prämissen müssen nicht objektiv fundiert sein. Das Folgern in der deskriptiven Sprache stellt sicher, daß die Schlußfolgerungen wahr sind, *wenn* alle Prämissen wahr sind. Diese Beziehung ist eine sprachlich-logische Beziehung und vollkommen unabhängig von Wahrheit oder Unwahrheit der Prämissen. Das Ergebnis der Denkoperationen in der deskriptiven Sprache stellt nicht immer Erkenntnisse dar. Es gibt indikative Gedankenoperationen, deren Prämissen Annahmen, kontrafaktuale oder unwahre Sätze sind, ferner Überlegungen über mögliche Welten. Die Folgerungsrelationen gelten auch für diese Fälle, bei denen die Operationen nicht zu Tatsachenerkenntnissen führen, sondern nur zur Erkenntnis der zu den Prämissen relativen Wahrheitsbeziehung.

Der Geltung von Folgerungsrelationen mit normativen Gliedern steht keineswegs im Weg, daß die normativen Prämissen durch Willensakte gesetzt sind, so daß die Prämissen nicht als objektiv in der äußeren Wirklichkeit fundiert angesehen werden können.

Es ist daher möglich — und für die Zwecke der praktischen Philosophie (im weiten Sinne des Wortes) erforderlich —, Strukturtheorien der rationalen Operationen des praktischen Denkens zu entwickeln. Die praktische Argumentation kann sich dann auf solche Systeme stützen. Die wichtigsten Systeme dieser Art sind: die Normenlogik, die formale Teleologie, die formale Axiologie und Logiken der relativen Wertsätze (Präferenzlogiken).

Es soll nicht verschwiegen werden, daß der Aufbau dieser Logiksysteme sowie die Erklärung der Beziehungen zwischen den verschiedenen Systemen noch umstritten sind, doch sind sie prinzipiell als Grundlagensysteme der praktischen Argumentation anzusehen; die Probleme, die mit ihrer Erstellung verbunden sind, signalisieren die Tatsache, daß diese wissenschaftlichen Disziplinen sich noch in einem frühen Stadium ihrer Entwicklung befinden.

V. Die Funktion von Vorsätzen, Normen und Werten

Ich vertrete eine *formal-finalistische Handlungstheorie*. Eine Handlung ist ein intentionales Verhalten. Ohne teleologische Begriffe kann der Handlungsbegriff nicht angemessen erklärt werden; die kausalistischen Erklärungen der Handlung sind Scheinerklärungen, weil sie den Begriff der Ursache so weit fassen, daß nicht nur beobachtbare bedingende Sachverhalte, sondern auch Motive, die Informationscharakter haben, als Ursachen gedeutet werden. Meine Auffassung der Handlung bezeichne ich als ‚*formal*-finalistische Theorie' zur Unterscheidung von anderen finalistischen Handlungstheorien, weil ich die teleologischen Beziehungen als formales System (formale Teleologie) darstelle, auf dem die Handlungstheorie aufgebaut wird[10]; die formale Teleologie selbst wird in nicht-psychologistischer Weise begründet.

Aufgrund dieser Konzeption können zwei methodologisch grundverschiedene Betrachtungsweisen der Handlung unterschieden werden:

(a) die *Handlungsdeliberation*, welche eine Ziel-Mittel-Analyse (eine Entscheidungsanalyse) umfaßt, die zu einer Wahl bzw. zu einer Entscheidung über Handlungsprogramme führt;

(b) die *Motivinterpretation*, welche aus der beobachteten Handlungsweise des Subjekts, aus der Situation und aus Informationen über das Kausalwissen des Handelnden die Motive der Handlung (= die Zielbasis der Handlung) zu bestimmen sucht.

---

[10] Vgl. hierzu und zum nachfolgenden: *O. Weinberger*, Rationales und irrationales Handeln, a.a.O.

Im Rahmen dieser Theorie ist es auch möglich, die Existenz und Wirkungsweise von Vorsatz, Lernen, Normen und Werten sowie von irrationalen Handlungsdeterminanten zu explizieren.

Das menschliche Handeln erreicht große Komplexität. Es wird nicht nur als Entscheidung über Einzelakte konstituiert, sondern häufig als Überlegung über Handlungsprogramme von verschiedener Struktur und Komplexität[11]. Aus verschiedenen Gründen sind *Fixierungen der Absicht und von Teilprogrammen* notwendig, da sie die Effektivität des Handelns wesentlich erhöhen. Das Feld dessen, was durch unser Handeln überhaupt erreichbar ist, wächst dadurch außerordentlich an, daß fixierte Absichten den Charakter von Lernen und Training annehmen können. Außerdem sind Fixierungen von Teilprogrammen erforderlich, die es ermöglichen, die Deliberation zu verkürzen und zu vereinfachen.

Die aus der Erfahrung bekannte Tatsache, daß die Handlung nicht nur als Ergebnis der Entscheidungs- und Wahloperationen aufgrund eines gegebenen Zwecksystems und der relativen Wertung des Handelnden bestimmt ist, sondern daß auch mit dem Wirken von Normen und normativen Regulativen als Handlungsdeterminanten gerechnet werden muß, läßt sich im Rahmen der formal-finalistischen Handlungstheorien erklären. Der Mensch steht im praktischen Leben in Beziehung zu anderen Menschen und verschiedenen Gruppen. Hierdurch wird ein Zusammenspiel des Verhaltens und der Lebensformen erforderlich. Normative Regulative, und zwar sowohl autonome Normen als auch äußere (heteronome) Normensysteme, beeinflussen das menschliche Handeln und konstituieren ein Zusammenspiel des menschlichen Verhaltens.

Die *autonome Norm* ist als fixierte Absicht anzusehen: sie erhöht das Handlungspotential des Menschen und sie wird oft mit Rücksicht auf den Mitmenschen bzw. die Gemeinschaft vom handelnden Subjekt festgesetzt (Normen der autonomen Moral).

Heteronome Regulative sind Handlungsdeterminanten, die von einem äußeren System in die Bestimmung der Handlung eingreifen. Es kommt also eine gewisse Interferenz zwischen dem System des Handelnden und einem äußeren System, das meist die Aufgabe der koordinierenden Lenkung hat, zustande.

Heteronome Regulative haben ihre eigene rational-teleologische Struktur. Im Kontext der Handlungsbestimmung des heteronom unter-

[11] Vgl. *Ch. Weinberger / O. Weinberger*, Teleonomie und formale Teleologie, in: Logik, Ethik und Sprache, FS für Rudolf Freundlich, Wien - München 1981, in Druck.

worfenen Subjekts haben sie die Rolle von Bedingungen des Handelns (das Subjekt kann z. B. heiraten, weil der normativ-institutionelle Rahmen der Ehe da ist) oder/und die Rolle fixierter Blöcke der Handlungsdetermination (z. B. der Bürger schickt seine Kinder zur Schule, weil das heteronome Rechtssystem Schulpflicht festgesetzt hat). Sie sind in de-lege-lata-Perspektive zu betrachten. Bei Überlegungen über das System selbst, können Fragen der inhaltlichen Gestaltung des Normensystems untersucht werden (Überlegungen vom Typus de lege ferenda).

Auch irrationale Handlungsdeterminanten — z. B. pathologische fixe Ideen — können im Rahmen dieser Theorie gedeutet werden.

Im Bereich der normativen Handlungsdetermination ist eine rationale Hinterfragung der Berechtigung des Norminhalts prinzipiell möglich; irrationale Determinanten können solchen rationalen Analysen nur unter besonderen Bedingungen zugänglich gemacht werden.

VI. Gerechtigkeitspostulate im Kontext des Entscheidens

Die Gerechtigkeitstheorie findet ihre Anwendung beim handlungslenkenden Entscheiden und bei der Wertung von Handlungen oder bei der Beurteilung handelnder Personen. Die Wertung und die Entscheidung treten immer im Kontext von Handlungsdeliberationen auf, die von einem die Strebungen und Wünsche des Subjekts darstellenden Zwecksystem gelenkt werden. Wenn wir die Analysen, welche auf eine Optimierung des Handelns unter dem Gesichtspunkt des dem Subjekt eigenen Zwecksystems und seiner Wertpräferenzen gerichtet sind, als *Utilitätsüberlegungen* bezeichnen, dann kann man sagen: *sowohl in individueller Perspektive als auch in gesellschaftlicher Sicht treten Fragen der Gerechtigkeit immer im Zusammenspiel mit Utilitätsüberlegungen und mit der Auswirkung normativer Systeme auf.* Das Subjekt, das gerecht sein will, schaltet Gerechtigkeitsüberlegungen in die handlungslenkende Deliberation ein, die jedoch immer auch Utilitätsanalyse ist.

Die Rücksicht auf Normen und Gerechtigkeitsprinzipien bedeutet eine a-limine-Einschränkung der möglichen Mittel auf die akzeptablen (moralisch bzw. rechtlich zulässigen) *Mittel.*

Man kann die Meinung vertreten, daß Postulate der Gerechtigkeit in der Handlungsentscheidung Utilitätsüberlegungen prinzipiell vorgeordnet sein müssen. Meines Erachtens ist es jedoch fraglich, ob die Gerechtigkeitspostulate auf jeden Fall den Utilitätsüberlegungen absolut vorgeordnet sind. Inwieweit sie es sind, erscheint mir eine Frage des persönlichen Ethos zu sein. De facto — also soziologisch betrachtet — ist die absolute Priorität der moralischen oder rechtlichen Gerechtigkeitsprinzipien keine Tatsache. Der Umstand, daß die Erfüllung der Gerechtigkeitspostulate — insbesondere im Bereich der Verteilungsgerechtigkeit — ein Ideal ist, dem man sich nur nähern kann, spricht dafür, daß relative Abwägungen zwischen Gerechtigkeits- und Utilitätsüberlegungen wenigstens an gewissen Stellen auch moralisch durchaus vertretbar sind, um so mehr, als die Utilitätsanalysen durchaus nicht rein egoistisch sein müssen.

Die formalen Minimalpostulate der Gerechtigkeit, *formale Gleichheit* des Wertens und Entscheidens sowie *Wahrheit der zugrunde gelegten Tatsachenfeststellungen, sind immer als absolut gültige Voraussetzungen anzusehen,* die niemals in abwägende Deliberation und Konkurrenz mit irgendwelchen Utilitätspostulaten treten können.

VII. Gerechtigkeit in Ethik, Jurisprudenz und politischer Theorie

Das Problem der Gerechtigkeit ist ebenso eine Frage der Moral wie des Rechts und der Politik. Einerseits ist das moralische Problem der Gerechtigkeit zum rechtlichen und politischen komplementär, andererseits betrachten die Ethik, die Jurisprudenz und die politische Theorie die Fragen der Gerechtigkeit in unterschiedlicher Perspektive.

Die *Moral* ist ein persönliches, autonomes, aber auf den Mitmenschen und die Gesellschaft gerichtetes und interpersonal koordiniertes System. In der Sicht der Moraltheorie geht es daher um die an den einzelnen gerichtete Forderung, gerecht zu handeln, sein Leben gerecht einzurichten und seine Utilitätsüberlegungen den Gerechtigkeitspostulaten anzupassen.

Das *Recht* ist ein gesellschaftliches Normensystem mit Zwangsgeltung, das mit einem Organisationssystem gekoppelt ist, welches unter anderem der Durchsetzung des rechtlichen Sollens dient. Das Recht konstituiert einen gesellschaftlichen Rahmen des individuellen sowie des kollektiven Handelns, der — inhaltlich gesehen — darauf gerichtet ist, die freie moralische Persönlichkeit des einzelnen zu schützen und das gesellschaftliche Zusammenleben zu regeln. Gerechtigkeit ist hier einerseits mit dem Postulat der Gleichheit vor dem Recht, also der normgemäßen Realisation des Rechts befaßt, andererseits muß es inhaltlich die Möglichkeit des gerechten und freien moralischen Lebens gewährleisten. Darin liegt die Komplementarität des Rechts zur Moral.

Die *politische Theorie* untersucht die Frage des interpersonalen Zusammenlebens, studiert die funktionellen Zusammenhänge verschiedener Faktoren des gesellschaftlichen Lebens und betrachtet die Lebensformen des einzelnen und der Gesellschaft als Problem der sozialen Optimierung. Die Frage der Gerechtigkeit ist hier auf die Bestimmung der gerechten Gesellschaftsform gerichtet.

VIII. Der Charakter der Gerechtigkeitsargumentation vom Standpunkt des Non-Kognitivismus

Gerechtigkeit hat in allen drei Bereichen — in der Moral, im Recht und in der Politik — etwas mit Richtigkeit des Handelns zu tun, und zwar mit Richtigkeit im Hinblick auf die Position der Mitmenschen, der Partner und der Gemeinschaft. Es ist jedoch nicht alles, was die Richtigkeit (Optimalität) des Entscheidens und Handelns betrifft, als Gerechtigkeitsproblem anzusehen. Als gerecht gilt nur die zwischenmenschliche Richtigkeit, nicht die Optimalität vom Standpunkt der Utilitätsüberlegung. *Es ist charakteristisch für den Menschen als Gesellschaftswesen und für die Kultur, daß es neben Utilität des Handelns Gerechtigkeitspostulate des Handelns gibt.*

Nun muß gefragt werden, wie für materiell richtiges Sollen argumentiert werden kann. Der Non-Kognitivismus lehnt sowohl die Existenz absoluter Werte als auch die Geltung apriorischer Gerechtigkeitsprinzipien ab und schließt jede Art der praktischen Erkenntnis, durch die Werte oder Sollprinzipien rein kognitiv begründet werden könnten, aus.

Praktische Erkenntnis ist deswegen unmöglich, weil sie entweder rein formal sein müßte, dann könnte sie aber laut Voraussetzung keine inhaltliche Sollensbestimmung darbieten, oder sie müßte inhaltlicher Art sein, dann müßte sie empirisch sein, hätte also den Charakter von Tatsachenerkenntnissen, nicht den Sinn von Sollensprinzipien.

Die Gerechtigkeitsgrundsätze müßten von Utilitätsüberlegungen begrifflich abgetrennt werden, denn sie sind zwar Elemente der Handlungsdeliberation, aber Momente, die in anderen Begründungszusammenhängen stehen, als es die Abhängigkeit vom Zwecksystem der Utilitätsüberlegungen ist[12].

Da nach non-kognitivistischer Auffassung jede praktische Argumentation stellungnehmende Argumente braucht, muß die Frage geklärt werden, woher diese zu nehmen sind. Ich bin der Meinung, daß dies durch intuitiv gegebene Wertprämissen und durch unsere Fähigkeit, intuitiv zu Gerechtigkeitsfragen Stellung zu nehmen, geleistet wird.

Die Existenz als evident erlebter und intuitiv gewisser Wertungen sowie intuitiv gültiger Gerechtigkeitsurteile (sc. im psychologischen Sinne) *halte ich für eine gesicherte anthropologische Tatsache.*

---

[12] Wie diese exakt durchzuführen ist, kann ich nicht sagen.

Durch die Intuition werden zwar Wert- und Gerechtigkeitsüberzeugungen dargestellt, die als Argumente der praktischen Argumentation verwendet werden können, doch ist diese Intuition kein Weg, um zur Erkenntnis absoluter Werte oder materialer Gerechtigkeitsgrundsätze (im naturrechtlichen Sinn) zu gelangen. *Die erlebte Intuition ist keine geeignete Quelle für eine objektive praktische Erkenntnis.* Sie ist auch keineswegs eine absolute Konstante, obwohl sie erlebnismäßig oft mit der Überzeugung der Notwendigkeit verbunden ist.

Die Gerechtigkeitsintuition ist — wie die intuitive Gewißheit überhaupt — weitgehend abhängig von rationaler Analyse und gedanklichen Konstruktionen.

Die intuitiv bestehende Gerechtigkeitsintuition kann einem Prozeß der Analyse und ggf. der Revision unterworfen werden, und zwar in einer Weise, die Rawls mit dem Terminus ‚*Überlegungsgleichgewicht*' bezeichnet hat[13]. Die intuitiven Gerechtigkeitsvorstellungen werden auf ihre Konsistenz hin geprüft, und die faktischen Konsequenzen der postulierten Verhaltensweisen werden ins Auge gefaßt und gewertet. Dies kann zur Modifikation der ursprünglichen Postulate führen oder zur Erstellung neuer ausgewogener Lösungen, die verschiedene Postulate relativ optimal erfüllen.

In historischer und soziologischer Perspektive erscheint die Gerechtigkeitsintuition durch geschichtliche, ideologische und soziale Momente bedingt. Sie ist bei verschiedenen Personen und in verschiedenen Gruppen inhaltlich verschieden. Keinesfalls — d. h. auch wenn meine Behauptung über die faktischen Divergenzen nicht ganz stimmen sollte — ist das intuitive Evidenzerlebnis ein Beleg für die absolute (von unserer Einstellung unabhängige) Geltung der entsprechenden Gerechtigkeitsprinzipien. Es gibt keine materialen Gerechtigkeitsprinzipien a priori, die bloß aufgedeckt werden müßten, sondern die philosophische Analyse führt nicht nur zur Klärung und zur rationalen Konstruktion unserer Gerechtigkeitsintuition, sie kann auch zur Revision bisheriger Konzeptionen führen.

IX. Rationale Methoden der materialen praktischen Argumentation

Die von mir vorgeschlagene Konzeption der Gerechtigkeit geht von der tatsächlichen Existenz intuitiver Gerechtigkeitsüberzeugungen aus, die nicht als a priorische bzw. anthropologische Konstanten angesehen werden, sondern die durch rationale Analysen und Begründungen ge-

[13] Vgl. J. *Rawls*, a.a.O., S. 38 f., 68 ff.

stützt werden. Diese Position impliziert die Bemühung, Methoden der praktischen Argumentation zu entwickeln.

Die rein formalen Grundsätze der Gerechtigkeit liefern ex definitione keine inhaltliche Bestimmung der Gerechtigkeitsurteile. Sie bilden nur formale Rahmen für materiale Gerechtigkeitserwägungen. Für die Begründung von Gerechtigkeitsurteilen müssen explizite oder implizite inhaltliche Gerechtigkeitspostulate herangezogen werden, und für die Durchführung von Gerechtigkeitsanalysen sind immer Wertentscheidungen erforderlich.

Auch die *inhaltlichen Gleichheitspostulate,* die wir in *Diskriminationsverbote, Gleichheit nach Gerechtigkeitsmaßstäben* und *Postulate des sozialen Ausgleichs* einteilen können, geben nur Gesichtspunkte und Relationen von gewissen rationalen Strukturen an, die für die Gerechtigkeitsüberlegung maßgebend sind, sie stellen aber keine Basis für eine rationale Bestimmung des Gerechtigkeitsurteils zur Verfügung, das heißt: *im Rahmen dieser Prinzipien bleibt das Gerechtigkeitsurteil immer noch abhängig von wertenden Dezisionen.*

Die Notwendigkeit relativ wertender Dezisionen in der Gerechtigkeitsüberlegung geht auch aus der Tatsache hervor, daß nebeneinander mehrere Postulate gelten, die jedes für sich in konkreten Fällen unterschiedliche und gegebenenfalls einander widersprechende Urteile begründen würden. Die Gerechtigkeitsüberlegung durch ein einziges Grundprinzip zu bestimmen, welches diese wertenden Abwägungen ersetzen würde, scheint mir unmöglich.

Es wurde zwar versucht, ein einziges Grundprinzip vorzuschlagen — z. B. christliche Nächstenliebe —, doch zeigt sich bei kritischer Prüfung,

(1) daß die Gerechtigkeitsurteile aus diesem einzigen Grundprinzip ohne weitere Voraussetzungen und ohne Dezisionen nicht begründbar sind und

(2) daß die Menge der verschiedenen Prinzipien, die das Urteil über Gerechtigkeitsfragen bestimmen, aus dem vorausgesetzten Grundprinzip allein logisch nicht ableitbar sind.

(a) Die Methode der „selbstverständlichen“ Voraussetzungen

Die Prämissen, welche als Argumente der Argumentation verwendet werden können, sind selbst in verschiedenem Maße gewiß. Ein Weg, die materielle praktische Argumentation allgemein überzeugend zu machen, ist es, sozusagen *selbstverständliche Voraussetzungen* anzunehmen. Wenn wir z. B. für das Postulat der Wahrhaftigkeit argumentieren wollen, können wir davon ausgehen, daß der Mensch in einer Kommunikationsgemeinschaft leben muß (eine kaum Zweifeln ausgesetzte „selbstverständliche" Prämisse), und aufgrund informationstheoretischer Erkenntnisse können wir dann zeigen, daß dies nur dann möglich ist, wenn Wahrhaftigkeit vorherrscht[14].

(b) Die Analyse der Ausgewogenheit des Rollenspiels

Gerechtigkeit betrifft interpersonale Beziehungen oder Beziehungen zwischen Gruppen. Die Beziehungen zwischen Menschen, die in gewisser Weise zusammenleben und zusammenarbeiten, mögen sie gemeinsame oder komplementäre[15] Ziele verfolgen, sind sehr verschiedener Art. Man kann diese Relation sehr allgemein als *Rollenspiel* charakterisieren.

In einer arbeitsteiligen und sozial differenzierten Gesellschaft gibt es eine Fülle verschiedener *Rollentypen:* institutionell vorgegebene, durch explizite oder stillschweigende Konvention zwischen den Beteiligten konstituierte, und verschiedene Mischformen. Die Rollenverteilung kann partnerschaftlich (äqual), protektionistisch, durch Macht aufoktroyiert oder in Relation zu einem Gemeinschaftssystem dienend konzipiert sein.

Jede *Rollenbeziehung* besteht nicht nur in einem faktisch koordinierten Handeln, sondern sie ist auch mit einem *System von Normen* verbunden, sowie mit *Erwartungskonstellationen* bei den Beteiligten.

Die Bewertung der Aufgaben, Rechte und Erwartungen bietet ein breites Feld von Gerechtigkeitsüberlegungen. Einerseits geht es um die Ausgewogenheit des Rollenspiels, andererseits um die Erfüllung konsensual übernommener Rollenverpflichtungen.

Es mag schwierig sein, allgemeine Kriterien der *Ausgewogenheit der Rollen* anzugeben, die Diskussion dieser Frage ist aber sicherlich ein entscheidendes Moment der sozialen Gerechtigkeitsanalysen. Probleme der Ausgewogenheit des Rollenspiels müssen in verschiedenen Ebenen diskutiert werden, ebenso bei der Beurteilung einzelner konkreter Relationen wie bei allgemeinen Analysen der Gesellschaftsstruktur.

---

[14] Vgl. O. *Weinberger,* Wahrheit, Recht und Moral. Eine Analyse auf kommunikationstheoretischer Grundlage, RECHTSTHEORIE 1 (1970), S. 129 - 146.

[15] Gemeinsame Ziele verfolgen z. B. Ehepartner in der Kindererziehung oder in der Sicherstellung der ökonomischen Grundlage des Haushalts. Komplementäre Ziele der Menschen, die einander in verschiedenen Rollen gegenübertreten, sind oft entgegengesetzt, dennoch kann das Rollenspiel von beiden Parteien angestrebt werden. Vgl. die Beziehung zwischen Käufer und Verkäufer: bezüglich des Preises sind ihre Ziele gegenläufig, an der Geschäftsbeziehung sind sie beide interessiert.

(c) Das Prinzip der Gegenseitigkeit in partnerschaftlichen Beziehungen

Der demokratischen Weltanschauung entspricht es, im Gesellschaftsleben zu *partnerschaftlichen Beziehungen* zu tendieren. Hier gelten dann verschiedene Formen der Gegenseitigkeit, wodurch Maßstäbe für die Bestimmung von ‚gerecht' und ‚ungerecht' konstituiert werden. Diese *Gegenseitigkeit bedeutet nicht immer nur gleiches Verhalten* (z. B. gegenseitige Informationsverpflichtungen), sondern oft eine unbestimmtere Form der Gegenseitigkeit (Gegenseitigkeit der Unterstützung von Ehepartnern).

(d) Konsens und Gerechtigkeit

Der demokratischen Weltanschauung entspricht die Meinung, daß jene Beziehungen und Normen, die von den Beteiligten gutgeheißen werden, für sie als gerechter anzusehen sind als solche Beziehungen, die dem Willen der Beteiligten nicht entsprechen. Deswegen sind Untersuchungen über mögliche Gestaltung zwischenmenschlicher Beziehungen, um konsensfähige Lösungen zu finden, Elemente der praktischen Argumentation, die nicht nur zweckmäßige Institutionen schafft, sondern auch solche, die unseren Gerechtigkeitsintuitionen besser entsprechen.

Eine besondere Rolle hat der Mensch als Organ einer Korporation oder als politischer oder Gemeinschaftsfunktionär. Es ist in der Regel eine übernommene Rolle, die die Verpflichtung impliziert, als Organ tätig zu sein, d. h. *gemäß den Zwecken der Korporation oder Gemeinschaft zu handeln.* Diese Rolle für seine eigenen Zwecke zu mißbrauchen, erscheint im höchsten Maße verwerflich (vielleicht gerade deswegen, weil es de facto oft sehr gut möglich ist).

Die angeführten Argumentationsmethoden sind natürlich nur als Beispiele anzusehen, nicht als Theorie der praktischen Argumentation. Eine systematische und erschöpfende Anleitung des praktischen Argumentierens kann m. E. gar nicht existieren; jedenfalls können diese Argumentationen nicht algorithmisiert werden.

Von einer gewissen Bedeutung für die Auffindung von Gerechtigkeitsprinzipien kann auch die Forschung der Sozialpsychologie sein, die Tatsachen des Gerechtigkeitssinns aufzuzeigen sucht. Eine argumentative Gerechtigkeitstheorie, um die es mir in meinen Überlegungen geht, kann die sozialpsychologischen Forschungsergebnisse eher heuristisch verwerten, denn als Kriterien anwenden.

Folgende Bemerkung scheint mir nicht unwichtig: Wir empfinden es als gerecht, daß der moralisch-korrekt Handelnde erfolgreich ist und im Leben besser abschneidet als der Unmoralische[16]. Dies führt zu folgendem Problem: Rücksicht auf Moral und Gerechtigkeit bedeutet immer eine gewisse Einschränkung der möglichen Mittel und Methoden des Handelns auf die rechtlich und moralisch zulässigen. Mit einer gewissen Wahrscheinlichkeit ist deswegen der gerechte Mann im Nachteil gegenüber dem skrupellosen. Es muß daher ein Postulat der Gerechtigkeit sein, daß dieser Nachteil der Einschränkung der Mittel und Methoden infolge moralischer Rücksichten durch andere Vorteile für den Gerechten kompensiert werde. Dem Gerechten wird der Vorteil zuteil, daß er von der Gemeinschaft akzeptiert wird, und er kann im Vertrauen auf Gegenseitigkeitsrelationen in den zwischenmenschlichen Beziehungen leben. Die Organisation der Gesellschaft muß das korrekte und verdienstvolle Verhalten favorisieren.

X. Der dialektische Charakter der praktischen Argumentation

Das auf der logischen Deduktion aufgebaute Beweisen und Begründen hat im wesentlichen folgende Form:

(i) Es werden Argumente als Prämissen festgesetzt (als axiomatische Voraussetzungen oder als Sätze, die empirische Erkenntnisse ausdrücken), und

(ii) aus diesen Prämissen wird die These logisch abgeleitet.

Die These ist daher wegen der Wahrheit der Prämissen aufgrund der logischen Beziehung zwischen den Prämissen und der Konklusion als wahr (gegebenenfalls als wahrscheinlich, wenn es um wahrscheinliche Argumente geht) bewiesen.

Im Bereich des induktiven Begründens wird im wesentlichen derselbe logische Mechanismus verwendet. Die Behauptung wird als Hypothese *H* gesetzt. Feststellungen über einzelne subsumierbare Fälle mit beobachtbaren, der Hypothese *H* nicht entsprechenden Folgen ergeben die Schlußfolgerung $\neg H$, d. h. eine Widerlegung der vorausgesetzten Hypothese.

Die praktische Argumentation kann in der Regel nicht als eine einzige Kette dargestellt werden, die mit den vorausgesetzten Argumenten beginnt und durch logische Deduktion zur These gelangt.

---

[16] Vergleiche hierzu *Kants* Idee des höchsten Guts. Für Kant ist die Verbindung von Moral und Glückseligkeit ein Postulat des Glaubens und der Hoffnung. Mir scheint es angemessener, ein analoges Postulat des gerechten Handelns zu vertreten und es als Ziel einer gerechten Gesellschaftsorganisation anzusehen, daß gerechtes und moralisches Handeln wenigstens mit einer gewissen Wahrscheinlichkeit zu einem vorteilhafteren Lebensweg führen möge als schlechtes Verhalten.

Wenn wir Gedankengänge und Begründungsstrukturen, die nicht in Form *einer* „Prämissen-Konklusion"-Kette dargestellt werden können, als ‚dialektische Argumentationen' bezeichnen[17], dann ist die praktische materiale Argumentation eine dialektische Argumentation. In diesem Sinne von dialektischer Argumentation zu sprechen, hat mit den hegelianischen Konzeptionen der Dialektik nichts zu tun, sondern es handelt sich um eine rational-analytische Konzeption, die den komplexen und mehrwegigen rationalen Überlegungen gerecht werden will und anerkennt, daß in gewissen Problemsituationen rationale Analysen mit Entscheidungen gekoppelt sein können. Bei diesem Begriff der dialektischen Argumentation, wird keine Existenz negativer Entitäten, keine Negation der Negation, keine dialektische Trias, oder ähnliches, und keine ‚dialektische Logik' vorausgesetzt, was für die von *Hegel* inspirierte Dialektik charakteristisch ist.

Eine ganze Reihe von Umständen führt dazu, daß die Gerechtigkeitsanalysen zwar rational strukturiert, aber dialektisch und mit wertenden Stellungnahmen durchsetzt sind:

(i) In der handlungslenkenden Überlegung treten Gerechtigkeitspostulate immer neben Utilitätsüberlegungen auf: es geht also nicht nur um gerecht oder ungerecht, sondern in der Regel darum, gerechte *und* zweckgerechte Wege zu finden.

(ii) Unsere Gerechtigkeitsintuition umfaßt eine unreduzierbare Pluralität von Gerechtigkeitspostulaten, die nur durch wertende Gegegenüberstellung und Dezision eine Resultante ergeben.

(iii) Die Folgenanalysen sowie die Erwägung möglicher Handlungsalternativen haben häufig den Charakter tentativer und daher mehrwegiger Ketten, deren Effekte nach Utilität *und* Gerechtigkeitsmaßstäben gewertet werden.

(iv) Da der moderne Mensch in einer Menge von Rollenspielen lebt, wird die für ihn relevante Entscheidungssituation oft äußerst komplex sein und aus verschiedenen Ketten bestehen, so daß die Handlungsentscheidung nur durch wertende Gewichtung bestimmt werden kann (z. B. durch Vorreihung gewisser Rollen).

(v) Zu unserer intuitiven Vorstellung einer gerechten Welt gehört es auch, daß wir eine Welt suchen, in der der gerechte und moralische Mann besser dasteht als der ungerechte. Wir können daher die *motivatorische Funktion* der normativen Regelung in den Gerechtigkeitsüberlegungen nicht außer acht lassen (anders Rawls).

---

[17] Vgl. *O. Weinberger*, Dialektik und philosophische Analyse, in: Logik der Sozialwissenschaften, hrsg. von E. Topitsch unter Mitarbeit von P. Payer, 10. Aufl., Köln - Berlin 1980, S. 278 - 309.

(vi) Die Gerechtigkeitspostulate selbst sind keine fixen Prämissen, sondern durch Überlegungen, die zu einem Überlegungsgleichgewicht führen sollen, hinterfragbar.

Es kann die Frage gestellt werden, ob es möglich ist, auch diese komplexe mehrwegige und mit Wertentscheidungen durchsetzte Gerechtigkeitsanalyse durch ein umfassendes Regelsystem zu bestimmen. Es lassen sich m. E. zwar gewisse Regeln — und daher Anleitungen — angeben, jedoch keine Regeln, welche die Gerechtigkeitsüberlegung algorithmisierbar machen würden.

Die dialektische Konzeption der Gerechtigkeit führt zu einer prinzipiell suchenden Auffassung der Gerechtigkeitsprobleme, nicht aber zu einer Aufweichung des Strebens nach Gerechtigkeit. Gerechtigkeitsurteile sind keine Tatsachenfeststellungen, die einfach Übereinstimmung von Handlungen, menschlichen Einstellungen oder Institutionen mit gewissen Maßstäben konstatieren würden. Gerechtigkeit ist keine Tatsache, sondern eine Aufgabe: eine Aufgabe für unsere Vernunft und für unser Herz.

V. Schlußwort

ZUR STRUKTUR VON ENTWICKLUNG UND FORTSCHRITT IN DER RECHTSTHEORIE

Von Werner Krawietz, Münster

Am Schluß dieses finnisch-österreichischen Symposiums „Zum Fortschritt von Theorie und Technik in Recht und Ethik“, das eine Gemeinschaft von Wissenschaftlern fachsystematisch ganz unterschiedlicher Provenienz am 27./28. Oktober 1980 in der Universität Salzburg am Institut für Rechtsphilosophie, Methodologie der Rechtswissenschaften und Allgemeine Staatslehre vereinte, danke ich den österreichischen Gastgebern, insbesondere *Ilmar Tammelo* und seinen Mitarbeitern, auch im Namen aller Teilnehmer sehr herzlich für die Gastfreundschaft und die überaus liebenswürdige Betreuung, die uns hier in diesen beiden Tagen erwiesen wurden.

Wie alle hier Vortragenden möchte auch ich mein Schlußwort unter das Gebot geistiger Hygiene stellen, das *Tammelo* zu Beginn unseres Symposiums für alle Tagungsteilnehmer in die Form der von ihm ausgegebenen Regel gekleidet hat, jeder solle sich möglichst kurz fassen und seinen Vortrag auf höchstens zehn Minuten beschränken. Ich tue dies um so lieber als ich angesichts der Vielzahl und Vielfalt der Impressionen, die ich den Referaten und Diskussionsbeiträgen verdanke, mangels Distanz zum Tagungsgeschehen hier und heute kaum mehr zu formulieren vermag als einige ad hoc ausgewählte, erste und demzufolge vorläufige Eindrücke von den bisherigen Tagungsergebnissen sowie einige Annahmen über ihre mutmaßlichen Konsequenzen, so wie sie sich einem Teilnehmer dieses Symposiums unmittelbar aufdrängen. Derartige Eindrücke sind naturgemäß subjektiv gefärbt und von den jeweiligen Erkenntnisinteressen abhängig, so daß ich um Nachsicht bitten muß, wenn meine Sicht der ‚Ergebnisse‘ allzu selektiv ausgefallen sein und etwas Wichtiges unterschlagen haben sollte. Es kann ohnehin nicht meine Aufgabe sein, im Rahmen eines Schlußworts eine Bewertung und ins Detail gehende Würdigung der Einzelbeiträge vorzunehmen, da diese für sich selbst sprechen.

I.

1. Seit dem einleitenden Vortrag von *Michael Fischer* hat mich von Referat zu Referat bis an das Ende unserer Diskussionen der Eindruck nicht verlassen, daß das heimliche Thema dieses Symposiums die *Struktur von Entwicklung und Fortschritt im Recht und in der Rechtstheorie* gewesen ist. Falls es zulässig sein sollte, die Interaktionsgemeinschaft einer Reihe von Wissenschaftlern im Rahmen eines Symposiums als ein soziales Handlungssystem zu begreifen, das als *scientific community* der beteiligten Wissenschaftler an einem bestimmten Ort zu einer bestimmten Zeit eine gemeinschaftliche Leistung zu erbringen vermag, dann dürfte die Leistung dieses Salzburger Symposiums darin zu erblicken sein, daß hier ein fruchtbarer Versuch unternommen wurde, das wissenssoziologische und wissenschaftstheoretische Defizit, das bezüglich der Entwicklung von Recht und Rechtstheorie in der Jurisprudenz noch immer besteht, schrittweise ein wenig aufzuarbeiten. Es ist das Verdienst der österreichischen und finnischen maßgeblichen Träger dieses Symposiums, in der durch höchst unterschiedliche wissenschaftstheoretische Positionen geprägten, vor allem durch *Karl R. Popper, Imre Lakatos, Paul Feyerabend* und *Thomas S. Kuhn* ausgelösten Kontroverse über die Rationalität der Wissenschaft und die Rationalitätsbedingungen des wissenschaftlichen Erkenntnisfortschritts das Augenmerk auf die Relevanz dieser Positionen für die Erkenntnis von Recht bzw. Rechtswissenschaft gerichtet zu haben sowie auf die spezifischen Bedingungen und Besonderheiten, die im Bereich der juristischen Technik und ihrer Theorie nun einmal bestehen. Auch im Bereich der juristischen Dogmatik — ich verwende im folgenden die Ausdrücke juristische Dogmatik (legal dogmatics, legal doctrin) und dogmatische Rechtswissenschaft synonym! — wird damit der Boden bereitet für die im Rahmen der Rechtstheorie längst geläufige Einsicht, daß dogmatische Rechtswissenschaft wie alle Rechtswissenschaft nicht ohne wissenschafts- und erkenntnistheoretische und damit letztlich nicht ohne philosophische Annahmen betrieben werden kann und betrieben wird. Insofern dürfte die von den Veranstaltern und Herausgebern vorbereitete Veröffentlichung der Tagungsergebnisse dazu beitragen, das bestehende Informationsdefizit zu beheben und eine im Bereich der Rechtswissenschaft deutlich fühlbare Lücke zu schließen.

2. Was die Struktur von *Entwicklung und Fortschritt* im Recht bzw. in Jurisprudenz und Ethik angeht, so erscheint mir vor allem bedeutsam, daß sich nach den seit nunmehr 1 1/2 Jahrzehnt geführten wissenschaftstheoretischen Auseinandersetzungen auf diesem Symposium, wenn ich recht sehe, wohl niemand mehr voll und ganz mit einer der Extrempositionen zu identifizieren vermochte, wie sie von der aus dem

logischen Empirismus und Positivismus hervorgegangenen Wissenschaftstheorie einerseits und von einer nachpositivistischen bzw. nachformalistischen Wissenschaftstheorie und Epistemologie andererseits heute vertreten werden. Im Hinblick auf die von *Kuhn* bezüglich des Erkenntnisfortschritts vertretene These, daß es sich dabei um eine Abfolge von intellektuellen, miteinander jedoch inkommensurablen, weil „revolutionären" Neuorientierungen handele, durch welche die dazwischenliegenden Phasen „normaler" Wissenschaft und der ihnen jeweils zugrunde liegenden, dominierenden Paradigmata wissenschaftlicher Erkenntnis und Forschung abgelöst bzw. durch neue ersetzt werden, wurde von den Teilnehmern des Symposiums bezüglich der von ihnen jeweils vertretenen engeren Fachdisziplin — ganz im Gegensatz zur Kuhnschen Annahme wissenschaftlicher „Revolutionen" — vor allem von den anwesenden Juristen, Rechtstheoretikern und Rechtsphilosophen ein eher *evolutionäres Konzept des rechtswissenschaftlichen Erkenntnisfortschritts* favorisiert. Sicherlich ist dies nicht zuletzt auf die Eigenart des für Technik und Theorie der Jurisprudenz charakteristischen Erkenntnisfortschritts zurückzuführen, die vor allem in der Genese ihrer Problementwicklung, insbes. in der Langzeitperspektive deutlich sichtbar zutage tritt. Für mich am deutlichsten wurde das der Tendenz nach ersichtliche Bestreben, durch Einebnung und Relativierung der Übergänge zwischen Normalwissenschaft und wissenschaftlicher Revolution zu einer realistischeren Analyse des Erkenntnisfortschritts auch innerhalb der ‚normalen' Wissenschaft zu gelangen, bei *Aulis Aarnio*, der seine Überlegungen im Rahmen einer Metatheorie dogmatischer Rechtswissenschaft folgerichtig auf rechtsdogmatische Theorien (theories *in* legal dogmatics) beschränkte. Daß es sich hier nicht darum handeln kann, einem naiven Fortschrittsoptimismus das Wort zu reden, dürften vor allem die fortschrittskritische Abhandlung von *Christoph Schefold*, aber auch die Beiträge von *Ivanhoe Tebaldeschi* und insbesondere *Franz Wimmer* klarmachen, in denen es darum geht, Kriterien herauszuarbeiten, die es gestatten, Veränderungen bzw. Fortschritte in der Rechtstheorie — wenn schon nicht programmierbar! — wenigstens überprüfbar und meßbar zu machen.

3. Das im Tagungsthema expressis verbis erwähnte *Verhältnis von juristischer Technik und Theorie*, das — in seiner Entwicklungsperspektive betrachtet — im Rahmen dieses Symposiums naturgemäß als wie auch immer jeweils schon gegeben vorausgesetzt wurde, wird manchem Leser sicherlich als bewußte und gewollte Anspielung auf die zumindest in der deutschen Jurisprudenz seit dem 19. Jh. geläufige Unterscheidung zwischen einer niederen und einer höheren Jurisprudenz erscheinen, wie sie schon *Rudolph von Ihering* in seinem „Geist des römischen Rechts

auf den verschiedenen Stufen seiner Entwicklung" herausgearbeitet hat. In der Tat schwingt in dieser Formulierung, jedenfalls aus meiner Sicht des Erkenntnisfortschritts innerhalb der Jurisprudenz, durchaus etwas mit von jenem Problemverständnis, zumal für *Ihering* die schrittweise Vervollkommnung der Technik des Rechts — und mit ihr der Theorie dieser Technik — stets zugleich auch eine dementsprechende ethische Dimension besaß. Das darf jedoch nicht darüber hinwegtäuschen, daß im Rahmen dieses Symposiums die derzeitigen Möglichkeiten von Entwicklung und Fortschritt in Recht bzw. Jurisprudenz und Ethik mit Grund vor allem *in dem gesteigerten instrumentellen Einsatz von Logik und Linguistik* erblickt wurden. Das in teilweiser Abweichung vom tatsächlichen Tagungsverlauf für die Veröffentlichung von den Herausgebern vorgenommene Arrangement der einzelnen Beiträge bringt dies jetzt schon dadurch zum Ausdruck, daß sich an die in Teil I zusammengefaßten „Erwägungen zur Grundlagenproblematik", die eine detaillierte Analyse des zu diagnostizierenden Erkenntnisfortschritts und eines sich vollziehenden Paradigmenwechsels in der Jurisprudenz enthalten, ganz unmittelbar in Teil II sogleich „Logische und linguistische Ansätze" anschließen. Vor allem die Beiträge von *Rüdiger Inheetven, Lothar Philipps* und *Helmut Schreiner* machen deutlich, daß und in welchem Ausmaße es dabei nicht nur um die Mittel formaler Logik, sondern auch um diejenigen einer sich in rascher Entwicklung befindlichen Normenlogik geht. Demgegenüber widmet sich *Leo Reisinger* den linguistischen Problemen, welche die juristische Fachsprache heute demjenigen aufgibt, der auch im Bereich des Rechts die wachsenden technologischen Möglichkeiten und Mittel einer automatisierten oder automatisationsunterstützten Datenverarbeitung bzw. des Einsatzes elektronischer Datenverarbeitungsanlagen nutzen möchte. Sehr viel weiter ausgreifend verfolgt *Tammelo* mit dem Mut zur konkreten Utopie in seinem Beitrag die am Ideal semiotischer Gediegenheit und an den Bedürfnissen internationaler Kommunikation orientierte Idee einer umfassenden Translinguistik und ihrer Relevanz für eine universell einsetzbare Rechtstheorie.

4. Was die *juristische Technik des Umgangs mit Rechtstexten bzw. die Theorie dieser juristischen Technik* betrifft, die im Recht und seiner Anwendung praktiziert wird und auf deren normative und faktische Prämissen eine dogmatische Rechtswissenschaft in ihrem Selbstverständnis reflektiert, weil sie erfahrungsgemäß nicht bloß normative Empfehlungen *(norm proposals, norm recommendations* im Sinne von *Ilkka Niiniluoto)* abgibt, sondern auch kognitive Funktionen im Hinblick auf die Geltung bzw. den normativen und faktischen Inhalt der Rechtsnormen wahrnimmt, so sind die Möglichkeiten eines Erkenntnisfortschritts innerhalb der Rechtspraxis und der dogmatischen Rechtswissenschaft

selbst — abgesehen von dem schon eingangs hervorgehobenen Beitrag von *Aarnio* — vor allem in den Abhandlungen von *Niiniluoto, Kauko Wikström, Juha Pöyhönen* und *Hannu T. Klami* ausgelotet worden, die jetzt im Teil III der Veröffentlichungen als „Überlegungen zur Theorienbildung" zusammengefaßt wurden. Als wichtigstes Ergebnis erscheint mir insoweit, wenn überhaupt von einer paradigmatischen *Wende im wissenschaftstheoretischen Verständnis von Jurisprudenz* gesprochen werden kann, die in diesen Untersuchungen vorgenommene bzw. vorausgesetzte, hier wohl allgemein akzeptierte Unterscheidung zwischen Rechtstheorie und rechtsdogmatischer Theorie (*legal* theories im Gegensatz zu theories *in* legal dogmatics oder *legal dogmatical* theories im Sinne von *Aarnio*), die sich in hervorragendem Maße als problemaufschließend erwiesen hat. Ich erinnere mich heute sehr gern an die freundliche Schelte, die ich noch im Mai 1979 auf dem von Ota Weinberger veranstalteten Retzhofer Symposium „Philosophie und Wissenschaften als Basis der Jurisprudenz" nicht von ihm, aber von einigen älteren wohlmeinenden Kollegen einstecken mußte, als ich von einem Paradigmenwechsel in der Jurisprudenz sprach, der sich — im ganzen wie im Detail ablesbar an der methodischen Eigenart der Auslegung, Anwendung und Gewinnung des Rechts, aber auch der juristischen Begriffs- und Systembildung — als Erkenntnisfortschritt in Richtung einer insgesamt sehr viel realistischeren Orientierung des Rechtsdenkens vollzogen habe[1]. Eine gewisse Sonderstellung nimmt auch hier der in methodologischer wie in rechtstheoretischer Hinsicht interessante, bereits an anderer Stelle erwähnte Beitrag von *Reisinger* bezüglich des Theoriebegriffs ein, da der gesteigerte Einsatz elektronischer Datenverarbeitung im Bereich des Rechts und eine optimale Nutzung dieser technologischen Möglichkeiten die Entwicklung einer speziellen, sehr viel engeren Theorie zur Voraussetzung hat, welche sich an den technischen Bedingungen des Einsatzes elektronischer Datenverarbeitung zu orientieren hat und sich infolgedessen als eine *sekundäre Theorie ihrer Anwendungen* darstellt. Angesichts des hier skizzierten breiten Bandes von durchaus unterschiedlichen Möglichkeiten einer Theoriebildung dürfte die grundlegende, auf sorgfältige Differenzierung bedachte, von *Robert Weimar* vorgelegte Untersuchung der Frage, welchen Stellenwert die Normativität des Rechts für eine Rechtstheorie als wissenschaftliche Disziplin besitzt, bei Rechtsdogmatikern wie Rechtstheoretikern auf lebhaftes Interesse stoßen. In welchem Maße künftige Fortschritte im Recht bzw. in der Jurisprudenz von einem die Praxis der gesetzgeberischen Rechtsetzung wie

[1] Zu dieser exemplarisch auf die deutsche dogmatische Rechtswissenschaft und ihre rechtstheoretischen Voraussetzungen bezogenen Unterscheidung vgl. auch: *Werner Krawietz*, Zur Kritik der Juristischen Methodenlehre seit Friedrich Carl von Savigny, in: Savigny y la Ciencia Juridica del Siglo XIX. In: Anales de la Catedra Francisco Suarez 18/19 (1978/79), S. 101 - 131, 115 ff.

der richterlichen Rechtsanwendung stärker in Betracht ziehenden, sie umstrukturierenden Rechtsdenken abhängig sind und auch weiterhin sein werden, machen die Beiträge von *Erhard Mock* und *Klami* deutlich. Vor allem letzterem kommt das große Verdienst zu, in seiner Analyse der wechselseitigen Beziehungen zwischen den rechtssprachlich fixierten Rechtsnormen und dem sozialen Verhalten der jeweiligen Normadressaten erkannt zu haben, daß es unerläßlich ist, die zeitliche Dimension (time dimension) sehr viel stärker als bisher in die rechtstheoretische Analyse einzubeziehen, um das Recht als normative Struktur der Gesellschaft in seiner Funktion zu erfassen. In der Tat haben die Diskussionen der letzten Jahre, vor allem im Bereich der ökonomischen Theoriebildung, zu einer weitgehenden Klärung der terminologischen Differenzen und einem Grad begrifflicher Schärfe geführt, der es heute gestattet, die Begriffe Statik und Dynamik zur Kennzeichnung verschiedener Arten der Analyse rechtlicher Phänomene in die Rechtstheorie einzuführen. Nicht von ungefähr bezieht daher *Klami* in seine dynamische Analyse der im Zeitablauf zu untersuchenden, die Wirkungsweise des Rechts und der richterlichen Entscheidungspraxis determinierenden Variablen eine Reihe von Sozialfaktoren, wie Mittel-Zweck-Überlegungen und gesellschaftliche Wertorientierungen, in seine Rechtstheorie ein, bei deren Berücksichtigung die im Zeitablauf erfolgenden Veränderungen und sozialen Phänomene eines gesellschaftlichen Wandels besonders deutlich werden. Sein teleologischer, von ihm als „finalistic approach" bezeichnender Denkansatz dürfte geeignet sein — und darin sehe ich einen weiteren Erkenntnisfortschritt —, zu einer realistischeren Sicht des Rechts und seiner Anwendung zu gelangen als sie bei manchen Vertretern eines skandinavischen Rechtsrealismus, wenn es erlaubt ist, dies aus Gründen der Abkürzung so pauschal und undifferenziert zu formulieren, gegenwärtig üblich zu sein scheint.

5. Die speziell im Hinblick auf das Verhältnis von *Recht und Ethik* im Rahmen dieses Salzburger Symposiums geleistete Aufarbeitung der derzeitigen, von utilitaristischen Theorien bis zur *Rawls*schen Kontrakttheorie und zur Gesellschaftsvertragstheorie von *J. M. Buchanan* reichenden Bestrebungen, im Rahmen einer Theorie der Gerechtigkeit objektive Kriterien zu benennen, welche es gestatten, unter bestimmten Modalitäten die Frage nach ‚gerecht' oder ‚ungerecht' einer näheren Beantwortung zuzuführen, finden auch unter Berücksichtigung der ideologischen Dimension der Problemstellung ihren Ausdruck in den jetzt im Teil IV unter dem Titel „Gedanken zu einer Gerechtigkeitstheorie und Ethik" zusammengefaßten Abhandlungen, vor allem in den Beiträgen von *Rupert Schreiber*, *Rudolf Stranzinger*, *Michaela Strasser* und *Friedrich Lachmayer*. Im Zentrum dieses Verhandlungsgegenstands des Symposiums

stand zweifellos die von *Ota Weinberger* skizzierte, als analytisch-dialektisch bezeichnete Gerechtigkeitslehre, die nun in ausgearbeiteter Fassung vorliegt. Sie dürfte in Rechtsdogmatik wie Rechtstheorie Anlaß zu lebhaften Diskussionen bieten, da sie sich konsequent dem praktischen Denken und Argumentieren zuwendet und die vielschichtige Problematik praktisch richtigen Handelns in Moral, Recht und Politik unter dem Obertitel der Gerechtigkeit aufgreift, um rationale Methoden der materialen praktischen Argumentation zu entwickeln. Weitere Erkenntnisfortschritte bezüglich der praktischen *juristischen Argumentation* nebst ihrer Begründung und Rechtfertigung dürften angesichts der Positivität allen Rechts und der hierdurch bedingten strukturellen Mängel in der Tat von der Einsicht abhängig sein, in welchem Ausmaße im alltäglichen Erleben und Handeln wie in seiner rechtswissenschaftlichen Reflexion ein Non-Kognitivismus im Hinblick auf Werte bzw. Sollprinzipien einerseits und die Notwendigkeit wertender Dezisionen andererseits einander wechselseitig bedingen. Die Chronistenpflicht gebietet mir jedoch, hier zu berichten, daß die von *Weinberger* vorgenommene Charakterisierung der praktischen Argumentation und der zugehörigen Gerechtigkeitstheorie als *dialektisch* in der Diskussion auf nicht unbeträchtliche, vor allem von *Tammelo* erhobene Bedenken stieß, obwohl der Referent von Anfang an klargestellt hatte, daß die von ihm mit dem Terminus ‚dialektisch' belegte Auffassung nicht im hegelianischen Sinne zu verstehen sei. Nun teile ich persönlich durchaus die von *Weinberger* im Hinblick auf die praktische juristische Argumentation an anderer Stelle ausgearbeitete Ansicht, daß in der juristischen Argumentation eine logische Analyse der Normenbegründung zwar wichtige, aber nicht alle Teile der Begründungsargumentation erfaßt, weil letztere auch dialektisch-rhetorische Argumentationselemente enthalte, in denen es nicht allein um eine scharfbeweisende Argumentation im normenlogischen Sinne gehe, sondern um ein dialektisch-rhetorisches, aber dennoch rationales Begründen, das für die juristische Entscheidungspraxis charakteristisch sei. Gleichwohl möchte ich meine gegen Weinbergers Charakterisierung der praktischen *juristischen* Argumentation als *dialektisch* gerichteten, schon im mündlichen Schlußwort vielleicht ein wenig zu vorsichtig geäußerten Vorbehalte auch hier im schriftlichen Nachwort noch einmal zu bedenken geben, weil ich nach wie vor der Überzeugung bin, daß damit allenfalls die rechtssprachliche Oberflächenstruktur des juristischen Entscheidungs*handelns* gekennzeichnet wird. Ich lasse dabei dahingestellt, inwieweit diese Charakterisierung für die *moralische* bzw. *politische* praktische Argumentation berechtigt sein mag. Ich habe seinerzeit schon mündlich — im Hinblick auf die hier mehr unterstellte als nachgewiesene *Dialektik!* — darauf aufmerksam gemacht, daß der heute verbreitete, abundante Gebrauch sub specie functionis vergleichbarer Begriffe wie *Dialog* oder *Diskurs* zur Bezeichnung der Prozesse, durch welche Wissen bzw. Erkenntnis konstituiert werden, mir noch zu undurchdacht und daher weiterhin klärungsbedürftig erscheine. *Theoriebautechnisch* gesehen ist es von einer analytisch dialektischen Problemsicht der praktischen juristischen Argumentation aus nur noch ein kleiner Schritt bis zur abschüssigen Bahn einer analytisch-normativen Theorie des praktischen juristischen Diskurses, welche ihre Betrachtungsweise der praktischen juristischen Argumentation nicht mehr in ständiger Orientierung an der juristischen Rationalität des vom jeweiligen staatlich organisierten Rechtssystem in hohem Grade abhängigen, praktischen juristischen Entscheidungs*verhaltens* bezieht, sondern primär aus der ‚akademischen' Rationalität einer wie auch immer vorgewählten Theorie des vermeintlich ‚allgemeinen' praktischen Diskurses, als dessen spezieller Anwendungsfall dann fälschlich auch die praktische juristische Argumentation herhalten muß. Die praktische juristische Argumentation erschöpft sich jedoch in der Rechtswirklichkeit bzw. der sozialen Wirklichkeit des Rechts, um hier in terminologischer Hinsicht an die empirische Rechtssoziologie von *René König* anzuschließen[2], nirgendwo in einer *Dialektik* richterlichen Entscheidens, an der neben Parteien und Gericht die Öffentlichkeit als maßgebliche Auditorien beteiligt sind[3], noch läßt sie sich auf einen *Dialog* reduzieren oder gar, etwas modischer formuliert, als ein *Diskurs* begreifen, der letztlich, sofern nur prozedural richtig geführt, nicht bloß die rationale Richtigkeit der juristischen Entscheidung, sondern auch die Wahrheit der juristischen Erkenntnis zu verbürgen vermöchte. Demgegenüber liegt der Erkenntnisfortschritt in *Weinbergers* analytisch-dialektischer Theorie der praktischen juristischen Argumentation, so wie ich sie verstehe, in ihren Bestrebungen, in der praktischen juristischen Argumentation zu einer wissenschaftlich angeleiteten, auch *materialen* Begründung des rechtlich gesollten menschlichen Verhaltens zu gelangen, die nach meinem Eindruck heute bereits so weit gediehen sind, daß sie der Sache nach allenthalben über ein bloß *analytisch-hermeneutisches* bzw. *analytisch-dialektisches* Hantieren mit den rechtssprachlich fixierten Normen des Rechts hinausgehen[4], weil seine Theorie realisiert, daß alle praktische juristische Argumentation es nicht bloß mit einer umgangs-,

[2] *René König*, Das Recht im Zusammenhang der sozialen Normensysteme, in: Ernst E. Hirsch / Manfred Rehbinder (Hrsg.), Studien und Materialien zur Rechtssoziologie, 2. Aufl., Opladen 1971, S. 36 - 53, 48 ff.

[3] Das konzediert übrigens auch: *Chaim Perelman*, Juristische Logik als Argumentationslehre, Freiburg - München 1979, S. 74 ff., 97 ff., der sich mit Grund sehr eingehend mit den teleologischen, funktionellen und soziologischen Auffassungen des Rechts auseinandersetzt.

[4] Eingehend hierzu: *Werner Krawietz*, Juristische Logik, in: Joachim Ritter / Karlfried Gründer (Hrsg.), Historisches Wörterbuch der Philosophie, Basel - Stuttgart 1980, Sp. 423 - 434, 428 ff., 432 f.

rechts- und fachsprachlich vermittelten Verwendung von normativen Rechtstexten und Sätzen zu tun hat, der von der Rechtswissenschaft im Rahmen einer gesteigerten bzw. zu steigernden Verwissenschaftlichung der Rechtspraxis in kognitiver Hinsicht mehr oder weniger gesteuert zu werden vermag, sondern in hohem Maße stets zugleich auch auf volitiven und evaluativen Aktivitäten basiert, durch welche der normative materiale Gehalt aller juristischen Entscheidungen maßgeblich bestimmt wird[5]. Ist meine Einschätzung des hier bislang Erreichten aber zutreffend, dann dürfte es künftig vor allem darauf ankommen, sich — ausgehend von dem erkenntnis- und wissenschaftstheoretisch reflektierten Standort einer praktischen Philosophie bzw. einer praktischen Rechtswissenschaft — nunmehr mit der hier von Weinberger skizzierten *handlungstheoretischen* Grundlegung seiner Rechtstheorie bzw. von Rechtstheorie überhaupt sehr eingehend auseinanderzusetzen. Und schließlich müßten ganz sicherlich die empirisch orientierten Erwägungen zum Verhältnis von *Recht und Rechtspsychologie* intensiviert und vertieft werden, denen *Raimund Jakob* im Rahmen dieses Symposiums mit Gespür für gewisse Defizite zeitgenössischer Rechtstheorie eine Reihe von vorbereitenden Erwägungen „Über Rechtspsychologie" gewidmet hat. In dem Maße, in dem rechtstheoretische Forschung heute die Theorie der Gerechtigkeit als eine Aufgabe ansieht, deren Konzeptualisierung nicht völlig losgelöst und unabhängig von einem Rekurs auf die in einer Gesellschaft virulenten, empirisch nachweisbaren Gerechtigkeitsintuitionen, das heißt auf die tatsächlich gehegten Einstellungen und Vorstellungen von einer gerechten Welt, in Angriff genommen zu werden vermag, gewinnen in der Tat auch sozial*psychologische* Einsichten und Überlegungen an Relevanz für den Aufbau und die Fortentwicklung von Rechtstheorie. Die Rechtswissenschaft hat bei dem heute erreichten Niveau rechtstheoretischer Forschung keinerlei Anlaß, sich vor einer etwaigen *Soziologisierung* oder gar *Psychologisierung* des Rechtsdenkens zu fürchten. Auch wäre es gänzlich verfehlt, einschlägige Forschungen durch derartige, gewöhnlich herabsetzend gemeinte Etikettierungen zu stigmatisieren, wie dies leider noch immer geschieht. Rechtssoziologie und Rechtspsychologie setzten normatives Denken nicht matt, sondern voraus.

II.

1. Bei meinem Resumée der Ergebnisse dieses Symposiums möchte ich in meinem Versuch einer ersten Bilanz angesichts der zahlreichen Aktiva auch einige noch bestehende Passiva nicht verschweigen, deren

---

[5] *Werner Krawietz,* Zum Paradigmenwechsel im Juristischen Methodenstreit, in: RECHTSTHEORIE Beiheft 1 (1979), S. 113 - 152, 130 ff., 144 f.

Ermittlung mir für unsere weitere künftige Zusammenarbeit mindestens ebenso wichtig erscheint wie die Feststellung des bereits Geleisteten. Was die *Struktur* der Entwicklung des Rechts bzw. der Rechtswissenschaft, insbesondere der Rechtstheorie, als solche angeht, so sind wir nicht auf allen *Ebenen strukturtheoretischer Forschung* gleich gut vorangekommen. Am eindeutigsten erscheinen mir die partiellen Erkenntnisfortschritte auf der rechtsdogmatisch-theoretischen Ebene. Wohl am schnellsten und weitesten schreiten sie zur Zeit auf der logisch-linguistischen Ebene der Analyse des Rechts voran. Jedoch haben wir auf der soziologisch-psychologischen Ebene einer Theorie des Rechts ganz sicherlich noch erhebliche Defizite wettzumachen, vor allem, was das *Verhältnis von Rechtstheorie und Rechtssoziologie* betrifft, das noch immer allzu stark vornehmlich durch Bestrebungen wechselseitiger Ab- und Ausgrenzung bestimmt wird[6], anstatt durch wissenschaftliche Kooperation, die auf dem *Level einer multidisziplinären Zusammenarbeit* allerdings in wissenschaftstheoretischer Hinsicht eine ganze Reihe zusätzlicher Probleme aufwirft. Mich hat jedoch überrascht, in welchem Ausmaße in zahlreichen Beiträgen, die ich hier nicht noch einmal namhaft zu machen brauche, bereits genuin soziologische, insbesondere rechtssoziologische Problemstellungen angesprochen wurden. Hier dürfte in der Tat noch eine Menge Arbeit zu leisten sein[7]. Ich möchte in diesem Zusammenhang jedoch den grundlegenden Beitrag von *Juha Tolonen* hervorheben, der in seiner den Beziehungen von *Wirtschaft und Recht* gewidmeten Untersuchung nach meinem Eindruck am klarsten aufgezeigt hat, welche Schwierigkeiten und Hindernisse die Jurisprudenz als traditionell „normative" Disziplin noch zu überwinden hat, wenn es darum geht, auch die Beziehungen zwischen den Rechtsnormen und dem sozialen Verhalten, die von einer Reihe sozialer Handlungswissenschaften, wie den Wirtschaftswissenschaften und der Soziologie, sehr eingehend untersucht werden, zumindest auf rechtstheoretischer Ebene in ihre rechtswissenschaftlichen Überlegungen einzubeziehen. Auch wird in seiner Abhandlung der Einfluß der institutionellen sozialen Gegebenheiten und Voraussetzungen jeder staatlichen Rechtsordnung deutlich,

[6] Hierzu neuerdings: *Hubert Rottleuthner*, Rechtstheorie und Rechtssoziologie, Freiburg - München 1981, S. 21 ff., 25 ff., 152 f., der jedoch aus seiner Perspektive einer bloß empirischen Rechtssoziologie ein viel zu enges Selbstverständnis von Rechtstheorie fälschlich noch immer als gegeben voraussetzt und deshalb an der charakteristischen Eigenart heutiger rechtstheoretischer Forschungen nach meinem Eindruck weitgehend vorbeigeht, um den etwas härteren Ausdruck eines Ignorierens derselben zu vermeiden.

[7] Voraussetzung einer effektiven, auch von *Rottleuthner*, ebd., S. 10 f. et passim postulierten Zusammenarbeit von Rechtstheorie und Rechtssoziologie wäre freilich, jedenfalls nach meiner Auffassung, daß die Rechtssoziologie auch sich selbst bemüht, ihre nach meinem Eindruck heute bestehenden, doch recht erheblichen *Defizite an theoretischer Rechtssoziologie* endlich aufzuarbeiten.

ohne dessen Erfassung eine ihrem Gegenstand adäquate Rechtstheorie wohl gar nicht entwickelt zu werden vermag. Entwicklung und Fortschritte im Recht bzw. in der Jurisprudenz und Ethik erzielen, heißt dann in der Tat, wie *Tolonen* sinnfällig macht, auch von Wissenschafts wegen die Voraussetzungen dafür schaffen, daß die auf interdisziplinärem Level erkannten Gesetzmäßigkeiten von staatlicher Seite her in geeigneter Weise ausgenutzt werden können.

2. Bezüglich der erkenntnis- und wissenschaftstheoretischen Prämissen einer *Zusammenarbeit zwischen der Rechtswissenschaft und einer Reihe sozialer Handlungswissenschaften* unter Einschluß der Soziolinguistik muß auch nach meinem Eindruck heute wohl davon ausgegangen werden, daß die Voraussetzungen einer naiv-empiristischen Wissenschaftstheorie durch die bisherige Entwicklung der Wissenschaftssoziologie nachhaltig erschüttert sind. Jedenfalls geht es gegenwärtig nicht mehr darum, ob man der erkenntnis- und wissenschaftstheoretischen Problemsicht von Kuhn bzw. nach Kuhn im ganzen oder im Detail oder mit welchen Einschränkungen auch immer zuzustimmen vermag. Es scheint mir eher so zu liegen und diesen Eindruck sehe ich auch durch den Verlauf und die Ergebnisse unseres Symposiums als bestätigt an, daß die bisherige wissenssoziologische und wissenschaftstheoretische Forschung nicht nur den Weg frei gemacht hat für eine realistischere Sicht der überaus vielschichtigen normativen Problematik, welche die staatlich organisierten Rechtssysteme und die zwischen ihnen bestehen-Inter-System-Beziehungen uns heute aufgeben, sondern damit auch zugleich für eine realistischere Theorie der wissenschaftlichen Erkenntnis dieser normativen Strukturen bzw. eines wissenschaftlichen Erkenntnisfortschritts. Auch im Bereich der Rechtstheorie dürfte eine realistische *Theorie des Erkenntnisfortschritts* gegenwärtig am ehesten auf realwissenschaftlichen Bahnen vorankommen unter Einschluß von soziologischen und psychologischen Analysen des Wissenschaftsprozesses. Außerdem ist zu bemerken, daß die bestehenden Ressourcen, eine Epistemologie und Wissenschaftstheorie mit universellem Gültigkeitsanspruch — zumindest für den Bereich von Rechtstheorie *und* sozialen Handlungswissenschaften — zu begründen, heute bei weitem noch nicht ausgeschöpft sind. Ich denke hier vor allem an die Neurophysiologie und Biologie der Kognition von *Humberto R. Maturana* und an die Arbeiten von *Francisco Varela*, deren Konzept autopoietischer[8] bzw. selbstreferentieller[9] Systeme im Hinblick auf soziale Handlungssysteme

[8] *Humberto R. Maturana*, Cognition, in: Peter M. Hejl / Wolfram K. Köck / Gerhard Roth (Hrsg.), Wahrnehmung und Kommunikation, Frankfurt a. M. - Bern 1978, S. 29 - 49, 33 f.

[9] *Francisco Varela*, A Calculus for Self-reference, in: International Journal of General Systems 2 (1975), S. 5 - 24.

gerade unter erkenntnis- und wissenschaftstheoretischem Aspekt eine Vielzahl von bislang kaum ausgeloteten Fragen für die sozialwissenschaftliche[10] bzw. rechtswissenschaftliche[11] Theoriebildung aufwirft.

3. Ich muß in diesem Zusammenhang daran erinnern, daß *Tammelo* im Hinblick auf eben diese *selbstreferentielle Struktur von Rechtssystemen* am Vormittag des zweiten Arbeitstags unseres Symposiums mit wohlmeinender List expressis verbis die Bemerkung fallen ließ: „Law is a reflexive phenomenon which relates to itself!", die leider nicht intensiv genug weiter verfolgt wurde. Eine systemtheoretische Rekonstruktion des Verhältnisses von *Rechtssystem und Rechtswissenschaftssystem,* das heißt des Verhältnisses, in dem das staatlich organisierte Rechtssystem einschließlich der zwischenstaatlichen bzw. überstaatlichen Inter-System-Beziehungen, aber auch der in den Grenzen staatlichen Rechts privatautonom erzeugten und gestalteten Rechtsbeziehungen einerseits und das in sich höchst differenzierte Wissenschaftssystem, insbes. das Rechtswissenschaftssystem, andererseits — beide verstanden als *soziale Systeme menschlichen Erlebens und Handelns!* — zueinander stehen, würde freilich die Notwendigkeit nach sich ziehen, sehr viel konsequenter als bisher zwischen dem Rechtssystem und dem Rechtswissenschaftssystem zu unterscheiden. Sie hätte ferner zur Folge, daß man in erkenntnis- und wissenschaftstheoretischer Hinsicht die rechtstheoretischen Erkenntnisinteressen nicht allein auf das durch rechtssprachliche Zeichen vermittelte *symbolische* System beschränken dürfte, sondern auf die realiter bestehenden, in gegenständlicher Hinsicht als existierend vorausgesetzten *sozialen* Handlungssysteme erstrecken müßte[12]. Hier trifft sich eine aus systemtheoretischer Perspektive ansetzende, strukturell-funktionale Theorie staatlich organisierter Rechtssysteme durchaus mit den Annahmen und Überlegungen, die vor allem in den Untersuchungen der richterlichen Entscheidungspraxis von *Klami,* aber auch in den Analysen der Rechtspraxis (legal praxis) von *Wikström* sowie den Überlegungen zur Wissenschaftstheorie der Rechtswissenschaft durch *Pöyhönen* von ihrem *realistischen Standort* aus angestellt wurden. Daß diese Bezugspunkte nicht mehr ausreichend ver-

---

[10] Hierzu vor allem das Einleitungsreferat von *Peter M. Hejl,* in: Hejl / Köck / Roth (Hrsg.), a.a.O. (N. 8), S. 16 - 20.

[11] Erste, noch vorsichtig tastende Versuche finden sich bei: *Helmut Rüssmann,* Kognitive Ethik? — Die Frage nach der Wahrheit normativer Sätze, ebd., S. 279 - 289 sowie *Eike Schmidt,* Systemsteuerung durch juristische Erkenntnis?, ebd. S. 291 - 302.

[12] Hierzu *Herbert Hirsch / M. Donald Hancock,* Legislative Systems: Legislatures in Systemic Perspective, in: Hirsch / Hancock (Hrsg.), Comparative Legislative Systems, New York - London 1971, S. 1 - 20, 2 f. mit der sehr treffenden Unterscheidung von „symbolic system" und dem „system operating in the ‚real' world".

tieft werden konnten, mag nicht zuletzt daran liegen, daß auf diesem in erster Linie österreichisch-finnischen Symposium naturgemäß die heutigen Anliegen analytischer Rechtstheorie und ihrer sprachphilosophischen Basis stark im Vordergrund standen. Ich möchte hier daher nicht verhehlen, daß der wiedererstarkte finnische Rechtsrealismus, der sich auf seine durchaus eigenständigen geistigen Wurzeln besonnen zu haben scheint, für mich zu den stärksten Eindrücken dieses Symposiums gehört. Im obigen systemtheoretischen Zusammenhang bedeutet Selbstreferenz, daß alle sozialen Handlungssysteme — und damit auch das staatlich organisierte Rechtssystem bzw. das Rechtswissenschaftssystem — jeweils in einer Umwelt existieren, in welcher sie vermöge ihrer systemeigenen Ordnung selbst definieren, was für sie Umwelt ist. Praktisch heißt dies, daß *alle Systeme*, die auf der *Basis von Leben* oder im Falle des Rechts bzw. der Wissenschaft auf der *Basis von* — normativem bzw. kognitivem! — *Sinn* existieren, nur im *Kontakt mit sich selbst* bzw. in Interaktion mit Teilen ihrer systemeigenen Struktur auf ihre Umwelt zu reagieren vermögen[13]. Theoriebautechnisch wird damit ein Umbau fällig, der von der bisherigen *Theorie adaptiver Systeme* zu einer *Theorie selbstreferentieller Systeme* führt. Immerhin liegen bezüglich der Konsequenzen, welche die Übertragung des Konzepts autopoietischer[14] bzw. selbstreferentieller Systeme auf das Rechtssystem[15] und das zugehörige Wissenschaftssystem[16] zeitigt, gegenwärtig bereits einige erste Untersuchungen vor, auf die ich hier nur pauschal Bezug nehme. Die Berücksichtigung ihrer Ergebnisse dürfte im Verein mit einer realistischen Theorie des Erkenntnisfortschritts auch auf die Struktur und die Bedingungen des Wachstums von Erkenntnis und Fortschritt in der Rechtstheorie neues Licht werfen.

---

[13] Zur systemtheoretischen Sicht von Selbstreferenz jetzt: *Niklas Luhmann*, Gesellschaftsstruktur und Semantik. Studien zur Wissenssoziologie der modernen Gesellschaft, Band I, Frankfurt am Main 1980, S. 70 f., 233 f., 304 ff.

[14] Bahnbrechend für die genuin rechtstheoretische Forschung: *R. W. M. Dias*, Autopoiesis and the Judicial Process, in: RECHTSTHEORIE 11 (1980), S. 257 - 282. Vgl. ferner: *Frank Benseler / Peter M. Hejl / Wolfram K. Köck* (Hrsg.), Autopoiesis, Communication, and Society. The Theory of Autopoietic Systems and the Social Sciences, Frankfurt - New York 1980.

[15] *Niklas Luhmann*, Selbstreflexion des Rechtssystems, in: RECHTSTHEORIE 10 (1979), S. 159 - 185, 162 ff.

[16] Hierzu jetzt vor allem das am 10. Oktober 1980 auf dem Kongreß der Deutschen Sektion der Internationalen Vereinigung für Rechts- und Sozialphilosophie (IVR) in der Bundesrepublik Deutschland gehaltene Referat von: *Niklas Luhmann*, Selbstlegitimation des Staates, in: Norbert Achterberg / Werner Krawietz (Hrsg.), Legitimation des modernen Staates. Archiv für Rechts- und Sozialphilosophie Beiheft 15/1981 (im Druck). Allgemein hierzu: *Niklas Luhmann*, Die Ausdifferenzierung von Erkenntnisgewinn: Zur Genese von Wissenschaft, in: Nico Stehr / Volker Meja (Hrsg.), Wissenssoziologie, Opladen 1981, S. 102 - 139.

4. Wir haben uns am ersten Abend dieses Symposiums nicht nur der Gastfreundschaft unserer Salzburger Kollegen erfreuen dürfen, sondern auch einige ihrer sonstigen, bis dato ungeahnten Fähigkeiten kennengelernt, an die wir uns dankbar erinnern werden. Sie kamen vor allem im abendlichen Liedervortrag von *Tammelo* und *Klami* zum Ausdruck. Das bewegende, wohl 2000 Jahre alte Liebeslied, das Tammelo uns vortrug, hat mich auf einen leider gar nicht kongenialen Gedanken gebracht, der auf einem durch den Vortrag dieses uralten Liedes nahegelegten *Vergleich von Lautsprache und Schriftsprache* basiert und den ich an das Ende meines Schlußworts stellen möchte. Er läuft auf die Frage hinaus, ob nicht die strukturelle Entwicklung und die Möglichkeiten eines Erkenntnisfortschritts in Recht und Rechtstheorie ganz maßgeblich bedingt und beschränkt sind durch die evolutionären Möglichkeiten von Schriftsprache, an die sich die Entwicklung des Rechts wie des Rechtsdenkens heute in so hohem Grade und mit einer nahezu dominanten Ausschließlichkeit bindet, ohne den Einfluß sonstiger Sozialfaktoren gebührend zu berücksichtigen. Die soziokulturelle Relevanz von Schriftsprache und geschriebenem Recht wird erst deutlich, wenn man den Kontrastfall schriftloser Kulturen rekonstruiert. Erst vor diesem Hintergrund ließe sich der Anteil einer Schriftsprache an den normativen Orientierungen und der Dynamik ihrer gesellschaftlichen Entwicklung zureichend einschätzen. Meines Erachtens käme es darauf an, den Folgeproblemen näher nachzugehen, die aus der Einführung von Schriftsprache für die Entwicklung von Recht resultieren. In dem Maße, in dem mit Hilfe von Schrift der Prozeß kultureller Überlieferung kumulativ wird, gerät auch das Wachstum einer Rechtskultur bei der Erzeugung handlungsleitender Orientierungen unter Prämissen und Bedingungen, die nach meinem Eindruck neu überdacht werden müßten.

5. Mit dem Dank an die Veranstalter dieses Salzburger Symposiums, das von *Tammelo* und *Aarnio* zusammen mit ihren österreichischen und finnischen Kollegen in eine höchst anregende und wissenschaftlich intensive Veranstaltungsform gebracht wurde, möchte ich eine abschließende Bemerkung verbinden, die sich auf den Stellenwert dieser Veranstaltung im Bereich heutiger rechtstheoretischer Forschung bezieht und für den Leser dieses Bandes von Nutzen sein mag. Die Zusammenarbeit mit dem Salzburger Lehrstuhl für Rechtsphilosophie ist für eine ganze Reihe der hier anwesenden Kollegen wie für mich nicht nur Ausdruck eines gesteigerten Interesses an rechtswissenschaftlicher Grundlagenforschung, die sich heute allenthalben anschickt, die in Sprache und Recht bestehenden Grenzen der staatlich organisierten Rechtssysteme durch vermehrte gemeinschaftliche Anstrengungen der

in unterschiedliche Rechtssysteme mehr oder weniger eingebundenen Rechtswissenschaftler im Dienste wissenschaftlicher Erkenntnis zu überschreiten, ohne deren jeweilige normative Geltungsansprüche zu ignorieren[17]. Trotz der inhaltlichen Unterschiedlichkeit des jeweils geltenden Rechts geht es darum, durch eine auf die *Struktur und Funktion allen Rechts* abstellende, vergleichende Betrachtung durch Internationalisierung der rechtstheoretischen Forschungen zu einer Intensivierung und Kooperation zu gelangen. Bei aller Eigenständigkeit seiner wissenschaftlichen Zwecksetzung ist dieses Symposium für viele der hier anwesenden Kollegen wie auch für mich daher zugleich Teil einer Entwicklung, die seit einer Reihe von Jahren verfolgt wird mit dem Ziel, durch Verkettung einer Vielzahl einschlägiger Symposien, deren erste bereits 1979 in Graz[18] bzw. Helsinki[19] stattfanden, zu einem rascheren Informations- und Erfahrungsaustausch und einer engeren Zusammenarbeit zu gelangen. Wenn es schon, was die Struktur von Entwicklung und Fortschritt in der Rechtstheorie angeht, offenbar *nicht* möglich ist, den wissenschaftlichen Erkenntnisfortschritt durch gezielte und koordinierte Aktivitäten zu generieren, so könnte es doch vielleicht glükken, über alle staatlichen und fachlichen bzw. interdisziplinären Grenzen hinweg die ständigen Arbeitskontakte zwischen den Rechtstheoretikern der verschiedensten Richtungen in dieser lockeren Form zu institutionalisieren, um sie auf diese Weise ein wenig wirksamer als bisher auf Dauer zu stellen.

---

[17] *Werner Krawietz*, Marxismus oder Systemtheorie? Referat auf dem XI. Weltkongreß der Internationalen Vereinigung für Rechts- und Sozialphilosophie Basel 1979 (im Druck).

[18] RECHTSTHEORIE Beiheft 1 (1979).

[19] Vgl. hierzu die Beiträge des Internationalen Symposions „Argumentation in Legal Science“ vom 10. bis 12. Dezember 1979 in Helsinki. Abgedruckt in: *Aulis Aarnio / Ilkka Niiniluoto / Jyrki Uusitalo* (Hrsg.), Methodologie und Erkenntnistheorie der juristischen Argumentation, in: RECHTSTHEORIE Beiheft 2 (1981).

VERZEICHNIS DER MITARBEITER

Aarnio, Aulis, Prof. D., Universitet Institutet för Privaträtt, Helsingfors, SF-00100 Helsinki 10 Helsingfors

Fischer, Michael W., Univ.-Doz. DDr., Universität Salzburg, Institut für Rechtsphilosophie, Methodologie der Rechtswissenschaften und Allgemeine Staatslehre, Franziskanergasse 2, A-5020 Salzburg

Inhetveen, Rüdiger, Dr., Universität Erlangen - Nürnberg, Institut für Philosophie, Bismarckstr. 1, D-8520 Erlangen

Jakob, Raimund, Wissenschaftlicher Rat Dr., Universität Salzburg, Institut für Rechtsphilosophie, Methodologie der Rechtswissenschaften und Allgemeine Staatslehre, Franziskanergasse 2, A-5020 Salzburg

Klami, Hannu Tapani, Prof. für Rechtsphilosophie und Römisches Recht, Universität Turku, Ratsukonkatu 1 as 23, SF-20880 Turku 88

Krawietz, Werner, Prof. DDr., Universität Münster, Lehrstuhl für Rechtssoziologie, Rechts- und Sozialphilosophie, Bispinghof 24/25, D-44 Münster

Lachmayer, Friedrich, Dr., Tigergasse 12/12, A-1080 Wien

Mock, Erhard, Prof. Dr., Universität Salzburg, Institut für Rechtsphilosophie, Methodologie der Rechtswissenschaften und Allgemeine Staatslehre, Franziskanergasse 2, A-5020 Salzburg

Niiniluoto, Ilkka, Prof., Universität Helsinki, Department of Philosophy, Unionikatu 40 B, SF-00170 Helsinki 17

Philipps, Lothar, Prof. Dr., Universität München, Institut für Rechtsphilosophie, Professor-Huber-Platz 2, D-8 München 22

Pöyhönen, Juha, Universitätsassistent, Universität Helsinki, Institute of Private Law, Hallituskatu 15, SF-00100 Helsinki 10

Reisinger, Leo, Prof. DDr., Geymüllergasse 4/7, A-1180 Wien

Schefold, Christoph, Univ.-Doz. DDr., Kaulbachstraße 92, D-8 München 40

Schreiber, Rupert, Univ.-Doz. DDr., Reiherweg 33, D-5024 Pulheim

Schreiner, Helmut, Univ.-Doz. Dr., Universität Salzburg, Institut für Rechtsphilosophie, Methodologie der Rechtswissenschaften und Allgemeine Staatslehre, Franziskanergasse 2, A-5020 Salzburg

Stranzinger, Rudolf, Universitätsassistent Dr., Universität Salzburg, Institut für Philosophie, Franziskanergasse 1, A-5020 Salzburg

Strasser, Michaela, Universitätsassistent DDr., Universität Salzburg, Institut für Rechtsphilosophie, Methodologie der Rechtswissenschaften und Allgemeine Staatslehre, Franziskanergasse 2, A-5020 Salzburg

Tammelo, Ilmar, Prof. Dr., Universität Salzburg, Institut für Rechtsphilosophie, Methodologie der Rechtswissenschaften und Allgemeine Staatslehre, Franziskanergasse 2, A-5020 Salzburg

Tebaldeschi, Ivanhoe, Prof. Dr., Universität Sassari, Sassari

Tolonen, Juha, Prof., University of Turku, SF 20500 Turku 50

Weimar, Robert, Prof. DDr., Gesamthochschule Siegen, Institut für Wirtschaftsrecht und Wirtschaftsgesetzgebung, Postfach 10 03 18, D-59 Siegen 1

Weinberger, Ota, Prof. DDr., Universität Graz, Institut für Rechtsphilosophie, Universitätsstraße 27/II, A-8010 Graz

Wikström, Kauko, Univ.-Doz., University of Turku, SF-20500 Turku 50

Wimmer, Franz, Universitätsassistent Dr., Universität Salzburg, Institut für Philosophie, Franziskanergasse 1, A-5020 Salzburg

MIX
Papier aus verantwortungsvollen Quellen
Paper from responsible sources
FSC® C105338

Printed by Libri Plureos GmbH
in Hamburg, Germany